"十三五"国家重点图书
产业组织与企业成长丛书

财智睿读

丛书主编
杨蕙馨

杨蕙馨 等著

创新驱动：产业发展与企业成长研究

Innovation Driven:
Research on Industrial Development
and Enterprise Growth

中国财经出版传媒集团
经济科学出版社
Economic Science Press

图书在版编目（CIP）数据

创新驱动：产业发展与企业成长研究/杨蕙馨等著.
—北京：经济科学出版社，2020.6
（产业组织与企业成长丛书）
ISBN 978 – 7 – 5218 – 1556 – 6

Ⅰ.①创… Ⅱ.①杨… Ⅲ.①产业发展 – 研究 – 中国
Ⅳ.①F269.2

中国版本图书馆 CIP 数据核字（2020）第 077020 号

责任编辑：刘战兵
责任校对：杨　海
责任印制：李　鹏　范　艳

创新驱动：产业发展与企业成长研究
杨蕙馨　等著
经济科学出版社出版、发行　新华书店经销
社址：北京市海淀区阜成路甲 28 号　邮编：100142
总编部电话：010 – 88191217　发行部电话：010 – 88191522
网址：www.esp.com.cn
电子邮件：esp@esp.com.cn
天猫网店：经济科学出版社旗舰店
网址：http://jjkxcbs.tmall.com
北京季蜂印刷有限公司印装
787×1092　16 开　27.25 印张　550000 字
2020 年 6 月第 1 版　2020 年 6 月第 1 次印刷
ISBN 978 – 7 – 5218 – 1556 – 6　定价：95.00 元
（图书出现印装问题，本社负责调换。电话：010 – 88191510）
（版权所有　侵权必究　打击盗版　举报热线：010 – 88191661
QQ：2242791300　营销中心电话：010 – 88191537
电子邮箱：dbts@esp.com.cn）

本书得到教育部创新团队"产业组织与企业成长"（项目批准号：IRT_17R67）、国家社科基金重点项目"创新驱动我国制造业迈向全球价值链中高端研究"（批准号：18AJY011）资助。

总　序

改革开放以来，中国产业组织从传统走向现代、从封闭走向开放、从分离走向融合，推动了经济结构和产业结构的持续优化升级，中国企业从弱小走向强大、从落后走向领先、从量变走向质变，得到了世界范围内的广泛赞誉，创造了经济发展的"中国奇迹"。面对新的国际竞争局势和中国经济新的发展阶段，我们应该清醒地认识到：一方面，部分产业的市场结构不合理问题突出，市场高度集中和过度竞争现象共存，部分产业生产能力严重过剩，产业迁移面临地区配套基础差、投资环境恶劣等诸多难题；另一方面，多数企业过度依赖对外技术引进、自主研发能力弱，过度依赖国际市场需求、市场营销能力不强，过度偏好规模扩张、产品或服务的附加值低。如何在世界科技革命孕育转变、全球经济格局重塑、资源环境约束越发趋紧和国内生产总值增速放缓的背景下，抓住新的战略机遇，立足中国产业组织和企业成长领域的实际需求，深入研究相关问题并将成果及时推广应用，对转变经济发展方式、实现中华民族伟大复兴的中国梦具有重要意义。为此，我们组织撰写了这套"产业组织与企业成长丛书"。

这套丛书重点关注国际金融危机后，如何以基本要素结构升级为支撑、以创新驱动为动力、以市场需求为导向，突破能源、资源、生态与环境的约束，提高产业科技化和信息化水平，培育战略性新兴产业、先进制造业和现代服务业，构建现代产业发展新体系，实现产业结构升级与业态创新的统一，最终为政府制定新时期的相关政策、服务高质量发展提供参考。本套丛书将持续关注国际金融危机后，如何通过构建主导型国际生产网络，提高中国跨国企业的国际竞争力，如何通过研究互联网条件下大中小企业规模演变规律，实现中小微企业的跨越成长，如何结合区域经济特点和发展目标，在实地考察与调研的基础上，提出有针对性的对策建议。

推出这套丛书的目的有三：一是研究国际金融危机后中国产业组织和企业成长领域所面临的现实问题，为政府和企业提供扎实的决策依据；二是推出研究国际金融危机后中国产业组织与企业成长领域新的学术力作，深化相关研究；三是提出新课题，供学界同仁、朋友共同关注和探讨。

笔者自20世纪90年代中期开始研究产业组织与国有企业的改革成长问题，陆续承担完成了多项国家哲学社会科学基金重大项目、重点项目和一般项目，

2013 年以笔者为首席专家的"产业组织与企业成长"研究团队获得教育部"创新团队发展计划"立项资助,这是对我们研究团队长期以来研究方向与研究工作的莫大肯定和鼓舞。在教育部、山东大学以及山东大学管理学院的支持下,笔者带领的"产业组织与企业成长"团队出色地完成了第一个资助期任务,达到了预期目标,并且得到了滚动资助,这是对笔者所带领的团队的莫大鼓励和鞭策。这套丛书就是"产业组织与企业成长"团队、教育部"创新团队发展计划"和国家哲学社会科学基金重大招标课题"构建现代产业发展新体系研究"、国家哲学社会科学基金重点项目"创新驱动我国制造业迈向全球价值链中高端研究"的阶段性成果之一。随着国际经济形势的变化和中国经济发展步入新时代,中国企业在国际分工中的地位和面临的竞争环境正在发生重大变化,新现象、新问题不断涌现,这将是我们未来持续研究的任务。这也恰恰是我们一直坚持的研究团队建设和发展的理念:从现实重大问题出发,创新和产学研结合,致力于面向改革和产业、企业发展的实际需求,立足解决实际问题,不断拓展和凝练研究方向。

当我们推出这套丛书的时候,内心喜悦与惶恐同在。喜悦的是,于经年沉案思索、累月外出调研、素日敲字打磨、历次激烈讨论后,成果终得以付梓;惶恐的是,丛书选题仍存在许多不足之处,书中也不免有疏漏之笔,希望广大同仁、朋友对此提出批评与建议,让我们进一步修正和完善!

2020 年初春于泉城济南

目 录

第一篇 创新驱动

第 1 章 坚持创新发展要"眼观六路" 3

第 2 章 创新驱动发展战略推进过程中的误区和对策 5

2.1 创新驱动发展战略推进过程中容易出现的误区 5
2.2 加快实施创新驱动发展战略的政策建议 6

第 3 章 创新驱动及其影响因素的实证分析：1979～2012 年 8

3.1 引言 8
3.2 文献综述 9
3.3 测度方法和数据来源 10
3.4 估计结果 12
3.5 创新驱动的影响因素分析 17
3.6 结束语 22

第 4 章 创新驱动与现代产业发展体系
——基于我国省际面板数据的实证分析 25

4.1 引言 25
4.2 文献综述 28
4.3 计量方法与数据说明 30
4.4 实证结果分析 32
4.5 进一步的讨论 39
4.6 稳健性检验 45
4.7 创新驱动的影响因素分析 49

4.8 结论与启示 ·· 55

第 5 章 创新驱动对现代产业发展新体系演进的作用机理
——基于生产函数的视角 ··· 61

5.1 引言 ·· 61
5.2 研究综述 ·· 62
5.3 创新驱动内涵的再定义 ·· 63
5.4 创新驱动对现代产业发展新体系演进的作用机理 ·································· 65
5.5 结论与政策建议 ··· 71

第 6 章 创新驱动新旧动能转换的策略选择和政策设计
——构建现代产业发展新体系的视角 ································ 75

6.1 中国国家创新战略的演进 ··· 75
6.2 创新驱动的新内涵 ·· 76
6.3 创新驱动现代产业发展新体系演进的策略选择 ····································· 77
6.4 结论与政策设计 ··· 81

第二篇 新产业生态系统

第 7 章 新常态下中国经济增长的源泉 ··· 87

7.1 引言 ·· 87
7.2 经济增长的逻辑 ··· 88
7.3 中国过去 30 多年的经济增长 ·· 88
7.4 新常态下的经济增长面临的挑战 ·· 90
7.5 寻求中国未来经济增长的源泉 ··· 92

第 8 章 新产业生态系统竞争
——兼对智能手机和智能汽车新产业生态系统图的绘制 ············ 97

8.1 从产业生态系统、商业生态系统再到新产业生态系统 ··························· 97
8.2 新产业生态系统竞争 ·· 100
8.3 智能手机及智能汽车新产业生态系统图 ·· 104
8.4 相关政策建议 ··· 106

第 9 章 信息革命与新常态背景下的新产业生态系统 ································· 109

9.1 引言 ··· 109

9.2 "新产业生态系统"产生的理论与现实基础 …………………… 110
9.3 "新产业生态系统"与我国现代产业体系的建立 …………… 115
9.4 结论与建议 …………………………………………………… 119

第三篇 产业转型升级

第 10 章 中国产业关联的实证分析与产业政策 …………………… 127
10.1 产业关联指标值 ……………………………………………… 127
10.2 进出口贸易对产业关联的影响 ……………………………… 132
10.3 新产业政策选择的几点启示 ………………………………… 136

第 11 章 供给约束下的需求导向型经济与山东省主导产业的选择 …………………………………………………………… 137
11.1 主导产业选择的基准 ………………………………………… 137
11.2 主导产业选择应考虑的因素 ………………………………… 138
11.3 山东省主导产业选择的趋向 ………………………………… 141
11.4 山东省主导产业的备选方案 ………………………………… 142
11.5 山东省主导产业的选择 ……………………………………… 144

第 12 章 经济全球化条件下的产业结构转型及对策 ……………… 146
12.1 经济全球化对产业结构的影响方向 ………………………… 146
12.2 我国产业结构面临的挑战与机遇 …………………………… 149
12.3 关于我国产业结构转型的几点思考 ………………………… 153

第 13 章 居住消费升级与产业发展的相关性分析 ………………… 155
13.1 我国城乡居民居住消费升级的模式特征 …………………… 155
13.2 居住消费与产业发展的相关性 ……………………………… 158
13.3 居住消费对产业发展的拉动 ………………………………… 161
13.4 结论与对策建议 ……………………………………………… 163

第四篇 信息化与工业化

第 14 章 两化融合与内生经济增长 ………………………………… 169
- 14.1 引言 ………………………………………………………… 169
- 14.2 两化融合的刻画及动态特征 ……………………………… 170
- 14.3 包含两化融合的内生经济增长模型 ……………………… 173
- 14.4 数值模拟 …………………………………………………… 177
- 14.5 研究结论与启示 …………………………………………… 179

第 15 章 政府干预、两化融合与产业结构变迁
——基于 2003~2014 年省际面板数据的分析 ……… 183
- 15.1 问题的提出 ………………………………………………… 183
- 15.2 理论模型构建 ……………………………………………… 185
- 15.3 数据来源及研究设计 ……………………………………… 189
- 15.4 实证结果与分析 …………………………………………… 190
- 15.5 稳健性检验 ………………………………………………… 195
- 15.6 研究结论与启示 …………………………………………… 200

第 16 章 信息化与工业化融合的耦合程度和增值能力 …………… 204
- 16.1 问题的提出 ………………………………………………… 204
- 16.2 两化融合的理论分析模型 ………………………………… 205
- 16.3 耦合程度与增值能力的指标和数据 ……………………… 209
- 16.4 测算结果及分析 …………………………………………… 211
- 16.5 结论和启示 ………………………………………………… 220

第 17 章 信息化和工业化融合对能源强度的影响
——基于 2000~2012 年省际面板数据的经验分析 …… 224
- 17.1 信息化和工业化融合对能源强度影响的作用机理 ……… 225
- 17.2 模型设定与数据来源 ……………………………………… 226
- 17.3 实证检验与结果分析 ……………………………………… 230
- 17.4 结论与对策建议 …………………………………………… 235

第 18 章 东北地区信息化与传统产业的改造升级 ………………… 239
- 18.1 东北三省信息化发展状况分析 …………………………… 239

18.2 影响信息化发展的因素分析 ……………………………………… 240
18.3 信息化带动下的产业结构优化升级途径分析 ………………… 243

第五篇 产业技术进步

第19章 中国信息产业技术进步对劳动力就业及工资差距的影响 …………………………………………… 249

19.1 问题的提出 ……………………………………………………… 249
19.2 信息产业技术进步与劳动力就业：理论与现实 ……………… 250
19.3 基本理论模型的构建 …………………………………………… 252
19.4 实证模型、指标设计及数据来源 ……………………………… 257
19.5 实证结果与分析 ………………………………………………… 261
19.6 结论 ……………………………………………………………… 263

第20章 中国信息产业技术效率及影响因素分析 …………… 267

20.1 文献综述 ………………………………………………………… 268
20.2 研究方法与数据处理 …………………………………………… 269
20.3 实证结果与分析 ………………………………………………… 273
20.4 结论及政策建议 ………………………………………………… 278

第21章 基于DEA方法的山东省规模以上工业企业全要素生产率分析 ……………………………………… 282

21.1 引言 ……………………………………………………………… 282
21.2 研究方法 ………………………………………………………… 283
21.3 变量选择和数据来源 …………………………………………… 284
21.4 实证结果分析 …………………………………………………… 285
21.5 结论 ……………………………………………………………… 288

第六篇 企业创新

第22章 标准联盟主导企业标准创新对成员企业的影响
——研发投入强度、技术距离与超常收益 ……………… 293

22.1 理论分析与研究假设 …………………………………………… 294

22.2 研究设计 …… 297
22.3 实证结果及讨论 …… 301
23.4 主要研究结论 …… 306

第 23 章 标准联盟内平台产品技术创新对成员企业的财富效应
—— 来自"开放手机联盟"的实证研究 …… 309

23.1 引言 …… 309
23.2 理论基础与研究假设 …… 310
23.3 实证研究设计 …… 313
23.4 数据分析结果 …… 316
23.5 主要研究结论 …… 322

第 24 章 知识网络如何影响企业创新
—— 动态能力视角的实证研究 …… 328

24.1 文献综述 …… 328
24.2 理论模型与假设提出 …… 330
24.3 数据和变量 …… 335
24.4 实证设计、结果与讨论 …… 339
24.5 结论和启示 …… 341

第 25 章 知识网络对企业创新影响的实证研究 …… 346

25.1 文献回顾 …… 346
25.2 假设提出与模型构建 …… 347
25.3 数据和变量 …… 350
25.4 结果和讨论 …… 350
25.5 结论和启示 …… 354

第 26 章 二元式创新的知识属性与网络安排 …… 356

26.1 二元式创新的概念由来 …… 356
26.2 二元式创新的影响因素的分析 …… 356
26.3 二元式创新的知识属性分析 …… 357
26.4 与知识属性循环相契合的二元式创新的网络安排 …… 361
26.5 结论 …… 365

第 27 章 博弈视角下的科技型中小企业合作创新 …… 367

27.1 引言 …… 367

- 27.2 博弈视角的合作创新文献综述 ·········· 368
- 27.3 科技型中小企业间合作创新的博弈分析 ·········· 369
- 27.4 结论和展望 ·········· 373

第 28 章　通道费与产品创新程度的关系分析 ·········· 375

- 28.1 通道费的产生及作用 ·········· 375
- 28.2 产品创新类型及其销售 ·········· 376
- 28.3 通道费与产品创新的关系分析 ·········· 376
- 28.4 通道费与产品创新关系的模型分析 ·········· 378
- 28.5 结论及政策建议 ·········· 382

第 29 章　民营高科技企业家创新能力影响因素实证研究
——基于人力资本视角 ·········· 386

- 29.1 引言 ·········· 386
- 29.2 理论与假设 ·········· 386
- 29.3 研究方法 ·········· 390
- 29.4 研究结果 ·········· 393
- 29.5 研究结论 ·········· 395
- 29.6 研究不足和展望 ·········· 396

第 30 章　国外创业型企业产品开发战略研究述评 ·········· 399

- 30.1 创业型企业产品开发战略的内涵及制定 ·········· 399
- 30.2 创业型企业产品开发战略的实施 ·········· 402
- 30.3 创业型企业产品开发战略的评估 ·········· 405
- 30.4 研究局限及未来研究方向 ·········· 407

第 31 章　基于产品创新战略的创业型企业绩效研究
——基于国际视角 ·········· 412

- 31.1 问题的提出 ·········· 412
- 31.2 创新及产品创新战略 ·········· 413
- 31.3 产品创新战略与创业型企业绩效 ·········· 414
- 31.4 需要进一步研究的问题 ·········· 416

后记 ·········· 420

第一篇
创新驱动

第 1 章

坚持创新发展要"眼观六路"[*]

坚持创新发展理念、深入实施创新驱动发展战略已成为全社会的共识。但应看到,将这一理念和战略落实为具体行动,是一项庞大的系统工程。当前,一些人将创新发展仅仅理解为依靠科技创新推动发展,这无疑会使对创新发展内涵的认识简单化,在实践中不利于坚持创新驱动发展。

毫无疑问,科技创新在全面创新中具有引领作用;实施创新驱动发展战略,要紧紧抓住科技创新这个关键。我国经济要转型升级,大众创业、万众创新要蔚然成风,"互联网+""中国制造 2025"要深入推进,都需要在科技领域通过创新取得一大批国际领先成果,以摆脱一些核心关键技术受制于人的窘境。只有牢牢抓住科技创新这个"牛鼻子",我国才能真正成为世界科技强国和经济强国。但坚持创新发展是一项系统工程,除了科技创新,还包括产业创新、制度创新、产品创新、组织创新、管理创新等多方面内容。只有以更宽阔的视野看待创新发展,才能拓宽思路、推动各方面创新,为实施创新驱动发展战略打下扎实基础。

以管理创新为例。它是企业把新的管理方法、管理手段、管理模式等引入企业管理系统,以更有效地实现企业发展目标的活动,包括管理思想、管理理论、管理知识、管理方法、管理工具和管理制度等的创新。对旧的管理方法、管理手段、管理模式进行调整和变革以提升企业竞争力,是企业坚持创新发展的题中应有之义。但长期以来,一些企业对此重视不够。比如,联结生产和消费的商业流通业是与人民福祉密切相关的产业,但当前我国众多城市的商业流通市场却被沃尔玛、家乐福、大润发和乐购等外资商业流通企业占据。应该说,我们自己的商业流通企业理应最了解国人的需求与消费习惯,却竞争不过外资企业,问题就出在管理创新不足上。外资商业流通企业正是以超市、大卖场和连锁经营等新的业态实现了生产经营管理创新,从而占据了中国市场的半壁江山。而且,沃尔玛等不仅仅实现了业态、商业模式创新,还把卫星通信技术、条码技术等加以推广应用,基本上做到了全球采购、零库存管理,实现了消费者享受低价与企业获得较高利润的双赢。这启示我们,坚持创新发展不能仅仅盯着技术方面,而要在以科

---

[*] 本章作者为杨蕙馨、王军,发表在《人民日报》2016 年 1 月 26 日(有改动)。

技创新为引领的前提下推动各个方面的创新。

当前，我国经济发展进入新常态，需要优化结构、转变经济发展方式、构建现代产业新体系。坚持创新发展是实现经济转型升级的核心，是我国经济长期可持续发展、跨越"中等收入陷阱"、向中高收入国家迈进的有效途径。企业是创新的主体。应促使企业深刻认识创新发展的内涵，大处着眼、小处入手，既抓大又抓高还不放小，把科技创新与其他方面的创新有机结合起来。企业要思考如何从生产企业转型为创新创业平台企业，思考如何在商业模式、新业态和管理上进行"接地气"的创新，如何在不断改善群众日常生活的同时推动创新驱动发展战略的落地。可喜的是，我国一些企业正在行动：电商的快速成长、打车服务应用的发展，以及互联网电视的兴起等，都是科技创新与商业模式创新、管理创新结合的产物。

第 2 章

创新驱动发展战略推进过程中的误区和对策[*]

党的十八届五中全会通过的《中共中央关于制定国民经济和社会发展第十三个五年规划的建议》提出:"深入实施创新驱动发展战略。"创新驱动不仅是引领新常态下经济发展的核心因素,而且还是克服经济进一步下行风险、避免结构性失衡带来深层次矛盾发生的关键步骤,更是实现中华民族伟大复兴的战略举措。

2.1 创新驱动发展战略推进过程中容易出现的误区

目前,内生性创新能力较弱是阻碍我国经济社会可持续发展的主要屏障。要加快实施创新驱动发展战略,必须首先深刻认识其推进过程中容易出现的种种误区。

误区一:创新驱动的内涵就是技术创新。从内涵上看,不少人先验性地将创新驱动看成是技术创新,认为要实施创新驱动发展战略,就是要在科学技术领域取得一大批国际领先成果,让自己在技术上摆脱受制于人的窘境。很显然,这是对创新驱动内涵把握和理解得不到位,因为创新驱动在本质上是一项系统工程,它不仅仅包括技术创新,而且还包括产业创新、制度创新、产品创新、组织创新、管理创新等多方面内容。以制度创新为例,它是对旧有制度结构和关系的调整和变革,是以人民根本利益为宗旨解决当前发展所面临的一系列制度层面突出矛盾和问题的动态"创造性破坏"过程,这本身就包括在创新驱动的内涵之中。

误区二:创新驱动的目的是为了推动经济再次高速增长。从目的上看,由于对未来经济增长率及其可能引发的一系列社会问题感到悲观,部分人寄希望于创新驱动,认为加快实施创新驱动发展战略的目的就是要推动经济再次实现高速增长,从而避免出现"中等收入陷阱"等问题。很显然,这是对经济发展客观规律的忽视和对当前我国客观形势的误读。经济规律表明,一国或地区经济在经历高

---

[*] 本章作者为杨蕙馨、王海兵,发表在《光明日报》2015 年 10 月 26 日第 16 版(有改动)。

速增长过程之后，会进入一个缓慢调整或增速相对较低的时期，如果在这一时期，一国或地区经济结构得不到有效转型，可持续性的经济增长将难以为继。我国经济在经历了30多年的高速增长之后，目前正处于"换挡期"，这是提出创新驱动发展战略的客观现实背景，而不是未来愿景，当前实施创新驱动发展战略最重要的目的应该是优化产业结构、实现经济发展方式的转变。

误区三：创新驱动的手段就是持续加大要素投入。从手段上看，许多人都认同要通过持续加大要素投入以加快实施创新驱动发展战略，但由于意识到与发达国家存在的显著差距以及追赶的紧迫感，部分人开始过度强调加大要素投入的作用。实际上，要素投入只是创新驱动的必要条件，而不是充分条件，过度强调加大要素投入有以偏概全之嫌，因为风险因素的存在和资源结构性匹配的缺乏往往使大量投入无法有效变为产出，最终会使创新驱动陷入十分尴尬的境地。以资源结构性匹配的缺乏为例，在我国资本市场上，大量金融资源长期囤积于具有垄断性质的银行部门，而银行信贷的主要对象是国有（或国有控股）企业，相比而言，具有较高效率的非国有中小企业则面临"融资困境"，这种"过度投资"和"投资不足"同时并存的现象十分普遍，严重阻碍了我国创新能力的提升。

2.2 加快实施创新驱动发展战略的政策建议

加强与创新驱动相关的理论研究，深刻把握其内涵外延。创新驱动并不是一个全新的理论体系，而是早已有之，但它始终处于发展和完善的过程之中。由于不同情景所赋予其在实践中的指导作用具有与时俱进的特征，在客观上就要求我们加强与创新驱动相关的理论研究，探索其在中国情境下的独特内涵外延，为未来加快实施创新驱动发展战略服务。以创新模式为例，相对于发达国家对原始创新的重视，发展中国家受限于本国国情，可能更应该讨论集成创新和引进消化吸收再创新的适宜性。

科学认识创新驱动与经济增长速度的关系，紧密结合理论与实践。创新驱动不仅仅是为了促进经济增长，在保证质量基础上的中高速增长率才更为重要，这在很大程度上体现为产业结构的优化。产业结构优化是生产要素在各部门间充分流动的过程，它能够提高资源配置效率，从"质"上促进经济增长；创新驱动可以提供如技术、信息、知识等高级生产要素投入，从"量"上促进经济增长；经济增长能够提高人均收入水平，促使消费结构发生改变，进而引致生产结构、劳动就业人口结构在各经济部门间的变化，最终优化产业结构。以现代农业为例，其产生与发展就是以电子通信、互联网等技术为基础的产业间融合过程，它不仅将传统农业中的农作物种植、第二产业中的农产品加工制造和第三产业中的市场销售与服务及金融支持等有机融合在一起，还通过发展农村观光旅游产业、利用农村生物能源和可再生能源等实现了农业产业新业态的变迁；反过来，也提升了相关产业产值和附加值。

合理配置创新驱动所需要素投入，积极发挥其最大功效。目前创新驱动所需要素投入配置过程中的扭曲现象严重，比如，相对于国有大中型企业，多数中小民营企业缺少开放共享的创新网络和相应的政府采购订单需求；相对于东部地区，中、西部地区创新驱动所需的财政、金融、产业等政策支持力度较小；相对于应用型科技研发经费投入，基础性科技研发经费投入较少；相对于学历型劳动力，技能型劳动力供应不足。未来在加快实施创新驱动发展战略的过程中，要完善以大中型企业为主体、中小企业为重要组成部分的创新机制，要根据地区特点统筹协调东、中、西部政策支持力度，要更加重视基础性科技研发的经费投入，要建立和完善以培养技能型劳动力为目的的职业教育体系。

深化经济体制改革，营造公平的竞争环境，激发创新主体活力。实践表明，政府主导创新驱动很可能会造成资源错配，将调节机制还给市场，充分发挥市场在创新资源配置过程中的决定性作用，同时深化"顶层设计"等经济体制改革，有效约束自身行为，建立健全相关法律、法规，开展有效的负面清单管理模式，实施严格的审计制度，营造公平的市场竞争环境，就能充分释放改革的制度红利。此外，政府还要积极引导各方参与创新活动，通过加大激励力度等方式激发创新主体活力，让创新驱动真正走上一条良性循环的发展道路。

第 3 章

创新驱动及其影响因素的实证分析：1979~2012 年[*]

3.1 引　言

当前，如产业体系构成不完整、产业间比例不均衡、产业布局不合理、生产过程能耗高、资源利用率低、部分行业产业组织结构不协调、技术水平有待提高、多数产品或服务附加值较低、传统制造业企业在"微笑曲线"中处于低端位置等问题已对我国经济发展造成了极大阻碍，要解决这些问题，最重要的是要找到可持续发展的动力源泉。在理论层面，经济增长的驱动要素研究表明，可持续发展的动力主要有两方面，即作为"量"的生产要素的投入和作为"质"的要素生产率的提高。在"量"方面，不同社会发展阶段中主要生产要素投入有所差别，农业社会、工业社会、近代社会经济增长的驱动要素分别为土地和劳动力、劳动力和资本、资本和科技。而自 20 世纪 50 年代以来，作为"质"的要素生产率的提高对经济增长的作用日益重要。研究表明，美国在 20 世纪 50 年代末，要素投入和全要素生产率对经济增长的贡献率分别为 47%、53%，德国在 20 世纪 60 年代末两者的比例分别为 31.9%、69.1%，日本在 20 世纪 70 年代末则分别为 28.8%、71.2%（葛霖生，2000）。由此，经济学家们越来越强调技术进步的作用，而技术进步来源于创新驱动。在实践层面，二战后日本企业竞争力提高、产业结构逐渐调整和经济迅速增长得益于其对自主创新能力下技术进步的不懈追求，20 世纪 90 年代美国跨国公司全球配置资源、产业结构持续优化和经济保持 118 个月的繁荣则得益于其创新驱动下数字信息技术和高科技信息产业的发展。可见，创新驱动是经济可持续发展的动力源泉。波特（Porter，2002）将经济发展分为要素驱动阶段、投资驱动阶段、创新驱动阶段和财富驱动阶段，认为在不同发展阶段有不同驱动力，后一发展阶段驱动力在综合之前各驱动力基础上形成。

---

[*] 本章作者为王海兵、杨蕙馨，发表在《山东大学学报（哲学社会科学版）》2015 年第 1 期（有改动）。

那么，什么是创新驱动？创新驱动的发展现状如何？哪些因素能够促进创新驱动的发展？这些将是本文的主要研究内容。本文的结构安排如下：第一部分是引言，第二部分是文献综述，第三部分是相关方法讨论和数据来源说明，第四部分是测度结果及分析，第五部分是影响因素的实证分析，第六部分是结论与启示。

3.2 文献综述

"创新"最早由熊彼特（Schumpeter，1912）提出，他概括了5种创新的基本形式：创造新产品、采用新生产方法、拓展新市场、控制上游供应、再造组织形态。熊彼特的创新概念尽管主要属于技术创新范畴，但也包括管理创新、组织创新、产品创新等内容。完整的创新应该涵盖知识创新、技术创新、知识与技术创新成果转化等阶段，应该涉及大学、企业与政府等参与者之间的协同创新关系集合（洪银兴，2013）。刘志彪（2011）认为，创新驱动是针对模仿和学习驱动而言的发展方式，是实现创新型经济的主要武器，是实施"先发优势"的基本条件。"十二五"规划提出，要"推动经济发展更多依靠科技创新驱动"，其落脚点在于要以重大科学技术为突破口，加快建立以企业为主体的技术创新体系，国家要加强科技基础设施建设和强化科技创新支持政策等。党的十八大报告明确指出，要"实施创新驱动发展战略"，主要包括深化科技体制改革，建设国家创新体系，建立以企业为主体、市场为导向、产学研相结合的技术创新体系，提高科研水平，提高成果转化能力，加强知识产权战略等内容。

现有创新驱动的文献主要包括两方面：一方面是从理论上探讨其概念、内涵和外延；另一方面是对以全要素生产率为指标的创新驱动的测度。对于前者，刘志彪（2011）认为创新驱动不能盲目化、口号化，要在对不同地区经济条件做出评估的基础上，推动相应的转型升级，而目前我国部分发达地区已然具备了突破"中等收入陷阱"、实施"先发优势"的有力武器。费利群（2011）从学习视角出发，讨论了创新驱动的基础、核心、关键和目的等要素，并将其延伸到政党建设和创新型国家建设中。洪银兴（2013）从发展方式转变的现实背景、内生增长的源头、协同创新体系建立以及创新驱动的路径等方面对创新驱动发展战略进行了解读。陈波（2014）从市场作用角度出发，探讨了创新驱动与"中国梦"之间的内在关联，并强调在面临"市场残缺"与"市场失灵"时政府的积极作用。还有研究者从社会福利效应（齐建国、梁晶晶，2013）、知识产权（马一德，2013）、城市建设（夏天，2010）、企业核心能力（宋玉萍，2014）、生态创新绩效（蔡乌赶、周小亮，2013）、产业升级政策（葛秋萍、李梅，2013）、国际比较（胡婷婷、文道贵，2013）等角度对创新驱动进行了延展。对于后者，王志刚等（2006）利用随机前言模型测算全要素生产率，发现1978～2003年我国全要素生产率年均增长4.36%。李宾、曾志雄（2009）采取增长核算法测度全要素生产率，通过延展霍尔兹（Holz,2006）的资本存量数据和计算要素收入份额，发现1979～2007年全要素生产率年均增长3.59%。李国璋等（2010）采用索洛残值法测算全要素生产率，发现考虑人力资本和不考虑人力资本情况下结果有较大差异，前者全要素生产率年均增长1.61%，后者年均增长2.32%。陶长琪、齐亚伟（2010）引入虚拟决策单元，利用数据包络分析（DEA）方法测算全要素生产率，发现1978～2007年全要素生产率年均下降0.7%，技术效率恶化是主要原因，样本期间年均下降2.1%。

综上所述，目前学术界对"创新驱动战略"的深入研究相对较少，多数研究都将技术创新看作创新的核心内容，但创新本质上是一项系统工程，应该包括如资本、制度、组织、企业家等要素（庄子银，2007；刘志彪，2011；洪银兴，2012；温军、冯根福，2012）。而与此同时，不少地方政府官员往往在缺乏充分调研的基础上，盲目实施"创新驱动战略"，大有将其口号化、政治化之嫌，却不能真正解决现实中的关键问题。我们认为，对创新驱动内涵的理解，应该从不同角度展开：从创新驱动的形式来看，它包括产业创新、技术创新、制度创新、组织创新、协同创新等内容；从创新驱动的主体来看，它要求政府、企业、高校、个人、社团团体等积极参与；从创新驱动的流程来看，它涵盖了科学基础、技术开发的"黑箱"、科技成果的创新转化、创新活动的扩散（Tassey,2008）等活动；从创新驱动的目标来看，它能有效提升资源配置效率、降低能源耗散和污染排放、扩大就业效应、提高社会福利水平。可以说，创新驱动是要推动从过分依赖要素投入数量向积极寻求要素投入质量的转变，是要利用资本、制度、组织、企业家等要素实现最大化的溢出效应，是要构建经济发展内外在效应的统一和与资源环境的和谐共存，这与以全要素生产率及其分解因子为指标的创新驱动的测度有极佳的耦合度。

但在与全要素生产率测度相关的研究中，现有文献在时间序列上多止于2007年，在截面单元上也多为28个地区（无海南、重庆、西藏），一方面不能有效地考察金融危机前后的差别，另一方面也忽略了部分地区的创新驱动现状，实时性和整体性不强，进而使基于此受限研究的结论和现实指导意义大打折扣。尽管部分数据的可获得性和本身质量可能存在一定的问题，我们仍试图首先从这两方面进行拓展，然后再基于此展开相关的讨论。

3.3 测度方法和数据来源

3.3.1 测度方法

创新驱动的测量方法有很多种，包括指数法（index number）、增长核算法

(growth accounting)、数据包络分析法（data envelopment analysis，DEA）和随机前沿法（stochastic frontier approach，SFA）等。美国很多研究者都使用指数法，欧洲国家和地区的研究者主要使用增长核算法，其他国家和地区的研究者目前仍主要使用数据包络法和随机前沿法。之所以如此，主要与数据的可获得性程度有关，比如，指数法所需要的各种商品价格明细、劳动者工作时间、小时薪水等在美国政府相关机构有详细的统计数据，增长核算法所需要的劳动者工资收入、津贴和福利等在欧盟等相关机构有详细的统计数据，而其他国家，尤其是发展中国家，往往存在数据结构不全、质量不高等问题，所以以数据包络法和随机前沿法为主。

数据包络法借助线性规划原理，关注既有数据结构本身而不必主观设定生产函数，可以有效降低数据质量不高的负面影响，但其缺点在于不能捕捉随机因素的作用从而将测度结果置于"黑箱"之中。随机前沿法借助经验生产函数，不仅能将确定性前沿面随机化，还能将测度结果的"相对性"转为"绝对性"（朱承亮等，2011）。当然，两种方法并不存在绝对的优劣，在相关文献中也仅在于研究者基于其原始数据的判断和选择[①]。本文采用基于产出导向的规模报酬可变的DEA测算产出距离，并用前后两期 Malmquist 指数[②]的几何平均为全要素生产率及其分解因子[③]。

3.3.2 变量和数据来源说明

本文测度全要素生产率及其分解因子所需的数据主要有产出、资本存量和劳动就业人数，影响因素主要包括对外开放水平、人力资本、政府干预倾向、非市场化程度四类指标。

产出使用 1978~2012 年省、自治区、直辖市的国内生产总值（GDP），并将其按 1978 年为基年的地区国内生产总值指数进行平减。劳动使用 1978~2012 年各地区年末劳动就业人数，部分年份缺失数据用后五年的平均值进行填充。资本存量采用永续盘存法，其中：初始年份为 1952 年，该年资本存量按 $K_0 = I_0/(g+\delta)$ 公式求得，g 为后五年经济增长率的平均值，δ 为折旧率。流量数据采用固定资本形成总额数据，重庆 1996 年前数据缺失，可以用该年与四川省固定资本形成总额的比例进行处理，海南 1977 年前、西藏 1992 年前的数据缺失，可以用该年

[①] 相关讨论散见于段文斌和尹向飞（2009）、王恕立和胡宗彪（2012）等文献。
[②] 有关 Malmquist 指数法的深入讨论可参见费尔（Farre et al.，1994）、雷和德斯利（Ray and Desli，1997）、格里菲尔和洛维尔（Grifell and Lovell，1999）以及章祥荪和贵斌威（2008）。
[③] 我们对 TOPSIS 理想解（陶长琪和齐亚伟，2011）和跨期数据集（林毅夫和刘培林，2003；杨文举，2006）等持谨慎态度，主要有三方面原因：第一，它们涉及对数据结构本身做出改动；第二，极有可能产生异常值的连锁效应；第三，测定结果并不能保证与为避免技术内陷的出发点相一致。

与全社会固定资产投资比例进行处理。资本平减指数以国家统计局网站数据为准，1990年前缺失数据参照王和姚（Wang and Yao，2003）并将其转换成以1990年为100的指数，最后再将所有资本平减指数转换成以1978年为定基。折旧率采用分段处理方式，分别以1966年和1978年为界选择2%、5%和9.6%。

相关数据来源于各省、自治区、直辖市历年统计年鉴以及《新中国55年统计资料汇编》《新中国60年统计资料汇编》《全国各省、自治区、直辖市历史统计资料汇编》《中国国内生产总值核算历史资料1952~1995》、中经网数据库和国家统计局网站数据库。

3.4 估计结果

本文采用DEAP 2.1软件测量全要素生产率及其分解因子，结果如下。

3.4.1 全国层面

整体而言，1978~2012年我国全要素生产率年均增长率为-0.5%，意味着样本区间我国创新驱动发展处于恶化状态。技术进步的恶化是造成这一现象的主要原因，样本区间年均增长率为-0.8%，而同时段技术效率变化年均增长率为0.3%，其中，纯技术效率变化率为0.2%，规模效率变化率为0.1%。这一结果令人感到吃惊，如王和姚（Wang and Yao，2003），颜鹏飞、王兵（2004），郭庆旺、贾俊雪（2005），章祥荪、贵斌威（2008），李宾、曾志雄（2009），李国璋等（2010），陶长琪、齐亚伟（2010）等研究的全要素生产率分别为2.32%、0.25%、0.891%、1.6%、3.59%、132%[①]和-0.7%。看上去本文结果与现有文献的研究结论似有较大差距，实则不然，主要原因在于样本区间设定的差异[②]。在上述文献中，前四者的样本区间分别为1979~1998年、1979~2001年、1979~2004年、1979~2005年，后三者的样本区间为1979~2007年，对应本文的结果分别为1.22%、0.887%、0.565%、0.426%和0.21%。由此，可以推断本文的估算结果具有相当的稳健性。

分阶段来看。图3-1是1979~2012年全要素生产率及其分解因子的变化趋势，从中可以很清楚地看到，全要素生产率经历了先上升后下降再上升再下降的波动变化，这与我国改革开放以来经济发展历程相一致，如1979~1983年，农村改革通过调动农民的生产积极性促进全要素生产率的提升，1984~1989年，改

---

① 在李国璋、周彩云和江金荣（2010）中，132%是不考虑人力资本时的全要素生产率结果，而考虑人力资本时的全要素生产率结果为61%。

② 当然，对数据的处理也是原因之一，但这里，我们的主要关注点并不在此。

革阵痛所引发的通货膨胀和政治风波使全要素生产率出现了下降，1990～1994年，一系列旨在探索建立社会主义市场经济体制的改革又再次提升了全要素生产率，1995年至今，各项改革进展缓慢，政府官员腐败和权力寻租现象横生，使我国全要素生产率持续恶化。有趣的是，在2001年之前，技术效率是全要素生产率年均增长率为正的主要原因，该期间全要素生产率、技术进步和技术效率年均增长率分别为0.887%、-1.326%和2.287%，而在2002年之后，技术进步是使全要素生产率不至于过度下降的主要原因，该期间全要素生产率、技术进步和技术效率年均增长率分别为-3.291%、0.446%和-3.7%。这两种不同的机制恰好出现在我国加入世界贸易组织（WTO）前后，使我们能更好地理解我国创新驱动发展在不同阶段的实质状况。

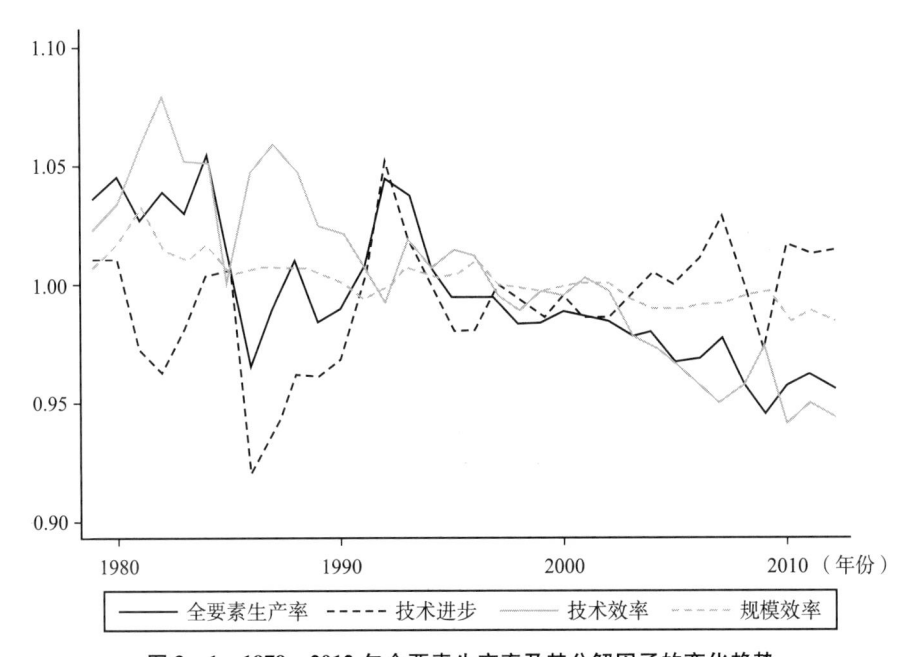

图3-1　1979～2012年全要素生产率及其分解因子的变化趋势

资料来源：相关数据来源于各省、自治区、直辖市历年统计年鉴，以及《新中国55年统计资料汇编》《新中国60年统计资料汇编》《全国各省、自治区、直辖市历史统计资料汇编》《中国国内生产总值核算历史资料1952～1995》、中经网数据库和国家统计局网站数据库。

3.4.2　地区层面

整体而言，1978～2012年，东、中、西部地区全要素生产率年均增长率分别为-0.071%、-0.617%和-0.543%，意味着各地区创新驱动发展处于恶化状态。技术进步的恶化是造成这一现象的主要原因，样本区间东、中、西部地区技术进步年均增长率分别为-0.23%、-1.108%和-0.974%，而同时段技术效率变化年均增长率分别为 0.206%、0.569% 和 0.527%。东部地区尽管在全要素生产率和技术进步方面好于中、西部地区，但在技术效率方面则逊色于中、西部地区。而出乎意料的是，中部地区在全要素生产率和技术进步方面表现最差，可能的原因在于，相比于东部地区有利的地理位置、集聚的人力资本和西部地区优越的政策支持、丰富的资源储备，中部地区的发展弱势较为明显[1]。

分阶段来看。图 3-2 是 1979~2012 年地区全要素生产率及其分解因子的变化趋势，从中可以很清楚地看到，整体上全要素生产率和技术进步都经历了先下降后上升再下降的波动变化，但与后者不同，前者在地区间的分布情况随不同阶段有所差异，如 1990 年之前，全要素生产率在地区间按西、中、东部递减，之后近十年呈现出交织上升和下降变化，2000~2005 年按东、中、西部递减，2005 年之后则按东、西、中部递减。技术效率在样本区间呈现出先上升后下降再上升

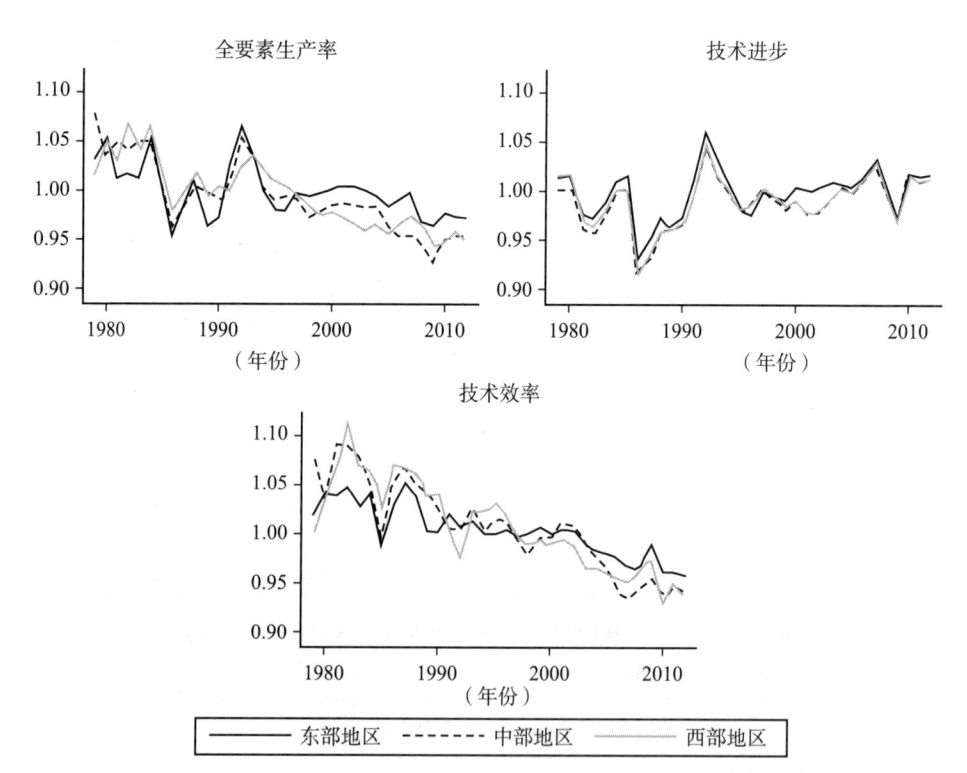

图 3-2　1979~2012 年地区全要素生产率及其分解因子的变化趋势

资料来源：相关数据来源于各省、自治区、直辖市历年统计年鉴，以及《新中国 55 年统计资料汇编》《新中国 60 年统计资料汇编》《全国各省、自治区、直辖市历史统计资料汇编》《中国国内生产总值核算历史资料 1952~1995》、中经网数据库和国家统计局网站数据库。

---

[1] 需注意的是，从 2006 年开始，西部地区全要素生产率显著高于中部，而前人研究样本区间截止于 2007 年。这可能是造成此处结论与前人结果不一致的主要原因。

再下降的变化趋势,在地区间的分布随不同阶段的差异情况与全要素生产率相似。有趣的是,与全国层面相同,在 2001 年之前,技术效率是全要素生产率年均增长率为正的主要原因,该期间东部全要素生产率、技术进步和技术效率年均增长率分别为 0.67%、1.044%、1.178%,中部分别为 -0.787%、-1.725%、-1.541%,西部分别为 1.511%、2.864%、2.836%,而在 2002 年之后,技术进步是使全要素生产率不至于过度下降的主要原因,该期间东部全要素生产率、技术进步和技术效率年均增长率分别为 -1.622%、-4.089%、-4.141%,中部分别为 0.935%、0.182%、0.21%,西部分别为 -2.521%、-4.23%、-4.302%。

3.4.3 收敛性特征

首先考察 σ 收敛特征。图 3-3 是 1979~2012 年全要素生产率及其分解因子的对数标准差,从中可以很清楚地看到,不管是全国范围,还是东、中、西部地区,整体上全要素生产率、技术进步和技术效率都存在 σ 收敛现象,意味着地区间创新驱动发展状况的差异有缩小的趋势。但分阶段来看,不同发展阶段的情况却有所差异。具体来说,全要素生产率在 1979~2003 年呈现出显著的 σ 收敛,从 2004 年开始则呈现出显著的扩散现象,技术效率在 1979~2000 年呈现出显著的 σ 收敛,但从 2001 年开始则呈现出显著的扩散现象,这些扩散现象与近年来愈演愈烈的地区差异和市场分割有着密切联系,需要引起研究者们的高度重视。此外,从地区分布角度看,样本区间全要素生产率地区内部差距程度按照西、东、中部依次递减,技术进步地区内部差距按照东、西、中部依次递减,技术效率按西、中、东部依次递减。有趣的是,部分年份(如 1983~1988 年、2006~2012 年)中、西部地区技术进步对数标准差为零,说明彼时地区内部在技术进步上不存在差异[①]。之所以如此,可能与中国改革的特征有关。中国改革较为显著的特征之一就是"局部试点、全面推广",在有关技术进步的局部试点中,往往首先是在东部地区展开,试点成功后才会全面推广至中、西部,由于试点成功时相关技术可能已较为成熟,在中、西部推广时能够及时全面覆盖,所以在特定阶段地区内部的技术进步差距可能就不再显著[②]。此外,外部环境冲击也是可能原因之一。某种程度上,可以将发达国家地区、我国东部地区和我国中、西部地区放在全球价值链的上、中、低端来考虑,如 2008 年金融危机发生后,价值链内外部风险在很大程度上被直接或间接转移至低端环节(王海兵等,2014),使没有竞争优势的中、西部会在很长一段时间内处于生产停顿、资源闲置状态,进

---

① 这一发现并未出现在任何现有文献中,为本文所特有。
② 当然,我们也不否认部分试点会在中、西部展开,然后再向全国范围推广,但即使在这种情况下,道理仍然一致。

而使地区内部技术差距不再显著。

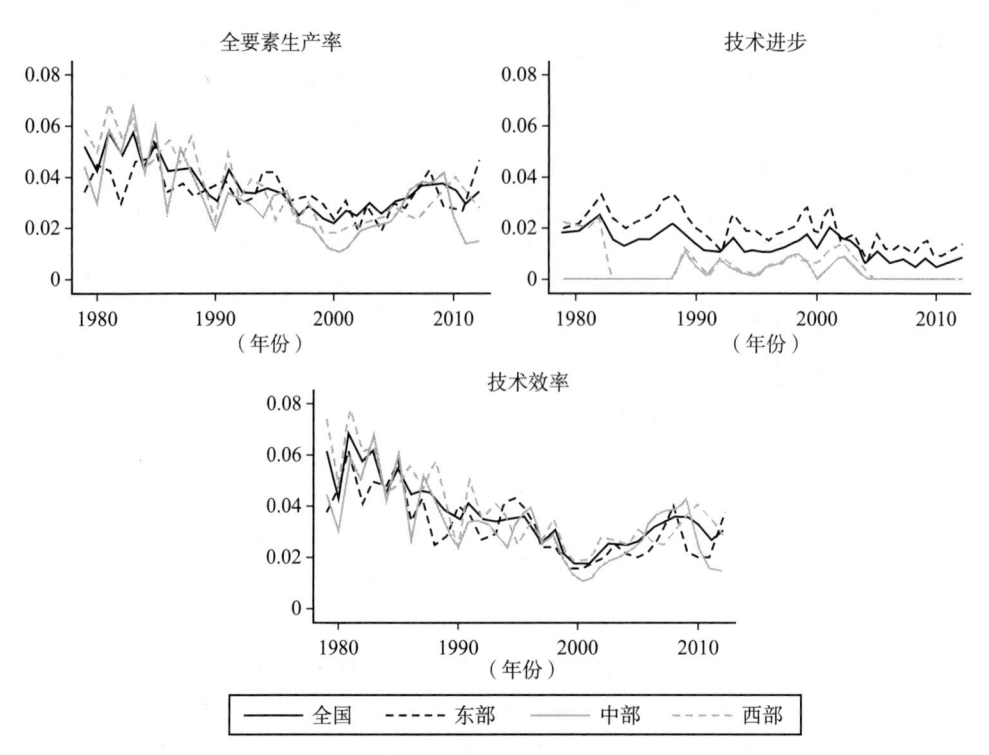

图3-3 1979~2012年全要素生产率及其分解因子的对数标准差

资料来源：相关数据来源于各省、自治区、直辖市历年统计年鉴，以及《新中国55年统计资料汇编》《新中国60年统计资料汇编》《全国各省、自治区、直辖市历史统计资料汇编》《中国国内生产总值核算历史资料1952~1995》、中经网数据库和国家统计局网站数据库。

再来考察β收敛特征。绝对β收敛和条件β收敛的方程形式分别为：

$$\ln(Inno_t/Inno_{t-1}) = \alpha_0 + \alpha_1 \ln Inno_{t-1} + \varepsilon$$

$$\ln(Inno_t/Inno_{t-1}) = \alpha_0 + \alpha_1 \ln Inno_{t-1} + \sum l_j x_j + \varepsilon$$

其中，Inno为全要素生产率及其分解因子，x是控制变量，α和l是估计系数，ε是误差项。我们采用固定效应回归法，相关结果见表3-1。从中可以很清楚地看到，不管是全国范围，还是东、中、西部地区，全要素生产率、技术进步和技术效率都存在显著的绝对β收敛和条件β收敛现象，这意味着低水平创新驱动发展地区有向高水平创新驱动发展地区追赶的趋势，但最终的稳态发展水平与不同地区的特定条件有关。进一步将估计系数转换成收敛速度，发现全国范围内全要素生产率、技术进步和技术效率的绝对β收敛和条件β收敛分别为54.56%、62.94%、39.93%和94.68%、88.38%、97.79%；地区绝对β收敛速度中，东部地区在全要素生产率和技术效率方面领先，中部地区在技术进步方面领先；地区条件β收敛速度中，西部地区在全要素生产率方面领先，中部地区在技术进步和技术效率方面领先。

表 3-1　　　　　　　　　　　β 收敛检验结果

	绝对 β 收敛				条件 β 收敛			
	全国	东部	中部	西部	全国	东部	中部	西部
tfp	-0.421*** (0.000)	-0.484*** (0.000)	-0.408*** (0.000)	-0.389*** (0.000)	-0.612*** (0.000)	-0.615*** (0.000)	-0.677*** (0.000)	-0.636*** (0.000)
tech	-0.467*** (0.000)	-0.466*** (0.000)	-0.468*** (0.000)	-0.467*** (0.000)	-0.587*** (0.000)	-0.564*** (0.000)	-0.681*** (0.000)	-0.582*** (0.000)
effch	-0.329*** (0.000)	-0.379*** (0.000)	-0.307*** (0.001)	-0.320*** (0.000)	-0.624*** (0.000)	-0.686*** (0.000)	-0.692*** (0.000)	-0.623*** (0.000)

注：tfp、tech、effch 分别为全要素生产率、技术进步、技术效率；*** 表示显著性水平为 1%；括号内是 P 值；为节省篇幅，表中并未将控制变量列出。

资料来源：相关数据来源于各省、自治区、直辖市历年统计年鉴，以及《新中国 55 年统计资料汇编》《新中国 60 年统计资料汇编》《全国各省、自治区、直辖市历史统计资料汇编》《中国国内生产总值核算历史资料 1952～1995》、中经网数据库和国家统计局网站数据库。

3.5　创新驱动的影响因素分析

由上文分析可以看出，我国创新驱动发展现状并不乐观，而且，产生这一现象的主要原因在不同发展阶段有所差异，那么，到底是什么因素在起作用呢，在不同发展阶段这些因素的作用又有何差异呢？这是下文要研究的内容。

3.5.1　整体样本区间回归结果

首先检验了各影响因素变量和控制变量的平稳性，发现各变量在取对数后可以显示出较好的性质，然后根据各省、自治区、直辖市数量生成相应的虚拟变量，初步回归后发现存在显著固定效应，于是将最终的计量方程设定为：$y_{i,t} = \lambda_0 + \sum_{i=1}^{n} \lambda_i \ln(x_{i,t}) + \sum_{j=1}^{m} \lambda_j \ln(z_{j,t}) + \mu_i + \varepsilon_{i,t}$，其中，y 是被解释变量，x、z 分别为影响因素和控制变量，μ_i 是其他个体特征变量，ε 是扰动项，我们使用考虑组内自相关和组间同期相关的可行广义最小二乘法（FGLS）进行回归，结果见表 3-2。

首先分析对外开放水平对创新驱动的作用。初步来看，进出口贸易和外商直接投资对全要素生产率和技术效率有显著正向影响，但前者对技术进步的影响显著为负，后者对技术进步的影响则显著为正。考虑到对外开放水平的作用程度极有可能与一国人力资本状况有关，我们又引入对外开放水平和人力资本的交互项，结果发现进出口贸易和人力资本交互项与全要素生产率、技术进步和技术效率显著正相关，外商直接投资与人力资本交互项对全要素生产率和技术效率显著正相关，与技术进步显著负相关，与此同时，贸易与技术进步的关系从显著负相关变为显著正相关，外商直接投资对技术进步的直接影响为负，但不再显著。此外，其他估计系数大小所反映的变量间相关性程度有所加深。由此可以推断，改革开放以来，对外开放水平的逐渐提高对我国创新驱动的发展起到了十分积极的作用，但这种作用主要是通过影响技术效率的提升而得以实现。换句话说，在我国企业积极参与国际分工的过程中，通过教育培训、交流沟通等方式所得溢出受益最多的可能是发达国家跨国公司先进的管理经验、组织结构、运营实践和企业文化等软实力。进出口贸易和外商直接投资对技术进步的不同影响可能与两者作用机理有关：进出口贸易所面对的市场需求主要在外，所以跨国公司与我国企业具有共生共存的现实基础，此情形下合作效应大于竞争效应，价值链前后纵向联系会更加紧密，因此能促进技术进步的提升；外商直接投资所面对的市场需求主要在内，所以跨国公司与我国企业在本土会有激烈的竞争，此情形下竞争效应大于合作效应，由于跨国公司具有较强的技术、品牌、规模等优势，使价值链水平方向上的挤出效应更加明显，因此不能有效提升技术进步。

表3-2　　　　　　　　1979~2012年回归结果

	tfp		tech		effch	
Trade	0.0014 *** (0.006)	0.0343 *** (0.000)	-0.0004 *** (0.000)	0.0156 *** (0.000)	0.0027 *** (0.000)	0.0205 *** (0.000)
Trade × HC		0.0053 *** (0.000)		0.0026 *** (0.000)		0.0028 *** (0.000)
FDI	0.0053 *** (0.000)	0.0209 *** (0.000)	0.0018 *** (0.000)	-0.0001 (0.534)	0.0034 *** (0.000)	0.0224 *** (0.000)
FDI × HC		0.0025 *** (0.000)		-0.0003 *** (0.000)		0.0030 *** (0.000)
HC	-0.0086 *** (0.000)	0.0176 *** (0.000)	0.0027 *** (0.000)	0.0080 *** (0.000)	-0.0117 *** (0.000)	0.0103 *** (0.000)
PE	-0.0110 *** (0.000)	-0.0123 *** (0.000)	-0.0147 *** (0.000)	-0.0159 *** (0.000)	0.0049 *** (0.000)	0.0046 *** (0.000)
SOE	0.0084 *** (0.000)	0.0198 *** (0.000)	0.0088 *** (0.000)	0.0115 *** (0.000)	-0.0005 ** (0.055)	0.0077 *** (0.000)

续表

	tfp		tech		effch	
UR	0.0094*** (0.000)	0.0108*** (0.000)	0.0016*** (0.000)	0.0024*** (0.000)	0.0070*** (0.000)	0.0081*** (0.000)
INF	0.0082*** (0.000)	0.0033* (0.087)	0.0181*** (0.000)	0.0168*** (0.000)	-0.0063*** (0.000)	-0.0076*** (0.000)
T	-0.0022*** (0.000)	-0.0022*** (0.000)	-0.0001 (0.763)	-0.0000 (0.961)	-0.0025*** (0.000)	-0.0026*** (0.000)
常数项	-0.0126 (0.265)	0.1561*** (0.000)	-0.0325*** (0.000)	-0.0009 (0.897)	0.0225*** (0.006)	0.1657*** (0.000)
N	1054	1054	1054	1054	1054	1054

注：tfp、tech、effch 分别为全要素生产率、技术进步、技术效率；T 为时间趋势；***、**和*分别表示显著性水平为1%、5%和10%；括号内为P值。

资料来源：相关数据来源于各省、自治区、直辖市历年统计年鉴，以及《新中国55年统计资料汇编》《新中国60年统计资料汇编》《全国各省、自治区、直辖市历史统计资料汇编》《中国国内生产总值核算历史资料1952~1995》、中经网数据库和国家统计局网站数据库。

其次分析人力资本对创新驱动的作用。初步来看，人力资本对全要素生产率和技术效率的影响显著为负，对技术进步的影响显著为正，但在引入对外开放水平和人力资本交互项之后，人力资本与全要素生产率和技术效率有显著正相关关系，且对技术进步的估计系数大小有所增加。由此可以推断，科教兴国战略对我国创新驱动的发展具有十分重要的作用。与此同时，我们也应该看到，人力资本与进出口贸易交互项对技术进步的显著正向作用和人力资本与外商直接投资交互项对技术进步的显著负向作用可能突出反映了我国人力资本的结构性矛盾等问题。也就是说，尽管当前我国人力资本结构与加工贸易背景下的产业结构有较高的耦合度，但整体上仍处于较低水平，在与处于价值链高端环节的跨国公司进行合作时会面临较高的人力资本瓶颈，更不用说依靠人力资本优势与外商投资企业进行激烈的竞争。如何使经济发展方式转型升级与教育体制改革相匹配，还需要进一步展开研究。

再次分析政府干预倾向和非市场化程度对创新驱动的作用。在回归结果中，政府干预倾向对全要素生产率和技术进步具有显著负向影响，对技术效率的作用则显著为正。可以推断，政府干预倾向越强，越不利于创新驱动的发展，这种负面影响主要是通过影响技术进步而得以实现的。尽管政府花费大量资金实施引进吸收再创新的技术发展战略，但引进的技术可能并不适合我国经济发展现状，所谓引进的领先技术也很可能并不那么先进，与所花费的巨额成本相比更不经济。此外，受限于整体上较低的人力资本水平，引进后的吸收再创新未必能顺利展开，结果使得大批机器设备处于闲置状态，当然不能对技术进步产生积极推动作用。然而，在实施引进吸收再创新的技术发展战略过程中，的确能够通过沟通交流学到操作技能、维修知识等内容，进而会对技术效率产生积极作用。非市场化程度对全要素生产率、技术进步和技术效率都具有显著正向影响，这与现有文献结论不太一致，如周晓艳、韩朝华（2009）研究发现国有经济比重与技术效率呈显著负相关性。之所以如此，可能与国有企业改革有关，尽管饱受争议，但不可否认部分国有企业的确具有以领先技术和运营效率为基础的较强竞争优势。此外，国有企业改革也并非是要压缩非国有企业的生存空间，在国有企业具有政治、财税、金融等优势的前提下，非国有企业唯有依靠积极创新才能弥补"先天的不平等境遇"，而这又会带来整体创新驱动发展水平的提升。

最后分析控制变量对创新驱动的作用。在回归结果中，城市化对全要素生产率、技术进步和技术效率具有显著正向影响，基础设施建设对全要素生产率和技术进步具有显著正向影响，但对技术效率的影响显著为负。由此可见，城市化的集聚效应和基础设施建设的网络效应对我国创新驱动发展具有积极作用。

3.5.2 样本区间分组回归结果

我们将整体样本区间划分为1979~2001年、2002~2012年两个部分，分别进行回归以讨论不同发展阶段的差异特征，相关结果见表3-3。

表3-3 分组回归结果

	tfp		tech		effch	
	1979~2001年	2002~2012年	1979~2001年	2002~2012年	1979~2001年	2002~2012年
Trade	0.0299*** (0.000)	-0.0163 (0.698)	0.0088*** (0.000)	-0.0395*** (0.001)	0.0132*** (0.005)	-0.0257 (0.612)
Trade×HC	0.0039*** (0.000)	-0.0080 (0.413)	0.0016*** (0.000)	-0.0130*** (0.000)	0.0014** (0.049)	-0.0042 (0.709)
FDI	0.0378*** (0.000)	0.0588* (0.051)	0.0081*** (0.000)	0.0212*** (0.000)	0.0292*** (0.000)	0.0127 (0.550)
FDI×HC	0.0050*** (0.000)	0.0096 (0.136)	0.0010*** (0.000)	0.0050*** (0.000)	0.0041*** (0.000)	0.0001 (0.986)
HC	0.0324*** (0.000)	-0.0275 (0.177)	-0.0025*** (0.001)	0.0076 (0.428)	0.0330*** (0.000)	-0.0615 (0.118)

续表

	tfp		tech		effch	
	1979~2001年	2002~2012年	1979~2001年	2002~2012年	1979~2001年	2002~2012年
PE	-0.0376*** (0.000)	-0.0139 (0.423)	-0.0199*** (0.000)	-0.0366*** (0.000)	-0.0133*** (0.000)	0.0148 (0.472)
SOE	0.0540*** (0.000)	0.0021 (0.839)	0.0324*** (0.000)	0.0039 (0.253)	0.0150*** (0.000)	0.0009 (0.950)
UR	-0.0010 (0.695)	-0.0083 (0.567)	0.0036*** (0.000)	0.0093** (0.035)	0.0013 (0.395)	0.0138 (0.177)
INF	0.0172*** (0.000)	0.0165* (0.082)	0.0094*** (0.000)	0.0029 (0.416)	0.0109*** (0.000)	-0.0050 (0.455)
T	-0.0034*** (0.000)	0.0002 (0.886)	0.0010** (0.049)	0.0018* (0.088)	-0.0047*** (0.000)	-0.0008 (0.748)
常数项	0.2675*** (0.000)	-0.1184 (0.272)	-0.0775*** (0.000)			-0.1959 (0.412)
N	713	341	713	341	713	341

注：tfp、tech、effch 分别为全要素生产率、技术进步、技术效率；T 为时间趋势；***、** 和 * 分别表示显著性水平为 1%、5% 和 10%；括号内为 P 值；表中常数项的空白处是因为在 Stata 软件中并未给出具体数值。

资料来源：相关数据来源于各省、自治区、直辖市历年统计年鉴，以及《新中国 55 年统计资料汇编》《新中国 60 年统计资料汇编》《全国各省、自治区、直辖市历史统计资料汇编》《中国国内生产总值核算历史资料 1952~1995》、中经网数据库和国家统计局网站数据库。

1979~2001 年分组回归结果与整体样本区间回归结果相比：全要素生产率回归方程中，城市化的作用不再显著，说明城市化本质上是一个长期过程，其集聚效应要在较长时期后才能得以反映；技术进步回归方程中，外商直接投资及其与人力资本交互项的作用显著为正，人力资本的作用显著为负，前者说明我国企业与发达国家跨国公司的差距在早期可能并不显著，彼此间仍主要以合作为主，竞争还没到十分激烈的程度，后者说明我国人力资本在该时期处于较低水平；技术效率回归方程中，政府干预倾向的作用显著为负，基础设施建设的作用显著为正，前者说明政府主导配置资源方式在该时期并不能有效提升效率，后者说明该时期基础设施建设具有正向的网络效应[①]。

2002~2012 年分组回归结果与 1979~2001 年分组回归结果相比，全要素生

---

① 之所以在整体样本区间回归结果中出现基础设施建设与技术效率显著负相关的结果，可能与长期以来我国基础设施大量重复建设有关，还可能与基础设施建设领域内的官员腐败、权力寻租等现象有关。

产率回归方程中仅有外商直接投资和基础设施建设的作用仍然显著，技术进步回归方程中进出口贸易及其与人力资本交互项的作用显著为负，人力资本、非市场化程度和基础设施建设的作用不再显著，技术效率回归方程中所有变量都不再显著。这一发现令人感到惊讶，我们可以推断，我国自加入 WTO 后，经济增长的迅猛势头掩盖了背后的乱象，放缓了政治、经济体制深化改革的进程，滋长了过度依赖政府配置资源、过度依赖出口和投资拉动经济的发展方式，这些对基于创新驱动的可持续发展必然会产生负面影响，需要引起更多研究者的注意。

3.6 结 束 语

本文回顾了有关创新驱动发展战略的相关文献，认为创新驱动在形式、主体、流程、目标等方面与全要素生产率及其分解因子有极佳的耦合度，在此基础上，利用 1978～2012 年省际面板数据，基于 Malmquist – DEA 方法测算了全要素生产率及其分解因子，主要结论有：(1) 我国创新驱动发展处于恶化状态，样本区间全要素生产率年均增长率为 - 0.5%，技术进步的恶化是造成这一现象的主要原因，样本区间年均增长率为 - 0.8%，而同时段技术效率变化年均增长率为 0.3%。(2) 地区创新驱动发展也处于恶化状态，但按照东、中、西部地区程度依次递减，样本区间的全要素生产率年均增长率分别为 - 0.071%、- 0.617% 和 - 0.543%。(3) 收敛性特征检验表明，不管是全国范围，还是东、中、西部地区，都存在显著的 σ 收敛、绝对 β 收敛和条件 β 收敛，说明 1979～2012 年不同地区间创新驱动发展水平差异有缩小的趋势，创新驱动发展水平较低地区有向创新驱动发展水平较高地区追赶的现象，但不同地区创新驱动发展的稳态水平与自身的特定条件有关。(4) 创新驱动的发展状况在不同发展阶段有所差异，这与我国改革开放以来经济发展历程中的相关节点相一致。(5) 创新驱动影响因素的实证分析表明，整体样本区间回归结果中，除政府干预倾向外，对外开放水平、人力资本、非市场化程度都具有显著正向作用，而分组回归结果显示，各因素的作用在我国加入 WTO 后有较大不同。

上述研究结论不仅提供了当前我国大力实施创新驱动发展战略的现实背景，也对如何实施创新驱动发展战略具有启示意义：(1) 坚持对外开放，不仅要通过进出口贸易加深与发达国家跨国公司的沟通交流，还要通过引进适宜的技术和资本增强我国企业的竞争优势；(2) 坚持科教兴国战略，积极深化教育改革，提升我国人力资本水平，同时，加大世界优秀人才的引进力度，通过建立长效的合作与共享机制提高知识的溢出效应；(3) 坚持经济体制改革，有效约束政府干预行为，释放制度红利，调动创新主体的积极性；(4) 坚持国有企业改革，建立健全以现代企业制度为核心的国有企业治理结构，优化国有企业的产权结构，给予非国有企业平等待遇；（5）坚持以人为本，杜绝照搬照抄国外经验，探索适合中国情境的城市化、城镇化道路；（6）坚持法治改革，积极完善各项法律、法规，严惩官员腐败、权力寻租等违法行为。

参考文献

[1] 葛霖生. 中外十国经济增长方式比较 [J]. 毛泽东邓小平理论研究, 2000 (6): 72 - 78.

[2] 迈克尔·波特. 国家竞争优势 [M]. 李明轩, 邱如美译, 北京: 华夏出版社, 2002: 533 - 547.

[3] 约瑟夫·熊彼特. 经济发展理论——对于利润、资本、信贷、利息和经济周期的考察 [M]. 何畏, 易家祥等译, 北京: 商务印书馆, 1991: 73 - 74.

[4] 洪银兴. 关于创新驱动和协同创新的若干重要概念 [J]. 经济理论与经济管理, 2013, 33 (5): 5 - 12.

[5] 刘志彪. 从后发到先发: 关于实施创新驱动战略的理论思考 [J]. 产业经济研究, 2011 (4): 1 - 7.

[6] 费利群. 论以创新驱动战略思想为导向的学习型政党和创新型国家建设 [J]. 山东社会科学, 2011 (5): 85 - 96.

[7] 洪银兴. 论创新驱动经济发展战略 [J]. 经济学家, 2013, 1 (1): 5 - 11.

[8] 陈波. 论创新驱动的内涵特征与实现条件——以"中国梦"的实现为视角 [J]. 复旦学报（社会科学版）, 2014 (4): 124 - 133.

[9] 齐建国, 梁晶晶. 论创新驱动发展的社会福利效应 [J]. 经济纵横, 2013 (8): 7 - 12.

[10] 马一德. 创新驱动发展与知识产权战略实施 [J]. 中国法学, 2013 (4): 27 - 38.

[11] 夏天. 创新驱动过程的阶段特征及其对创新型城市建设的启示 [J]. 科学学与科学技术管理, 2010 (2): 124 - 129.

[12] 宋玉萍. 创新驱动与企业核心竞争力塑造研究 [J]. 改革与战略, 2014 (1): 45 - 48.

[13] 蔡乌赶, 周小亮. 企业生态创新驱动、整合能力与绩效关系实证研究 [J]. 财经论丛, 2013 (1): 95 - 100.

[14] 葛秋萍, 李梅. 我国创新驱动型产业升级政策研究 [J]. 科技进步与对策, 2013, 30 (16): 102 - 106.

[15] 胡婷婷, 文道贵. 发达国家创新驱动发展比较研究 [J]. 科学管理研究, 2013, 31 (2): 1 - 4.

[16] 王志刚, 龚六堂, 陈玉宇. 地区间生产效率与全要素生产率增长率分解 [J]. 中国社会科学, 2006 (2): 55 - 66.

[17] 李宾, 曾志雄. 中国全要素生产率变动的再测算: 1978 ~ 2007 年 [J]. 数量经济技术经济研究, 2009 (3): 3 - 15.

[18] 李国璋, 周彩云, 江金荣. 区域全要素生产率的估算及其对地区差距的贡献 [J]. 数量经济技术经济研究, 2010 (5): 49 - 61.

[19] 陶长琪, 齐亚伟. 中国全要素生产率的空间差异及其成因分析 [J]. 数量经济技术经济研究, 2010 (1): 19 - 32.

[20] 庄子银. 创新、企业家活动配置与长期经济增长 [J]. 经济研究, 2007 (8): 82-94.

[21] 刘志彪. 从后发到先发: 关于实施创新驱动战略的理论思考 [J]. 产业经济研究, 2011 (4): 1-7.

[22] 洪银兴. 科技创新中的企业家及其创新行为——兼论企业为主体的技术创新体系 [J]. 中国工业经济, 2012 (6): 83-93.

[23] 温军, 冯根福. 异质机构、企业性质与自主创新 [J]. 经济研究, 2012 (3): 53-64.

[24] Tassey G. Globalization of technology-based growth: the policy imperative [J]. The Journal of Technology Transfer, 2008, 33 (6): 560-578.

[25] 朱承亮, 岳宏志. 环境约束下的中国经济增长效率研究 [J]. 海派经济学, 2011 (1): 3-20.

[26] Wang Y, Yao Y. Sources of China's Economic Growth 1952-1999: Incorporating Human Capital Accumulation [J]. China Economic Review, 2003, 14 (1): 32-52.

[27] 颜鹏飞, 王兵. 技术效率、技术进步与生产率增长: 基于DEA的实证分析 [J]. 经济研究, 2004 (12): 55-65.

[28] 郭庆旺, 贾俊雪. 中国全要素生产率的估算: 1979-2004 [J]. 经济研究, 2005 (6): 51-60.

[29] 章祥荪, 贵斌威. 中国全要素生产率分析: Malmquist指数法评述与应用 [J]. 数量经济技术经济研究, 2008, 25 (6): 111-122.

[30] 王海兵, 杨蕙馨, 吴炜峰. 价值链断裂、新产业生态系统形成与我国企业全球研发 [J]. 经济管理, 2014 (6): 13-25.

[31] 周晓艳, 韩朝华. 中国各地区生产效率与全要素生产率增长率分解 (1990-2006) [J]. 南开经济研究, 2009 (5): 26-48.

第 4 章

创新驱动与现代产业发展体系
——基于我国省际面板数据的实证分析*

4.1 引　　言

改革开放以来，中国产业发展体系经历了巨大变化，一、二、三产业产值比例从 1978 年的 28∶48∶24 变为 2012 年的 10∶45∶45，实际国内生产总值（real GDP）从 1978 年的 3645.2 亿元增至 2012 年的 88312.74 亿元[①]，各经济部门从封闭走向开放、从分散走向融合、从传统走向现代，取得了举世瞩目的成就。越来越多的研究者也开始关注"中国奇迹"，他们一方面惊叹于过去中国经济所取得的巨大成就，另一方面又对未来中国经济高速增长的可持续性提出质疑。尤其自国际金融危机以来，随着中国国内生产总值增速从 2007 年的 14.16% 下降至 2014 年的 7.4%，对过去经济增长方式的争论再度成为研究者们讨论的焦点：一方面，以克鲁格曼为首的经济学家坚持认为东亚经济发展模式主要依靠要素投入的积累而不是技术进步，所谓"东亚奇迹"并不能持久；另一方面，国内如林毅夫、郑玉歆等学者分别从比较优势、后发优势、发展战略、技术选择、制度演化、增长规律等方面展开论述，探讨发展中国家在经济增长过程中的特殊性。这一争论自 20 世纪 90 年代初到现在始终没有停止，且有愈演愈烈的趋势，主要是因为不同观点会对一国经济发展战略的选择产生持久而深刻的影响。

当前，中国正在大力推进创新驱动发展战略，研究者们对此也展开了激烈辩论：一些研究者认为，由于中国过去经济发展方式不具有可持续性，所产生的资源环境约束和国际竞争压力等问题迫切需要中国经济转变到以全要素生产率为主导的创新驱动进程中，尤其在国际金融危机后第三次工业革命所提供的机会窗口下，中国更应该把握机会加大创新投入占领技术高地以获取先发优势；另一些研

---

* 本章作者为王海兵、杨蕙馨，发表在《经济学（季刊）》2016 年第 4 期（有改动）。
① 原始数据源自国家统计局网站，以 1978 年为基期，经作者计算而得。

究者则认为，资源环境约束和国际竞争压力是任何国家在相应的发展阶段必然会遇到的问题，中国经济在过去30多年的长足发展本身就能够进行自我证明，此外，过度强调技术的领先优势而忽略研发风险有以偏概全之嫌，创新驱动发展战略的本质应是最大限度地发挥比较优势。

上述有关中国过去经济发展方式之争和时下大力推进创新驱动发展战略之辩论有着内在的联系。对前者而言，争论的焦点在于过去中国的经济增长方式是否具有不可持续性，而自国际金融危机以来，中国GDP增速放缓的宏观经济环境似乎在迫切地要求政府及企业等各方积极寻求经济结构调整和产业转型升级的良方，以期能更好地实现经济增长方式的转变。在这些良方当中，具有举足轻重地位的看法就是要将以要素投入为主的粗放型增长方式转变为以全要素生产率提高为主的集约型增长方式。对后者而言，辩论的焦点在于创新驱动的本质是什么，其中较为流行的观点是"要去推动从过分依赖要素投入数量向积极寻求要素投入质量的转变，是要去利用资本、制度、组织、企业家等要素实现最大化的溢出效应，是要去构建经济发展内外在效应的统一和与资源环境的和谐共存"（王海兵和杨蕙馨，2015），这与全要素生产率的概念内涵有极佳的耦合度。故而，有关过去中国经济增长方式之争和时下大力推进创新驱动发展战略之辩论可以在全要素生产率上得到有效结合。

然而，有关全要素生产率的测算结果却有较大的不确定性，其结果分布从-9.7%（刘舜佳，2008）到11.42%（周晓艳和韩朝华，2009）不等[①]，这使得本文要将研究的焦点返回到不同的争辩本身。实际上，争辩双方都有一定的理论基础，逻辑上也可以自洽，所以剩下的就自然而然会落脚在实证上，但问题在于：我们要以什么样的视角去研究中国特定情境下改革开放以来的经济发展过程？诚然，经济增长是十分重要的视角之一，但如张军（2009）和林毅夫（2012）等所指出的，结构变迁是中国过去经济发展的重要特征之一，也是理解中国过去经济增长方式的重要方面。尽管结构变迁已在不同层面被研究者们所解读，如许（Xu，2011）的分权式威权制（regionally decentralized authoritarian system，RDAs）的制度基础变化、简泽（2011）的国家垄断到竞争的市场结构变化以及李玉红、王皓和郑玉歆（2008）的工业企业进入退出的动态演化等，但最突出的仍是产业结构的变迁。产业结构变迁不仅能直接影响经济增长，还可通过要素配置效应影响全要素生产率进而间接对经济增长产生作用。由于经济增长和产业结构变迁是产业发展体系的主要内容，所以，本文将研究的视角定位于创新驱动与现代产业发展体系。

回顾现有文献，尽管早有学者对创新驱动与现代产业发展体系进行了研究，

[①] 需要提醒的是，两篇文章的样本区间分别为1978~2006年、1990~2006年，所使用的方法分别是数据包络分析法和随机前沿分析法。匿名审稿人对使用数据包络分析法提出了疑问，具体说明可见下文。

但本文所思考的重点在于：既然上述争辩双方都能够在理论上自圆其说，那有没有这样一种可能，即争论的差异深层次地体现为对中国过去经济发展过程中创新驱动与产业发展体系间关系在长短期中的看法有别？换句话说，创新驱动描述的是一个过程，其本身也具有很高的风险，经济学家基于长/短期现象的观察所得出的推论可能存在差异，进一步，由于创新驱动过程的不确定性，这种推论上的差异很可能与一般的直觉又有较大出入。如此思考的重要意义在于：如果创新驱动与产业发展体系间关系在长短期中的确有所不同，那么，一方面可以正确理解上述争辩本身，另一方面也会对政策制定者关于发展战略的选择产生重要的启示。这将是本文的重要贡献。

本文与前人研究的主要差异在于：现有文献或进行理论演绎，或单纯考察以全要素生产率为指标的创新驱动，或研究产业发展体系内部经济增长与产业结构变迁间的关系，实证上也多采用时间序列数据，结论往往具有单一性，而本文则将创新驱动与产业发展体系有效结合，并采用面板数据考察长短期关系的差异，试图为争论双方提供有效论据。一些重要结论包括：（1）我国创新驱动发展现状不容乐观，样本期间全要素生产率年均增长率为 -0.5%，技术进步率年均增长率为 -0.8%，技术效率变化增长率为 0.3%。（2）我国产业发展体系本身具有自我演化特征，这种演化特征以经济增长和产业结构变迁的协同互动为主题。（3）创新驱动与产业发展体系的相互作用有区别。在长期均衡关系中，全要素生产率对经济增长的作用显著为负，对产业结构变迁的作用显著为正，而经济增长和产业结构变迁对全要素生产率的作用则显著为正；在短期修正关系中，全要素生产率对经济增长的作用显著为正，对产业结构变迁的作用显著为负，而经济增长和产业结构变迁对全要素生产率的修正作用则显著为正。（4）技术进步、技术效率、规模效率与产业发展体系的相互作用和全要素生产率与产业发展体系的相互作用有别。以技术效率为例，在协整方程中，经济增长对技术效率的作用显著为负，而对全要素生产率的作用则显著为正；在误差修正方程中，技术效率对产业结构变迁的调整作用不再显著，而全要素生产率的作用则显著为负。（5）影响创新驱动的相关因素包括对外开放水平、人力资本、政府干预倾向、非市场化程度、城市化、基础设施建设等方面，除政府干预倾向和非市场化程度外，其余影响因素与全要素生产率呈显著正相关性，而两者交互项的显著负向影响也可能反映出利益相关者之间勾结的破坏性作用。

本文的结构安排如下：第一部分是引言，第二部分是一个简单的文献回顾，第三部分是计量方法与相关数据的说明，第四部分是对实证结果的分析以及格兰杰因果检验，第五部分以技术进步、技术效率和规模效率为细分展开进一步讨论，第六部分是稳健性检验，第七部分是影响创新驱动相关因素的实证检验，第八部分是结论与启示。

4.2 文献综述

有关创新驱动的文献可以分为两方面：一方面是从理论上探讨其概念、内涵和外延，另一方面是对以全要素生产率为指标的创新驱动的测度。在前者中，费利群（2011）从学习视角出发，讨论了创新驱动的基础、核心、关键和目的等要素，并将其延伸到政党建设和创新型国家建设中。洪银兴（2013）从发展方式转变的现实背景、内生增长的源头、协同创新体系建立以及创新驱动的路径等方面对创新驱动发展战略进行了解读。陈波（2014）从市场作用角度出发，探讨了创新驱动与"中国梦"之间的内在关联，并强调在面临"市场残缺"与"市场失灵"时政府的积极作用。刘志彪（2011）则认为"创新驱动"不能盲目化、口号化，要在对不同地区经济条件做出评估的基础上，推动相应的转型升级，而目前我国部分发达地区已然具备了突破"中等收入陷阱"、实施"先发优势"的有力武器。在后者中，王和姚（Wang and Yao，2003）利用增长核算法发现 1979～1998 年我国全要素生产率年均增长 2.32%；王志刚等（2006）利用随机前沿模型发现 1978～2003 年我国全要素生产率年均增长 4.36%；奥兹尤特（Ozyurt，2009）基于 C－D 生产函数发现 1979～2005 年我国全要素生产率年均增长 1.81%；陶长琪和齐亚伟（2010）引入虚拟决策单元，利用数据包络分析方法（DEA）发现 1978～2007 年全要素生产率年均下降 0.7%，技术效率恶化是主要原因，样本期间年均下降 2.1%；吴（Wu，2014）基于自己调整过的数据，利用增长核算法发现 1978～2012 年我国全要素生产率年均增长 1.1%。

对现代产业发展体系的研究目前还处于理论摸索阶段，这主要是由于该概念是我国所特有的，是在改革开放 30 多年实践经验基础上总结形成并在党的十七大报告中明确提出的。张耀辉（2010）以竞争为主线、以创新为基础、以协作为特征、以内生和外生共同推进为框架，讨论了产业发展体系的蜕变与形成。刘钊（2011）认为，现代产业发展体系中的组织形式主要向着网络化演进、向着集群化延伸、向着融合化发展，其本质是一种联动的协同网络系统。詹懿（2012）从农业基础不牢、工业技术水平低、服务业发展缓慢、外国资本强势渗透与控制、产业联动性弱等产业体系的症结出发，讨论了构建现代产业发展体系所面临的"双重压力"和"双重威胁"，并从国家层面的发展规划、制度保障、法律支撑等方面提出了相应建议。值得指出的是，在很多相关文献中，经济增长和产业结构变迁是现代产业发展体系最主要的落脚点，这些文献可以追溯至配第—克拉克定理、霍夫曼法则、罗斯托经济增长阶段论、库兹涅茨经济增长分析、钱纳里工业化发展阶段等经典论述。而在实证文献中，周英章和蒋振声（2002）通过时间序列数据的协整检验发现两者存在长期均衡关系，但格兰杰因果检验表明经济增长并非产业结构变迁的格兰杰原因,反之却成立,而赵春艳(2008)的实证结果则相反。干春晖等(2011)利用泰尔指数和第三产业与第二产业间产值比测度了产业结构的合理化和高级化,并基于弗兰克(Frank,2005)的计量模型,研究了产业结构对经济增长的影响,发现这种影响在 1978~2009 年呈显著正相关,但在不同发展阶段有不一样的特征。

创新驱动与现代产业发展体系的现有研究主要有三方面:第一方面是从理论上分析两者的作用机理;第二方面是将创新驱动与现代产业发展体系的特征联系起来进行实证考察;第三方面是实证分析创新驱动、经济增长和产业结构变迁三者的联系。在第一方面,相关文献可追溯至索洛(Solow,1956)、诺思(North,1981)、卢卡斯(Lucas,1988)、罗默(Romer,1986)等经典著述。就国内而言,陈晓光和龚六堂(2005)在技术外生的一般均衡模型基础上,构建了以研发为创新动力的卡尔多模型和以人力资本积累为创新动力的城市化模型,通过求解均衡结果和对比分析进而讨论了结构变化与经济增长的关系。陈体标(2007)基于典型的经验事实,构建了仅有一种消费品的多部门经济增长模型,并通过中间部门的差异化技术水平和代表性个体的预算约束与效用函数分析了结构变化与经济增长的关系。此外,王晓蓉和孙歌珊(2011)在回顾古典经济学中资本积累的相关理论及对其持反对意见的其他学派思想的基础上,强调了以技术创新和国家创新体系为主要内容的创新驱动在产业体系演变过程中的核心作用。在第二方面,李廉水和周勇(2006)利用 35 个工业行业的面板数据实证检验了技术变化对能源效率的影响,结果表明 1993~2003 年全要素生产率及其相应的分解因子能够显著提高能源效率。叶仁荪、王光栋和王雷(2008)利用 1990~2005 年省际面板数据,刘书祥和曾国彪(2010)利用 1978~2006 年时间序列数据,姚战琪和夏杰长(2005)利用 2000~2002 年省际面板数据所进行的实证分析表明全要素生产率和技术进步的就业效应为负。在第三方面,李宾和曾志雄(2009)测算出的全要素生产率对 1978~2007 年的经济增长贡献率为 19.8%,孙琳琳和任若恩(2005)测算结果显示 1981~2002 年全要素生产率贡献度达 35%,王恕立和胡宗彪(2012)对 1990~2010 年服务业的测算结果表明全要素生产率贡献度达 38.75%,可见差异之大。此外,黄茂兴和李军军(2009)实证研究发现,技术选择系数不仅影响产业结构变迁,还与经济增长显著正相关,但在不同地区情况有所不同,从而证明了技术与要素禀赋匹配的重要性。

综上可见,创新驱动与现代产业发展体系有着密切的联系,但该密切关系在很多文献中并没有被直接验证,这也是本文与现有研究的主要区别之一。除此之外,本文的创新之处还体现在以下几个方面:(1)对创新驱动测度的两方面扩展,一是从时间跨度上延伸至 1978~2012 年,二是扩大截面单元至 31 个省、自治区、直辖市。(2)对现代产业发展体系的两方面处理,一是从指标衡量上完善产业结构变量的构建,二是将产业结构变迁和经济增长同时引入计量模型。

(3) 利用面板协整检验、面板误差修正模型（ECM）和面板向量自回归（P-VAR）考察创新驱动、产业结构变迁和经济增长在长短期中可能存在的差异化特征。(4) 本文分析结论能够同时为引言中所涉及的争论双方提供有效论据。(5) 在创新驱动影响因素的实证研究中，引入政府干预倾向和非市场化程度的交互项，考察可能存在的利益相关者之间勾结的影响。

4.3 计量方法与数据说明

4.3.1 计量模型

本文主要涉及的测算方法和计量模型分别有以下三个：

（1）全要素生产率的测度。

本文采用基于产出导向的规模报酬可变的数据包络分析方法测算产出距离，并基于前后两期 Malmquist 指数的几何平均测算全要素生产率。

（2）误差修正模型。本文的误差修正模型采用以下形式：

$$\Delta y_{i,t} = \beta_0 + \alpha EC_{i,t} + \sum_{j=1}^{2}\sum_{k=1}^{q}\beta_{j,i}\Delta x_{i,t-k+1} + \sum_{k=2}^{q}\beta_i \Delta y_{i,t-k+1} + \varepsilon_{i,t}$$

其中，EC 是以 y 为因变量、x 为自变量的误差修正项，j 是自变量个数，k 是滞后数，q 是最佳滞后期数，i 是截面单元数，t 是时期，α 是长期协整关系对因变量的修正参数（内部子系数分别是 λ、θ[①]），β 是自变量对因变量的短期修正参数，ε 是残差项。

（3）面板向量自回归。

由于本文的变量主要有创新驱动、经济增长和产业结构变迁，所以面板向量自回归模型可设定如下：

$$\begin{cases} x_{1,i,t} = \beta_{1,0} + \sum_{k=1}^{q}\beta_{2,i}x_{2,i,t-k} + \sum_{k=1}^{q}\beta_{3,i}x_{3,i,t-k} + \varepsilon_{1,i,t} \\ x_{2,i,t} = \beta_{2,0} + \sum_{k=1}^{q}\beta_{1,i}x_{1,i,t-k} + \sum_{k=1}^{q}\beta_{3,i}x_{3,i,t-k} + \varepsilon_{2,i,t} \\ x_{3,i,t} = \beta_{3,0} + \sum_{k=1}^{q}\beta_{1,i}x_{1,i,t-k} + \sum_{k=1}^{q}\beta_{2,i}x_{2,i,t-k} + \varepsilon_{3,i,t} \end{cases}$$

其中，x_1、x_2、x_3 分别为相应的分析变量，ε_1、ε_2、ε_3 分别为相应方程的残

[①] 以全要素生产率为指标时为例，相应误差修正项可分别设定为：$EC_{1,i,t} = gy_{i,t} - \lambda_1 scy_{i,t} - \theta_1 tfp_{i,t}$，$EC_{2,i,t} = scy_{i,t} - \lambda_2 gy_{i,t} - \theta_2 tfp_{i,t}$，$EC_{3,i,t} = tfp_{i,t} - \lambda_3 gy_{i,t} - \theta_3 scy_{i,t}$。

差，需要对其原始假设进行检验，即验证是否皆为白噪声过程。

4.3.2 指标及数据说明

（1）指标构建。

创新驱动指标分别用全要素生产率（tfp）、技术进步率（techch）、技术效率变化（effch）和规模效率（sech）来考察。

产业结构变迁指标①沿用迪特里希（Dietrich，2012）一文中两个十分简单且有效的指标衡量产业结构变迁：

$$scy_{k,t} = 0.5 \times \sum_{i=1}^{n} |x_{i,t} - x_{i,k}|$$

$$scry_{k,t} = \sqrt{\sum_{i=1}^{n} x_{i,t} \times x_{i,k} \times \left(\ln \frac{x_{i,t}}{x_{i,k}}\right)^2}$$

其中，$scy_{k,t}$、$scry_{k,t}$ 分别用绝对值和相对值表示 k 年到 t 年间产业结构变迁指标，$x_{i,t}$ 指 t 年 i 产业产值在总体中的份额，t = 2，…，T，k = 1，…，T - 1。

经济增长指标采用实际 GDP 增长率（gy）。

（2）数据说明。

本文中的产出用 1978~2012 年全国各省、自治区、直辖市的 GDP 数据，按 1978 年为基年的各地区国内生产总值指数进行平减。劳动采用同时间段各地区历年就业人数数据，部分地区一些年份数据缺失用后五年平均值填充。资本存量采用永续盘存法，其中：流量采用 1952~2012 年固定资本形成总额数据，重庆 1996 年前数据缺失，可以用该年与四川省固定资本形成总额的比例进行处理，海南 1977 年前、西藏 1992 年前的数据缺失，可以用该年与全社会固定资产投资比例进行处理；平减指数来自王和姚（Wang and Yao，2003）以及国家统计局网站，以 1978 年为定基；1952 年资本存量按照公式 $K_0 = I_0/(g+\delta)$ 求得，其中 g 为五年经济增长率的平均值，δ 为折旧率；此外，基于现有文献的普遍做法和对中国经济发展历程中不同阶段特征的判断，本文将折旧率分段处理，分别以 1966 年和 1978 年为界选择 2%、5% 和 9.6%②。相关数据来自历年各地区统计年鉴、《新中国 60 年统计资料汇编》《中国国内生产总值核算历史资料 1952~1995》。

---

① 现有文献着重于产业结构变迁的高级化和合理化，但相关指标仅是产业结构变迁的侧面，不能概括整体状况。

② 作者感谢匿名审稿人的建议。本文之所以对折旧率进行分段处理，主要是参照毛军（2005）、阿尔巴拉-伯川德和封（Albala - Bertrand and Feng，2007）、黄宗远和宫汝凯（2008）、叶明确和方莹（2012）及靖学青（2013）等文献的做法。这些文献一致认为在估算物质资本存量的过程中，对样本区间使用单一折旧率的做法有欠妥当，也与经济发展不同阶段的实际情况相去较远。具体来说，2% 的取值来源于吴（Wu，2014），5% 和 9.6% 的取值则来源于多数相关文献。

4.4 实证结果分析

4.4.1 TFP测度结果

根据上述方法，本文所测度的样本区间中国全要素生产率年均增长率为 -0.5%，技术进步率年均增长率为 -0.8%，技术效率变化增长率为0.3%，其中，纯技术效率变化率为0.2%，规模效率变化率为0.1%。图4-1是1979~2012年中国全要素生产率及其分解因子年平均增长率变化趋势，从中可见，自20世纪90年代以来，我国全要素生产率增长率显著下降，1995年后开始负增长，2007年开始有加速下滑的趋势，尽管2010年有所上升，但情况依然不容乐观。这也是我国实施创新驱动发展战略的现实背景之一。

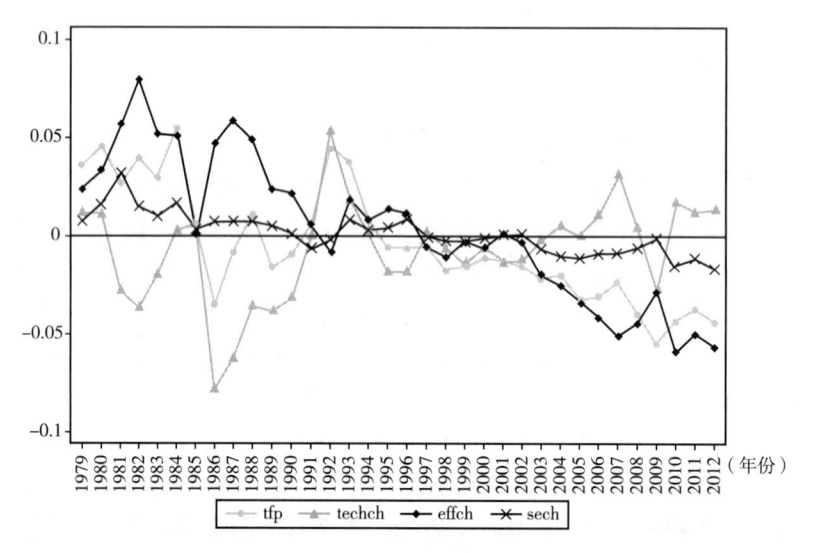

图4-1　1979~2012年中国全要素生产率及其分解因子年平均增长率

资料来源：相关数据来自历年各地区统计年鉴、《新中国60年统计资料汇编》《中国国内生产总值核算历史资料1952~1995》。

此外，本文全要素生产率的测算结果看上去与前人文献有较大区别，如扬（Young，2003）、王和姚（Wang and Yao，2003）、郭庆旺和贾俊雪（2005）、李宾和曾志雄（2009）、陶长琪和齐亚伟（2010）的结果分别为1.4%、2.32%、0.891%、3.59%、-0.7%，实际上则不然，主要原因在于研究的时间段选择不同，扬（Young，2003）、王和姚（Wang and Yao，2003）的样本区间为1979~

1998 年，郭庆旺和贾俊雪（2005）的样本区间为 1979~2004 年，李宾和曾志雄（2009）、陶长琪和齐亚伟（2010）的样本区间为 1979~2007 年，对应三个区间内本文的结果分别为 1.22%、0.57% 和 0.21%。图 4-2 是样本区间不同文献全要素生产率测算结果的对比[①]，从中可见，从变化趋势上来看，本文的估算结果具有相当的稳健性[②]。

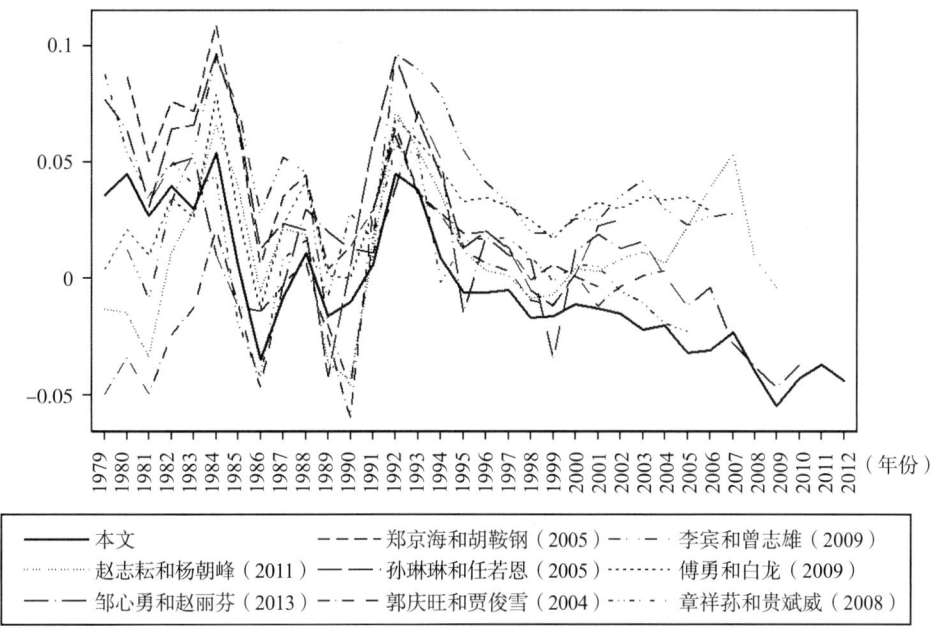

图 4-2　样本区间不同文献全要素生产率测算结果对比

资料来源：相关数据来自历年各地区统计年鉴、《新中国 60 年统计资料汇编》《中国国内生产总值核算历史资料 1952~1995》。

[①] 作者感谢匿名审稿人的建议。此处需要提醒的是，图 4-2 中的对比并未考虑方法上的差异。

[②] 作者感谢匿名审稿人的建议。匿名审稿人特别指出 DEA 测算全要素生产率的两个缺陷：第一，经济学研究的基础和前提——"同类对比"的混同；第二，异常值的影响。对于这两个缺陷，作者深感认同，但一方面，全要素生产率水平和全要素生产率增长率有较大区别（Diewert and Nkamura, 2007），全要素生产率增长率较高并不意味着全要素生产率水平较高，以美国为例，虽然其生产率增长率较低，但生产率水平却是极高的。我们通常所说的全要素生产率其实是全要素生产率增长率，只有在全要素生产率增长率的基础上，才需要选择比较的标准［迪沃特和中村（Diewert and Nkamura, 2007）曾用"I Love You"和"I Love You More Than Anyone Before"进行了形象的说明］。由于本文以中国为研究对象，并不关注不可对比的全要素生产率水平，加上 DEA 所测算的是全要素生产率增长率，所以应用 DEA 测算全要素生产率具有一定的可行性。另一方面，尽管存在异常值的影响，但目前有大量文献也在应用 DEA 测算全要素生产率及其分解因子，并将结果进行相应的延展分析，本文也不例外。实际上，不同方法测算全要素生产率结果间的对比目前仍存在争论。如果进行均值检验的话，会发现本文测算结果与郭庆旺和贾俊雪（2005）、陶长琪和曾亚伟（2010）测算结果的差异在 5% 水平上不显著，而与李宾和曾志雄（2009）测算结果的差异则在 1% 水平上显著。这些差异除与测量方法的选择有关外，还与截面单元的取舍、时间序列的确定、数据指标的调整和处理等相关。

4.4.2 误差修正模型回归结果

根据面板单位根检验和 Westerlund 面板协整检验结果，各项指标不存在单位根，基于 AIC 准则，本文选择 3 期作为最优滞后阶数[①]。最终以全要素生产率作为因变量的误差修正模型的回归结果见表 4 – 1。

首先分析误差修正项结果。在以 Δgy 为因变量的协整方程中，产业结构变迁对经济增长有显著正向影响，这与本文作者（2016）工作论文的结论相似[②]，而全要素生产率对经济增长则有显著负向影响，这与现有文献结论形成了鲜明对比，如陈柳和刘志彪（2006）认为技术创新与经济增长呈显著正相关关系。本文认为，出现这一问题的原因不仅在于计量模式设定本身的差异，还在于前人研究的样本区间多止步于 2007 年。如上文所述，除陶长琪和齐亚伟（2010）外的多数文献测算得到的全要素生产率年均增长率皆为正，而根据本文的测算结果，全要素生产率从 2007 开始就呈现出加速下滑的趋势，这在很大程度上影响了全要素生产率对经济增长的作用。实际上，如果去除 2007～2012 年相关数据再进行回归，对应协整方程中的系数都会显著为正，分别为 0.37567（0.026）、0.08977（0.025）[③]。当然，这里面的原因值得深入思考[④]。从外部来看，2007 年

[①] 受篇幅所限，单位根检验和协整检验结果并未列示，如有需要，可向作者索取。

[②] 本文作者在最近的一篇工作论文中，基于赫林和维内特（Hurlin and Venet, 2001）所提出的四种不同关系的格兰杰因果检验方程，利用变系数面板数据似不相关回归法考察了产业结构变迁和经济增长的关系，结果发现两者存在异质性双向格兰杰因果关系，在此基础上，又分别利用钱纳里和赛尔奎因（Chenery and Syrquin, 1988）以及弗兰克（Frank, 2005）两个计量模型，研究了经济增长对产业结构、产业结构对经济增长的实证影响，结果表明两者能够互相作用，最终使现代产业发展体系呈现出自组织的演化特征。

[③] 作者感谢匿名审稿人提出的两点疑惑。第一，匿名审稿人认为，"2007 年开始出现全要素生产率下滑，如果二者关系确实为负向，那么经济增长率应该上升；如果关系为正向，经济增长率则下降"。对此，本文认为，如果考虑一般计量模型的话，可能会出现如匿名审稿人提出的问题，但本文计量模型设定是不同的。本文相关结论的前提是，"全要素生产率对经济增长有显著的负向作用"的结果仅仅体现在误差修正项里，而在误差修正模型中，该作用却又是为正的。而不管从具体的模型设定形式还是误差修正模型在计量理论上的内涵来看，上述两种作用机理本身就是不一致的。当然，还需要考虑到，误差修正项对误差修正模型中的因变量变化具有显著的修正作用。第二，匿名审稿人提出，"如果将 2007～2012 年数据去掉，方程参数符号就会反转，那么模型的稳健性就让人怀疑"。对此，本文认为，模型设定本身是中性的，样本量的大小、观测值的多寡、时间区间的选择等都会影响到回归结果。本文在稳健性检验中用 P – VAR 方法所得到的结论能够说明模型设定的正确性。此外，本文也考虑了匿名审稿人提出的可能存在的遗漏变量问题，并将 4.7 节的部分相关变量引入误差修正模型中，发现尽管系数发生了变化，但误差修正项内的负向作用和误差修正模型内中的正向作用并没有发现变化。所以，有理由相信模型设定的正确性和回归结果的稳健性。

[④] 作者感谢匿名审稿人的建议。实际上，在以全要素生产率为因变量的回归结果中，本文得出的结论只是初步的，此处对所得到的结论进行了思考，但并没有在该部分进行十分细致的回答。本文将深层次的原因放在了 4.5 节，即"进一步的讨论"这一部分，主要原因在于：全要素生产率本身及其经济含义就是错综复杂的，但其可以被进一步分解成技术进步和技术效率两部分，后者又可以被分为纯技术效率和规模效率两部分，不同的分解因子具有不同的经济含义。只有将全要素生产率的作用机制落实到具有明确经济含义的分解因子中，再进一步对分解因子进行细致考察，才能够全面地反映全要素生产率的作用机制。

表4—1 技术进步、技术效率、规模效率与产业发展体系间的回归结果

分组	因变量	全要素生产率			技术进步			技术效率			规模效率		
		Δgy	Δscy	Δtfp	Δgy	Δscy	Δtechch	Δgy	Δscy	Δeffch	Δgy	Δscy	Δsech
ECM	α_i	0.36269 (0.000)	0.71848 (0.000)	0.18143 (0.000)	0.56497 (0.000)	0.72727 (0.000)	0.70416 (0.000)	0.46720 (0.000)	0.75714 (0.000)	0.33416 (0.000)	0.49992 (0.000)	0.71986 (0.000)	0.49616 (0.000)
	$\beta_{i,0}$	0.58797 (0.000)	0.07656 (0.000)	0.54423 (0.000)	1.01035 (0.000)	0.03029 (0.115)	0.32109 (0.000)	1.17752 (0.000)	0.05403 (0.001)	0.24380 (0.000)	1.14490 (0.000)	0.03240 (0.058)	0.02058 (0.239)
	$\beta_{i,1}$	0.20044 (0.069)	0.05253 (0.000)	-0.11252 (0.001)	0.64378 (0.000)	0.02526 (0.019)	0.18488 (0.000)	0.55271 (0.001)	0.04138 (0.000)	-0.17382 (0.000)	0.67797 (0.000)	0.03690 (0.000)	0.02024 (0.180)
	$\beta_{i,2}$	0.17541 (0.030)	-0.01662 (0.341)	-0.04583 (0.159)	0.37348 (0.002)	-0.00110 (0.907)	0.04355 (0.039)	0.39191 (0.000)	0.00414 (0.694)	0.03207 (0.277)	0.31308 (0.004)	0.00648 (0.416)	0.01319 (0.294)
	$\beta_{i,3}$	0.50371 (0.000)	-0.03714 (0.003)	0.09873 (0.243)	0.48903 (0.000)	-0.01100 (0.394)	-0.59149 (0.000)	0.23533 (0.000)	0.00024 (0.977)	0.26392 (0.016)	-0.26516 (0.083)	-0.02115 (0.601)	0.44183 (0.000)
	$\beta_{i,4}$	-0.10183 (0.005)	-0.01224 (0.359)	0.18433 (0.013)	0.20297 (0.000)	-0.00284 (0.829)	-0.52707 (0.000)	-0.03765 (0.321)	-0.005967 (0.561)	0.38795 (0.000)	-0.22958 (0.120)	0.02408 (0.637)	0.22216 (0.000)
	$\beta_{i,5}$	0.11262 (0.000)	0.03279 (0.114)	0.07375 (0.197)	0.10739 (0.007)	0.00511 (0.672)	-0.23232 (0.004)	0.09619 (0.001)	0.01387 (0.234)	0.19653 (0.008)	-0.35399 (0.006)	-0.03332 (0.384)	0.12568 (0.001)
	$\beta_{i,6}$	-0.17247 (0.000)	-0.51379 (0.000)	-0.07868 (0.016)	-0.40675 (0.000)	-0.53069 (0.000)	-0.37314 (0.000)	-0.26623 (0.000)	-0.53205 (0.000)	-0.27510 (0.000)	-0.36664 (0.000)	-0.53913 (0.000)	-0.43527 (0.000)
	$\beta_{i,7}$	-0.25494 (0.000)	-0.28872 (0.000)	-0.09020 (0.006)	-0.25879 (0.000)	-0.29952 (0.000)	-0.39195 (0.000)	-0.34258 (0.000)	-0.28528 (0.000)	-0.25317 (0.000)	-0.32951 (0.000)	-0.30968 (0.000)	-0.38349 (0.000)
	常数	-0.22077 (0.000)	0.01080 (0.000)	-0.17203 (0.000)	0.20524 (0.000)	-0.05781 (0.000)	-0.66199 (0.000)	-0.08708 (0.000)	0.01524 (0.000)	-0.34300 (0.000)	-0.26411 (0.000)	0.02320 (0.000)	-0.49156 (0.000)
	方法	pmg	pmg	dfe	pmg	pmg	pmg	pmg	pmg	dfe	pmg	pmg	dfe

续表

分组	因变量	全要素生产率			技术进步			技术效率			规模效率	
		Δgy	Δscy	Δtfp	Δgy	Δscy	Δtechch	Δgy	Δscy	Δeffch	Δgy	Δscy	Δsech
EC	λ_i	1.24154 (0.000)	0.04986 (0.000)	0.22342 (0.198)	2.46758 (0.000)	0.05415 (0.000)	0.63453 (0.000)	2.77783 (0.000)	0.04023 (0.000)	-0.44879 (0.000)	2.76946 (0.000)	0.03061 (0.001)	-0.04498 (0.244)
	θ_i	-0.53084 (0.000)	0.02752 (0.000)	2.23383 (0.000)	0.43788 (0.000)	-0.06850 (0.000)	-1.21591 (0.000)	-0.12536 (0.000)	0.03307 (0.000)	2.39546 (0.000)	-0.46558 (0.000)	0.04626 (0.001)	1.10082 (0.000)

注：ECM 中是误差修正模型估计系数及 P 值，EC 中是误差修正项的估计系数及 P 值，表中括号内是相应的 P 值；pmg、mg 和 dfe 分别为混合组均估计、组均估计和动态固定效应估计。本文首选 pmg，因为其在误差项中将跨截面系数进行相等处理，同时在短期调整系数中允许组间异质性。当然，mg 和 dfe 估计也同时被采用，由于整体上系数符号和显著性大体一致，具有相当的稳健性，所以这里主要报告 pmg 的结果，但是在一些情况下，比如出现"无限迭代"或"初始赋值失败"等原因时，会用其他地方法估算的结果进行报告。

资料来源：相关数据来自历年各地区统计年鉴、《新中国 60 年统计资料汇编》《中国国内生产总值核算历史资料 1952～1995》。

发生的国际金融危机对全球经济造成了灾难性的影响,尽管中国经济一枝独秀,很快实现了"V"字反转(杨蕙馨和王海兵,2013),但这种反转是以较强的优势为支撑,还是仅仅表现为发达国家市场需求的触底反弹?在制造业"回流"①和跨国公司加深全球资源配置力度的同时,中国该如何利用全球资源、参与国际竞争以避免陷入被动境地?从内部来看,中国全要素生产率从1995年开始始终处于负增长境地,背后所隐含着的,是长期较差的技术创新能力和持续疲弱的后续发展动力,为何阶段性的改革往往只能产生"一次性的水平效应"[郑京海、胡鞍钢和毕格斯滕(Bigsten),2008]?如何实施创新驱动发展战略才能有效带来"增长效应"?这些问题都需要进一步研究。在以 Δscy 为因变量的协整方程中,经济增长和全要素生产率对产业结构变迁有显著正向影响,前者进一步证明了产业发展体系本身自我循环的系统属性,后者则意味着中国技术创新主要是针对产业发展体系中的某一方面(即产业结构)起积极作用,其原理在于,技术创新的非均衡性和成果扩散的循序性使不同部门间相对生产率发生变化,进而导致不同产品相对价格发生改变,价格作为信号又诱使各种资源在不同部门间再配置,最终产生了产业结构变迁现象。在以 Δtfp 为因变量的协整方程中,经济增长和产业结构变迁对全要素生产率有显著正向影响②,尽管与上述协整检验结果不太一致,但考虑到 Westerlund 面板协整检验本身就是基于误差修正模型而产生,所以本文认为产业发展体系能够反过来对创新驱动产生积极影响。

其次来分析误差修正模型结果。在以 Δgy 为因变量的误差修正模型中,协整关系对经济增长起到了显著的正向修正作用,即当经济增长速率高出长期均衡水平时,误差修正项会进一步提升这种状态。产业结构变迁滞后项、全要素生产率滞后项对经济增长有显著正向促进作用,而经济增长滞后项的作用显著为负。在以 Δscy 为因变量的误差修正模型中,协整关系对产业结构变迁起到了显著的正向修正作用,即当产业结构变迁程度高出长期均衡水平时,误差修正项会进一步增强这种程度。经济增长滞后项对产业结构变迁有显著正向促进作用,而全要素生产率滞后项、产业结构变迁滞后项的作用显著为负。在以 Δtfp 为因变量的误差修正模型中,协整关系对全要素生产率也起到了显著的正向修正作用,即当全要素生产率年均增长高出长期均衡水平时,误差修正项会进一步加强这种速率。经济增长滞后项、产业结构变迁滞后项对全要素生产率有显著正向促进作用,而全要素生产率滞后项的作用显著为负。当然,这些都属于短期经济关系。

---

① 当然,这里的"回流"绝不是单纯指跨国公司在华水土不服、经营不善或者其他撤资行为,而是指以新的技术为基础的生产工序的全球再配置,这种配置仍然以发达国家跨国公司为主体,所以看上去似乎是对发展中国家某些公司有利的"回流"其实并非如此,如果后者不能有效掌握主动权,那么"回流"也只能是对历史的重新演绎而已。
② 值得注意的是,在以 scy 为产业结构变迁指标时,经济增长对全要素生产率作用不显著,但在 scry 作为指标时,这一作用却十分显著,本文选择接受后者结果。受篇幅所限,本文以 scry 为指标时的回归结果均未列示,如果需要,可向作者索取。

上述结论在以相对指标测度产业结构变迁的回归中依然成立。由此，本文初步得到两个主要发现：第一，中国产业发展体系本身具有自我演化特征，这种演化特征以经济增长和产业结构变迁的协同互动为主题。第二，创新驱动与产业发展体系的相互作用有区别。在长期均衡关系中，全要素生产率对经济增长的作用显著为负，对产业结构变迁的作用显著为正，而经济增长和产业结构变迁对全要素生产率的作用则显著为正；在短期修正关系中，全要素生产率对经济增长的作用显著为正，对产业结构变迁的作用显著为负，而经济增长和产业结构变迁对全要素生产率的修正作用则显著为正。这同时为上文引言中的争论双方提供了直接证据，即当经济学家们主要关注短期经济波动时，对创新驱动发展战略再怎么强调也不为过，但当主要关注点移至经济增长的长期表现时，可能更应该注重发展中国家经济增长过程中所可能具有的特殊性[①]。

4.4.3 格兰杰因果关系检验

基于误差修正模型的格兰杰（Granger）因果检验须将误差修正项作为自变量引入再进行回归，故而本文格兰杰因果检验方程的一般形式为：

$$\Delta y_{i,t} = \alpha + \sum_{i=1}^{q} \beta_i \Delta y_{i,t-1} + \sum_{i=1}^{q} \lambda_i \Delta x_{i,t-1} + \sum_{i=1}^{q} \xi_i \Delta z_{i,t-1} + \eta EC_{i,t} + \varepsilon_{i,t}$$

其中，$EC_{it} = y_{i,t} - \xi_0 - \sum_{i=1}^{q} \xi_{i,t-i} x_{i,t-1}$，z 为其他变量；x 与 y 间格兰杰因果关系的原假设为联合显著性检验，即 $H_0: \lambda_{i,t-1} = \lambda_{i,t-2} = \cdots = \lambda_{i,t-p} = 0$。相关估计结果见表 4-2。

表 4-2　创新驱动与产业发展体系的格兰杰因果关系

因果指向	滞后阶数			
	3 期		2 期	
	统计量	P 值	统计量	P 值
gy←scy	9.98	0.0187	0.69	0.7083
gy→scy	8.03	0.0454	12.25	0.0022
gy←tfp	32.41	0.0000	20.57	0.0000
gy→tfp	419.54	0.0000	223.33	0.0000
scy←tfp	4.87	0.1815	5.87	0.0533
scy→tfp	6.86	0.0766	8.18	0.0167

注：表中箭头指向变量为因，被指向变量为果。
资料来源：相关数据来自历年各地区统计年鉴、《新中国 60 年统计资料汇编》《中国国内生产总值核算历史资料 1952~1995》。

---

① 张自然和陆明涛（2013）通过 HP 滤波法分别得到全要素生产率和经济增长的波动和增长趋势，进一步考察彼此的相关性后发现，两者的波动呈现高度相关，但增长趋势的相关性在样本区间并不能保持一致。

由表 4-2 可知，在三期滞后阶数情况下，产业结构变迁是经济增长的格兰杰原因，经济增长也是产业结构变迁的格兰杰原因，两者互为因果，从而进一步证实了产业发展体系存在自我演化特征。此外，经济增长与全要素生产率间也存在类似关系。而值得注意的是，尽管产业结构变迁是全要素生产率的格兰杰原因，反之却不成立。当本文选择二期滞后阶数再进行验证时，发现产业结构变迁不再是经济增长的格兰杰原因，同时，产业结构变迁与全要素生产率至少在 10% 的显著性水平上互为格兰杰因果关系。综合而言，本文认为产业发展体系内部、产业发展体系与创新驱动之间都存在着较为显著的格兰杰因果互动关系。

4.5 进一步的讨论

关于创新驱动与产业发展体系之间的关系，库兹涅茨曾在《各国的经济增长》中写道："生产结构的改变的确对新需求的发生与扩大起着巨大的、哪怕只是部分的作用，而新的需求的扩大以种种方式对新的技术革命施加压力，从而也就形成了高速的全面的增长。"与此相对应，还可以有另一种逻辑，即本质上可以把产业结构看作是一种社会专业化分工形态，有效细化的分工能够提高资源配置效率，进而促进经济增长，而经济增长能够带来人均收入提高，促使消费结构发生改变，进而引致生产结构、劳动就业人口结构的变迁，形成新的分工形态。当然，互相驱动、稳步推进是理想的演化状态，但上文分析所呈现出来的结果似乎与理想状况有着较大的差距，突出反映在创新驱动对产业发展体系在长短期中南辕北辙的影响上，为何会如此？

如果以分工的视角考察中国过去 30 多年的发展实践，会发现一个特殊的现象，即不管在劳动力市场、资本市场，还是资源市场，甚至在国家经济制度上，都存在着某种程度的扭曲。比如，在劳动力市场上，整体扭曲程度与城乡分割的演变轨迹相似，在改革开放后经历了较为严重、明显好转和不断恶化的过程（柏培文，2012），而目前城乡同质劳动力收入差距（孙宁华等，2009）、不同教育程度收益率的逆向差异等问题都在加深劳动要素的错配。在资本市场上，大量金融资源长期囤积于具有垄断性质的银行部门，而银行信贷的主要对象是国有企业，后者由于"预算软约束"和缺乏有效的公司治理机制（鲁晓东，2008），本身就存在效率低下等问题，进而引发银行部门的"呆坏账"逐年剧增，相比而言，具有较高效率的非国有企业则面临"融资困境"（鄢萍，2012），于是"过度投资"和"投资不足"同时并存现象在中国十分普遍。资源市场存在与资本市场同样的问题，如矿产、土地、电视、广播等自然资源和无形资源长期在低于市场均衡水平下被利用（张向达和吕阳，2006；张曙光和程炼，2010），供给主体也多集中于国有企业等。这些扭曲共同汇集导致市场层面的价格扭曲，进而不能传递有效信号，使资源以错配的方式进行流动，最终对技术创新、环境污染、产业生态系统和经济的可持续性发展造成不利影响。对上述扭曲的进一步考察发现，与此紧密联系在一起的，是国家经济制度的扭曲。比如，在劳动力市场上，户籍制度显著约束了劳动力的有效迁移（蔡昉，2001）；在资本市场上，信贷配额和利率管制（朱彤、漆鑫和张亮，2010）极大抑制了企业家精神的有效发挥[①]；在资源市场上，盲目探采和监管缺位严重阻碍了有限资源的有效利用；此外，在税收、汇率、社会保障以及国有企业改革等方面也存在一定的扭曲。不少研究者认为，上述经济制度的扭曲反映了中国经济发展过程中的强制性制度变迁特征。

当然，本文无意于卷入政府作用是大好还是小好的争论，因为政府和市场本身都是配置资源的方式，都需要在资源稀缺和有限理性的前提下做出选择，以更好地提供经济发展的持久动力。但必须要注意到，稀缺性和有限理性不是强制性制度变迁的理由，也绝不是政府无法自我约束而伸手过长的借口，更不能成为利益主体寻租的争斗场。真正的问题在于，政府配置资源的结果如何？尽管上文给出了长短期作用迥异的结论，但一些细节仍不甚明了。由于全要素生产率可以进一步被分解为技术进步和技术效率两部分，后者又可以分为纯技术效率和规模效率两部分，而不同分解因子有不同的经济含义。围绕强制性制度变迁，下文将分别考察技术进步、技术效率和规模效率与产业发展体系之间的关系，所要探讨的细节问题主要体现在：政府集中力量是否可以提升技术进步、技术效率和规模效率？

4.5.1 技术进步与产业发展体系

仍采用误差修正模型，相关估计结果见表4-1。

在协整方程中，以 Δgy 为因变量时，产业结构变迁和技术进步对经济增长有显著正向影响；以 Δscy 为因变量时，经济增长对产业结构变迁有显著正向影响，而技术进步则有显著负向影响；以 $\Delta techch$ 为因变量时，经济增长对技术进步有显著正向影响，而产业结构变迁则有显著负向影响。在误差修正模型中，以 Δgy 为因变量时，协整关系对经济增长起到了显著的正向修正作用，产业结构变迁滞后项、技术进步滞后项对经济增长有显著正向促进作用，而经济增长滞后项的作用显著为负；以 Δscy 为因变量时，协整关系对产业结构变迁起到了显著的正向修正作用，经济增长滞后项对产业结构变迁的作用显著为正，而技术进步滞后项

[①] 一些研究者认为外国资本能在一定程度上填补国内信贷缺口，但外资资本量相对整体需求量而言仍然是不够的，2013年中国社会融资规模为17.29万亿元人民币，而外币贷款仅为0.58万亿元人民币，后者仅相当于前者的3.38%，可见外国资本量的不足。此外，外国资本的进入也会受到不同程度的管制。

的作用不显著，产业结构变迁滞后项的作用显著为负；以 $\Delta techch$ 为因变量时，协整关系对经济增长起到了显著的正向修正作用，经济增长滞后项对技术进步的作用显著为正，而产业结构变迁滞后项、技术进步滞后项的作用显著为负。这些结论在以相对指标测度产业结构变迁的回归中依然成立。

与全要素生产率相关结果的差异在于（见图4-3）：在协整方程中，技术进步对经济增长的作用显著为正，而全要素生产率的作用显著为负，技术进步与产业结构变迁互相呈现显著负向作用，而全要素生产率则呈现显著正向作用；在误差修正方程中，技术进步对产业结构变迁的调整作用不再显著，产业结构变迁对技术进步的调整作用显著为负，而全要素生产率对产业结构变迁的调整作用显著为负，而产业结构变迁对全要素生产率的调整作用显著为正。这主要是由技术进步和全要素生产率在样本期间的不同变化趋势所致。尽管两者在样本期间年平均增长率分别为 -0.8% 和 -0.5%，看上去并无显著区别，但图4-1十分清楚地展示了三个不同的发展阶段，即20世纪90年代以前存在程度差异但趋势相似，20世纪90年代初到21世纪初程度相似、趋势相似，21世纪初期以后程度不同、趋势不同，三个阶段两者年平均增长率分别为 -2.47% 和 1.73%、-0.17% 和 0.25%、0.29% 和 -3.13%。由于技术进步反映了技术前沿面的外移，这种外移只在2001年中国加入世界贸易组织（WTO）后显著发生[①]，所以本文认为中国基于技术进步的创新驱动具有外向性，这与中国改革开放以来的经济实践相吻合。此时经济制度的扭曲主要表现在政府为招商引资而制定的各项优惠政策上，这些优惠政策尽管推动了技术进步，技术进步也在长短期内促进了经济增长，但对产业结构变迁的作用却略显尴尬。深层次的原因可能在于两方面：一方面，作为技术载体的外国资本主要流向了传统劳动密集型产业和资本、技术密集型产业中的劳动密集型环节，直接阻碍了产业结构变迁的正常演变；另一方面，所谓引进的先进技术在国际市场上并不具有领先地位，甚至可能是国外市场早已更新换代的技术，这使中国的技术水平处于低端被锁定的地步，从而间接不利于产业结构变迁的正常演变。至于创新驱动是否应该继续坚持大力引进外部技术，则必须要结合具体情况进行分析。如果以经济增长为导向，答案则是肯定的，但如果以产业结构变迁为导向，答案显然相反。

---

① 尽管有人会认为20世纪80年代中期到90年代初技术进步发生了大幅上升，但技术进步率为正的年份很少，这一阶段中国正在探索建立社会主义市场经济体制，真正对技术进步的贡献十分有限。

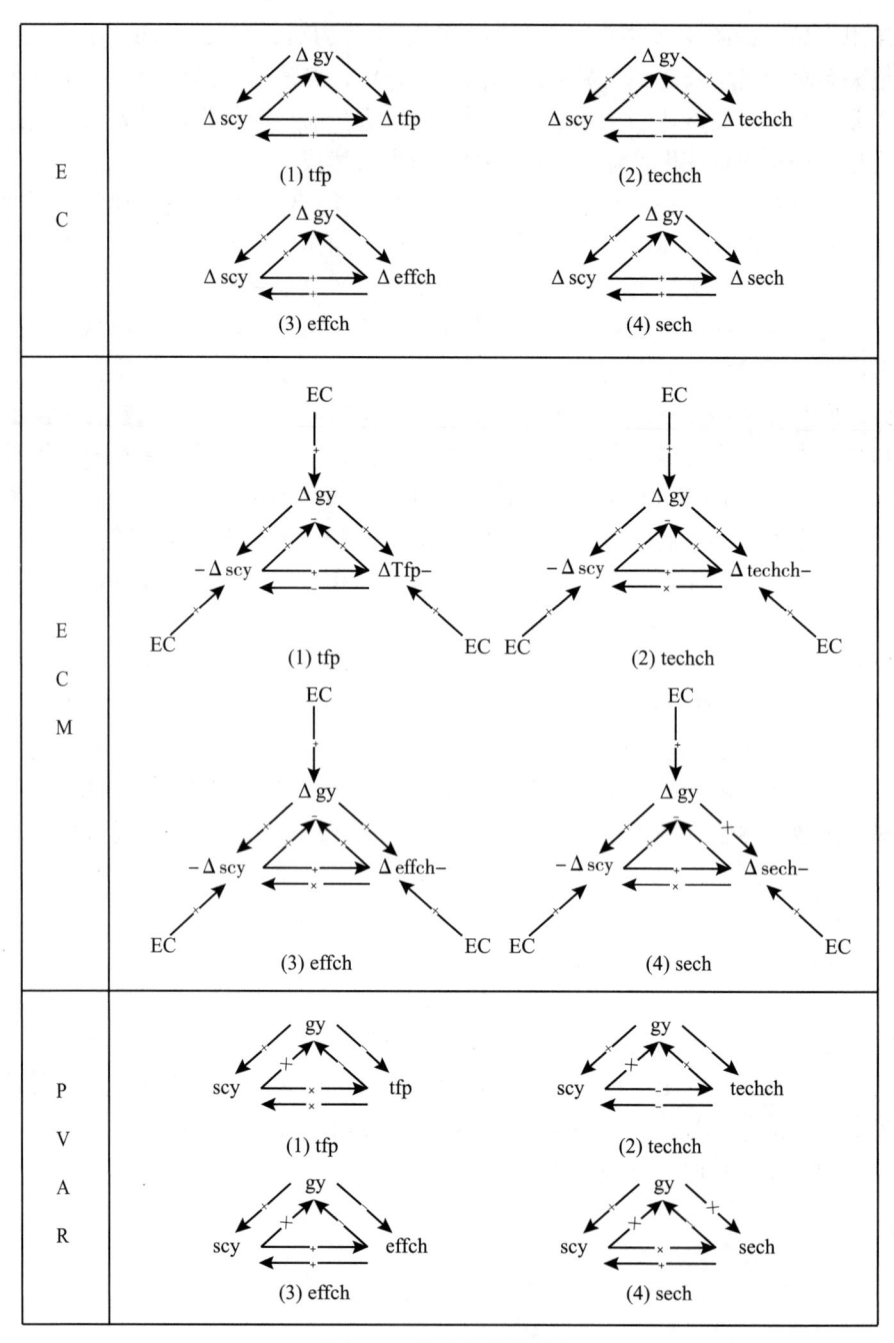

图 4-3　各实证结果对比

注：图中上面部分是协整方程结果，中间部分是误差修正模型结果，下面是稳健性检验结果；箭头指向变量为自变量，被指向变量为因变量；+、-、×分别表示正向显著作用、负向显著作用和作用不显著。

资料来源：相关数据来自历年各地区统计年鉴、《新中国60年统计资料汇编》《中国国内生产总值核算历史资料1952~1995》。

4.5.2 技术效率与产业发展体系

仍采用误差修正模型，相关估计结果见表 4-1。

在协整方程中，以 Δgy 为因变量时，产业结构变迁对经济增长有显著正向影响，而技术效率对经济增长则有显著负向影响；以 Δscy 为因变量时，经济增长和技术效率对产业结构变迁有显著正向影响；以 $\Delta effch$ 为因变量时，经济增长对技术效率有显著负向影响，而产业结构变迁则有显著正向影响。在误差修正模型中，以 Δgy 为因变量时，协整关系对经济增长起到了显著的正向修正作用，产业结构变迁滞后项、技术效率滞后项对经济增长有显著正向促进作用，而经济增长滞后项的作用显著为负；以 Δscy 为因变量时，协整关系对产业结构变迁起到了显著的正向修正作用，经济增长滞后项对产业结构变迁的作用显著为正，而技术效率滞后项的作用不显著，产业结构变迁滞后项的作用显著为负；以 $\Delta effch$ 为因变量时，协整关系对经济增长起到了显著的正向修正作用，经济增长滞后项、产业结构变迁滞后项对技术效率的作用显著为正，而技术效率滞后项的作用显著为负。这些结论在以相对指标测度产业结构变迁的回归中依然成立。

与全要素生产率相关结果的差异在于（见图 4-3）：在协整方程中，经济增长对技术效率的作用显著为负，而对全要素生产率的作用则显著为正；在误差修正方程中，技术效率对产业结构变迁的调整作用不再显著，而全要素生产率的作用则显著为负。主要原因可能是，尽管经济增长带来了人均收入的提高，但城乡之间、城乡内部、地区之间、行业之间、要素之间的收入差距却有逐渐扩大的趋势（龙玉其，2011），贫富分布的两极化不仅扭曲了现实中的消费结构，还会造成长期消费不足的现象。由于资源流动受到扭曲市场信号的引导，虽然在短期内产生积极作用，但正偏离正常运行轨迹，在路径依赖的影响下，并不能长期有效地提升技术效率，最终会反过来阻碍经济增长。当然，政府的自利倾向（邓可斌和王艺明，2011）以及腐败行为（陈刚和李树，2010）也是重要原因。此外，技术效率对产业结构变迁的影响存在时滞效应，后者发生变化的成本较大，往往只在技术效率得到普遍提高后产生。这里经济制度的扭曲主要表现在收入分配制度的不健全、社会保障制度的缺失等方面。

值得思考的是，表 4-1 中的结果还表明，技术效率在短期内对经济增长有正向调节作用，但在长期却存在显著负面影响。这显然与中国阶段性改革往往只产生"一次性的水平效应"有关。郑京海、胡鞍钢和毕格斯滕（Bigsten）（2008）虽然对此进行了讨论，但并没有实证证明，也没有认识到"一次性的水平效应"的本质是基于技术效率的创新驱动，而不是基于技术进步的创新驱动，是基于向处于前沿面决策单元的追赶效应，而不是基于前沿面向外移动的扩张效应。实际上，在图 4-1 中可以明显地看到：1979~1983 年，"农村包产到户"

"分灶吃饭""双轨制""经济特区"等一系列改革对技术效率产生了重要的影响，这一阶段技术效率年平均增长率高达4.92%，而技术进步年平均增长率则为-1.26%；1984~1994年，尽管经历了1987年的"包干"、1988年的通货膨胀等，但大方向上仍然坚持以探索和建立社会主义市场经济体制为主题，其中，1992年邓小平的"南方谈话"和党的十四大具有里程碑式的意义，这一阶段技术效率年平均增长率仍为2.51%，而技术进步年平均增长率则为-1.51%；1995~2001年，财税、金融、国有企业等一系列改革作用仍然较为显著，这一阶段技术效率年平均增长率为0.06%，而技术进步年平均增长率则为-1.09%；2002~2012年，中国法制、经济体制和政治体制改革进程较为缓慢，官员腐败、权力寻租现象横生。这一阶段技术效率年平均增长率降至-3.7%，而技术进步年平均增长率则达到了0.45%。

4.5.3 规模效率与产业发展体系

上述对技术效率与产业发展体系的考察仍显粗糙，下面将围绕规模效率展开讨论。仍然采用误差修正模型，相关估计结果见表4-1。

在协整方程中，以 Δgy 为因变量时，产业结构变迁对经济增长有显著正向影响，而规模效率对经济增长则有显著负向影响；以 Δscy 为因变量时，经济增长和规模效率对产业结构变迁有显著正向影响；以 $\Delta sech$ 为因变量时，经济增长对规模效率有显著负向影响，而产业结构变迁则有显著正向影响。在误差修正模型中，以 Δgy 为因变量时，协整关系对经济增长起到了显著的正向修正作用，产业结构变迁滞后项对经济增长有显著正向促进作用，而规模效率滞后项、经济增长滞后项的作用显著为负；以 Δscy 为因变量时，协整关系对产业结构变迁起到了显著的正向修正作用，经济增长滞后项对产业结构变迁的作用显著为正，而规模效率滞后项的作用不显著，产业结构变迁滞后项的作用显著为负；以 $\Delta sech$ 为因变量时，协整关系对经济增长起到了显著的正向修正作用，经济增长滞后项对规模效率的作用不显著，产业结构变迁滞后项对规模效率的作用显著为正，而规模效率滞后项的作用显著为负。这些结论在以相对指标测度产业结构变迁的回归中依然成立。

与全要素生产率相关结果的差异在于（见图4-3）：在协整方程中，经济增长对规模效率的作用显著为负，而全要素生产率的作用则显著为正；在误差修正方程中，规模效率对经济增长的调整作为显著为负，而全要素生产率的作用显著为正，规模效率对产业结构变迁的调整作用不再显著，而全要素生产率的作用则显著为负，经济增长对规模效率的调整作用不再显著，而对全要素生产率的作用显著为正。与技术效率相关结果的差异在于：在误差修正方程中，规模效率对经济增长的调整作用显著为负，而技术效率的作用则显著为正，经济增长对规模效率的作用不再显著，而对技术效率的作用则显著为正。在图4-1中，尽管样本区间规模效率年平均增长率为 0.1%，但要注意规模效率年平均增长率在 1990 年以前达到 1.09%、1991~2002 年 0.1% 和 2003 年以后降至 -0.95% 的波动分布。对此，除了作用于外资和国内、国有和非国有、大中型和中小型等不同类型企业间的政策性经济制度扭曲外，对国有企业改革的考察可能更具有代表性。中国国有企业在 20 世纪 90 年代初期以前主要经历了放权让利（1978~1986 年）和两权分离（1987~1993 年）两个阶段的改革，其间"扩权""企业基金""利润留成""利改税""股权制""承包经营""租赁经营""所有权和经营权分离""内部管理体制改革"（干春晖，2008；赵晓雪，2009）等一系列措施都促进了企业效率的提升，两个阶段中技术效率、规模效率年平均增长率分别高达 4.31%、1.36% 和 2.43%、0.31%。当然，必须要看到这两个阶段效率提升的特殊性，一方面是之前"十年动乱"和计划经济管理体制的宏观背景，另一方面是并非以现代企业制度为基础的现实改革措施本质，因此，效率提升看上去更像是从外部寻找措施以"调动积极性"，而不是建立激励相容的长久机制。实际上，从 1992 年开始，以建立现代企业制度为目标的政策措施相继颁布，试点所带来的显著成效是 1993~1996 年效率再次提升，这一阶段技术效率和规模效率年平均增长率为 1.28% 和 0.6%。但在 1997 年后，除了加入世界贸易组织（WTO）所带来的短暂效率提升外，其他年份效率都处于下降状态，这一阶段技术效率和规模效率年平均增长率降为 -2.68% 和 -0.62%。结合上文对技术进步和技术效率的分析，可以推断中国国有企业弱竞争力的状态是技术水平落后、技术效率低下以及规模效率不足的综合的真实写照，即所谓"大而不强"，国有企业的盲目扩张不仅不能带来规模效率的提升，还会产生过度竞争、产能过剩等后果。正是基于此，经济增长在某种程度上已成为中国国有企业维持生存的输血源泉，但除了长期输血外，政府还应从根本上激活造血功能，失去造血功能的国有企业显然无法反过来提高经济增长。对产业结构变迁来说则相反，国有企业承担了部分社会职能，要持续消化产业结构变迁所产生的部分成本，进而对后者产生长期显著的正向影响。

4.6 稳健性检验

上文中的实证检验主要采取单一方程形式进行回归，下文将相关变量间关系看作一个系统进行回归，利用面板向量自回归（P-VAR）方法对相关结论进行稳健性检验[①]。本文采用拉乌和兹赤诺（Love and Zicchino，2006）的命令程序，对各方程残差的检验显示，残差为平稳序列，表明相应回归结果具有可靠性。最终估计结果见表 4-3。

---

① 受篇幅所限，所以脉冲方程的稳健性检验结果并未列示，如有需要，可向作者索取。

表4-3 稳健性检验的回归结果

变量	全要素生产率			技术进步			技术效率			规模效率		
	gy_t	scy_t	tfp_t	gy_t	scy_t	$techch_t$	gy_t	scy_t	$effch_t$	gy_t	scy_t	$sech_t$
gy_{t-1}	0.59382 (8.75)	0.04859 (1.95)	-0.39318 (-7.40)	0.38331 (6.81)	0.06309 (2.58)	-0.06850 (-2.09)	0.46856 (10.72)	0.05691 (3.88)	-0.40929 (-8.61)	0.44134 (9.40)	0.04554 (2.77)	0.01736 (0.85)
gy_{t-2}	-0.11092 (-1.06)	-0.04835 (-1.25)	-0.04244 (-0.57)	-0.15017 (-2.96)	-0.00679 (-0.32)	-0.17056 (-5.02)	-0.15764 (-2.65)	-0.04916 (-1.94)	0.15003 (2.74)	-0.11464 (-2.33)	-0.03005 (-1.93)	-0.01513 (-0.65)
gy_{t-3}	-0.22634 (-2.09)	0.00856 (0.32910)	-0.11795 (-1.93)	0.03287 (0.62)	0.00630 (0.34)	0.00927 (0.34)	0.01433 (0.24)	0.01580 (1.12)	-0.07590 (-1.73)	0.03626 (0.69)	-0.00053 (-0.05)	-0.01473 (-0.77)
scy_{t-1}/scy_{t-1}	0.02039 (0.12)	0.19007 (2.81)	0.12447 (0.93)	0.11089 (0.81)	0.19727 (2.80)	-0.16967 (-2.02)	0.08090 (0.54)	0.18642 (2.73)	0.34794 (2.24)	0.12773 (0.84)	0.16951 (2.11)	-0.16873 (-1.28)
scy_{t-2}/scy_{t-2}	-0.12532 (-0.45)	0.10814 (1.63)	-0.11215 (-0.95)	-0.16794 (-0.75)	0.11290 (1.69)	0.03167 (0.31)	-0.12485 (-0.51)	0.12664 (1.86)	-0.14921 (-1.11)	-0.05329 (-0.22)	0.09748 (1.51)	-0.03497 (-0.54)
scy_{t-3}/scy_{t-3}	0.08509 (0.76)	0.03031 (0.62)	0.02314 (0.21)	0.01946 (0.17)	0.01040 (0.20)	0.08254 (1.37)	0.07948 (0.67)	0.01874 (0.37)	-0.06051 (-0.50)	0.05543 (0.43)	-0.01242 (-0.28)	-0.01520 (-0.25)
创新驱动$_{t-1}$	-0.33705 (-2.99)	0.00151 (0.03)	0.69536 (9.39)	0.18492 (1.87)	-0.09123 (-2.23)	1.00687 (13.47)	-0.11574 (-1.80)	-0.01936 (-0.66)	0.79578 (15.20)	-0.18462 (-1.14)	0.05107 (0.74)	0.66797 (6.68)
创新驱动$_{t-2}$	-0.15143 (-1.36)	0.04428 (1.20)	-0.13640 (-1.59)	-0.03547 (-0.56)	-0.05765 (-2.71)	-0.19002 (-5.39)	-0.03972 (-0.65)	0.05327 (2.79)	-0.10776 (-1.68)	-0.36444 (-3.17)	0.05237 (0.95)	-0.04918 (-0.46)

续表

变量	全要素生产率			分组 — 技术进步			技术效率			规模效率		
	gy_t	scy_t	tfp_t	gy_t	scy_t	$techch_t$	gy_t	scy_t	$effch_t$	gy_t	scy_t	$sech_t$
创新驱动$_{t-3}$	0.22847 (2.84)	0.03307 (1.17)	0.13116 (2.51)	0.26133 (3.64)	-0.07655 (-3.26)	0.33494 (6.01)	0.02561 (0.53)	0.02394 (1.29)	0.14032 (3.28)	0.06243 (0.45)	0.14726 (2.65)	0.28279 (3.59)
LLC	[0.0000]	[0.0000]	[0.0000]	[0.0000]	[0.0000]	[0.0000]	[0.0000]	[0.0000]	[0.0000]	[0.0000]	[0.0000]	[0.0000]

注：表中圆括号内是相应的 t 统计量，最后一行是单位根检验结果，方括号内是相应的 P 值。
资料来源：相关数据来自历年各地区统计年鉴，《新中国 60 年统计资料汇编》《中国国内生产总值核算历史资料 1952～1995》。

由此可知：第一，经济增长对产业结构变迁的作用显著为正，对全要素生产率的作用显著为负；产业结构变迁对经济增长和全要素生产率的作用都不再显著；全要素生产率对经济增长的作用显著为负，对产业结构变迁的影响不再显著。第二，经济增长对产业结构变迁的作用显著为正，对技术进步的作用显著为负；产业结构变迁对经济增长的作用不再显著，对技术进步的作用显著为负；技术进步对经济增长的作用显著为正，对产业结构变迁的影响显著为负。第三，经济增长对产业结构变迁的作用显著为正，对技术效率的作用显著为负；产业结构变迁对经济增长的作用不再显著，对技术效率的作用显著为正；技术效率对经济增长的作用显著为负，对产业结构变迁的影响显著为正。第四，经济增长对产业结构变迁的作用显著为正，对规模效率的作用不再显著；产业结构变迁对经济增长和规模效率的作用都不再显著；规模效率对经济增长的作用显著为负，对产业结构变迁的影响显著为正。

与上文误差修正模型回归结果的差异在于（见图4-3）：所有方程中产业结构变迁对经济增长的影响不再显著，而不是显著为正；经济增长对全要素生产率和技术进步的作用显著为负，而不是显著为正，对规模效率的影响不再显著，而不是显著为负；产业结构变迁对全要素生产率和规模效率的影响不再显著，而不是显著为正；全要素生产率对产业结构的作用不再显著，而不是显著为正。对此，本文进一步考察各方程残差之间的相关性系数，以在"稳健"和"效率"中进行选择（见表4-3）。表4-4中的数据显示，以经济增长和产业结构变迁为因变量方程残差的相关性系数并不高，所以单一方程估计的结果是可以被接受的，也就是说，产业结构变迁对经济增长确实存在显著正向作用；以经济增长和全要素生产率为因变量方程残差的相关性系数较高，所以系统方程估计的结果是可以被接受的，也就是说，经济增长对全要素生产率的影响是负面的[1]；以经济增长和技术进步、经济增长和规模效率为因变量方程残差的相关性系数较低，所以单一方程估计的结果是可以被接受的，也就是说，经济增长对技术进步的影响是正面的[2]，对规模效率的影响是负面的；以产业结构变迁和技术变化为因变量方程残差的相关性系数也不高，所以接受单一方程估计的结果，也就是说，产业结构变迁对全要素生产率和规模效率的影响显著为正，全要素生产率对产业结构的影响显著为正。由此可见，除经济增长对全要素生产率的作用显著为负而非正外[3]，本文其他结论都具有较好的稳健性。

---

[1] 这意味着收入差距扩大以及经济制度扭曲等原因所造成的效率损失将远远大于技术引进所带来正面提升，最终使经济增长对全要素生产率的作用显著为负。

[2] 这意味着尽管缺乏自主创新能力、外向性技术具有锁定效应和能力提升的有效性，但凭借国内庞大的消费市场所采取的技术引进策略仍然是有效的。

[3] 这并不意味着以全要素生产率为因变量使用误差修正模型的单一方程检验是有误的。从现实角度看，目前引进外生技术仍然有效和配置效率问题刻不容缓形成了尖锐矛盾，从而出现了估计结果在"稳健"和"效率"间的差异。

表 4-4　　　　　　　　稳健性检验方程中残差相关性系数

分组	全要素生产率	技术进步	技术效率	规模效率
gy 与 scy	0.1831	0.2509	0.2443	0.1295
gy 与 a	0.7071	0.03148	0.4235	0.0739
scy 与 a	0.0933	-0.0586	0.0402	0.2089

注：表中 a 是相应的技术变量。
资料来源：相关数据来自历年各地区统计年鉴、《新中国 60 年统计资料汇编》《中国国内生产总值核算历史资料 1952~1995》。

4.7 创新驱动的影响因素分析

4.7.1 变量统计描述

根据上文的分析，本文选取政府干预倾向、非市场化程度作为制度变量考察"强制性制度变迁"的影响，同时，参照前人文献，引入对外开放水平、人力资本等变量考察外向性创新驱动的属性，此外，还选取城市化水平、基础设施建设作为控制变量[①]。具体来说，使用进出口总额占 GDP 的比重（IE）和 FDI 占 GDP 的比重代表对外开放水平（FDI），用普通高校在校学生数占总人口的比重代表人力资本（HC），用财政支出占 GDP 的比重代表政府干预倾向（PE），用国有企业工业产值占工业产值的比重代表非市场化程度（SOE），用城镇人口占总人口的比重代表城市化水平（UR），用公路里程代表基础设施建设（INF），数据资料来源于各省、自治区、直辖市历年统计年鉴，以及《新中国 55 年统计资料汇编》《新中国 60 年统计资料汇编》《全国各省、自治区、直辖市历史统计资料汇编》、中经网数据库和国家统计局网站数据库。对于一些缺失数据，首先是按照类似数据进行替代，比如，江苏省 2012 年国有企业工业产值缺失，使用国有及国有控股企业主营业务收入替代，在此基础上采用线性插值法对其他缺失数据进行补充，但是发现极少数数据仍不理想，比如重庆 1978 年、1979 年的人力资本水平显然不为负，所以又按照后五年数据对此进行了平均化填充，最终相关变量数据的描述性说明见表 4-5。

[①] 作者感谢匿名审稿人的建议。这些解释变量的选择一方面参照了经济增长理论模型中所设定的原始变量，另一方面也参照了前人大量的实证研究文献，这些文献包括王争和史晋川（2007）、李静（2009）、周晓艳和韩朝华（2009）、陶长琪和齐亚伟（2010）、朱承亮、岳宏志和师萍（2011）等。

表 4-5　　　　　　　　　　　相关变量的描述性说明

		观测值	均值	标准差	最小值	最大值
被解释变量	tfp	1054	-0.005000	0.047242	-0.152000	0.215000
	techch	1054	-0.008000	0.029124	-0.083000	0.099000
	effch	1054	0.003000	0.052759	-0.169000	0.261000
	sech	1054	0.001000	0.024546	-0.114000	0.261000
解释变量	IE	1054	0.252479	0.430237	0.001935	3.716824
	FDI	1054	0.024081	0.030488	0.000005	0.242543
	HC	1054	0.006520	0.007119	0.000267	0.035650
	PE	1054	0.167303	0.122741	0.049171	1.291443
	SOE	1054	0.606892	0.200508	0.107274	0.939162
	UR	1054	0.368653	0.184957	0.076044	0.893136
	INF	1054	5.671540	5.097504	0.210000	29.35000

资料来源：作者自己计算求得。

在表 4-5 中，有两个结果最令人吃惊：一个是对外开放水平中进出口总额占 GDP 的比重最大值达到了 3.71；另一个是代表政府干预倾向的财政支出占 GDP 的比重最大值为 1.29。实际上，前者主要发生在北京、广东、上海、天津、江苏等发达省市，它们分别有 30 个、23 个、11 个、4 个、3 个观测值超过 1，后者仅发生在西藏自治区，也仅有 4 个观测值大于 1。

4.7.2　回归结果分析

本文对创新驱动影响因素研究的计量模型设定如下：

$$y_{i,t} = \lambda_0 + \sum_{i=1}^{n} \delta_i x_{i,t} + \sum_{j=1}^{m} \delta_j z_{j,t} + \mu_i + \varepsilon_{i,t}$$

其中，y 是被解释变量，x、z 分别是解释变量和控制变量及其交互项，μ 是其他个体特征变量，ε 是残差。由于解释变量存在单位根，为非平稳序列，所以对所有解释变量取对数后再进入回归方程。此外，注意到数据类型是长面板，所以首先生成地区虚拟变量和时间趋势变量，进行聚类稳健的 OLS 回归，发现部分地区（如福建、黑龙江、山东、浙江等）虚拟变量和时间趋势变量系数显著，从而推断计量方程中应包括个体固定效应和时间效应。然后对组间异方差、组内自相关、组间同期相关进行检验，并以此检验结果为基础，选择同时处理组间异方差、组内自相关和组间同期相关的可行广义最小二乘法 FGLS 方法进行系数估计[①]，结果见表 4-6。

首先分析对外开放水平。初步来看，进出口贸易对中国全要素生产率、技术效率和规模效率有显著正向影响，对技术进步的影响显著为负，外商直接投资对所有技术变量的影响都显著为正，但当加入进出口贸易与人力资本交互项、FDI 与人力资本交互项后，进出口贸易对技术进步的影响显著为正，对规模效率的影响则显著为负，FDI 对技术进步的影响尽管为负，但不再显著。与此同时，进出口贸易与人力资本交互项对技术进步的影响显著为正，对规模效率的影响显著为负，而 FDI 与人力资本交互项对技术进步的影响显著为负。由此可见，尽管对外开放水平提高中国技术水平的途径主要是通过国际贸易和 FDI，但两者机理有所差别。前者能够直接和间接地对技术进步和技术效率产生正向影响，但不利于规模效率提升，主要原因可能在于加工贸易形式对接单生产企业的规模并没有较高要求，而且加工贸易本身就具有较强的随机性和不确定性，接单生产企业也没有足够的激励去扩大规模，当然，加工贸易中的发包企业、原料供应企业的确会对接单生产企业的技术能力进行考核，并在后期合作过程中进行培训、沟通，从而带来相对领先的工艺技术、管理实践等，此外，接单生产企业间激烈的竞争也会促使自身努力提升技术水平和效率。后者能够直接和间接地对技术效率和规模效率产生正向影响，但不利于技术进步提升，主要原因在于外商直接投资的主要目的是为了满足中国的市场需求，与中国企业的激烈竞争使外资企业选择封锁领先技术，同时，中国较低的人力资本水平也使其自身无法有效跟踪、解读和发展领先技术，当然，像管理实践、教育培训等优势会通过人员间日常的交流产生溢出效应，提升中国企业的技术效率，此外，外资企业往往具有较大的规模，中国企业为了能与之展开有效竞争，往往也有提高企业规模的内在激励。

其次分析人力资本。初步来看，人力资本对技术进步和规模效率有显著正向影响，对全要素生产率和技术效率的影响显著为负，但当加入对外开放水平和人力资本交互项后，人力资本对所有技术变量的影响都显著为正，这证明了中国过去几十年来始终坚持大力发展教育的正确性。实际上，在 1978 年，中国普通高等学校在校生人数、出国留学人员、学成回国人员分别仅为 85.6 万人、0.086 万人、0.0248 万人，到 2013 年，各自增加到 2468.07 万人、41.39 万人和 35.35 万

[①] 作者感谢匿名审稿人的建议。本文并没有考虑一些变量可能存在的内生性问题，主要原因在于：(1) 现有文献研究中多数都没有考虑对外开放水平、政府干预倾向、非市场化程度等变量的内生性问题，这些文献包括王争和史晋川 (2007)、李静 (2009)、周晓艳和韩廷华 (2009)、陶长琪和齐亚伟 (2010)、朱承亮、岳宏志和师萍 (2011) 等。(2) 在以微观层面数据为基础的研究中，必要性要对上述变量的内生性问题进行考虑，而在宏观中则不必然。因为宏观问题与微观问题存在一定的差异，如鲁晓东和连玉君 (2012) 所指出的：微观估计方法必须要考虑"企业的生产决策本身"，企业可以事前认知其技术水平及所处的政治环境和市场化程度等，根据这些已知的信息进行决策，从而产生内生的问题。这"与宏观问题不同"，在宏观估计方法上，内生性问题并不像微观估计方法那么严重。

表4-6　FGLS估计结果

因变量	tfp			techch			effch			sech	
IE	0.00140 (0.006)	0.03433 (0.000)	0.03714 (0.000)	-0.00040 (0.000)	0.01561 (0.000)	0.01592 (0.000)	0.00268 (0.000)	0.02055 (0.000)	0.02370 (0.000)	0.00045 (0.000)	-0.02184 (0.000)	-0.02173 (0.000)
IE × HC		0.00532 (0.000)	0.00567 (0.000)		0.00261 (0.000)	0.00264 (0.000)		0.00285 (0.000)	0.00331 (0.000)		-0.00368 (0.000)	-0.00366 (0.000)
FDI	0.00535 (0.000)	0.02086 (0.000)	0.02123 (0.000)	0.00176 (0.000)	-0.00012 (0.534)	-0.00021 (0.329)	0.00340 (0.000)	0.02242 (0.000)	0.02290 (0.000)	0.00103 (0.000)	0.00771 (0.000)	0.00767 (0.000)
FDI × HC		0.00252 (0.000)	0.00254 (0.000)		-0.00026 (0.000)	-0.00028 (0.000)		0.00304 (0.000)	0.00309 (0.000)		0.00100 (0.000)	0.00100 (0.000)
HC	-0.00864 (0.000)	0.01758 (0.000)	0.01835 (0.000)	0.00268 (0.000)	0.00801 (0.000)	0.00767 (0.000)	-0.01172 (0.000)	0.01028 (0.000)	0.1173 (0.000)	0.00687 (0.000)	0.00249 (0.000)	0.00243 (0.000)
PE	-0.01099 (0.000)	-0.01227 (0.000)	-0.02621 (0.000)	-0.01471 (0.000)	-0.01592 (0.000)	-0.01872 (0.000)	0.00492 (0.000)	0.00461 (0.000)	-0.00633 (0.000)	-0.00283 (0.000)	-0.00076 (0.013)	-0.00085 (0.013)
PE × SOE			-0.02300 (0.000)			-0.00542 (0.000)			-0.01656 (0.000)			-0.00044 (0.369)
SOE	0.00843 (0.000)	0.01984 (0.000)	-0.02741 (0.000)	0.00880 (0.000)	0.01155 (0.000)	0.00020 (0.725)	-0.00051 (0.055)	0.00768 (0.000)	-0.02686 (0.000)	0.00452 (0.000)	0.00306 (0.000)	0.00217 (0.032)
UR	0.00944 (0.000)	0.01075 (0.000)	0.00990 (0.000)	0.00155 (0.000)	0.00235 (0.000)	0.00208 (0.000)	0.00700 (0.000)	0.00806 (0.000)	0.00741 (0.000)	-0.00466 (0.000)	-0.00590 (0.000)	-0.00594 (0.000)

续表

因变量	tfp		techch		effch		sech	
INF	0.00816 (0.000)	0.00331 (0.087)	0.00334 (0.074)	0.01806 (0.000)	0.01676 (0.000)	0.01619 (0.000)	-0.00627 (0.000)	-0.00758 (0.000)	-0.00793 (0.000)	-0.00057 (0.003)	0.00125 (0.000)	0.00120 (0.000)
常数	-0.01262 (0.265)	0.15608 (0.000)	0.13255 (0.000)	-0.03252 (0.000)	-0.00085 (0.897)	-0.01183 (0.085)	0.02250 (0.006)	0.16565 (0.000)	0.15213 (0.000)	0.05770 (0.000)	0.03593 (0.000)	0.03523 (0.000)

注：由于地区虚拟变量和时间趋势并非关注重点，因此在表中并没有列示；表中括号内为 P 值。

资料来源：数据资料来源于各省、自治区、直辖市统计年鉴，《新中国 55 年统计资料汇编》《新中国 60 年统计资料汇编》《全国各省、自治区、直辖市历史统计资料汇编》、中经网数据库和国家统计局网站数据库。

人，35 年间增加了 28.83 倍、481.28 倍、1425.40 倍。大量的人才涌向市场，通过高密度的流动，不仅促进了微观企业的经营活力，还带动了各项资源的有效配置，给中国技术能力带来了前所未有的提升。当然，结构性矛盾等问题依然存在，像教育结构与就业需求脱节、就业与再就业间培训机制缺失、教育市场混乱不堪、学历贬值现象严重、与世界尖端人才实力差距明显等近年来有愈演愈烈的趋势（杨蕙馨和王海兵，2015），迫切需要引起研究者们的注意。如何以市场配置教育资源为主导，破除政府对教育的盲目干涉、加快教育改革、激发教育市场活力等问题，还需要进一步展开研究和讨论。

再次分析政府干预倾向和非市场化程度。初步来看，政府财政支出比重对全要素生产率、技术进步和规模效率有显著负向影响，对技术效率的影响显著为正，国有企业工业产值比重则相反，对全要素生产率、技术进步和规模效率有显著正影响，对技术效率的影响显著为负，但当引入政府财政支出比重和国有企业工业产值比重交互项后，政府财政支出比重对技术效率的影响显著为负，国有企业工业产值比重对全要素生产率的影响显著为负，对技术进步尽管有正向影响，但不再显著，与此同时，交互项对全要素生产率、技术进步和技术效率有显著负向影响，对规模效率的影响虽然为负，但不显著。这与上文的分析基本一致。可见，政府盲目干预在很大程度上是为自己的自利倾向正名，也就是利用本身作为"裁判员"优势的同时将自己投入到广袤的"运动员"生涯中去，在没有有效自我约束的前提下只会使经济制度发生扭曲，进而对创新驱动产生不利影响，而国有企业由于没有有效的公司治理，缺乏足够的内生性激励，从而有较弱的创新实践。值得一提的是，交互项的实证结果十分有趣，本文的推断是，政府干预及其所获利益与国有企业有着密切联系，政治导向在国有企业中的主导地位产生了"你情我愿"的利益相关者之间勾结，国有企业有规模但没有规模效率、有技术但没有技术进步的尴尬局面和腐败滋生的危险急需被打破和治理。

最后分析控制变量。城市化对全要素生产率、技术进步和技术效率始终有显著正向影响，对规模效率的影响始终显著为负，基础设施建设对全要素生产率和技术进步始终有显著正向影响，对技术效率的影响始终显著为负，但对规模效率的影响不能确定。由此可见城市化和基础设施建设对中国创新驱动的重要性。当然，简单粗暴地以"土地城市化"代替城市化是否体现了城市化发展的本质、城市化进程中是否要罔顾国情而盲目援引发达国家具体措施等方面都还有待商榷。此外，对待城市化进程中所产生的吃、穿、住、医疗、教育、卫生等问题要有清醒的认识，政府如何改革户籍制度、完善社会保障制度等都将对创新驱动产生实质性影响。

4.8 结论与启示

本文在回顾前人研究文献的基础上，将关于中国经济增长动力之争延伸到创新驱动与产业发展新体系层面，利用 1978~2012 年中国省际面板数据，通过构建面板误差修正模型和面板向量自回归模型，考察创新驱动、产业结构变迁和经济增长在长短期中可能存在的差异化特征，为在理论逻辑上都能够自洽的争论双方同时提供有效的实证证据。在此基础上，对影响创新驱动的相关因素进行实证分析。主要结论有：（1）中国创新驱动发展现状并不乐观，在样本区间全要素生产率和技术进步年均增长率都为负值；（2）中国产业发展体系本身具有以经济增长和产业结构变迁的协同互动为主题的自我演化特征；（3）创新驱动与产业发展体系在长短期的相互作用有别，这一作用在不同检验方法下具有相当的稳健性；（4）影响创新驱动的相关因素包括对外开放水平、人力资本、政府干预倾向、非市场化程度、城市化、基础设施建设等方面，除政府干预倾向和非市场化程度外，其余影响因素与全要素生产率呈显著正相关性，而两者交互项的显著负向影响也反映出利益相关者之间勾结的破坏性作用。

时下中国正在大力推进经济发展方式的转变，其中最重要的举措之一是通过实施创新驱动发展战略为未来经济发展提供持续的源动力。本文的研究发现，中国过去数十年间以全要素生产率及其分解因子为指标的创新驱动对经济增长和产业结构变迁具有差异性影响，作用于创新驱动的因素也十分广泛，这对今后如何实施创新驱动发展战略以及如何转变经济发展方式具有重要的启示意义：第一，必须要在坚持实现产业发展体系自身自洽、稳定、和谐演化的基础上实施创新驱动发展战略；第二，技术进步的提升要求必须继续坚持对外开放，坚持在大力引进外国先进技术基础上的消化吸收和再创新；第三，创新的基础是人才，人才的基础是教育，中国要积极通过各种手段完善教育体系，继续增强中国人力资本存量，尽快缩短与国际尖端人才的差距，同时，要加快外国人才的引进工作，通过合作、交流、共享等措施促进知识的溢出；第四，积极开展制度创新，完善各项法律、法规、政策，建立严格的审计机制，有效约束政府行为，构建长效的社会保障体系，激发创新主体活力；第五，探索以中国国情为基础的城市化建设和基础设施建设，杜绝盲目照搬照抄发达国家经验措施。

当然，本文只是一系列相关研究的开始。根据目前所得到的研究结论，未来可从以下几方面展开更深入的考察，即产业结构变迁和经济增长同属产业发展体系，尽管有协同演进的特征，但也有互相制约的特征，怎样克服彼此间存在的弊端而将两者有效融合在一起？地区性的产业发展体系如何能真正在全国统一框架内得到整合？如果创新驱动对产业结构变迁和经济增长在长短期的作用不一，对于政策制定和选择实施过程而言，如何相机抉择才能有利于经济目标的最优化？如何破除利益相关者之间勾结对创新驱动发展战略的破坏性作用？等等。

参考文献

[1] Albala‑Bertrand J, and Feng H. New Capital Stock and Capital Productivity for China and Regions: 1960‑2005. An Optimal Consistency Method, Working Paper, University of London, 2007.

[2] Bai P W. Estimating the Degree of Distortion of Labor Resources Allocation in China [J]. China Industrial Economics, 2012 (10): 19‑31. (in Chinese)

[3] Cai F. Two Processes in Labor Migration and its Institutional Barriers [J]. Sociological Research, 2001 (4): 44‑51. (in Chinese)

[4] Cai L, He L. Induced Institutional Change and Agricultural Development [J]. Economic Review, 2007 (6): 60‑65. (in Chinese)

[5] Chen B. On the Connotation and Characteristics of Innovation Driven and the Condition of Realizing Innovation Driven: From the Perspective of Realizing "China Dream" [J]. Fudan Journal (Social Sciences), 2014 (4): 124‑133. (in Chinese)

[6] Chen G, Li S. Corruption, Income Distribution and Inequality in China [J]. Economic Science, 2010 (2): 55‑68. (in Chinese)

[7] Chen L, Liu Z B. Local Innovative Capacity FDI Spillover and Economic Growth [J]. Nankai Economic Studies, 2006 (3): 90‑101. (in Chinese)

[8] Chen T. Structural Change and Economic Growth [J]. China Economic Quarterly, 2007 (4): 1053‑1074. (in Chinese)

[9] Chen X, Gong L. Structural Change and Economic Growth [J]. China Economic Quarterly, 2005 (3): 583‑604. (in Chinese)

[10] Deng K, Wang Y. Dual structure of Political Economics, Consumption Distortion and Income Distribution [J]. The Journal of World Economy, 2011 (12): 32‑52. (in Chinese)

[11] Dietrich A. Does Growth Cause Structural Chang, or Is It the Other Way Around? A Dynamic Panel Data Analysis for Seven OECD Countries [J]. Empirical Economics, 2012 (43): 915‑944.

[12] Diewert W E, Nakamura A O. The Measurement of Productivity for Nations [M]//Heckman J, Leamer E. Handbook of Econometrics (Volume 6, Part B). North‑Holland, 2007, 6, 4501‑4586.

[13] Fei L. Construction of Learning Party and Creative Countries Based on Innovation‑Driven Development Strategy [J]. Shandong Social Sciences, 2011 (5): 85‑96. (in Chinese)

[14] Frank M W. Income Inequality and Economic Growth in the U.S.: A Panel Co‑integration Approach [R]. Working Paper, Sam Houston State University, 2005.

[15] Fu Y, Bai L. TFP Growth and its Decomposition During the Reform Period in China (1978‑2006)—Analysis of Malmquist Index Based on Provincial Data [J]. Journal of Finance, 2009 (7):

38-51.

[16] Gan C. Transformation of Economic System Reform Since 1978 In China [M]. Shanghai: Shanghai University of Finance & Economics Press, 2008. (in Chinese)

[17] Gan C, Zheng R, Yu D. An Empirical Study on the Effects of Industrial Structure on Economic Growth and Fluctuations in China [J]. Economic Research Journal, 2011 (5): 4-16. (in Chinese)

[18] Guo Q, Jia J. Estimating Total Factor Productivity in China: 1979-2004 [J]. Economic Research Journal, 2005 (6): 51-60. (in Chinese)

[19] Hong Y. On the Innovation-driven Economic Development [J]. Economist, 2013 (1): 5-11. (in Chinese)

[20] Huang M, Li J. Technology Choice, Upgrade of Industrial Structure and Economic Growth [J]. Economic Research Journal, 2009 (7): 143-151. (in Chinese)

[21] Huang Z, Gong R. Comparison and Re-estimate Physical Capital in China [J]. Academic Forum, 2008 (9): 97-104.

[22] Chenery H, Syrquin M, Elkington H. Patterns of Development: 1950-1970 [M]. Beijing: Economic Science Press, 1988.

[23] Hurlin C, Venet B. Granger Causality Tests in Panel Data Models with Fixed Coefficients. Working Paper, Université Paris Dauphine, 2001.

[24] Jian Z. From State Monopoly to Competition: Transition and the Growth of the TFP in Chinese Industry [J]. China Industrial Economics, 2011 (11): 79-89. (in Chinese)

[25] Jing X. Estimation of Provincial Physical Capital in China: 1952-2010 [J]. Guangdong Social Sciences, 2013 (2): 46-55.

[26] Li B, Zeng Z. Recalculating the Changes in China's Total Factor Productivity [J]. The Journal of Quantitative & Technical Economics, 2009 (3): 3-15. (in Chinese)

[27] Li F, Lin Y. Development Strategy, Viability and Institutional Distortions in Developing Countries [J]. Nankai Economic Studies, 2011 (5): 3-19. (in Chinese)

[28] Li J. Eco-efficiency Differences and its Influential Factors Across Provinces in China [J]. South China Journal of Economics, 2009 (12): 24-35. (in Chinese)

[29] Li L., Y. Zhou, Does Technical Progress Improve Energy Efficiency? —An Empirical Test on Industrial Sector [J]. Management World, 2006 (10): 82-89. (in Chinese)

[30] Li Y, Wang H, Zheng Y. Enterprise Evolution: Important Path of Industrial TFP Growth in China [J]. Economic Research Journal, 2008 (6): 12-24. (in Chinese)

[31] Lin Y. Demystifying the Chinese Economy [M]. Beijing: Beijing University Press, 2012. (in Chinese)

[32] Liu S. International Trade, FDI and Total Factor Productivity Weakening: DEA and Co-integration based on Panel Data from 1952-2006 [J]. The Journal of Quantitative & Technical Economics, 2008 (11): 28-39. (in Chinese)

[33] Liu S, Zeng G. Empirical Analysis on the Influence of Technological Advancement on the Employment in China: 1978-2006 [J]. Economist, 2010 (4): 93-100. (in Chinese)

[34] Liu W, Zhang H. Structural Change and Technical Advance in China's Economic Growth

[J]. Economic Research Journal, 2008 (11): 4 – 15.

[35] Liu Z. Conception and Pattern of Modern Industry System [J]. Shandong Social Sciences, 2011 (5): 160 – 162. (in Chinese)

[36] Liu Z. From Late – Development Advantage to First – Mover Advantage: Theoretic Thoughts On Implementing the Innovation – Driven Strategy [J]. Industrial Economics Research, 2011 (4): 1 – 7. (in Chinese)

[37] Long Q. Evolution of Institution of Income Distribution, Income Inequality and Reform in China [J]. Southeast Academic Research, 2011 (1): 103 – 115. (in Chinese)

[38] Love I, Zicchino L. Financial Development and Dynamic Investment Behavior: Evidence from Panel VAR [J]. The Quarterly Review of Economics and Finance, 2006, 46 (2): 190 – 210.

[39] Lu X. , Does Financial Distortion Hinder Economic Growth in China? [J]. Journal of Finance, 2008 (4): 55 – 68.

[40] Lu X, Lian Y. Estimation of Total Factor Productivity of Industrial Enterprises in China: 1999 – 2007 [J]. China Economic Quarterly, 2012 (2): 541 – 558. (in Chinese)

[41] Lucas R E. On the Mechanics of Economic Development [J]. Journal of Monetary Economics, 1988 (22): 3 – 42.

[42] Mao J. Comparison and Refinement on the Studies of Estimating Capital Stock [J]. Henan Social Sciences, 2005 (2): 75 – 78.

[43] North D. Structure and Change in Economic History [M]. W. W. Norton & Company, 1981.

[44] Qzyurt S. Total Factor Productivity Growth in Chinese Industry: 1952 – 2005 [J]. World Economic Papers, 2009 (5): 1 – 16.

[45] Romer P M. Increasing Returns and Long – Run Growth [J]. Journal of Political Economy, 1986, 94 (5): 1002 – 1037.

[46] Solow R M. A Contribution to the Theory of Economic Growth [J]. The Quarterly Journal of Economics, 1956, 70 (1): 65 – 94.

[47] Sun L, Ren R. Physical Capital Input and Estimation of TFP in China [J]. World Economy, 2005 (12): 3 – 13. (in Chinese)

[48] Sun N H, Du Y, Hong Y. The Distortion of the Labor Market, the Difference in its Efficiency, and the Income Disparity between Peasants and Town People [J]. Management World, 2009 (9): 44 – 52. (in Chinese)

[49] Tao C, Qi Y. Spatial Difference and Causes Analysis of Total Factor Productivity in China [J]. The Journal of Quantitative & Technical Economics, 2010 (1): 20 – 32. (in Chinese)

[50] Wan H, Yang H. An Empirical Analysis on Innovation – driven Development Strategy and Its Determinants [J]. Journal of Shandong University (Philosophy and Social Science), 2015 (1): 23 – 34. (in Chinese)

[51] Wang S, Hu Z. Productivity Changes and Heterogeneity in China's Service Sub – industry [J]. Economic Research Journal, 2012 (4): 15 – 27. (in Chinese)

[52] Wang X, Sun G. Innovation – driven Economy: Ideas and Lessons from American School [J]. Study & Exploration, 2011 (6): 124 – 127. (in Chinese)

[53] Wang Y, Yao Y. Sources of China's Economic Growth 1952 – 1999: Incorporating Human Capital Accumulation [J]. China Economic Review, 2003 (14): 32 – 52.

[54] Wang Z, Shi J. Explanation on Regional Disparity and Fluctuation of Performance of Industrial Sector in China During the Transition Period—Based on SFA [J]. World Economic Papers, 2007 (4): 29 – 45.

[55] Wang Z, Gong L, Chen Y. China's Regional Difference in Technical Efficiency and the Decomposition of Total Factor Productivity Growth (1978 – 2003) [J]. Social Sciences in China, 2006 (2): 55 – 66. (in Chinese)

[56] Wu H. China's Growth and Productivity Performance Debate Revisited – Accounting for China's Sources of Growth in 1949 – 2010 with A Newly Constructed Data Set. Working Paper, Hitotsubashi University, 2014.

[57] Xu C. The Fundamental Institutions of China's Reforms and Development [J]. Journal of Economic Literature, 2011, 49 (4): 1076 – 1151.

[58] Yan P. An Investigation into Capital Misallocation [J]. China Economic Quarterly, 2012 (2): 489 – 520. (in Chinese)

[59] Yang H, Wang H. Strategies for China's Manufacturers against the Post – International Financial Crisis [J]. Economic Management Journal, 2013 (9): 41 – 52. (in Chinese)

[60] Yang H, Wang H. Returns to Education in China: 1989 – 2011 [J]. South China Journal of Economics, 2015 (6): 1 – 18.

[61] Yao Z, Xia J. Capital Deepening, Technology Progress and Their Effects on China's Employment [J]. World Economy, 2005 (1): 58 – 67. (in Chinese)

[62] Ye M, Fang Y. Estimation, Spatial Evolution and Contribution Composition of the Capital Stock in China [J]. The Journal of Quantitative & Technical Economics, 2012 (11): 68 – 84.

[63] Ye G, Wang D, Wang L. The Effect of Technical Progress on Employment and the Choice of Technical Progress Policy in China (1990 – 2005) [J]. The Journal of Quantitative & Technical Economics, 2008 (3): 137 – 147. (in Chinese)

[64] Young A. Gold into Base Metals: Productivity Growth in the People's Republic of China during the Reform Period [J]. Journal of Political Economy, 2003, 111 (6): 1220 – 1261.

[65] Zhan Y. Crux and Government of Modern Industry System in China [J]. Research on Financial and Economic Issues, 2012 (12): 31 – 36. (in Chinese)

[66] Zhang J. The Truth of Growth [M]. Beijing: China Machine Press, 2009. (in Chinese)

[67] Zhang S, Cheng L. Price Distortion and Wealth Transfer in the Transition Process of China [J]. World Economy, 2010 (10): 3 – 24. (in Chinese)

[68] Zhang X, Lv Y. Research on Price Distortion of Natural Resource in China [J]. Public Finance Research, 2006 (9): 34 – 37. (in Chinese)

[69] Zhang X, Gui B. The Analysis of Total Factor Productivity in China: A Review and Application of Malmquist Index Approach [J]. The Journal of Quantitative & Technical Economics, 2008 (6): 111 – 122.

[70] Zhang Y. The Metamorphosis of Traditional Industrial System and the Natures and the Formation Mechanism of the Modern Industrial System [J]. Industrial Economic Review, 2010 (1):

12 - 20. (in Chinese)

[71] Zhang Z, Lu M. Impacts of TFP on Regional Economic Growth and Fluctuation in China [J]. Chinese Review of Financial Studies, 2013 (1): 7 - 31. (in Chinese)

[72] Zhao C. The Research about the Relationship between Economic Growth and the Industrial Structure Evolvement of Our Country—Demonstration Investigation Basing on the Panel Data Model [J]. Application of Statistics and Management, 2008 (3): 487 - 492. (in Chinese)

[73] Zhao Z, Yang C. Estimation and Explanation of China's Total Factor Productivity: 1979 - 2009 [J]. Research on Financial and Economic Issues, 2011 (9): 3 - 12.

[74] Zheng J, Hu A. An Empirical Analysis of Provincial Productivity in China (1979 - 2001) [J]. China Economic Quarterly, 2005 (2): 263 - 296. (in Chinese)

[75] Zheng J, Hu A, Bigsten A. Can China's Growth be Sustained? —A Productivity Perspective [J]. China Economic Quarterly, 2008 (3): 777 - 808.

[76] Zhou X, Han Z H. China's Regional Differences in Technical Efficiency and the Decomposition of Total Factor Productivity Growth: 1990 - 2006 [J]. Nankai Economic Studies, 2009 (5): 26 - 48. (in Chinese)

[77] Zhou Y, Jiang Z. The Empirical Analysis of the Relationship between the Adjustment of Industry Structure and the Real Economic Growth in China [J]. Journal of Zhejiang University (Humanities and Social Sciences), 2002 (3): 146 - 152. (in Chinese)

[78] Zhu C L, Yue H, Shi P. Empirical Study on China's Economic Growth Efficiency Under the Binding of Environment [J]. The Journal of Quantitative & Technical Economics, 2011 (5): 3 - 20.

[79] Zhu T, Qi X, Zhang L. Does Financial Distortion Lead FDI Inflow into China? —Evidence from Panel Data of Chinese Provinces [J]. Nankai Economic Studies, 2010 (4): 33 - 47. (in Chinese)

[80] Zou X, Zhao L. An Empirical Analysis on the Migration of Total Factor Productivity of Chinese Economy from the Year 1978 - 2010 [J]. Journal of Central University of Finance & Economics, 2013 (11): 51 - 55. (in Chinese)

第 5 章

创新驱动对现代产业发展新体系演进的作用机理

——基于生产函数的视角*

5.1 引　言

党的十九大报告提出要"贯彻新发展理念,建设现代化经济体系",这是在中国特色社会主义进入新时代的当下,党中央提出的中国经济建设的总纲领。而为了达成这个目标,必须要"着力加快建设实体经济、科技创新、现代金融、人力资源协同发展的产业体系",由此,构建现代产业发展新体系构成了建设现代化经济体系的重要物质基础。党的十九大报告同时指出,要加快建设创新型国家,发挥创新"引领发展第一动力""建设现代化经济体系战略支撑"的关键作用。因此,构建现代产业发展新体系需要由创新来驱动和引领。

分析现有关于创新驱动和现代产业发展新体系的研究,一方面,相关学者在论证现代产业发展新体系时大多提到创新的关键驱动作用,然而,现有文献中针对创新驱动和现代产业发展新体系的专门研究并不多,尤其缺乏对二者之间作用机理的深入研究;另一方面,学界就创新驱动具体应当包括哪些因素尚未达成一致的认识,早期针对创新驱动的研究多侧重技术创新或科技创新等单一因素,后续研究丰富了创新驱动的内涵,认为创新驱动是涵盖多种因素的综合性创新,但是已有文献鲜有能将创新驱动的多种因素纳入一个统一框架下的研究。此外,分析创新驱动对现代产业发展新体系演进的作用机理,关键是要落实到实际生产问题,对于宏观政策制定和微观组织发展而言都是如此。因此,从实际生产问题出发研究创新驱动对现代产业发展新体系的构建具有重要的理论和现实意义。本文致力于回答以下两个问题:(1)如何从实际生产问题出发,将对创新驱动的研究

---

* 本章作者为魏庆文、杨蕙馨、王军,发表在《现代财经(天津财经大学学报)》2018 年第 7 期(有改动)。

纳入一个统一的框架？（2）创新驱动对现代产业发展新体系演进的作用机理是什么？本文的研究成果可为决策者实施创新驱动构建现代产业发展新体系的策略选择提供参考依据。

5.2 研究综述

熊彼特最早将创新概念引入经济学，是创新理论的建立者。熊彼特认为创新就是把生产要素和生产条件的"新组合"引入生产体系，即"建立一种新的生产函数"。这种"新组合"包括五个方面：（1）引入新的产品或产品新的特性；（2）采用新的生产方法；（3）开辟新的市场；（4）获得原材料或半成品的新的供给来源；（5）实行新的企业组织形式。熊彼特的创新理论具有三个特点：其一，强调创新活动的实际生产价值，即无论是新的生产要素，还是要素新的组合，关键是要将其引入生产体系；其二，以创新为核心来解释资本主义的产生、发展及其演变规律；其三，对创新概念的界定较为宽泛，不仅包括产品创新和工艺创新，还包括市场创新和组织创新、制度创新。熊彼特从实际生产问题出发界定创新的研究模式在经济增长领域得以延续。20世纪五六十年代，以索洛（Solow，1956）为代表的新古典经济增长理论强调创新对经济增长的驱动作用。根据新古典经济增长理论，资本的边际报酬递减规律使得人均资本的增长只会带来经济暂时的高速增长，当达到平衡增长路径时，人均产出持续增长的唯一泉源是外生的技术进步。索洛（Solow，1956）的计算结果还表明，技术进步贡献了美国1909~1949年80%的经济增长。20世纪80年代，以罗默（Romer，1986，1989）、卢卡斯（Lucas，1988）为代表的内生经济增长理论在生产函数中引入人力资本投资的正外部性、知识的积累、研究与开发（R&D）的技术外溢性等效应，从而将技术进步内生化，极大地丰富了创新的内涵。20世纪90年代，迈克尔·波特在其著作《国家竞争优势》中首次提出了创新驱动的概念并将其作为国家发展的一个阶段来提出。波特认为，一国或地区的经济发展会经历从生产要素驱动阶段到投资驱动阶段，再到创新驱动阶段和财富驱动阶段的转变。在波特看来，创新驱动发展阶段和其他发展阶段的本质区别在于经济发展的主要驱动力有所不同。

近年来，国内学者针对创新驱动的研究成果颇多。洪银兴（2013a）、王海燕和郑秀梅（2017）等就创新驱动的理论基础、内涵和评价标准展开了研究。张来武（2013）、裴小革（2016）等研究强调了创新驱动的重要性，认同创新驱动是中国当前转变经济发展方式、实现产业结构升级、经济可持续增长的必由之路。但总的来说，学术界针对创新驱动的研究尚未达成一致的认识，尤其缺乏对创新驱动逻辑一致且内涵丰富的研究框架。例如，关于创新驱动的内容，学者们大多侧重强调技术创新或科技创新等单一因素的重要性。虽有学者认同创新驱动是一项综合性创新，涵盖科学创新、技术创新、文化创新、观念创新、制度创新、体制机制创新和组织创新等多个方面，但是相关学者的研究却并没有将创新驱动的各个方面纳入一个统一的框架来研究。

对现代产业发展新体系的研究目前尚处于理论探索阶段，主要是因为该概念为中国所特有。现代产业发展新体系是相对于传统产业体系而言的。相比于传统产业体系，现代产业发展新体系具有产业结构高级化、产业组织新型化、产业技术先进化、发展模式生态化和市场体系开放化等现代特征。国内学者针对现代产业体系的背景与约束条件、内涵、实现路径等方面展开了研究。

关于创新驱动和现代产业发展新体系的关系，相关研究可以追溯到创新扩散理论和技术融合理论。在传播学领域，罗杰斯（Rogers，1962）最早提出了创新扩散理论。创新的扩散使得创新对经济发展的驱动作用不仅局限于原创企业本身，还会通过扩散效应对整个产业体系产生影响。在技术融合方面，罗森博格（Rosenberg，1963）最早发现了不同产业间的技术融合现象。自20世纪70年代以来，由不同领域的技术相融合所创造的复合产品的比重不断上升（Kash and Rycroft，2002）。技术融合构成了产业融合的基础，进而促进了生产要素和创新资源在产业体系间的流动和重新配置。国内学者针对现代产业体系的研究大多提到创新的驱动作用。在理论研究层面，白俊红和王林（2016）从技术创新、产业创新、制度创新和文化创新等方面分析了创新驱动对经济增长质量的影响机理。在经验研究层面，王海兵和杨蕙馨（2016）利用误差修正模型和面板向量自回归实证考察了创新驱动对中国产业体系演进作用的长短期差异。但综合来看，专门研究创新驱动和现代产业发展新体系关系的文章并不多，并且缺乏对二者之间作用机理的深入研究。

与已有研究相比，本文的创新之处和价值体现在以下几个方面：（1）回归到熊彼特对创新概念的最初界定，从实际生产问题出发重新界定创新驱动的内涵，将对创新驱动的研究纳入生产函数这个统一的框架之下。（2）就创新驱动对现代产业发展新体系演进的作用机理进行深入研究，弥补了现有研究的不足。

5.3 创新驱动内涵的再定义

回归熊彼特对创新概念的界定，即认为创新是"建立一种新的生产函数"，本文将对创新驱动及其维度的概念界定纳入生产函数这个统一的框架之下，以期更好地把握创新驱动的内涵和实质。

生产函数理论研究的是在一定的经济技术条件下，生产要素的投入量及其组合和它所能达到的最大产出之间的关系。生产函数的一般形式是 $Y = F(K, L, A, \cdots)$，其中 Y 代表产出水平，K、L、A 等分别代表生产过程中的资本、劳动力、技术等要素投入。产出的增长可以在不存在任何创新的情况下，通过持续追加资本和劳动力等要素投入实现经济总量的"粗放式"增长。而创新驱动意义上的产出增长则是在资本和劳动力等要素投入的量既定的前提下，由要素投入的质或使用效率的提升，即由创新所驱动的经济增长。就生产函数本身而言，能够带来产出增加的创新因素包括：(1) 技术水平的提升即技术创新直接改变函数参数 A，提高产出水平；(2) 生产函数形式的改变即组织创新改变函数各变量之间的组合方式 $F(\cdot)$，带来产出水平的变动；(3) 函数外在约束条件的变化即制度创新通过影响技术创新和组织创新间接作用于生产函数，从而影响产出水平。由此，本文从生产函数出发对创新驱动的内涵进行了再定义，并引出了创新驱动的三个维度：技术创新、组织创新和制度创新。接下来就创新驱动的三个维度进行进一步的概念界定。

5.3.1　技术水平的提升：技术创新

技术创新的本质是新技术的诞生和应用，它是一个从研发到市场化运用的动态过程，其结果是推动了技术进步、开发了新市场，并最终促进了经济增长，反映到生产函数上，则表现为技术水平的改进或技术进步增长率的提升[1]。技术创新的类型有不同的划分标准，根据创新的内容，可分为产品[2]创新和工艺创新。

5.3.2　组织方式的改进：组织创新

关于组织创新的内涵和外延，目前国内外尚无统一的界定，学者们往往根据自身的研究需要，从不同的视角对组织创新进行概念界定。本文从生产函数出发，认为组织创新是在既定的制度环境和技术水平下，由要素投入量的变化以外的、在微观企业组织层面导致产出增加的因素，反映在生产函数上，则表现为生产函数形式的改变。组织创新的内涵主要包括以下两个方面：一是组织通过对自身内部分工与协作、集权与分权关系的调整，形成新的组织结构，改变组织内协调与沟通的方式，即组织模式的变化。二是组织通过对价值链上研发、设计、生产、运输、营销、售后等价值实现环节的调整与重构改变组织内部资金、信息、物质等要素的流动方式，降低组织内部的交易成本，提高组织的竞争力和利润水平，即价值创造过程的调整与再造。

---

[1] 有学者将技术创新的概念泛化，认为技术创新不但包括产品创新和工艺创新，还包括组织创新、管理创新、营销创新、制度创新等。与之不同的是，本文所界定的技术创新为狭义的技术创新，主要包括产品创新和工艺创新。

[2] 包括有形的实物产品和无形的服务产品。

5.3.3 约束条件的变化：制度创新

制度是对经济主体的行为规则，是人类追求一定社会秩序的结果，目的在于为自身的生产、生活构建一个稳定的环境，而制度创新是指创设新的、更能有效激励人们行为的规范体系。制度创新并不直接反映在生产函数上，而是通过约束条件的变化，影响生产主体的技术创新行为和组织创新行为，从而间接作用于生产函数。根据创新主体的不同，制度创新可分为强制性制度创新和诱致性制度创新。

5.4 创新驱动对现代产业发展新体系演进的作用机理

与改革开放以来的国内外经济条件相适应，中国产业体系的演进经历了从传统经济部门转向现代经济部门、从封闭走向开放、从产业孤立迈向产业融合的发展过程。可以说，产业体系的演进是一个循序渐进、不断升级的动态过程。在前文对创新驱动内涵界定的基础之上，本节致力于阐述创新驱动对现代产业发展新体系演进的作用机理。

图 5-1 描绘了创新驱动对现代产业发展新体系演进的作用机理。由要素驱动和投资驱动转向创新驱动，是指创新成为构建现代产业发展新体系的主要驱动力。创新作为现代产业发展新体系演进的驱动力涵盖技术创新、组织创新和制度创新三个维度。其中，技术创新是创新驱动的核心。在产品和工艺上的技术创新能够提高产品质量、改善生产工艺，直接催生更能满足市场需求的新产品，或由于降低了生产成本而提高产品的市场竞争力。组织创新是创新驱动的载体。所有的技术创新行为都是在某个组织内部进行的。组织创新通过组织模式的改进和价值创造过程的重构降低组织内部的交易成本，不断催生新的业态。新的组织方式由于降低了组织内部的信息不对称往往能够诱发一系列技术创新，反之，新技术的推广和应用也使得某些组织创新得以顺利实现。制度创新是创新驱动的保障。制度是对经济主体的行为规范，所有的技术创新行为和组织创新行为都是在一定的制度框架下发生的。制度创新通过在更为广泛而基础的宏观层面改变经济主体的行为规则，对微观经济主体的技术创新和组织创新行为产生影响，从而间接作用于现代产业发展新体系的演进。在技术、组织和制度上的创新经由各种市场或非市场的渠道扩散到整个产业体系，对技术进步加速、技术效率改善、规模效率提升和配置效率改进有显著的促进作用。创新所引致的新思想、新方法在扩散的过程中也会不断地碰撞、交叉、融合，乃至催生新的复合性创新，进而带动新一轮的创新扩散和创新融合。创新经由扩散和融合这两种传导机制作用于现代产业

发展新体系，外在上带来旧产业的消亡、新产业的萌生、产业边界的模糊和产业的协同演化，内在上则表现为产业结构的高级化、产业组织的新型化、产业技术的先进化、发展模式的生态化和市场体系的开放化。

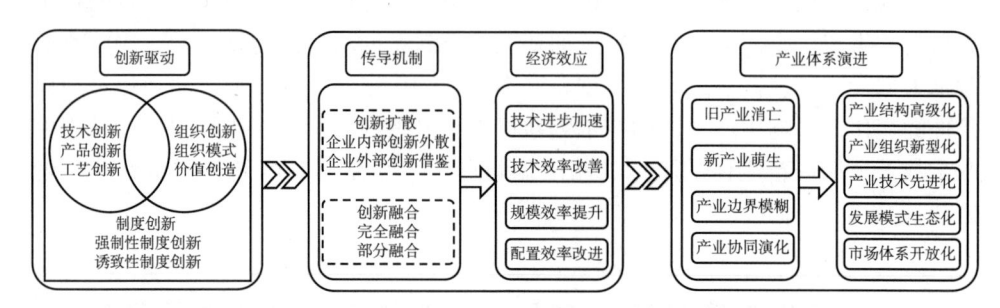

图 5-1 创新驱动对现代产业发展新体系演进的作用机理

资料来源：作者绘制。

5.4.1 技术创新对现代产业发展新体系演进的作用机理

技术创新对现代产业发展新体系演进的作用机理包括两个方面：技术扩散和技术融合。技术扩散和技术融合紧密相关，二者常常结合在一起，技术扩散是技术融合的前提，技术融合是技术扩散的深化。但技术扩散和技术融合又存在本质的区别。就作用方向而言，扩散（diffusion）和融合（fusion）恰恰相反，扩散是一个发散的过程，而融合是一个聚合的过程。技术扩散是关于新技术的知识和方法由其创新源头向外界经济主体传播、应用的过程，而技术融合是将两种或多种现有技术相结合以产生新的复合性技术的过程。

（1）技术扩散与现代产业发展新体系。

如图 5-2 所示，技术扩散对现代产业发展新体系演进的作用过程可以分为三个阶段。第一阶段是创新在产业 i 内部的扩散。产业 i 内的企业 A 率先进行创新，可能是开发了新产品或新的生产工艺。创新本身存在风险，幸运的是，这一创新更好地满足了消费者需求、节约了生产成本或提高了生产效率，由此，企业 A 获得了相对于产业 i 内其他企业的竞争优势，并为自身带来超额利润。产业 i 内的其他企业 B、C、D 等在观察到企业 A 的创新绩效后，为保持自身的竞争地位，纷纷对企业 A 的创新行为进行仿效，产业 i 的潜在进入企业也有可能被企业 A 的创新行为所带来的扩大了的市场规模吸引而进入产业 i。企业 A 可能并不希望被模仿，但不管怎样，企业 A 的创新成果还是会经由各种市场或非市场的渠道扩散到产业 i 内的其他企业，由此带来了整个产业 i 市场规模的扩大、生产成本的降低或生产效率的提高。第二阶段是创新向与产业 i 有直接关系的产业链上下游产业的扩散或对产业 i 所在区域内经济、社会发展的带动。首先，产业 i 市场规模的扩大带来对投入要素需求的扩张，从而产业 i 通过后向关联带动上游产业

i-1 的发展。其次，产业 i 生产成本的降低在竞争性市场内往往带来产品价格的降低，由此通过削减下游产业的投入成本而促进下游产业 i+1 的发展。最后，产业 i 的发展会对其所在区域产生旁侧效应，如改善区域内的制度建设、基础设施水平或通过专业化培训提高区域内劳动力素质，带动相关配套产业发展等。第三阶段是创新经由产业之间、区域之间广泛而深入的经济技术联系带动整个产业体系的演进。一方面，区域内改善了的经济社会条件带动了区域内所有产业的发展；另一方面，与产业 i 直接相关的、处于同一产业链的上下游产业又会通过前向关联、后向关联和旁侧关联在更广的范围内产生影响。这样，源发于某一微观企业内部的技术创新会经由产业之间、区域之间的密切联系扩散到整个产业体系，一方面扩大了生产规模或市场需求促进了经济增长，另一方面不同产业对创新敏感程度的差异造成产业之间在技术水平、产品价格、要素配置上的差异，进而导致产业结构的变迁，所有这些因素最终综合作用的结果是带来整个产业体系的演进。

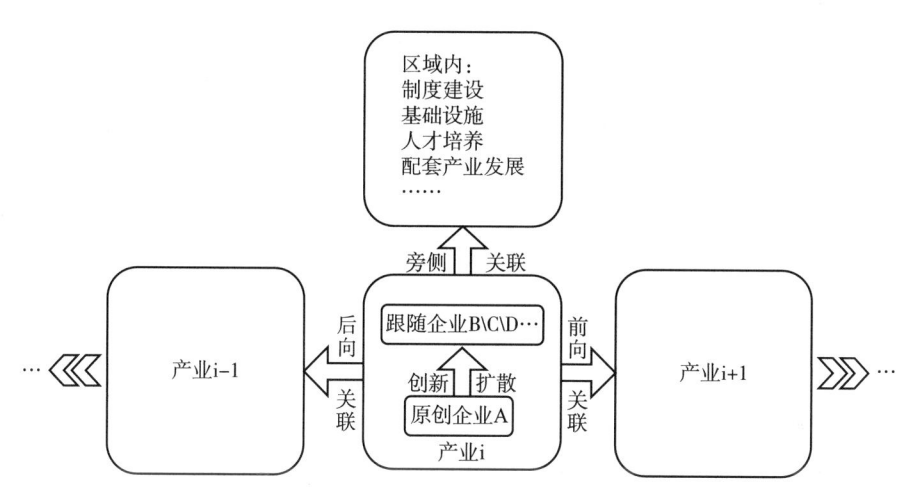

图 5-2 技术扩散对现代产业发展新体系演进的作用机理

资料来源：作者绘制。

（2）技术融合与现代产业发展新体系。

技术融合对现代产业发展新体系演进的作用机理包含三方面内容。第一，技术融合提升先行企业的技术水平，并通过扩散效应带动整个产业技术水平的提升。不同于多个技术的简单叠加，融合后的技术综合了多个产业领域的技术创新成果，通过不同技术之间的互补与协同创造出全新的产品，其功能和优越性往往是单一技术所无法比拟的。如图 5-3 所示，在产业 A 内率先进行技术融合的企业 A_1 由于提升了自身的技术水平获得竞争优势和超额利润。这时，产业 A 内其他企业 A_2、A_3、A_4 等会争相模仿先行企业的行为，使得该产业原有的技术体系被打破,从而实现产业的技术升级,外在上则表现为产业 A 规模的扩张。第二,技术融合不断弱化产业之间的技术边界,促进产业融合。以信息技术为基础的信息产业的快速发展极大地降低了不同产业之间的信息沟通成本,促进了不同产业之间的技术扩散与融合,在原本分立的产业之间形成了相似的技术基础。产业之间广泛存在的技术融合关系使得某一产业领域新出现的技术范式得以对其他产业施加影响,从而使产业之间渗透性增强。与此同时,不同产业所提供的产品或服务,其功能和特性趋于一致,满足消费者相同或相似的消费需求,形成替代竞争关系,使得产业边界模糊化,导致不同产业之间的融合现象。如图 5-3 所示,产业 A、B、C 原本处于分立状态,各产业之间不存在替代竞争关系,信息技术的发展普及促进了产业之间的技术融合,各产业由于具备了共同的技术基础而出现融合的趋势。产业融合的结果是带来社会资源的重新配置,某些产业日益发展壮大(如产业 A 和产业 C),而另一些产业则不可避免地走向衰亡(如产业 B)。第三,技术融合不断催生新的产业。技术融合打破原有的技术创新模式,乃至引发颠覆性技术创新,随着新兴技术的不断演变发展,新技术和原有技术之间的技术距离越来越远,新兴产业日益成型。如图 5-3 所示,产业 X_1、X_2 和 X_3 是就由原有产业的技术创新和技术融合所催生的新兴产业。上述三方面的作用共同推动了产业体系的演变升级。例如,手机生产商将掌上电脑的操作系统移植到传统的功能手机(feature phone)中,从而催生了智能手机(smart phone)产业。手机的智能化极大地提升了手机的综合处理能力,使得移动通信业获得了突破性发展。继智能手机之后,智能家居、智能汽车、智能手环等智能硬件不断涌现,作为智能技术和传统硬件制造技术的融合,这些智能设备的出现颠覆了传统的产业技术基础,并且使得这些原本分立的产业由于具备了共同的技术基础而出现融合的趋势。

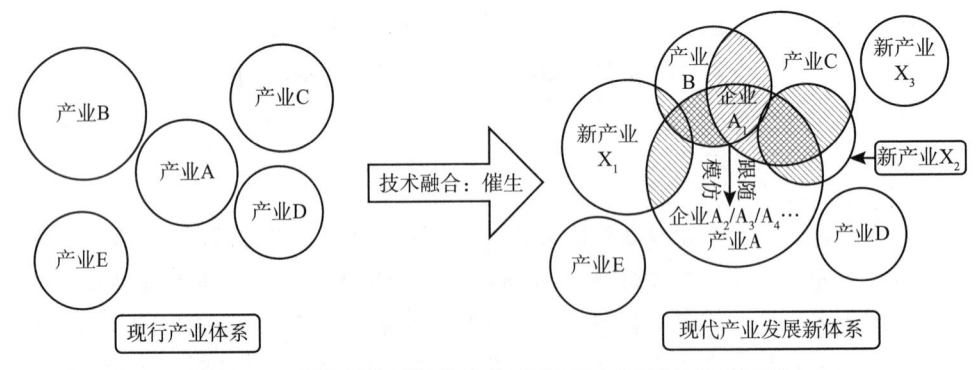

图 5-3 技术融合对现代产业发展新体系演进的作用机理

资料来源:作者绘制。

5.4.2 组织创新对现代产业发展新体系演进的作用机理

组织创新对现代产业发展新体系演进的作用机理包括在组织模式上的创新和在价值创造过程上的创新两个方面。二者的不同点在于组织模式创新专注于改善组织内部协调与沟通的方式，而在价值创造过程上的创新改变的则是价值链中的价值实现环节。

（1）组织模式与现代产业发展新体系。

组织模式创新通过改善技术效率、提升规模效率和改进配置效率三种途径作用于现代产业发展新体系。首先，组织内部行政规划和协调机制的改善使得组织内部的技术效率得以充分发挥。掌握领先的技术并不一定能为组织带来丰厚的利润，新技术仅仅是提供了提高生产率的可能性，实现新技术的潜在经济效益是一个组织过程，管理层级通过组织模式创新可以更有效地协调组织内部的资源，实现技术效率的改善。例如，第一次世界大战后多部门结构在美国大企业中的诞生及扩散是因为多部门结构能够更有效地协调大规模的生产和分配，在管理协调上的优点使得多部门结构得以替代传统的直线式管理结构成为美国大企业主流的组织模式。其次，组织通过缩小经营范围，集中优势资源专注于核心业务的开发，可以实现规模效率。例如，20世纪80年代以来，得益于全球化和互联网技术的纵深发展，外包（outsourcing）逐渐发展成为一种在企业之间展开分工协作的新的组织模式。非核心业务的外包不但为发包企业带来成本节约，也使发包企业得以将其优势资源集中在核心业务上，从而实现规模经济效益。最后，组织模式创新通过合理配置组织内外部资源提升组织的创新绩效。例如，21世纪初期，为节约研发成本，提高技术创新效率，宝洁公司将其创新理念从"研发"改为"联发"，即从封闭式的自主创新向与外部的研究机构、客户、个体甚至竞争对手联合开发转变，这就是宝洁所谓的"开放式创新"。"开放式创新"本质上是一种组织模式的创新，由于同时利用企业内部和外部的创新资源，开放式创新可以为企业节约研发成本，提高研发成功率。通过整合内外部创新资源，宝洁的创新能力大幅提升，在实行"联发"战略之后，宝洁研发支出占企业销售收入的比重从之前的5%左右下降到2008年的2.6%，而创新成功率却从35%大幅提高到60%。

（2）价值创造与现代产业发展新体系。

组织在价值创造过程上的创新对现代产业发展新体系演进的作用机理在于：组织通过对价值链上研发、设计、生产、运输、营销、售后等价值实现环节的调整与重构改变组织内部资金、信息、物质等要素的流动方式，降低组织内部的交易成本，从而提升组织内部的技术效率，实现规模经济，并改善组织内部的资源配置效率。"福特流水线生产方式"是组织创新驱动产业体系演进的典型案例。

作为一种价值创造过程的创新，"福特流水线生产方式"本质上是在产品标准化的基础上，将整个生产过程分解为若干简单的步骤，从而将复杂劳动简单化，降低了对工人的技术要求，并由于节省了转换工作的时间损失，提高了生产效率。流水线生产方式的采用，使得汽车产业得以实现"标准化、大批量"生产，从而大幅提升了汽车产量，并降低了汽车的生产成本和销售价格。汽车售价的大幅降低极大地刺激了美国普通老百姓对汽车的消费需求，市场规模的扩大反过来又促进了汽车产业的快速发展，汽车产业迅速成长为美国的支柱产业。汽车的大众化不但彻底改变了人们的出行方式，而且由于汽车产业强大的前后向关联效应，汽车产业的快速扩张直接或间接带动了钢铁、橡胶、玻璃、交通运输、金融、保险等相关产业的发展。流水线生产方式还从汽车产业推广到整个工业部门，推动了整个产业体系的演进。

5.4.3 制度创新对现代产业发展新体系演进的作用机理

制度创新对现代产业发展新体系演进的作用机理包含两方面：自上而下的强制性制度创新和自下而上的诱致性制度创新。强制性制度创新和诱致性制度创新有时难以区分，比如政府强制推行的制度创新并非完全不考虑微观主体的制度需求，而自发的诱致性制度创新往往也需要政府行动以促进制度创新过程。本文将二者分开，划分的依据在于初始创新主体的不同。

(1) 强制性制度创新与现代产业发展新体系。

强制性制度创新通过降低交易成本、减少机会主义行为和提供激励机制三种途径规范微观经济主体的技术创新和组织创新行为，间接作用于现代产业发展新体系的演进。首先，降低交易成本是进行制度创新的核心。交易是有成本的，包括一次性的交易成本和维持一套制度安排的成本。为规范交易行为所制定的制度安排通常是稳定的，但当经济社会条件发生变化，如经济增长带来新的获利机会，而原有的制度安排无法有效捕获这一新的获利机会时，制度创新就会发生。其次，制度创新可以规范人的机会主义行为。个人在追求自身效用最大化的过程中，难免会采取投机取巧、欺诈等行为，导致社会经济秩序的混乱。而通过制度创新提高人们的违约成本，可以有效降低机会主义行为，维护经济社会的稳定。最后，制度创新通过建立一套激励机制合理引导人的行为。任何社会中的个人总是在寻找使自己获利的机会，政府通过制度创新将个人的创新行为和辛勤付出转化为个人的私人收益，从而激励人自发地进行技术创新或组织创新。

(2) 诱致性制度创新与现代产业发展新体系。

诱致性制度创新是一个自下而上、从局部到整体逐渐推进的过程。诱致性制度创新对现代产业发展新体系演进的作用机理包含两个阶段。第一阶段是个别微观改革主体的制度创新。诱致性制度创新最初是由某种在既有制度安排下无法捕获的获利机会所引起的，即要发生诱致性制度创新必须存在某种由制度不均衡所引致的获利机会。导致制度不均衡的原因是多方面的，包括技术水平的改变、政府政策的变化、要素和产品价格的相对变动等。而个人由于经验、知识水平、在经济社会中所处的地位等方面的不同，对这种制度不均衡所引发获利机会的敏感程度不同，这就导致了社会中不同个体在面对同样的获利机会时其反应程度或行动方式有所不同。当个别对由制度不均衡所引致的获利机会较为敏感的经济主体觉察到进行制度创新的潜在收益大于其潜在成本时，就会冒险进行制度创新。第二个阶段是新的制度安排在全社会范围内的扩散。制度创新一旦发生就会产生类似于公共品的作用，首创者的制度创新行为由于起到了示范作用会降低社会整体的制度创新成本。社会中其他微观经济主体在觉察到首创者的制度创新行为时，如果觉得有利可图也会纷纷进行仿效，使创新由局部向整体扩散并逐渐演变成为一种趋势，进一步降低制度创新成本，并在客观上要求宏观层面以法律等形式废除旧制度，采纳新制度，将制度创新的成果予以固化，政府层面对新的制度安排的认可和推广则进一步加快了制度创新的扩散过程。

5.5 结论与政策建议

5.5.1 本文主要结论

本文基于生产函数对创新驱动的内涵进行再定义，并论证其对现代产业发展新体系演进的作用机理，主要结论可归结如下。

（1）追溯创新理论的建立者——熊彼特对创新概念的界定发现，熊彼特是从生产函数出发界定创新的，这一研究模式在随后的经济增长理论中也得以体现。本文延续熊彼特的研究模式，从实际生产问题出发，认为创新驱动意义上的产出增长是在资本和劳动力等要素投入的量既定的条件下，由要素投入的质或使用效率的提升所带来的增长。进一步地，本文从生产函数本身引出创新驱动的三个维度：一是技术水平的改进或技术进步增长率的提升，即技术创新；二是生产函数形式的改变，即组织创新；三是外在约束条件的变化，即制度创新。这样就将对创新驱动的研究纳入生产函数这个统一的框架之下。

（2）在创新驱动构建现代产业发展新体系的过程中，需要技术创新、组织创新和制度创新三者的协同。其中，技术创新通过技术扩散和技术融合两个作用方向在现代产业发展新体系演进中发挥了核心驱动作用。组织创新通过对组织模式的改进和对价值创造过程的重构，降低了组织内部的交易成本，不断催生新的业态。与此同时，组织创新是作为创新驱动的载体而存在的，组织创新和技术创新之间具有相互促进、相互适应的密切关系。不同于微观的技术创新和组织创新，制度创新并不直接作用于现代产业发展新体系的演进，而是通过在宏观层面改变经济主体的行为规则，影响经济主体的技术创新和组织创新行为，从而间接作用于现代产业发展新体系的演进。在技术、组织和制度上的创新经由扩散和融合两种传导机制作用于现有产业体系，不断催生新产业，淘汰落后产业，并带动现有产业间的融合和协同演化，从而使得现有产业体系向着产业结构高级化、产业组织新型化、产业技术先进化、发展模式生态化和市场体系开放化的现代产业发展新体系演进。

5.5.2 政策建议

基于上述结论，本文提出以下政策建议。

（1）加强创新驱动对构建现代产业发展新体系的顶层设计。创新驱动构建现代产业发展新体系的过程是涉及多个行为主体、多种创新要素的系统性工程。为减少创新行为的盲目性，降低创新成本，提高创新效率，首先要构建创新驱动的顶层设计。包括：第一，在微观个体和企业层面，树立"不创新就死亡"的危机意识，紧跟时代潮流，打造一批有创新精神的企业和企业家。第二，在社会层面，鼓励创新、包容失败，营造有利于创新的社会文化环境。第三，在政府层面，完善国家创新体系，打通创新成果转化通道，促进创新成果在全社会范围内的扩散。

（2）协调创新驱动三维度之间的关系，发挥好技术创新、组织创新和制度创新的"三轮联合驱动"作用。在创新驱动战略的实施中，不仅要加强技术创新这一"硬实力"的核心作用，还要发挥好组织创新和制度创新等"软实力"的关键性辅助作用，要注重创新驱动三维度之间的协调。首先，在先进制造业、高端服务业产业引导和扶持一批科技型企业加强自主创新，在若干关键领域形成核心知识产权。其次，鼓励占中国企业绝大多数的传统制造业企业和广大中小企业在既有技术资源的基础之上，通过组织创新改变盈利模式，提升企业竞争力和利润率。尤其是在国家大力推动"大众创业、万众创新"的背景之下，应鼓励更多的企业或个人通过组织创新的方式充分挖掘组织内、外部的创新资源，发挥全民创新的优势。最后，作为创新驱动的关键支撑，政府应通过科学、合理的制度设计，引导、激励和保障微观主体的技术创新和组织创新行为，为微观主体创造宽松的创新氛围，充分发挥制度创新对技术创新和组织创新的促进作用。

（3）有甄别、高效率地发挥创新驱动不同维度的作用。考虑到不同产业间异质的技术经济特性，不同创新活跃度的产业在发挥创新驱动的推动作用时所侧重的维度应有所不同。此外，不同地区由于在产业发展水平和资源禀赋等方面的差异也需要实施不同的创新驱动策略。因此，在全面实施创新驱动的发展战略，加快经济发展由要素驱动和投资驱动向创新驱动转变，助力经济发展和产业转型升级的过程中，不可盲目照搬经验，而要注重因地制宜地实施创新驱动策略。

参考文献

[1] 刘志彪. 建设现代化经济体系：新时代经济建设的总纲领 [J]. 山东大学学报（哲学社会科学版），2018，68（1）：1-6.

[2] 约瑟夫·熊彼特. 经济发展理论：对于利润、资本、信贷、利息和经济周期的考察 [M]. 何畏等译. 北京：商务印书馆，2009.

[3] Solow R M. A Contribution to the Theory of Economic Growth [J]. The Quarterly Journal of Economics, 1956, 70 (1): 65-94.

[4] Romer P M. Increasing Returns and Long Run Growth [J]. The Journal of Political Economy, 1986, 94 (5): 1002-1037.

[5] Romer P M. Endogenous Technological Change [J]. NBER Working Papers, 1989, 14 (3): 71-102.

[6] Lucas R E. On the Mechanics of Economic Development [J]. Journal of Monetary Economics, 1988, 22 (1): 3-42.

[7] 迈克尔·波特. 国家竞争优势 [M]. 李明轩，邱如美译. 北京：中信出版社，2012.

[8] 洪银兴. 关于创新驱动和协同创新的若干重要概念 [J]. 经济理论与经济管理，2013a，33（5）：5-12.

[9] 王海燕，郑秀梅. 创新驱动发展的理论基础、内涵与评价 [J]. 中国软科学，2017，32（1）：41-49.

[10] 张来武. 论创新驱动发展 [J]. 中国软科学，2013，28（1）：1-5.

[11] 裴小革. 论创新驱动——马克思主义政治经济学的分析视角 [J]. 经济研究，2016，51（6）：17-29.

[12] 洪银兴. 论创新驱动经济发展战略 [J]. 经济学家，2013b，25（1）：5-11.

[13] 肖文圣. 我国创新驱动战略及驱动力研究 [J]. 改革与战略，2014，30（3）：35-38.

[14] 王玉民，刘海波，靳宗振，梁立赫. 创新驱动发展战略的实施策略研究 [J]. 中国软科学，2016，31（4）：1-12.

[15] 姚星，倪畅. 构建现代产业发展新体系的战略选择研究 [J]. 中州学刊，2015，37（5）：38-41.

[16] 刘钊. 现代产业体系的内涵与特征 [J]. 山东社会科学，2011，25（5）：160-162.

[17] 斯劲. 现代产业体系的形成机理研究 [J]. 经济体制改革，2014，32（5）：29-32.

[18] 张伟. 现代产业体系绿色低碳化的实现途径及影响因素 [J]. 科研管理，2016，37（S1）：426-432.

[19] 刘明宇，芮明杰. 全球化背景下中国现代产业体系的构建模式研究 [J]. 中国工业经济，2009，27（5）：57-66.

[20] 詹懿. 中国现代产业体系：症结及其治理 [J]. 财经问题研究，2012，34（12）：31-36.

［21］周权雄. 现代产业体系构建的背景条件与动力机制［J］. 科技进步与对策, 2010, 27（2）：49－52.

［22］朱孟晓, 杨蕙馨. 构建现代产业发展新体系的内涵与实现［J］. 东岳论丛, 2016, 37（9）：166－171.

［23］Rogers E M. Diffusion of Innovations［M］. New York: Free Press, 1962.

［24］Rosenberg N. Technological Change in the Machine Tool Industry, 1840－1910［J］. Journal of Economic History, 1963, 23（4）：414－443.

［25］Kash D E, Rycroft R. Emerging Patterns of Complex Technological Innovation［J］. Technological Forecasting & Social Change, 2002, 69（6）：581－606.

［26］白俊红, 王林东. 创新驱动是否促进了经济增长质量的提升？［J］. 科学学研究, 2016, 34（11）：1725－1735.

［27］王海兵, 杨蕙馨. 创新驱动与现代产业发展体系——基于我国省际面板数据的实证分析［J］. 经济学（季刊）, 2016, 15（4）：1351－1386.

［28］Walters A A. Production and Cost Functions: An Econometric Survey［J］. Econometrica, 1963, 31（1/2）：1－66.

［29］Mansfield E. The Economics of Technological Change［M］. New York: W. W. Norton & Company, 1971.

［30］Freeman C. The Economics of Industrial Innovation［M］. Cambridge: The MIT Press, 1982.

［31］Maclaurin W R. The Process of Technological Innovation: The Launching of a New Scientific Industry［J］. American Economic Review, 1950, 40（1）：90－112.

［32］粟进. 科技型中小企业技术创新驱动因素的探索性研究［D］. 南开大学博士学位论文, 2014.

［33］傅家骥. 技术创新学［M］. 北京：清华大学出版社, 1998.

［34］陈文化. 腾飞之路——技术创新论［M］. 长沙：湖南大学出版社, 1999.

［35］Williamson O E. Markets and Hierarchies［J］. Challenge, 1975, 20（1）：70－72.

［36］连燕华. 企业组织创新的案例研究［J］. 科学学研究, 1992, 10（2）：65－72.

［37］李勇辉, 袁旭宏. 企业非技术创新的价值实现机理与驱动机制——基于价值链的视角［J］. 财经研究, 2014, 40（9）：26－37.

［38］西奥多·舒尔茨. 论人力资本投资［M］. 吴珠华等译. 北京：经济学院出版社, 1990.

［39］North D C. A Transactions Cost Theory of Politics［J］. Journal of Theoretical Politics, 1990a, 2（4）：355－367.

［40］Davis L, North D C. Institutional Change and American Economic Growth: A First Step towards a Theory of Institutional Innovation［M］. Cambridge and New York: Cambridge University Press, 1971.

［41］林毅夫. 关于制度变迁的经济学理论诱致性变迁与强制性变迁［A］. 上海：上海三联书店, 1994.

［42］韩洋. 宝洁：从内部研发到外部联发［J］. 商界评论, 2013, 9（11）：62－63.

第 6 章

创新驱动新旧动能转换的策略选择和政策设计

——构建现代产业发展新体系的视角*

"实施创新驱动发展战略,强调科技创新是提高社会生产力和综合国力的战略支撑,必须摆在国家发展全局的核心位置。这是中央在新的发展阶段确立的立足全局、面向全球、聚焦关键、带动整体的国家重大发展战略。"[①] 党的十八大将创新驱动提升为国家发展战略。党的十九大报告再次强调,创新是引领发展的第一动力,是建设现代化经济体系的战略支撑。在新时代背景下,加快构建创新驱动现代产业发展新体系,是推进我国经济由高速增长向高质量发展转化、促进新旧动能转换的重要内容。

创新驱动不同于劳动力、资本等对产业体系的作用,其本质是通过技术进步、知识积累、制度变革等为推动力促进产业演进,是一项系统性的创新。另外,我国产业间技术差异和地区间要素禀赋的差异,决定了在实施创新驱动过程中要结合产业和地区特性因地制宜,制定针对性的驱动策略。本研究能够为创新驱动战略的实施及新旧动能转换的推动提供新的理论视角。

6.1 中国国家创新战略的演进

与中国的渐进式改革相适应,国家在经济发展的不同阶段推出了相应的创新促进政策,这些创新政策的实施在解决实际的创新难题、建设创新型经济中发挥了重要作用。

为尽快恢复支离破碎的技术创新体系,中国于1978年召开了全国科技大会,确定了"科学技术是生产力""科学技术现代化是四个现代化的关键"等重要政策方针,审议并通过了《1978~1985年全国科学技术发展规划纲要》,在思想和

---

* 本章作者为杨蕙馨、邱晨、冯文娜、王军,发表在《山东社会科学》2019年第2期(有改动)。
① 中共中央、国务院印发《国家创新驱动发展战略纲要》,新华社2016年5月19日。

意识形态上深化了对科学技术的认识，重新调动起了科技人员的积极性。然而，这一时期的技术创新体系仍沿用苏联计划经济模式，以科研机构为创新活动主体及按计划配置资源的技术创新模式逐渐暴露出科技与经济"两张皮"的问题，大量的科技成果无法转化为现实的生产力。为解决这些问题，1985 年中共中央颁布了《关于科学技术体制改革的决定》，进行改革开放以来第一次科技体制改革。之后的十年，陆续出台的科技体制改革政策，为我国科技型创新企业的腾飞插上了翅膀：1988 年，邓小平提出了"科学技术是第一生产力"的著名论断；1992年市场经济体制改革确立了企业的市场主体地位；1995 年中共中央、国务院发布《关于加速科学技术进步的决定》，提出"科教兴国"战略，并于次年颁布了《"九五"全国技术创新纲要》，提出以企业为创新主体的重大方针，在政策上改变了以科研机构为创新主体的计划经济体制。

进入 21 世纪，为追赶乃至引领新一轮科技革命的浪潮、破解过去 20 多年"粗放式"经济增长方式所带来的负面影响，2006 年国务院发布《国家中长期科学和技术发展规划纲要（2006－2020 年）》，提出了"全面实施自主创新""建设创新型国家"的战略方针，将国家对创新的认识提到了新的高度。2008 年国际金融危机之后，中国经济发展所面临的现实环境发生了深刻变化，从要素和投资驱动全面转向创新驱动成为必然选择。在此背景之下，2012 年党的十八大报告中明确提出，"要坚持走中国特色自主创新道路、实施创新驱动发展战略"，这是党中央第一次将创新驱动提高到国家战略的高度。在"十三五"规划中，"创新"更是高居五大发展理念之首，成为"引领发展的第一动力"。"十三五"规划指出，"必须把创新摆在国家发展全局的核心位置，不断推进理论创新、制度创新、科技创新、文化创新等各方面创新，让创新贯穿党和国家一切工作，让创新在全社会蔚然成风"。2016 年印发的《国家创新驱动发展战略纲要》，为创新驱动战略的实施提供了具体行动纲领。2017 年党的十九大报告中将创新进一步看作"建设现代化经济体系的战略支撑"。由此可见，创新已成为推动中国经济高质量发展、产业体系演进的首要动力。

6.2　创新驱动的新内涵

"创新驱动"（innovation-driven）最早由迈克尔·波特提出，认为经济发展的驱动力在不同阶段各不相同。自中国正式提出实施创新驱动战略以来，国内学者围绕创新驱动进行了深入的研究。关于创新驱动的内涵，有研究者认为创新驱动发展是通过知识、技术等"创新"要素的引入，突破传统生产要素数量有限性及边际报酬递减的瓶颈，是对已有各类创新资源的重组与激活，是对现行经济发展方式的改造与升级。关于创新驱动的必要性，有研究者认为中国经济已经进入重大转型期,过去支撑中国经济长期增长的各项要素禀赋已经发生了新的变化,这些变化要求经济发展方式从"要素驱动"转向"创新驱动";而创新驱动包括科技创新、产品创新、管理创新、产业创新、制度创新、战略创新和文化创新。关于创新驱动的内容,现有研究多侧重于对技术创新(科技创新)的研究,但也有学者侧重创新驱动的"综合性"。有研究者认为,创新驱动具有系统性、动态性和差异性的特点,包含知识创新、基础应用创新、商业模式创新、市场创新、体制机制创新等各种形式,体现在从科学研究、试验开发到推广应用等各个阶段。

本文从新古典经济学的生产函数出发,对创新驱动的内涵进行重新界定。在生产函数的一般形式 $Y = F(L, K, A, \cdots)$ 中,Y 代表产出,L、K、A 等分别代表劳动、资本、技术等要素的投入。在没有创新出现的情况下,产出增加可以依靠劳动及资本等生产要素投入的增量实现,而创新驱动意义上的增长则是在保持劳动、资本等生产要素投入量不变的前提下,通过要素使用效率的提升实现国民经济的"集约式"发展。就生产函数本身而言,除劳动和资本等生产要素投入量的提高以外,促进产出增长的因素包括:第一,技术水平的提升或技术进步,本文界定为技术创新,包括产品创新和工艺创新;第二,生产函数形式的变化,本文界定为组织创新,包括组织模式的变化和价值创造过程的调整与再造;第三,外在约束条件的改变,本文界定为制度创新,包括正式的制度创新和非正式的制度创新。其中,技术创新是创新驱动的核心,组织创新是技术驱动的载体,制度创新是技术创新和组织创新的保障。技术创新和组织创新相互促进,制度创新在更为宏观的层面改变经济主体的行为规则,间接作用于微观企业和个体的技术创新和组织创新行为。

6.3 创新驱动现代产业发展新体系演进的策略选择

作为提升全要素生产率的重要推力,技术创新是推动新旧动能转换的核心动力。然而,产业间的技术差异会影响知识在产业间的流动和扩散。因此,创新驱动的策略选择首先要建立在产业间的这种技术差异之上。另外,我国各地区的生产要素和资源禀赋差异较大,产业结构各不相同,创新的策略选择还应建立在各地区异质性的产业体系基础之上。

6.3.1 产业间的技术创新活跃度差异与创新驱动策略选择

产业依赖的技术知识更新速度具有差别,技术创新的活跃度也较为不同。因此,根据技术创新活跃程度,可以将产业分为技术创新活跃度高的产业、技术创新活跃度中等的产业以及技术创新活跃度低的产业。

在技术创新活跃度高的产业中,技术创新活动频繁,技术人员、资金、信息等技术创新要素流动迅速,加速了技术的扩散,有利于新进企业和小企业的技术创新发展,技术创新活动广泛分布在众多企业之中,产业的集中度较低,如计算机、通信和其他电子设备制造业等。在技术创新活跃度中等的产业中,技术创新活动具有一定的活跃度,在位企业和新进入企业都有机会开展技术创新活动,如化学原料和化学制品制造业、橡胶和塑料制品业等。在技术创新活跃度低的产业中,技术创新活动不够活跃,进行技术创新成本相对较高,具备一定规模的企业才能承担技术创新所需要的较高成本,技术创新活动主要集中在少数大企业之中,技术创新成果在产业间扩散的难度较大,如零售业、餐饮业等。

(1) 技术创新活跃度高的产业的创新驱动策略选择。

这种类型的产业很可能成为现代产业发展新体系中的未来之星,具有成长速度快、发展迅速的特点,产业中新的技术不断涌现,技术创新成为产业升级的核心动力并带来新的组织模式和价值创造模式的快速更新。因此,创新驱动策略的选择以进一步激发、释放产业创新活力为目标。该类型产业的创新驱动策略主要包括以下几种:其一,降低技术创新成本,提高技术创新效率。促进资金、人才、设备的流动与共享,降低技术创新成本。依托云平台、创客空间等虚拟及实体平台可以有效提高资源的集中性、流动性与共享性,合理利用各种新型模式是降低创新成本、提高创新效率的推进器。同时,进一步降低企业技术创新活动中的制度性交易成本。现实中,制度壁垒与政策羁绊阻碍企业创新活动的现象仍然存在,降低制度性创新阻碍仍是未来提高技术创新活跃度高的产业创新效率的手段之一。其二,倡导领先性市场导向,鼓励颠覆性技术创新。颠覆性技术是对传统技术的替代和跨越式发展,有利于企业抢占产业主导权和话语权,是取得产业领先优势的捷径。企业实施以领先市场为导向的研发管理战略,围绕技术领先构建关键绩效指标和研发管理战略框架,形成以领先市场为导向,以研发产业重大、颠覆性技术创新为目标,以文化助推为动力的运行模式将有助于实现跨越式发展。

(2) 技术创新活跃度中等产业的创新驱动策略选择。

这一类产业比重较大,在现有产业体系中占据主体地位,是决定产业体系未来发展方向的关键,但是,由于技术发展受到知识储备和技能积累的约束,难以在短期内通过技术创新完成脱胎换骨的转变。因此,该类型产业的创新驱动策略分短期策略和长期策略。短期内,通过促进技术融合推进产业技术创新,或者在借鉴、推进企业组织创新的基础上,实现生产效率提升,推进产业向高级阶段演进。促进技术创新在不同产业间的扩散和外溢,促使不同技术组合产生复合效应构成新的技术并与其产业原有技术融合,开发出新产品或创造出新工艺,推进产业中新的技术创新的形成。同时,注重技术创新和组织创新的有效结合,如采用多元化、模块化的发展模式，建立平台、商业生态系统的组织模式，有效提升生产效率，推动产业的高级化。长期中，则要以"厚积薄发"为主要策略，鼓励技术引进与技术原创的有机结合，"走出去、引进来"双管齐下，缩短与发达国家的产业技术距离，做好长期的发展规划。一方面，通过引进先进技术并进行模仿学习缩小技术差距；另一方面，推进原创技术的自主研发，通过重大原创技术突破产业发展的瓶颈，解除产业技术的低端锁定，避免形成技术引进的路径依赖。

（3）技术创新活跃度低的产业的创新驱动策略选择。

这类产业是原发性技术创新机会稀缺的产业，进行技术创新的难度较大，所以创新驱动不以原发性技术创新为核心，而是以组织创新以及相关技术嵌入为动力。首先，在重视技术嵌入带来的突变式变化的同时，不能忽视渐进式变化的重要作用。一方面，随着互联网等技术的发展和成熟，电子商务、智能制造对很多传统产业产生了巨大冲击甚至彻底改变了原有业态，随之而来的是新的盈利机会的出现；另一方面，通过技术嵌入引起的产业和企业的渐进式变化虽然对既有业态不会产生巨大的冲击，但能够通过创造新消费需求等方式增加企业的竞争力。其次，依靠媒体、产业协会等多种渠道，宣传、推进新的组织模式与价值创造模式在产业内的应用与推广。新的组织模式和价值创造模式具有可模仿和可复制性，有别于技术创新的是这种组织创新模式往往难以通过购买等方式引入，由于这类极具竞争优势的组织创新模式鲜为人知，因此要利用多种传媒渠道对这类组织创新模式予以推广，促进其在产业内的应用。最后，这类产业虽然技术创新活跃度较低，但是较低的进入壁垒却带来了高的创业活跃度，较少的技术创新机会对企业在资金、人员等方面进行技术创新提出了更高的要求，规模较小的企业难以进行技术和组织创新的投资。因此，提高产业集中度是发挥先进企业示范效应的前提，市场结构的调整是未来产业升级、产业演进的撬动杠杆之一。

6.3.2 地区间创新驱动发展差异与创新驱动策略选择

作为区域经济发展的核心内容之一，产业发展、产业结构和地区的生产力水平、资源环境消耗等息息相关。因此，产业结构的变动可否成为推动经济的动能，要因时因地而定，创新驱动策略的实施还要建立在地区间经济发展状况和资源禀赋之上。

（1）东部地区的创新驱动策略选择。

我国东部地区产业转型升级起步早、发展快，经济发展水平较高，有效支撑了全国经济的平稳运行。目前东部地区的比较优势依然存在，人才、信息、技术、资本高地的现状不仅没有改变反而得到进一步强化。因此，东部地区在中国产业体系演进中依然保持排头兵的战略地位。东部地区高技术产业集聚，产业结构相比中部与西部地区在高度化与高级化上更具优势，所以，智慧城市、半小时经济圈等区域经济政策在未来将带来更为显著的创新激励效果。尤其是，东部地区将进入制造业升级以及产业服务化阶段，产业转型的结构、质量将是未来东部经济发展的核心目标。对此，通过引入高技术项目，依靠科技进步形成新的经济增长动力源是促进经济发展和经济转型升级的重要手段。另外，在产业转型升级的过程中地区枢纽城市的带动作用也将更加突出。

在创新驱动策略选择方面，进一步突破制度桎梏是未来东部地区创新驱动策略选择的重中之重，重塑服务型政府在未来制度革新中是首要任务。近年来，国家通过制度供给引领了东部地区经济发展和产业结构转型，有效释放了制度红利，但地方保护主义、垄断等一系列问题依然存在，说明背后的制度仍存在一定的问题，突破制度桎梏成为推动东部地区创新驱动的重要选择。

（2）中部地区的创新驱动策略选择。

中部地区的最大优势在于既没有东部地区长期发展积累的众多问题和矛盾，也不受西部地区人才等创新资源极度匮乏的困扰。与东部地区产业结构调整需要甩掉历史包袱不同，中部地区大可在东部地区产业转移之时，从更高的起点出发，完成产业结构升级。中部地区的创新驱动策略选择需以"重点突破"为切入点，有甄别、高效率的产业政策设计是中部地区创新驱动策略选择的关键。

中部地区自然资源丰富，人力资源较为充足，基础设施良好，在产业的发展中，不能仅仅通过承接东部地区的产业转移促进传统产业转型升级，重点还在于选择与扶持新的支柱型产业，培育战略性新兴产业的发展。同时，中部地区政策的制定需结合各区域产业发展的实际情况和资源禀赋差异，研究制定差别化的产业政策，有目标、高效率地引导支柱产业的形成。支柱产业的选择和发展离不开产业政策的有效引导，产业政策的重点不在于"全面"，而在于"精准"和"高效"，产业政策制定过程需结合区域资源禀赋差异和产业发展的实际情况，有重点、高效率地引导符合地区成长的支柱产业的形成。

中部地区虽不像西部地区存在严重的创新资源匮乏，但是也面临着严峻的创新资源外流问题，这是资源配置追求效率的必然结果，中部地区如不能解决这个问题，将严重制约产业体系的发展。因此，全面到位的激励制度设计是中部地区创新驱动策略的另一合理选择。中部地区防止创新资源的进一步流失应按照"识大局、抓重点、寻突破"的思路，突出自身优势，在人才引进的资金支持力度、解决配偶及子女的教育问题、降低企业的用地成本、减免企业的税收等方面统筹结合，构建全面立体化的激励制度。

（3）西部地区的创新驱动策略选择。

自西部大开发战略正式启动以来，国家着重在产业结构调整、基础设施建设、科教和社会发展等方面实施了一系列方针政策，引导资源向西部地区流动，有效地促进了区域经济发展。西部地区近十年的发展得益于制度创新，特别是"一带一路"倡议为西部地区的产业结构升级带来了千载难逢的机遇，可以预见未来政策红利还将进一步释放。因此，西部地区创新驱动策略选择的着眼点恰恰在于微观主体技术创新与组织创新的激发与促进。不同于其他地区，西部地区的创新驱动策略需落脚到每个企业、每个人，是一个从激发创新意识到扶助创新行为再到协助创新转化的完整过程。

在激发创新意识方面，可以通过多种形式的创新竞赛加强个人创新意识的激发和创新能力的提升，并可通过降低参赛门槛、增加活动频次的方式让更多人参与进来，这种切身的创新参与能够让企业和个人意识到创新活动并不遥远，有利于使"人人可创新"的理念深入人心。在激发创新意识的过程中，也要注重组织创新能力的激发，摆脱创新等同于技术创新的思维枷锁。创新意识的形成需要转化为创新行为才能够有助于提升创新绩效，创新行为受到多种因素的影响，包括组织的文化氛围、工作环境等，扶持创新行为的关键就在于营造有利于创新行为产生的条件。扶持创新行为，还要以员工的创新需求为导向建立企业与员工间畅通的信息沟通渠道，如成立企业自己的创新服务中心，让员工在了解企业需求的基础上有目的、有效率地进行创新活动。

6.4 结论与政策设计

6.4.1 研究结论

上述研究结果表明，创新驱动新旧动能转换，要协调技术创新、组织创新和制度创新的综合驱动作用，并充分考虑产业间的技术差异和地区间的资源禀赋差异。

首先，创新驱动包括了三个维度：一是技术创新，包括产品创新和工艺创新；二是组织创新，即生产函数形式的变化，包括组织模式的变化和价值创造过程的再造；三是制度创新，即外在约束条件的改变，包括正式的制度创新和非正式的制度创新。

其次，创新驱动各产业发展的总体策略选择要做到"高也成、低也就"——既围绕技术创新积极推进技术创新活跃度高的产业的发展，又通过组织创新推动技术创新活跃度低的产业的发展，并通过制度创新有效支撑，真正做到高低兼顾。

最后，创新驱动各地区的策略选择是，东部地区进一步突破制度桎梏，中部地区进行有甄别、高效率的产业政策设计，西部地区的着眼点在于微观主体技术创新与组织创新的激发与促进。

6.4.2 政策设计

创新驱动现代产业发展新体系构建的过程是一项复杂的系统工程，涉及政府、科研机构、企业等多个创新主体，涵盖了创新活动的扩散等活动。为减少创新行为的盲目性，提高新旧动能转换效率，在统筹产业间技术差别及地方间资源禀赋差异的基础上，从创新环境、创新人才等方面构建创新驱动的顶层设计。

（1）建立公平、包容、共享的创新环境。

创新离不开社会环境的滋养，良好的创新环境能够激发创新主体的创新热情，是提高创新能力的关键因素。创新环境是一个复杂的动态系统，不仅包含了规范创新主体行为的制度环境，也包含了影响其创新内在动力的文化环境。制度环境影响创新活动的预期，政府通过有效的制度供给及意识形态的培育可以去除创新过程中的各种阻碍，有效引导创新资源的流动和创新活动的展开。文化环境则是一个社会文化价值观的体现，也是制约创新主体创新行为的内在约束，为创新提供宽松的文化环境、培养敢于创新的文化氛围有利于激发创新活力。

建立创新环境首先要创造"公平"的环境，它是构成制度环境的核心。"公平"的环境需要政府和市场共同发挥作用，市场以价格机制调节创新资源的配置，政府则通过有效的制度供给对知识产权提供有效保护。其次，建立接受创新失败的"包容"的创新环境。创新具有一定的不确定性和风险性，不论是技术创新还是组织创新都不可能一蹴而就，营造一个鼓励创新、包容失败的环境氛围，倡导敢冒风险、包容失败的新风尚，形成创新光荣的鲜明导向有利于进一步释放创新活力。最后，建立"共享"的创新环境。共享是创新的必由之路，建立"共享"的创新环境既有利于创新主体拓展创新空间，又有利于在自身薄弱领域中增强发展后劲。

（2）唤醒创新意识，激励创新行为。

并非所有的企业都要有自己的研发团队，也并非所有的企业都需要自己进行技术创新，比如技术创新活跃度较低产业中的企业，进行技术创新成本高、难度大，可以选择通过组织创新的方式获得价值增值。因此，企业要深刻全面地认识创新驱动的内涵，突破只有技术创新才能提升企业竞争力的传统观念的桎梏，大处着眼、小处着手，把技术创新和其他方面的创新有机结合起来，认识到每个企业都有创新的机会和能力，也都具有创新的必要性。

企业成长发展的过程实际上就是通过不断创新满足社会需求的过程，互联网经济背景下许多企业处于几乎相同的起跑线，通过模仿获得竞争优势的方式已难以为继，加之很多产品供应严重过剩，企业实际上已经到了不得不创新的地步，牢固树立"不创新就死亡"的危机意识有利于推动企业不断寻求新知识、新产品。即使创新能力较强的企业，其成功可能也只是暂时契合了当时的市场环境，并不意味着能够获得长久的成功，建立"没有成功的企业，只有时代的企业"的发展理念，才能在变化莫测的市场环境中获得长久的发展。

创新驱动战略的实施不仅呼唤企业的创新意识，也对国家的制度和政策供给提出了新的要求。政府可以突破传统的激励创新的思维方式，将直接激励和服务引导有效结合，并通过优化金融服务体系、技术服务体系等完善支撑体系。一方面，通过税收、财政补贴及降低进入壁垒等方式直接降低企业创新成本，激励企业创新行为，鼓励企业综合利用各种创新资源实施创新。另一方面，通过建立健全政府主导下社会共同参与的公共服务体制为创新行为的产生提供合适的空间。政府在激励创新行为的过程中还要处理好自身的角色和定位问题，避免陷入"既当运动员、又当裁判员"的困境之中。

（3）培育创新人才，呼唤创新型企业家。

实施创新驱动的关键是创新型人才的培养。目前的教育体制强调的是知识的传承，忽视了创造能力的培养，重视的是标准化的教育，轻视了个性化的发挥，创新型人才的培养，需要以培养创新性为导向对初中高等教育体系进行全面优化。在初级教育阶段，改变以往过于僵化的教育方式，及时发现学生的兴趣点和特长，加强学生动手能力和创造力等能力的培养。同时，赋予高等教育更多的自主权，改变学科设置过细的状况，增强学生综合能力的培养，加强跨学科知识的交流与学习，增加学生对课程的自主选择性。另外，基础性研究人才和应用性研究两种人才对于国家创新驱动战略的实施具有同等重要的作用，增加对职业技能教育的政策倾斜，提升职业技能教育在教育体系中的战略地位，可以培养出更多具有动手能力的专业型人才。

创新驱动战略的实施离不开企业家才能的发挥。企业家是默会知识的载体，这种植根于个人经验的默会知识具有难以转移的特性。作为创新活动的倡导者和组织者以及创新活动成果的实践者，企业家强烈的创新意识和创新信念是企业创新成功的保证。创新型企业家短缺是时代的问题，也应该由时代来解决，但时不我待，如果按照创新型企业家形成的一般进程，中国现代产业发展新体系构建的进程就会被大大拉长。因此，制度安排可以成为召唤创新型企业家的解码器。

夯实创新驱动战略的人才基础，不仅通过优化和完善有利于创新型人才的教育体系，维持人才的"流量"，也要通过制度供给创造有利于企业家才能和企业家精神发挥的制度环境，激活经济活动中的"存量"，保持持续的创新活力。

（4）打通创新成果转化通道，推进创新扩散。

科技成果转化要经过基础研究、市场化及产业化等多个阶段，中国的科研机构拥有大量的优质创新资源和专利成果，但这些科技成果的转化率较低，其中的主要原因之一便是创新成果转化通道不畅通。成立风险投资基金、完善高科技创新中介市场等都有利于促进创新成果转化、推进技术创新的快速扩散。

目前中国科技成果数量可观但转化率低的现状，为风险投资基金的发展提供了广阔的空间。风险投资基金带来的资金资源可以有效解决科技成果转化中融资难的问题，以市场为导向的运作模式有利于提高资源的配置效率，而且风投机构也可以凭借成功的专业经验规避一定的投资风险。在以往对高科技投资过程中政府常常处于主导地位，成立风险投资基金可以推动以政府投入为主导的模式向政府投入引导、多元投入并存的模式转变，形成多元化投资体系，激活民间资本，突破政府作为单一投资主体的传统瓶颈。

科技中介面向市场开展科技评估、管理咨询等专业化服务，能够有效提高转化效率、降低转化成本，对科技创新成果的商业化转化起到重要的促进作用。作为连接政府、科研机构和市场的桥梁，它们不仅可以将科研机构的创新成果与企业快速对接，还能帮助科技型企业更好地了解并享受政府政策、高效申请或购买专利等。培育技术转移与融资服务一体化的中介机构，探索与技术交易中心、风险投资公司等相结合的发展模式，培育出类似英国技术集团的领先型科技中介机构将有利于加速科技成果的转化和创新驱动战略的实现。

参考文献

[1] 王海燕，郑秀梅.创新驱动发展的理论基础、内涵与评价 [J].中国软科学，2017 (1)：41-49.

[2] 任保平，郭晗.经济发展方式转变的创新驱动机制 [J].学术研究，2013 (2)：69-75.

[3] 洪银兴.关于创新驱动和协同创新的若干重要概念 [J].经济理论与经济管理，2013，33 (5)：5-12.

[4] 张银银，黄彬.创新驱动产业结构升级的路径研究 [J].经济问题探索，2015 (3)：107-112.

[5] 王伟光，马胜利，姜博.高技术产业创新驱动中低技术产业增长的影响因素研究 [J].中国工业经济，2015 (3)：70-82.

[6] 张伟，朱启贵，高辉.产业结构升级、能源结构优化与产业体系低碳化发展 [J].经济研究，2016 (12)：64-77.

[7] 宋周莺，刘卫东.西部地区产业结构优化路径分析 [J].中国人口·资源与环境，2013，23 (10)：31-37.

[8] 黄少安.新旧动能转换与山东经济发展 [J].山东社会科学，2017 (9)：103-110.

[9] 巴曙松，郑军.中国产业转型的动力与方向：基于新结构主义的视角 [J].中央财经大学学报，2012 (12)：45-52.

[10] 温军，冯根福.异质机构、企业性质与自主创新 [J].经济研究，2012 (3)：53-62.

第二篇
新产业生态系统

第 7 章

新常态下中国经济增长的源泉*

7.1 引 言

从 1978 年改革开放以来，中国经济取得了巨大的成就，实现了多年的高速增长。1978 年，中国的 GDP 总量仅有 3650.2 亿元人民币，人均 GDP 仅为 382 元人民币。2014 年，中国人均 GDP 为 46531 元人民币，2014 年全年人民币平均汇率为 1 美元兑换 6.1428 元人民币，据此可计算出 2014 年全国人均 GDP 为 7575 美元，比 2013 年的人均 6629 美元增长 14.3%，2013 年中国人均 GDP 全球排名第 86 位。

从增长速度看，1979 年到 2013 年平均每年 GDP 增速为 9.8%，1991 年到 2013 年平均每年增速为 10.2%，2001 年到 2013 年平均每年增速为 10.0%，2011 年到 2013 年平均每年增速为 8.3%，2014 年中国 GDP 增长 7.4%，创 24 年以来新低。2008 年国际金融危机以来，中国 GDP 增速呈逐年下降趋势，除了 2010 年由于宏观经济政策效应达到 10.6%，其他各年 GDP 增速均低于 9.6%，2012 年和 2013 年 GDP 增速为 7.7%。

中国经济高速增长是有目共睹的，有人甚至用奇迹描述中国的经济增长（林毅夫、蔡昉和李周，1999）。相反，2014 年全球 GDP 增长 2.6%，其中发达经济体 GDP 增长 1.6%，发展中经济体 GDP 增长 4.3%；金砖国家中，印度增长 7.4%，南非增长 1.4%，俄罗斯增长 0.7%，巴西仅增长 0.1%。2014 年，"新常态"开始成为对中国经济全新的诠释。中国经济呈现出新常态，从高速增长转为中高速增长已然成为各界人士的新共识。那么，经济增长基本逻辑应该是怎样的，中国经济过去几十年的高速增长的根本原因是什么，新常态下经济增长面临怎样的挑战，未来经济增长的驱动力是什么以及怎样发挥驱动作用，这些问题迫切需要得到解答。

---

* 本章作者为杨蕙馨、王军，发表在《理论探讨》2015 年第 4 期（有改动）。

7.2　经济增长的逻辑

新古典经济学用生产可能性曲线解释一个国家或地区如何在既定资源投入和技术条件下分配其相对稀缺的生产资源，进而实现最有效的资源配置。生产可能性曲线以内的任何一点，均说明还有资源未得到有效利用，存在资源闲置或生产效率过低问题；生产可能性曲线以外的点是现有资源和技术条件无法实现的；只有生产可能性曲线上的点，才是生产最有效率的点。

如果生产可能性曲线内的一点向外移动至生产可能性曲线上，或者在生产可能性曲线上移动寻找资源配置最有效的点，那么最终产品的市场价值会增加进而实现经济增长，这是由资源配置效率提升所导致的经济增长。能否实现资源配置效率，宏观层面上取决于一个国家或地区对资源配置的基本制度安排是否能够使各种生产要素以最低的交易成本在各部门、各区域之间顺利流动；微观层面上则取决于生产单位能否在不同的产品之间进行资源配置，进而实现产品生产的边际成本与社会消费该产品的边际收益相等。

如果生产可能性曲线本身向外移动导致了经济增长，那么可能有两个原因。一是经济增长源于资源投入的增加，如劳动力和生产设备等投入的增加而导致的产出的增加。单纯依靠投入增加带来的经济增长虽然短期内有效，但往往会给环境和资源带来巨大压力，是不可持续的经济增长。二是经济增长源于技术创新，即技术创新导致的生产效率提升或者新产品的增加，进而导致社会最终产品的市场价值增加带来的经济增长。

如果从更宽泛的范畴理解创新，除了技术创新之外，还应该包括制度创新、管理创新、商业模式创新等。制度创新实际上是促进资源配置在宏观层面上的进一步优化，而管理创新和商业模式创新则是资源配置在微观层面上的进一步优化。因此，创新驱动经济增长本质上仍然还是通过资源配置效率和生产效率的提升带动经济增长。

7.3　中国过去30多年的经济增长

中国过去30多年实现了经济高速增长，主要来源于资源配置效率的提升，即改革开放促进了资源的流动，资源配置不断优化。

首先，人力资源使用不断得到优化。改革开放以前，物品按人口凭票供应，人口无法流动。企业招工也只面向本地户籍人口。改革开放以后，企业用工制度、票证制度、户籍制度等都发生了巨大的变化，人口流动限制逐步放宽，直到今天除了户籍制度仍然存在外，众多限制人力资源流动的条条框框均得以取消。随着人口流动限制的放宽，大量农民进入工业生产领域，释放出很大的生产力。2014年全国农民工总量为27395万人，他们活跃在城市的各个领域，为经济增长做出了巨大贡献。肖卫（2013）采用2001～2013年的数据实证研究发现，中国劳动力基于市场机制在城乡之间的流动，逐步缩小了城乡产业之间劳动报酬差异，实现了人力资源优化配置，对经济增长具有显著的正向影响。另外，随着非国有企业的发展，企业家能力得以施展，企业家资源得以有效配置，也是推动我国经济增长的重要因素。

其次，经济结构的调整促进了资源配置优化。改革开放以来，中国三次产业间的比例关系得以有效改善，产业结构不断优化；工业内部结构得以改善，改革开放前中国经济以发展重工业为主，到1978年轻工业和重工业的比重分别为43.1%和56.9%。改革开放以后为矫正重工业倾斜发展战略，1978年至20世纪80年代中期，国家开始扶持轻工业发展，轻纺工业被放在经济发展的优先地位，轻工业比重得以迅速提升，轻纺工业和耐用消费品工业的发展在推动经济增长的同时，也改善了轻重工业的比例关系，促进了工业内部的资源配置优化。

再次，市场经济的发展促进了分工，提高了效率。中国的改革和市场经济发展是形影随行的。从最初的有计划的商品经济到商品经济再到市场经济，虽然每一次改革都举步维艰，但最终中国走上了市场经济道路，使得资源配置由价格机制起主导作用，这在当时是巨大的制度创新。虽然有时会出现市场失灵，但各国经济发展的经验仍然证明市场是资源配置最有效的方式。虽然市场经济条件下并不存在完全竞争市场，但价格机制下的资源配置显然比政府计划下的资源配置更有效率。

最后，对外开放发挥了国内比较优势，做大了经济盘子。国际贸易是市场分工和交易跨境发挥作用的重要途径。通过国际贸易，各国或地区能够发挥各自的比较优势从而通过国际市场交易将经济盘子做大，然后在贸易中依据竞争优势分得经济利益。1978年，中国进出口贸易总额只有206.4亿美元，到2014年高达4.3万亿美元。在拉动经济增长的"三驾马车"中，出口一直都扮演着重要的角色。通过出口带动经济增长也是通过交易实现了资源配置效率，只不过国际贸易是全球范围内的资源配置，最终究竟能够从资源配置效率提升带来的收益中分得多少取决于国家竞争优势。虽然中国是国际贸易的受益者，但由于长期以来以出口劳动密集型产品为主，在国际分工中处于价值链的低端，分得的利益并不多。对外开放还体现在大量外商直接投资上，将国际资本由边际生产率低的国家或地区吸引到中国来，做大经济盘子，也是中国改革开放以来经济增长的重要原因。

总之，人力资源流动、经济结构优化、市场经济发展以及对外开放都是中国过去30多年经济高速增长的重要原因，其本质都是实现了资源配置效率的提升。这并不否认改革开放以来中国技术创新带来的经济增长，但由制度创新所引致的资源配置效率提升是主因。

7.4 新常态下的经济增长面临的挑战

新常态在表面上看是 GDP 增速告别了两位数，经济潜在增长率下降，背后却是促进经济增长的因素发生了变化。这些变化本质上是影响资源配置效率和生产效率的因素在发生变化，新常态下的中国经济增长面临重大挑战。

7.4.1 人力资源变化的挑战

以往中国城乡二元经济结构导致了农村劳动力供应充足，价格低廉。随着改革开放逐步打破二元经济结构，大量农村人口转移到城市。2012 年的调查数据显示，农村 25 岁以下的劳动力已经有 70% 不在农村了，以往供应充足的农村劳动力条件不复存在，这种改变使得中国工人工资增速全面提升。以往经济高速增长以来的人口红利伴随着 2004 年出现的民工荒和工资上涨为标志的"刘易斯拐点"逐渐丧失了（黄群慧，2014）。2011 年中国 16～59 岁人口达到峰值 94072 万人后开始逐年下降至 2014 年的 91583 万人，年均下降 0.88%。2014 年的数据显示中国西部地区的工资增长速度已经超过中东部地区，低成本制造业受到挑战，潜在经济增长率下降成为必然。伴随着人工成本的上升，中国劳动密集型产品的比较优势逐步下降，部分产业开始向越南、印度尼西亚等劳动力成本更低的东南亚国家转移，这无疑加重了对中国经济增长的挑战。

当然，这种转变并非一无是处。部分产业转移到越南、印度尼西亚等东南亚国家体现出这些国家在劳动密集型产品上的比较优势明显，但仍然存在着劳动效率比较低、产业配套不健全、政治制度不稳定等不利因素。转移出去的产业大都属于价值链低端的生产加工阶段，而且大都对劳动力需求比较大。中国人工成本上升的背后是生产率的不断提升，2014 年中国全员劳动生产率为每人 72313 元。因此，如何利用新的比较优势推动企业转型升级，提升中国企业在国际分工中价值链的位置，是新常态下经济增长首先要破解的难题。

同时，人口老龄化现象日益凸显，"未富先老"对中国经济增长形成挑战。作为一个拥有 14 亿人口基数的人口大国，随着老龄化程度不断加深，老年人口数量不断增加，65 岁及以上人口数量从 1982 年的 4991 万人增加到 2014 年的 13755 万人，占总人口比重由 4.9% 增加到 10.1%。根据联合国开发计划署驻华代表处与中国社会科学院城市发展与环境研究所共同撰写的《2013 中国人类发展报告》的预测，到 2030 年，我国 65 岁及以上的老年人口占全国总人口的比重将提高到 18.2% 左右。根据莫迪利安尼的生命周期消费理论，社会中的年轻人所占比例大，则社会的消费倾向就较高、储蓄倾向就较低；中年人比例大，则社会的储蓄倾向较高、消费倾向较低。虽然胡翠和许召元（2014）的研究并未完全支持生命周期假说，但史晓丹（2010）的研究则发现老年抚养比与储蓄率呈负相关关系，且提高劳动参与率及提高劳动生产率可以减少人口老龄化对储蓄率减少过快的影响。随着中国人口结构的不断变化，储蓄率下降的潜在压力是存在的，而储蓄率下降意味着投资来源的下降，这会对中国投资驱动型的经济增长带来巨大挑战。

7.4.2 工业发展模式的挑战

中国经济以往以高投入、高增长、低成本出口为导向的工业发展模式面临挑战。中国经济长期以高投入带来高增长和低成本比较优势出口导向为特征，而随着中国进入工业化中后期阶段，这样的工业发展模式日益受到挑战。黄群慧和贺俊（2013）长期跟踪中国工业化发展阶段的研究表明，2010年中国工业化水平综合指数已经达到工业化后期阶段标准。与此同时，工业高耗能、高污染、高耗水、高噪音、占地多、事故多的特征引发了工业"劣质产业论"和"地位下降论"，工业产能全面过剩和经济"新常态"则加剧了对工业发展的挑战（潘爱民、刘有金和向国成，2015）。根据工业化发展理论，工业化后期依靠高投资、重化工业主导发展而支撑的经济高速增长难以为继（黄群慧，2014），工业发展模式必须接受"新常态"的现实，逐步向中高速、主要依靠创新驱动的发展模式转型。

2008年全球金融危机以来，世界经济陷入低速增长阶段，发达国家的再工业化战略调整也减少了对中国产品的进口，出口高速增长再也难以维持。另外，由于人工成本上升导致中国制造的比较优势逐渐降低，加剧了国际市场对中国产品需求的减少。2008年以来的7年中，除了2008年和2010年货物和服务净出口需求对中国GDP增长的贡献率是正值之外，其他5年均为负值，2009年的贡献率更是达到了－37.4%。

一方面是国内市场需求不足，导致国内产能过剩；另一方面是国际市场需求不足导致出口增速放缓。消费需求增速平稳下降将成为新常态。2014年全社会消费品零售总额262394亿元，同比名义增长12.0%，实际增长10.9%。2006~2013年全社会消费品零售总额名义增速分别为13.7%、16.8%、21.6%、16.5%、14.8%、11.6%、12.1%、13.1%。从中长期看，如果没有消费需求支撑，新增投资将进一步加剧产能过剩；但消费需求增速放缓的同时，消费结构呈现明显加快升级趋势，表现为农村消费持续快速增长、中西部地区消费需求增长快于东部地区、消费方式多样化趋势加速三个特征（黄群慧，2014）。显然，消费需求降速为中国经济增长带来挑战，消费结构升级又为中国经济可持续增长带来机遇。国外市场需求不足带给出口导向企业的挑战是空前的，只有转向国内市场才能解决生存问题。加快产业转型升级以适应国内需求变化是出口导向企业脱离困境的重要途径。

7.4.3 资源环境的挑战

资源环境约束是新常态下中国经济增长不可回避的前提条件。中国经济增长面临的资源环境约束压力越来越大，这种压力不仅来自市场供求关系和资源价格的不断上升，来自社会舆论和民众呼吁，而且也来自国际社会对中国的抱怨（金碚，2011）。在以往的经济增长中，资源是廉价的，环境甚至是不要钱的。但是，现阶段我们的土地资源、水资源、能源已经非常紧张。国家环保部发布的《2013年中国环境状况公报》指出，中国目前耕地质量问题凸显，区域性退化问题较为严重，农村环境形势依然严峻，近些年耕地面积一直处于净减少状态。2013年，全国地表水总体为轻度污染，部分城市河段污染较重；全国657个城市中有300多个属于联合国人居环境署评价标准中的"严重缺水"和"缺水"城市。雾霾的大面积发生也使人们意识到环保的重要性。中国能源资源总量比较丰富，但人均能源资源拥有量在世界上处于较低水平。煤炭和水力资源人均拥有量相当于世界平均水平的50%，石油、天然气人均资源量仅为世界平均水平的1/15左右。中国石油集团经济技术研究院发布的《2014年国内外油气行业发展报告》称，2014年中国石油和天然气的对外依存度分别达到60.0%和32.5%。

面对资源环境的约束，节能减排、污染治理不得不加快进度，这给经济增长带来了巨大的挑战。在经济减速的背景下，政府和企业由于资金缺乏而无法投资治污设备，即使投资了治污设备也未必能够正常运行。一些地方政府为了完成环保指标强制要求一些企业关停，这进一步加剧了经济下滑。同时，随着东部地区部分传统产业加快向中西部转移，能源消耗和环境污染正发生空间转移。因此，如何在新常态下既能保持经济持续增长又能化解资源环境约束带来的挑战，是新常态经济增长必须跨越的一大障碍。

上述种种挑战不断压缩中国资源配置效率发挥的空间，如果能够通过制度创新将资源配置效率进一步释放，仍然能够带动中国经济持续增长。同时，寻求中国未来经济增长新的源泉则是改变中国经济增长模式、跨越中等收入陷阱的重要任务。

7.5 寻求中国未来经济增长的源泉

中国改革开放以来30多年的经济高速增长主要来源于资源配置效率的提高，

随着国际国内环境变化，中国 GDP 增速告别两位数，潜在增长率下降而进入新常态。在经济新常态下，中国经济增长面临着诸多挑战，资源配置效率改进空间日益收敛，通过技术创新提高生产效率成为中国经济增长的战略选择。然而，王海兵和杨蕙馨（2015）的研究表明，中国创新驱动发展现状不容乐观。因此，需要协调资源配置效率和生产效率的关系，激发中国经济增长潜力，确保经济增速下台阶后能够在新的台阶上站稳脚步，以实现可持续增长。当前，中国经济最迫切的问题就是继续挖潜以制度创新为特征的资源配置效率，把资源配置到能够依靠创新带动生产效率提升的经济领域，将制度创新和技术创新作为未来经济增长的新源泉。

7.5.1 企业家资源挖潜

未来经济增长需要借助制度创新向企业家资源挖潜。经济增长，说到底是企业生产出的最终产品或服务的市场价值的增加，企业是经济增长的主体。企业的根本目标是获取利润，企业间的竞争可以为消费者创造更大的消费者剩余。企业创造更大的消费者剩余需要依靠创新，市场竞争就是看哪家企业更有能力提供新的产品，创造出更多的市场需求，或者运用新的生产方式生产出成本更低的产品，或者是发现并使用新材料、采用更有效的组织形式为消费者创造更高的价值（张维迎，2010），企业创新则来源于企业家的冒险精神和创新精神。

诚然，企业家并不是创新活动具体执行者，但只有企业家精神才能将更多的创意转化成生产力。互联网条件下的开放式创新造就了大众创新，众多的创新能否最终变成产品并且转化成生产力，仍然需要企业家凭借敏锐的对未来的判断力和对风险的把控力将一个个大众创新进行优化组合，将能够给消费者带来最大价值的产品呈现到市场中。当前，政府鼓励大众创业，旨在鼓励具有企业家才能的人脱颖而出。然而，多年来中国技术主要以引进和模仿创新为主，自主创新为辅，究其根本仍然是没有通过制度创新激发出企业家的创新精神。众所周知，由于中国众多政策限制或者政策保护，那些以技术引进或者模仿创新的企业仍能得以生存且获得不错的利润。如果进行自主创新，则需要投入大量资源，但创新成功率并不高，且创新成果由于制度原因保护不力容易被模仿，因此，自主创新在以前是费力不讨好的事情，有些企业甚至因为自主创新而最终被市场淘汰。

市场最终仍然是垂青于那些敢于创新和坚持创新的企业。由全球管理咨询公司思略特（原博斯公司）联合荷比卢商会、德国商会、中欧国际工商学院、浙江大学管理学院共同发布《2014 中国创新调查》，华为、腾讯、阿里巴巴、小米科技、联想集团、海尔集团、百度、比亚迪、魅族科技、招商银行被评为 2014 年十大最具创新精神的中国企业，其中高科技企业占了八家，在这些企业的背后都有一个大家熟知的富有创新精神的企业家，而且这些企业在推动经济增长和解决就业方面都有不俗的表现。唯有激活企业家精神，通过企业家能力将资源配置到更有效的领域，中国经济才能获得持续增长。

7.5.2　制度创新护航技术创新

未来中国经济增长需要借助制度创新为技术创新保驾护航，通过搭乘第三次工业革命快车提升竞争优势。国际上第三次工业革命正在发力。人工智能、数字制造和工业机器人等技术积累和创新的成熟以及成本下降催生了"第三次工业革命"，它正以数字制造和智能制造为代表的现代制造技术对既有制造范式进行改造（里夫金，2012；Wadhwa，2012；黄群慧和贺俊，2013），能否把握第三次工业革命的脉动，抓住这次机会，是中国实现弯道超车、技术路线从模仿走向前沿创新的关键（陈清泰，2011）。

新技术的产生和发展会逐步替代原有技术，进而发生革命性的变化。然而，旧技术对新技术的替代是漫长的过程，同时充满了新旧技术之间的利益博弈，旧技术的既得利益者并不情愿率先使用新技术。技术进步往往是不可逆的，大量企业希望通过新技术参与到市场竞争并最终引领市场发展。例如，柯达最早发明数字照相技术，但为了原来胶片照相业务的利益，没能将新技术应用于市场开拓。后来，佳能、尼康、索尼等率先使用数字照相技术进入照相机市场，最终替代了原有的柯达和富士两家企业，柯达最终落得破产的下场。

通过制度创新保证技术创新者能够获得超额利润，是实现经济增长向创新驱动转变的重要前提。一方面，政府应该进一步加强知识产权保护，保护创新者的利益，才能吸引更多的企业参与到技术创新中来。另一方面，还要通过制度创新为新技术的应用扫清障碍。例如，太阳能、风能等发电技术就需要通过制度创新尽快破除部门利益的阻碍，使太阳能发电尽快上网，推进新能源的使用；页岩气技术则需要通过制度创新吸引更多的企业参与到页岩气开发中进而提升页岩气技术水平；三网融合迟迟没有实质性进展也是由于部门利益难以协调，无法让新技术得以应用，而挫伤了部分企业技术创新的积极性。

还需要通过制度创新向科技产业园挖潜，促进技术创新。很多地方政府都想通过政府直接支持打造当地"硅谷"，打造科技孵化器。然而，中国地方政府的科技园并未真正推动科技创新。因为这些科技园通过招商，引进一些著名科技公司来设立分公司，这些公司大都有原来的生态系统，园区内的公司之间很少有科技合作，园区自身无法形成生态系统，也就很难有好的科技创新产出，最终成了生产基地。当前，中关村创业大街正致力于构建服务功能完善的创业生态，打造一个有"创业投融资＋创业展示"两大核心功能，以及"创业交流＋创业会客厅＋创业媒体＋专业孵化＋创业培训"五大重点功能的创业街区，这种转变是可喜的。科技产业园区需要通过制度创新向科技创新生态系统平台转化，才能真正实现推动科技创新的功能。

7.5.3 创新驱动经济结构调整和传统产业转型升级

经济结构调整仍能释放配置效率。当前我国东部地区部分传统产业正加快向中西部转移，以进一步降低人工成本和资源环境成本释放资源配置效率。如果沿用原有的发展模式，除了将企业转移过去之外，还会把高污染、高能耗、高投入也转移到中西部地区，长此以往将得不偿失。因此，产业空间转移之初就需要科学规划，对污染、能耗和投入进行科学评估，提高产业能耗、水耗和环保等技术门槛，对那些落后的生产技术要零容忍。

所有制结构的不断优化，可以不断激活非国有制经济活力，中国改革开放的实践已经证明了这一点。然而，目前国有企业仍然在一些竞争性经济领域进行低效率竞争，无法将国有资源配置到更有效率的经济领域。需要通过制度创新进一步调整所有制结构，让非国有经济成为最有活力的经济增长点，让国有经济成为能够带动自主创新和切实保障国家安全的经济增长点。

产业转型升级是产业素质不断提升的过程，在微观上表现为企业的技术水平、生产效率的提高和能力的增强；在宏观上表现为产业结构从劳动密集型向资本和技术密集型的转变、生产效率的提高以及能耗、水耗和污染物排放的降低；在全球分工体系中表现为对产业的控制力提高或对国外装备、核心零部件依赖程度的下降，以及获得的价值比重增加（李晓华，2013）。

通过技术创新改造传统产业一方面可以提高生产效率，另一方面可以化解资源环境约束，使传统产业向现代产业转化。例如，通过农业生产组织形式创新、农业科技创新体系构建和农业保护支持体系改革推动传统农业向现代农业转变；通过技术改造和价值链重构推动传统工业向新型工业转化；通过创新驱动制造业生产服务化以及传统服务业向现代服务业转化，使现代服务业成为经济重要的增长点等。

创新驱动经济结构调整和传统产业转型升级的根本目标是要形成现代产业发展新体系。现代产业发展新体系将以基本要素结构升级为支撑，以创新驱动为动力，以市场需求为导向，以战略性新兴产业、先进制造业和现代服务业等重点领域发展为主题，实现产业的结构升级与业态创新的统一，突破能源、资源、生态与环境的约束，增强产业创新能力，提高产业科技化和信息化水平，形成科学性、自主性、可持续的产业调整升级机制。

参考文献

[1] 国家统计局. 中国统计年鉴 [M]. 1979 - 2014. 北京：中国统计出版社，1979 -

2014.

［2］国家统计局.2014 年世界经济形势回顾与 2015 年展望［EB/OL］. http：//www. stats. gov. cn/tjsj/zxfb/201502/t20150227_686531. html.

［3］国家统计局.2014 年全国农民工监测调查报告［EB/OL］. http：//www. stats. gov. cn/tjsj/zxfb/201504/t20150429_797821. html.

［4］曹远征. 新常态下中国经济的新变化［N］. 经济日报，2014 - 09 - 08（1）.

［5］国家统计局. 国民经济和社会发展统计公报［R］.

［6］张震.2014 年中国地区薪酬增长预测分析［EB/OL］. http：//blog. sina. com. cn/s/blog_9d0912f90101dyrc. html。

［7］联合国开发计划署驻华代表处.2013 中国人类发展报告［EB/OL］. http：//www. cn. undp. org/content/dam/china/docs/Publications/UNDP - CH - HD - Publication - NHDR_2013_CN_final. pdf.

［8］国家环保部.2013 年中国环境状况公报［EB/OL］. http：//jcs. mep. gov. cn/hjzl/zkgb/2013zkgb/.

［9］国务院新闻办公室. 中国的能源状况与政策［EB/OL］. http：//www. scio. gov. cn/zfbps/gqbps/2007/Document/848516/848516. htm.

［10］中国石油集团经济技术研究院.2014 年国内外油气行业发展报告［EB/OL］. http：//www. cnpc. com. cn/cnpc/jtxw/201501/412c3b78f5a541cbbd3ef1d62ab3d4fe. shtml.

第 8 章

新产业生态系统竞争

——兼对智能手机和智能汽车新产业生态系统图的绘制*

8.1 从产业生态系统、商业生态系统再到新产业生态系统

一般认为,产业生态系统的概念因弗罗施和加洛普罗斯(Frosch and Gallopoulos, 1989)发表在《科学美国人》杂志的文章开始流行起来[①],"传统的产业活动模式……应当转型为一个更为完整的模式即产业生态系统,在该系统中,能源和物质消耗将被优化,废物排放最小化,而且一个生产流程的废液变为另一个生产过程的原材料"。这是一个循环经济的观点,其主要目标是能源和物质消耗优化、废物排放最小化或者是(生态)风险最低的最优资源使用。

格雷德尔和艾伦比(Graedel and Allenby, 1995)为不同的产业生态系统提供了一种有用的划分:第一类是类直线型的,伴随着无限的资源流入和废物排出;第二类是准循环型的,通过一个有效的内部循环流程,导致有限的资源流入和废物排出;第三类是全循环型的,物质消耗被最优化、废物排放最小化。产业生态系统具有类似生物学的特性(the biological analogy),在部门和地区层次上为技术"食物网络"中的组织相互作用建模(Graedel, 1996;Frosch et al., 1997)。作为一个"系统",产业生态系统采用了生命周期评价(LCA)、物质流分析(MFA)、系统建模等多学科和跨学科的研究方法。其中技术变迁是研究的重点,因为技术创新是解决环境问题的主要方法,尽管也存在不少争议(Graedel, 2000)。

与此同时,随着国际贸易和跨国企业的快速发展,特别是诸如苹果、eBay、

---

* 本章作者为吴炜峰、杨蕙馨,发表在《经济社会体系比较》2015 年第 6 期(有改动)。

① 更早期的研究发生在 20 世纪 70 年代,一些学者以一种"产业代谢"(industrial metabolism)的方法研究从特定系统如流域到整体国民经济中的物质流动(将能量控制在一个较小的程度上),这其实是一个由能量和食物交换组成的生态系统(Ayres and Ayres, 2002)。

谷歌、微软、索尼、宝洁之类的企业对其所在的产业以及更广泛经济领域的巨大影响力，一种被称为"商业生态系统"的理论开始获得越来越多的注意。从其源头看，这一理论跟现代企业理论不断突破新古典经济学意义上的企业"黑箱"假设有紧密的联系；今天，围绕这些企业集团已经形成一个高度复杂的中心，它们为整个系统的合作提供关键部件并成为系统的领导者和调节器（Lescop and Lescop，2011）。众多的文献围绕商业生态系统与平台的发展、功能以及中心企业（The Central Firm）与缝隙企业（small niche players）的作用进行了研究（Moore，1993，1996；Cusumano，2010），一些学者研究了如何通过平台战略形成商业生态系统（Iansiti & Levien，2004；Evans et al.，2006）。

商业生态系统是一个由相互作用的组织和个人构成的经济有机体。其成员包括供应商、主导制造商、竞争对手以及其他利益相关者，还包括消费者。随着时间的推进，它们在该商业生态系统中占据了不同的地位、发挥着不同的作用，形成了一个或多个中心企业的战略联盟。这些中心企业会随时间而变化更替，但它们所提供的引导和支持作用不会改变。商业生态系统的行为包括两个方面：一方面是商业生态系统内部的相互作用；另一方面是作为整体的商业生态系统对外部环境的反应。其目标是通过战略管理和供应链协同达成整体以及中心企业商业利益最大化。

然而，最近十几年来，因技术进步特别是互联网的普及，商业运营和产业发展的环境已经发生了极大的改变。一是软件正在吞噬世界。如马克·安德森所言："越来越多的大型企业及行业将离不开软件，网络服务将无所不在，从电影、农业到国防。许多赢家将是硅谷式的创新科技公司，它们侵入并推翻了已经建立起来的产业结构。"软件也在吞噬硬件，"智能 + 硬件"成为潮流。如谷歌在提交给美国证券交易委员会的 10 – K 年度报告中指出，该公司已完成 32 亿美元收购 Nest Labs（主要从事智能家庭的感测产品开发）的并购案[①]。二是大数据导向。显然在今天的商业环境中，参与经济活动的组织和个人的数量达到一个让人为之瞠目的量级。例如，目前运行在安卓（Android）和 iOS 平台上的 App 都已经超过 100 万个。

在信息化带动全球化的时代背景下，有必要在产业生态系统理论和商业生态系统理论的基础上进一步创新发展"新产业生态系统理论"[②]。与产业生态系统

---

① 谷歌完成 32 亿美元 Nest 收购案. http：//finance.chinanews.com/cj/2014/02 – 17/5846617.shtml.
② 李晓华、刘峰（2013）在对产业生态系统和商业生态系统概念做了一些区分的基础上给出了他们对"产业生态系统"的一个定义，认为产业生态系统是"由能够对某一产业的发展产生重要影响的各种要素组成的集合及其相互作用关系"，是由产业的各类参与者以及产业发展的支撑因素与外部环境等构成的产业赖以生存的和发展的有机系统。这一定义已经在一些方面突破了老的产业生态系统和商业生态系统的概念，然而并没有建立"新产业生态系统"准确的定义。"新产业生态系统"的概念是由吴炜峰首先提出并在王海兵、杨蕙馨、吴炜峰（2014）发表的《价值链断裂、新产业生态系统形成与我国企业全球研发》一文中给出了一个初始定义，本文则尝试将这个初始定义拓宽为一个相对成熟的正式分析框架。

理论将产业生态系统定义为"能源和物质消耗被优化,废物排放最小化,一个生产流程的废液变为另一个生产过程的原材料"的循环经济观点不同,新产业生态系统强调依托平台核心型企业,通过整合上游支撑性产业(企业)群落和发展下游应用性产业(企业)群落,形成以最终用户需求为导向的完整生态系统,这完全是一个产业经济学的观点。与商业生态系统理论主要从企业战略管理、供应链协同层面讨论不同参与者(中心企业、缝隙企业等)组成一个有机系统为消费者提供产品和服务不同,新产业生态系统着重从更广泛的产业层面界定了众多上下游产业(企业)群落围绕平台核心型企业以提供具有最佳用户体验的最终消费品为目标的、跨越多个产业的经济活动集合的新产业生态系统。在这个新产业生态系统中,一方面有大量的企业为满足最终用户的某个特定需求有序分工、汇聚到一起,就像生物界的群落(biocenosis);另一方面平台核心型企业与上下游产业(企业)群落间更多的是共生协作关系,而不是企业科层或供应链管理关系。产业生态系统、商业生态系统与新产业生态系统的对比见表8-1。

表8-1 产业生态系统、商业生态系统与新产业生态系统

	产业生态系统	商业生态系统	新产业生态系统
经济观点	循环经济	企业战略、供应链管理	产业经济学
方法	生命周期评价(LCA) 物质流分析(MFA) 可持续发展(SD)	联盟(alliances) 平台(platforms) 重力(gravity)	演化博弈论(evolutionary game theory)
目标	能源和物质消耗优化 废物排放最小化	整体以及中心企业商业利益最大化	最佳用户体验
行为	系统建模	战略管理和供应链协同	跨越多个产业的上下游关系
结构	准循环(quasi-cyclic)或循环(cyclic)	产业链、产业集群	群落(biocenosis) 变"粗"了的产业链 拉"长"了的产业集群

资料来源:作者根据相关资料整理。

新产业生态系统具有以下令人瞩目的特征:第一,具有完整性,即新产业生态系统的指向是最终消费品/最终用户而不是中间工业品/中间用户(形象地说是从"工厂/农场"到"家庭/餐桌");第二,用户体验第一;第三,不是单一企业或单一产业链,必须是由大量企业所构成的群落,这一群落可以在上游也可以在下游,也可以在上下游都有(形象地说就是变"粗"了的产业链);第四,不是"狭义"(特定)的产业集群,新产业生态系统要考虑上下游关系(形象地说就是变"长"了的产业集群);第五,新产业生态系统中有一个或几个平台核心

型企业,请注意新产业生态系统中的"平台核心型企业"与商业生态系统中的"中心企业"并不完全相同,它们是某条新产业生态系统的核心,它们与该新产业生态系统内的其他企业更多的是共生关系而不是企业战略或供应链中的管理关系;第六,软硬件一体化,软件应用服务跟着硬件产品制造。软硬件一体化的结果或产物一个是最终消费品即重要的硬件产品,另一个是与硬件产品同样重要的软件服务,它们共同构成某一新产业生态系统的用户体验。

8.2　新产业生态系统竞争

在特定领域,随着平台核心型企业的出现,吸引了大量上游支撑性产业(企业)群落以及特别重要的下游应用性产业(企业)群落,最终围绕该平台核心型企业形成一个新产业生态系统。而后,随着新的平台核心型企业的出现,其竞争对手出现了。这个新的平台核心型企业也将吸引众多的上游支撑性产业(企业)群落和下游应用性产业(企业)群落加入,从而形成另一个新产业生态系统。它们之间将展开以获取更多最终用户为目标的新产业生态系统竞争。后来者通过新策略(如低价策略)吸引更多的最终用户,带动应用开发商向其迁移,从而消除不同平台间的差异性,最终带来平台之间的演化。在平台演化过程中,"超级应用开发商"的作用非常大。

8.2.1　新产业生态系统的竞争模型

图8-1中存在两个新产业生态系统。一个新产业生态系统与另一个新产业生态系统进行竞争并且这种竞争是全方位的,既有上游支撑性产业(企业)群落间的竞争,又有下游应用性产业(企业)群落间的竞争,在两个平台核心型企业之间更有激烈的直接竞争关系。在新产业生态系统竞争中,具有最佳用户体验、最能满足最终用户需求的新产业生态系统将最终胜出。

新产业生态系统竞争的驱动力来自两个不同的方面,因此也可以分为两个阶段。第一阶段是平台核心型企业驱动,通过平台核心型企业打造一个对最终用户有吸引力的新产业生态系统,引发上下游产业(企业)群落的形成和发展壮大。第二阶段是应用开发商驱动,随着下游应用性产业(企业)群落的爆发式发展,新产业生态系统的应用场景不断扩大,而激烈的市场竞争导致众多的应用开发商寻求跨平台发展,即突破某一特定的新产业生态系统的限制而同时在两个或多个不同的新产业生态系统中给消费者提供服务,最终形成一股让平台核心型企业都不可忽视的市场势力即"超级应用开发商"。

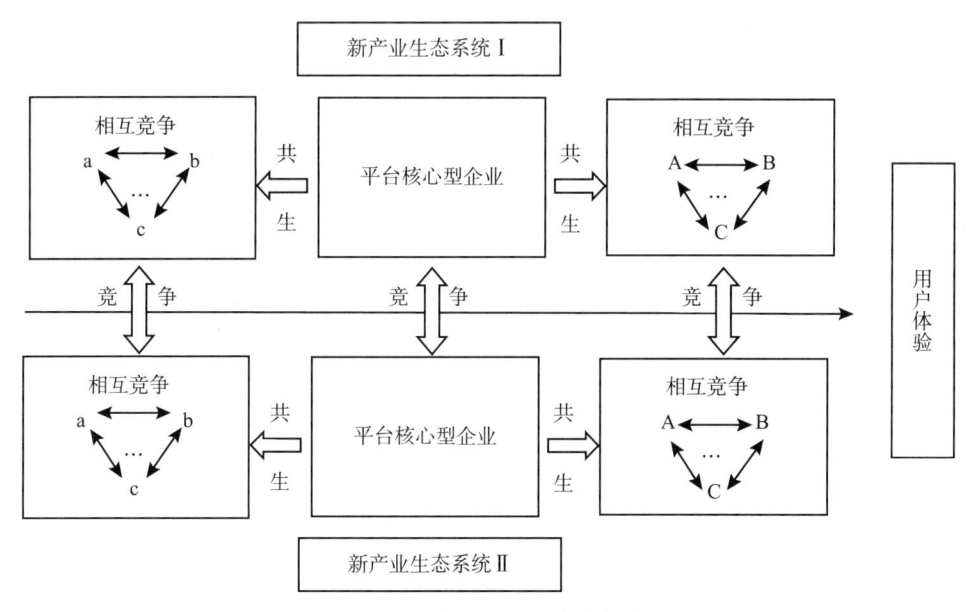

图 8-1 新产业生态系统竞争模型

注：单向箭头表示共生关系，双向箭头表示竞争关系。
资料来源：作者绘制。

基于用户体验的消费者选择模型首先是由杨蕙馨、吴炜峰等（2012）尝试建立的，此处我们对这一模型一些优化改造。考察一个消费者，其效用为其消费体验的函数，即 U(E)，其中 E 为用户体验。假定用户体验 E 是由上下游产业（企业）的数量 N 和质量 Q[①]、核心平台的开放程度 O、消费者数量 C 等变量构成的一个函数，即 E≡f(N, Q, O, C)。其中，对 C 的偏导为正，即该产品存在使用上的网络效应，同时认为需求定理是成立的，即消费者数量 C 是价格 p 的减函数。对 N 的偏导为正，即应用性产业（企业）的数量 N 越多，消费者的选择越多，因此消费者体验更佳，而应用性产业（企业）的数量 N 主要由消费者数量 C 所决定，消费者数量 C 越多，应用性产业（企业）的数量 N 越多；对 Q 的偏导为正，即应用性产品和服务的质量越好，用户体验更佳，网络效应对应用性产品和服务也存在，即 Q 也是主要由消费者数量 C 决定。故应用性产业（企业）的数量 N 和质量 Q 可以统一由消费者数量 C 来衡量。

核心平台的开放程度 O 是一个综合变量，至少有两种含义：一是代表着软硬件一体化的程度 I。一般而言，软硬件一体化的程度较高则核心平台的开放程度较低；而软硬件一体化程度较高的产品和服务，消费者使用起来往往有更佳的体验。因此从这方面来看，越是封闭的平台，用户体验越佳。二是代表着应用性产

---

① 不失一般性，我们忽略上游支撑性产业（企业）群落的数量和质量特性而仅考察下应用性产业（企业）群落的数量和质量特性。

品和服务的开发难度（用开发时间 T 来表示）。一般而言，开发的难度较低则平台的开发程度较高；而开发难度的降低使得应用性产业（企业）的数量增加，又对用户体验有一个正向的促进作用①。可见，平台核心型企业对平台的开放或封闭存在着一个两难选择，即如果增加软硬件一体化程度会使用户体验提高，但这"一般"意味着应用性产品和服务的开发难度增加，从而降低了用户体验。此外，I、T之间存在一些交互影响关系，比如软硬件一体化的程度较高可能会带来开发时间的增加。为简便起见，这里忽略 I、T 之间的交互影响关系，我们仍将 O 定义为 I、T 的一个函数，即 $O\equiv o(I, T)$，进而将 E 改写成：$E\equiv f(C(p), o(I, T))=g(p, I, T)$，从而消费者体验是价格 p 的减函数，是软硬件一体化程度 I 的增函数，是应用性产品和服务开发时间 T 的减函数。效用函数最终形式为：$U\equiv U(p, I, T)$。消费者通过比较不同的新产业生态系统带给它的效用大小，决定购买哪个新产业生态系统所提供的最终消费品。

对不同的新产业生态系统，可以采取不同的策略来吸引最终用户。首先，低价策略是十分有效的，因为消费者对价格是相对敏感的。其次，平台的开放度非常重要，由于开放程度由软硬件一体化程度 I 以及应用性产品和服务开发时间 T 共同决定，应用性产品和服务开发时间 T 大幅节省所带来的利益可以弥补软硬件一体化程度较低所导致的用户体验不佳的负面影响。具体到智能手机新产业生态系统，低价策略（机海战术）和平台开放性是安卓新产业生态系统得以快速崛起的重要原因。

8.2.2 群落内部竞争及平台的演化

在上游支撑性产业（企业）群落和下游应用性产业（企业）群落内部都存在着激烈的竞争，某些特定的企业想成为群落内部的王者，并且有跨越原先所处的生态系统限制、为本身存在激烈竞争关系的另一个新产业生态系统提供服务的强烈动机。比如处于下游应用性产业（企业）群落中的企业 a，既想为新产业生态系统 I 的用户又想为新产业生态系统 II 的用户提供服务，因为这样它能最大化其用户数量。

由于上游支撑性产业（企业）群落和下游应用性产业（企业）群落所提供的产品和服务构成最终用户体验的重要部分，群落内部企业跨生态系统发展的结果，使得不同的新产业生态系统的用户体验趋向一致，最终形成一种动态性均衡。比如，当前智能手机新产业生态系统中，由于下游的 App 应用开发商有极强动机实现跨平台服务，从而使得苹果 iOS 新产业生态系统与谷歌安卓新产业生态

---

① 此外，平台本身的质量也很重要，如果是一个相对成熟的平台，其应用性产品和服务的开发难度较低，但没有很好的指标来"事先"衡量这个平台本身的质量。"事后"的指标是存在的，即应用性产品和服务的数量及/或增长速度。

系统的用户体验趋向一致,造成了平台似乎不再那么"重要"了;另外,某些应用(如微信等)拥有庞大的用户数,甚至其用户数可能超过任何单一的平台用户数,此时它们似乎也成了"平台之外的平台"——这本身就是平台的演化。

平台的演化可以形象地表述在一个"骨头模型"中。两根"带肉的骨头"代表两个不同的新产业生态系统。"骨头"是平台核心型企业,"肉"代表不同的应用开发商,"蚂蚁"是最终用户。平台核心型企业和应用开发商的唯一目的是将这块"带肉的骨头"做得又大又好,旨在吸引更多的"蚂蚁"用户。一开始有一块"带肉的骨头"更诱人或者只是因为只有这么一块"带肉的骨头"存在,更多的"蚂蚁"被它所吸引。慢慢地作为竞争者的另一块"带肉的骨头"开始出现,此时这块"带肉的骨头"可能非常小,能吸引的"蚂蚁"有限。然而,后来出现的这块"带肉的骨头"为了吸引更多的"蚂蚁",将在两方面展开努力:一方面是完善平台(由于另一个平台存在,完善平台相对容易,因为可以在模仿的基础上创新),将"骨头"做得更大;另一方面则是吸引应用开发商过来,即将"肉"做厚。吸引应用开发商过来这一点将困难很多。因为应用开发商将主要根据用户基础("蚂蚁"的数量)来决定在哪一块"骨头"上"造肉"。因此对另一条新产业生态系统而言,它为了提高对应用开发商的吸引力,要么是给它们提供更好的支持以降低"造肉"难度,要么是通过低价策略(低价策略相当于把"带肉的骨头"放得更低,方便"蚂蚁"爬上去"吃")吸引更多"蚂蚁"过去。这个低价策略更显重要,因为演化的最终动力来源于最终用户。谁能获得更多的最终用户,谁就有可能在新产业生态系统竞争中胜出。

图8-2是新产业生态系统平台演化的一个图示。在演化前只存在一个新产业生态系统,它吸引了所有的应用开发商。然后,另一个新产业生态系统出现了,新平台开始崛起,在演化早期其平台的稳定性、功能性都较弱,只能吸引到很少的应用开发商,因此其最终用户(图8-2中的圆圈)也少。在演化过程中,新平台采用新策略(如低价策略)吸引到更多的最终用户,从而带动应用开发商也向其迁移,最终两个平台的差异消失。甚至如果新平台采用的新策略足够成功,比如吸引到比原优势平台更多的用户,演化的结果甚至可能是取代原优势平台,正如当前智能手机新产业生态系统中的安卓阵营与iOS阵营正在发生的故事一样。

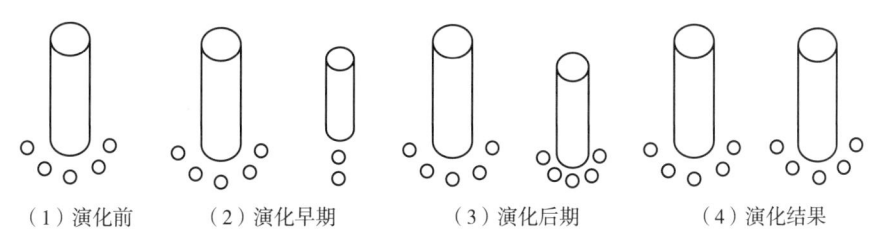

(1)演化前　　(2)演化早期　　(3)演化后期　　(4)演化结果

图8-2　平台的演化:骨头模型

资料来源:作者绘制。

8.3 智能手机及智能汽车新产业生态系统图

利用本章第二节发展出的新产业生态系统的相关理论，这里我们将尝试绘制智能手机和智能汽车新产业生态系统图。先来看智能手机新产业生态系统图。

8.3.1 智能手机新产业生态系统图

智能手机新产业生态系统的主要竞争者是苹果的 iOS 和谷歌的安卓，其他的新产业生态系统如 Windows Phone[①] 的市场份额非常小。显然在这两大新产业生态系统中的平台核心型企业分别是苹果和谷歌（见图 8-3）。智能手机新产业生态系统的上游支撑性产业（企业）群落主要是芯片、屏幕及各类硬件元件/传感器的生产商，下游应用性产业（企业）群落则主要是智能手机、硬件外设制造商以及 App 应用开发商。

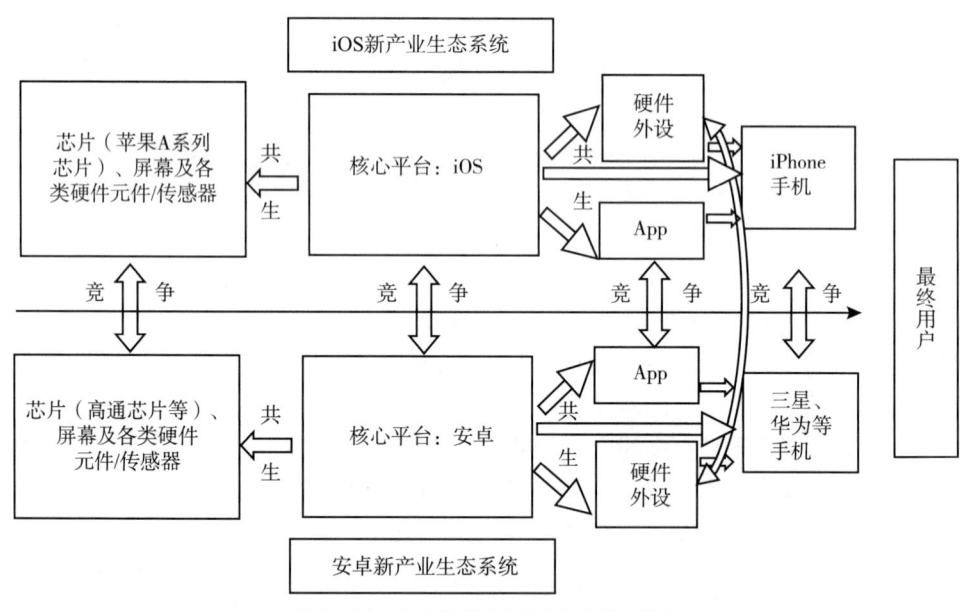

图 8-3　iOS 和安卓新产业生态系统

注：单向箭头表示共生关系，双向箭头表示竞争关系。
资料来源：作者绘制。

---

① 在 Windows 10 里，Windows Phone 已经被统一为 Windows 的同一个生态。

截至 2014 年第二季度，iOS 和安卓的市场份额高达 96.4%，而微软的 Windows Phone 平台在整个智能手机新产业生态系统中的份额仅为 2.5%[①]。那么 Windows Phone 等还有机会吗？机会仍然有，策略要有所不同。安卓靠平台的开放性使大量厂商能够生产中低端智能手机占领市场（机海战术），从而带动应用开发商向其迁移。Windows Phone 等要有不一样的思路，比如在不断做好 Windows Phone 等平台的基础上，通过大量的应用开发商补贴和强大的技术支持，让应用开发商得以低成本地开发 Windows Phone 等版本的应用[②]。在获得大量应用程序后，它的用户体验将与另两大平台相当。另外 Windows Phone 等在智能可穿戴设备（特别是增强现实眼镜等）产业将有更大的机会，因为该产业正处于爆发的前夜。目前基于谷歌的 Android Wear 和基于苹果 iOS 的智能手表都已经出现，但仍处于产业发展的早期，Windows Phone 等可以抓住这个机会，推出自己的革命性可穿戴设备。

8.3.2 智能汽车新产业生态系统

图 8-4 是以特斯拉（Tesla）为核心的智能汽车新产业生态系统。特别需要提及的是核心层的动力总成以及下游的充电网络。特斯拉 Model S P85 只需 4.4 秒就可达到 100 公里时速，最高时速可达 210 公里/小时。特斯拉的充电网络在亚洲有 20 座、在欧洲有 63 座、在北美有 112 座（覆盖从大西洋海岸到太平洋海岸之间的旅程；2014 年将覆盖美国 80% 的人口和加拿大部分地区；2015 年将覆盖美国 98% 的人口和加拿大部分地区）[③]。

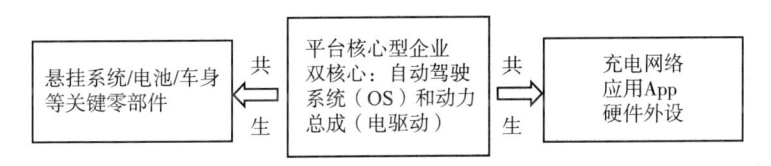

图 8-4　燃料电池汽车新产业生态系统

注：单向箭头表示共生关系。
资料来源：作者绘制。

[①] IDC 发布数据：2014 年 Q2 全球智能手机出货量超过 3 亿部，iOS 与 Android 统治了其中 96.4% 的市场 [EB/OL]. http://tech.163.com/14/0815/12/A3MHQ34N00094ODU.html.
[②] 2015 年微软 Build 开发者大会公布，Windows 将预置 Android 子系统，开发者可以重复使用在编写 Android 程序中使用过的大部分代码；开发者同时可以将 iOS 程序带入 Visual Studio 并且将它们直接变成 Windows 10 程序。
[③] 资料来源：http://www.teslamotors.com/cn/supercharger.

智能汽车新产业生态系统与智能手机新产业生态系统存在差异性，智能手机新产业生态系统是以操作系统（OS）为核心构建的，而目前智能汽车新产业生态系统是以动力总成和车载操作系统的双核心构建的。但是，可以预期，随着动力技术的成熟，智能汽车新产业生态系统将主要围绕车载操作系统而构建，即不是以动力来源而是主要以车载操作系统来区分不同的新产业生态系统。目前车载操作系统主要由辅助驾驶技术、无人驾驶技术、与移动设备互联（车联网）等构成。谷歌的 Android Auto 和苹果的 CarPlay 仍是车载操作系统的主要竞争者。但是特斯拉独立的车载操作系统，由于其在动力总成和整车制造及营销上的巨大优势，其竞争力也不容小觑。事实上，在其后续发布的新版操作系统中，增加了自动转向和自动变道等自动驾驶功能。

8.4 相关政策建议

具有完整性、用户体验第一、软硬件一体化、由大量上游支撑性产业（企业）群落和下游应用性产业（企业）群落构成的新产业生态系统，要求产业政策做出调整。

8.4.1 尽快绘制全产业的新产业生态系统图

这些新产业生态系统图中将包括如下内容：找出平台核心型企业的典型代表，剖析关键技术的发展方向，找准技术平台；明确界定平台核心型企业的上游支撑性产业（企业）群落和下游应用性产业（企业）群落，分析这些产业（企业）群落内部的竞争与合作关系；梳理出平台核心型企业与上下游产业（企业）群落之间的共生关系，指出其资源、信息等交换关系；发现不同的新产业生态系统，构建新产业生态系统的竞争博弈模型，研判其发展演进的方向和趋势。目的是把握各产业的未来发展趋势，弄清各产业转型升级的关键，促进潜在的未来新产业更好成长。

8.4.2 提供新产业生态系统改造升级的路径方向

基于新产业生态系统图的优化建议为我国产业的转型升级、优化改造提供了比产业技术路线图、产业发展指南等更完整、实用的指引。目前，很多新产业生态系统处于初级阶段，要在完整性、平台核心型企业形成以及上下游产业（企业）群落的培育上进行重点突破：任何一个新产业生态系统都是完整的新产业生态系统，要有直面最终用户的最终消费品和服务。平台核心型企业是新产业生态系统的核心，任何一个新产业生态系统中必定会有一个或多个平台核心型企业，它们决定着该新产业生态系统的发展方向和竞争力。上下游产业（企业）群落是特定新产业生态系统发展壮大的重要环节。

8.4.3 促进信息化与工业化深度融合，实现软硬件一体化

新产业生态系统的理论和实践是信息化浪潮和新科技革命的产物。其中特别重要的是要大力促进信息化与工业化的深度融合，通过软硬件一体化的方式改造升级传统制造业，通过直面最终用户的产品开发和服务供给以获得创新的原动力。如马克·安德森所言，"60 年前的计算机革命，40 年前微处理器的发明，20 年前互联网的兴起，所有这些技术最终都通过软件改变了各个产业，并且在全球范围被广泛地推广"。

参考文献

［1］李晓华，刘峰. 产业生态系统与战略性新兴产业发展［J］. 中国工业经济，2013（3）：20－32.

［2］王海兵，杨蕙馨，吴炜峰. 价值链断裂、新产业生态系统形成与我国企业全球研发［J］. 经济管理，2014（6）：13－25.

［3］吴澄. "两化融合"和"深度融合"——我国工业信息化的现状、问题及未来展望［J］. 自动化与信息工程，2011（3）：1－8.

［4］杨蕙馨等. 经济全球化条件下产业组织研究［M］. 北京：中国人民大学出版社，2012.

［5］Ayres R U, Ayres L W. (ed.) A Handbook of Industrial Ecology［M］. Cheltenham (UK): Edward Elgar, 2002.

［6］Cusumano M A. Staying Power: Six Enduring Principles for Managing Strategy and Innovation in an Uncertain World［M］. New York: Oxford University Press, 2010.

［7］Frosch R A, Gallopoulos N E. Strategies for Manufacturing［J］. Scientific American, 1989, 261 (3): 94－102.

［8］Evans D, Hagiu A, Schmalensee R. Invisible Engines: How Software Platforms Drive Innovation and Transform Industries［M］. Cambridge, MA: MIT Press, 2006.

［9］Frosch R A, William C C, Janet C, et al. The Industrial Ecology of Metals: A Reconnaissance［J］. Philosophical Transactions of the Royal Society of London, 1997 (355): 1335－1347.

［10］Graedel T E, Allenby B R. Industrial Ecology［M］. NJ: Prentice-Hall, 1995.

［11］Graedel T E. On the Concept of Industrial Ecology［J］. Annual Review of Energy and the Environment, 1996 (21): 69－98.

［12］Graedel T E. Evolution of Industrial Ecology［J］. Environmental Science and Technology, 2000, 34 (1): 28－31.

［13］Iansiti M, Levien R. The Keystone Advantage: What the New Dynamics of Business Ecosystems Mean for Strategy, Innovation, and Sustainability [M]. Boston: Harvard Business Press, 2004.

[14] Elena L, Denis L. Forecast of the Effects of High – Gravity Firms on a Stable Business Ecosystem: An Exploratory Approach [EB/OL]. http://ssrn.com/abstract = 1924252.

[15] Moore J F. Predators and Prey: A New Ecology of Competition [J]. Harvard Business Review, 1993 (3): 75 – 86.

[16] Moore J F. Business Ecosystems and the View from the Firm [J]. Antitrust Bulletin, 2006, 51 (1): 31 – 75.

第 9 章

信息革命与新常态背景下的新产业生态系统[*]

9.1 引　言

国际金融危机以后，各主要经济体进一步认清了实体经济的重要性，纷纷提出振兴本国制造业的发展规划。我国作为制造业大国和发展中大国，步入"新常态"，面临的背景更加复杂：第一，传统优势要素耗散，人口红利逐渐消失，尤其是人口政策导致的"未富先老"局面已经显现（王丰，2007；蔡昉，2010，2011）。随着劳动力成本上升，制造业当中的劳动力优势要素禀赋地位显著下降，虽然没有证据表明我国制造业的整体国际竞争力因此受损（车仕义、郭琳，2008；刘厚俊、王丹利，2011；马飒、黄建锋，2014），但是国民经济中的结构性矛盾明显，包括劳动力供求结构失调、三次产业结构不合理、服务业长期滞后等（江小涓，2005；刘保珺，2007），因此需要进一步产业结构调整，保持合理的经济增长，缓解并解决这些结构性矛盾。第二，虽然企业在面临劳动力成本上涨时，开始寻求创新（林炜，2013），但在国际分工价值链当中，中国企业大部分处于"微笑曲线"低端的事实尚未得到明显改观（谭力文、马海燕，2006；杨蕙馨、王海兵，2013；王茜，2013），甚至存在"悲惨增长"（卓越、张珉，2008）。当前，世界各制造业强国提出制造业"复兴"计划，充分利用技术沉淀、专利与标准话语权、优势货币等手段巩固自身制造业地位（戴金平、谭书诗，2013；孟辰、卢季诺，2013；丁纯、李君扬，2014；黄顺魁，2015），这意味着长期处于跟随学习地位的中国企业向价值链上游移动乃至国家产业结构调整、转型、升级所面临的"路径封锁"愈发严密，在高速的技术进步、人为的技术囤积、复杂的专利结构（Lloyd, Spielthenner and Mokdsi, 2011; Chia, 2012; Shaver, 2012）所共同形成的壁垒阻滞下，技术溢出效应在进入工业化中后期的

---

[*] 本章作者为王大林、杨蕙馨，发表在《广东社会科学》2016 年第 1 期（有改动）。

国家呈现递减趋势（Murakami，2007；Motohashi，Yuan，2010）。第三，新技术尤其是信息技术（例如大数据、物联网、云计算等）对人类社会的渗透十分广泛、深入，极大地改变了人们的生产、生活方式，对经济社会的影响相当深刻（沈苏彬、毛燕琴等，2010；梁柳云、王宁，2012）。信息的产生、处理、传输速度的空前提高以及成本的空前下降，使经济活动受到的地域距离和组织形态限制大大降低，带来了明显的配置效应，规模经济的起点在不断下降（戚聿东、刘健，2014）。这个现象不仅使生产、分配、创新等网络的外延和边界大大扩展，而且进一步细化了专业分工，促进产业衍生的同时也促进了产业融合（韩军，2011）。内外部环境的复杂性对我国建立现代产业体系、优化和调整现有产业结构提出了新的要求，需要一种新的范式来回答发展中遇到的新问题。大量既有研究从价值链构造、商业模式选择、要素禀赋变迁及其跨国流动等方面入手，试图推动我国经济发展模式转型，然而在新技术、新现象影响日益加深的背景下，仍然需要建立更有针对性的理论框架。本文旨在进一步探讨"新产业生态系统"模式（王海兵、杨蕙馨、吴炜峰，2014），从其产生的源头，阐述该模式的内涵以及发生作用的机制，为回答我国在建立现代产业体系过程中遇到的新问题提供有益的参考。

9.2 "新产业生态系统"产生的理论与现实基础

"新产业生态系统"并非空中楼阁，而是基于现实、从既有理论演化而来，试图解构新技术、新现象的一种理论框架。

9.2.1 "新产业生态系统"存在的现实背景

（1）世界信息总量不断增加，中国是其中发展最为迅速的信息池之一。

目前，人类的知识积累和信息创造速度达到了空前的规模，而我国飞速发展的经济需求和不断深入的信息化进程使中国成为世界上信息积累速度最快的国家之一。研究机构IDC发布的报告"The Digital Universe in 2020"的数据显示，2012年全球数据量高达2837EB，其中中国数据量为全球的13%，约为364EB。IDC还进一步预测，以此时数据爆炸的速度判断，2020年全球数据量将达到近40ZB，其中中国数据量将占全球的22%，高达8.8ZB，[①] 成为世界第一大

[①] Gantz J, Reinsel D. The digital universe in 2020: Big data, bigger digital shadows, and biggest growth in the Far East. IDC iView: IDC Analyze the Future, 2012, p.1-3.

信息池。[①]

近年来的信息量爆炸在很大程度上是由于移动互联网的快速发展使创造和利用信息的地域限制空前降低。中国互联网络信息中心发布的《第32次中国互联网络发展状况统计报告》显示，截至2012年，中国互联网用户数量已攀升至5.91亿人，用户规模为世界第一，网络普及率为44.1%，而新增网民中有70%来源于手机用户。[②] 这表明移动通信网络的迅速扩张正在极大地改变中国国民获取和处理信息的传统方式。据中国电信研究院的统计，2012年中国智能手机出货量达到2.58亿部，已占到全部手机出货量的55%，继2010年欧洲、2011年北美后，也进入了智能手机为主的时代。[③] 这两方面因素的综合结果，就是互联网络信息的覆盖全面化和终端的高度智能化，从而显著降低了国民获取和处理信息的成本。

（2）"移动互联"趋势深刻改造着人类生产生活的面貌。

移动互联是信息技术进化至现阶段的突出表现形式，如应用广泛的智能设备、移动通信设备等。移动互联的趋势进一步发展，将融合电信、电视、互联网形成下一代互联网络，可承载的信息量十分庞大，足以支撑起整合着越来越多智能化模块的物联网技术，向广域、泛在方向进一步延伸。互联网本身特性的变迁将带来新的运算模式升级，打破传统网络的计算、储存单元由于物理上隔绝而导致的"各自为战"局面，采用云计算方式来挖掘、处理、储存信息。云计算与爆炸式的数据增长互为表里，网络中的信息不仅是存量和流量空前提高，挖掘和处理信息的能力也将显著提高，从而体现出大数据的真正威力。

信息网络的物理载体进步之一，就是物联网技术的出现。这种技术使网络覆盖的深度、广度较之现有互联网有了质的飞跃。"物联网"（internet of things），顾名思义就是"物物相连"的网络。这种技术以无线射频识别（radio-frequency identification）为基础，将传感器、CPU、全球定位装置等智能模块整合在其他产品上，组成"智能物品"（smart things）的互联网络，智能物品之间以传感网（自组织的无线射频信号网）的形式相互链接，传感网中的某些模块可以接入泛在网（互联网、移动互联网等），进行远程的、实时的信息反馈和信息控制。智能工厂、智能家居乃至智能社区等，都是当前物联网的具体表现形式。随着电视广播网络、移动通信网络、互联网络传输的数字信号逐渐统一，信号的传输网络承载能力（带宽）不断提高，应用软件与IP技术能够适应不同业务、软硬件环境以及通信协议，多种信息将集成、整合在更加广域、泛在的网络之中，届时现

[①] Aronson J D. Peter B. Seel. Digital Universe: The Global Telecommunication Revolution. International Journal of Communication, 2012, 6, p.3.
[②] 中国互联网络信息中心. 第32次中国互联网络发展状况统计报告. 互联网天地, 2013（10）: 22-24.
[③] 中国信息通讯研究院. 2012年信息通信业发展的6个50% [EB/OL]. http://www.catr.cn/kxyj/catrgd/201306/t20 130603_935724.html.

有物联网产品（智能化模块）将进一步突破射频信号覆盖范围，向着更加广泛、更加普遍的方向演进。事实上，目前一些产品已体现出物联网泛在化程度不断加深的趋势——苹果、谷歌等企业生产的可穿戴产品（iWatch、谷歌眼镜等）已经突破传统智能模块利用无线射频、激光感应、二维码扫描等技术进行数据链接、交换的局限性，能够进入更加广泛的移动互联网络，从而真正实现物联网"物与物互联、人与物互联、人与人互联、随时随地互联"的"泛在性"特色，实现"智能工厂/家居"向"智能城市"乃至"智能世界"的变迁。

泛在的物联网通过"智能模块"的"触角"来"感知"整个世界，获取和储存信息，其"无处不在"的信息捕捉能力使人类获取的信息总量不断以"爆炸"的方式产生。显而易见，人类已经迎来了"大数据"时代。2012年，美国政府发布了《大数据研究和发展倡议》（Big Data Research and Development Initiative），将数据看作是"新的石油"，认为大数据蕴藏着巨大的经济价值和增长潜力。庞大的信息量自然包涵非常高的信息熵（entropy，即信息混乱程度），而从复杂混乱的信息中提取出有对人类经济活动有价值的信息，正如利用原油提炼出燃烧效率更高的汽油及柴油，成为驱动未来经济增长的"源动力"。如此庞大的处理需求对现有互联网络的信息承载、传输、处理能力提出了新的挑战，于是由分布式计算、并行计算、网格计算等技术演变出了通过网络提供廉价的、具有弹性的计算模式——"云计算"（cloud computing），按照美国国家技术与标准研究院（National Institute of Standards and Technology）的定义，云计算的本质是"按照需求的自助服务（on-demand self-service）、广泛的网络接入（broad network access）、资源池中的信息富集（resource pooling）、快速弹性（rapid elasticity）、定制服务（measured service）"，可以提供"软件即服务"（SaaS）、"平台即服务"（PaaS）、"基础设施即服务"（IaaS）的服务模式。[①] 这种商业化的信息利用方式可以充分调动大量计算机、服务器、储存设备组成的资源池，为使用者按需求、按容量提供可分割的信息处理服务，使互联网络的信息服务能力空前加强。可以说，云计算服务模式为使用者提供了更为廉价、高效的信息处理和使用条件，使网络中的海量数据更具利用价值，降低信息熵的成本大幅下降，具有深刻的经济意义。

9.2.2 "新产业生态系统"产生的理论脉络

利用"生态"视角研究经济问题的尝试在19世纪已经初露端倪，在20世纪中后期，这种尝试逐渐开始流行。尽管由于人类活动的复杂性，此类视角饱受争

---

① 美国国家标准与技术研究院（NIST）计算机安全资源中心（CRSC）标准定义［EB/OL］. http：//csrc. nist. gov/public ations/nistpubs/800 – 145/SP800 – 145. pdf.

议，然而人们熟知的"产业链"理论，实际上继承了自然界中"食物链"的基本结构和思想，体现了生产—交换环节中的物质流动和信息流动（Albert Hirschman，1958；Graham Stevens，1989）。随着研究的深入、技术的进步和分工的细化，一些基于产业链的新理论发展起来。

（1）技术进步推动了产业链形成"模块化"生产网络。

技术复杂程度高的产品，往往具有更长的生产链条，企业的"内部化成本"越来越高，必然会形成专注于某一部分生产的新的企业边界。随着产品技术标准在竞争中趋向于标准化、通用化，较小的市场组织通过协作，可以具有大型市场组织的完整功能，这些小的市场组织按照其产品或职责功能形成"模块"，共同组成模块化生产网络（芮明杰、刘明宇，2006；郝斌、任浩，2007），越是复杂的产品，标准化需求越高，模块网络越复杂。由于相邻产业可能共享功能相似、具有统一标准的"模块"，从而促进了相邻产业以该"模块"为节点发生融合，并扩展网络的外延（朱瑞博，2003；周振华，2003）。"模块化"的产业网络并不是"无序"生长的，其中的"顶层统御规则"是"自然形成的技术特征"，内部各"模块"能够形成自组织，通过市场作用完成集成和共享（芮明杰、刘明宇，2006）。与自然界当中的食物网服从外生的自然法则不同，"模块化"网络当中的技术特征未必都是外生因素，但内部"模块"的关系和作用常常比较模糊，外部力量（比如政府）寻求介入干预时，常常无的放矢、事倍功半。

（2）不同"模块"依据功能划分"角色"，形成"生态组织"——商业生态系统。

"模块化"的生产网络揭示出，在现代复杂分工的背景下，企业应当充分发挥专业化优势，"嵌入"生产网络，占据一定的"生态位"。商业生态系统（Moore，1993）比企业生态位理论更进一步，提出了一种"商业领域中的有机形式"，在这个系统中存在着供给者、领先生产者、竞争者以及其他参与者，它们共享同样的视野、远景、规划，在长期中发生协同进化。随后，有众多学者丰富了商业生态系统研究，虽然研究领域不尽相同，但该系统内角色的地位和作用逐渐确定下来——主要参与者为核心企业、主导企业、缝隙企业（Mirva Peltoniemi，2005），以及系统生存需要的支持性环境（如法律、制度、行业协会等），进入该系统的企业可以根据自身禀赋选择角色，并与其他角色进行合作和共同进化。核心企业是系统中最重要的角色，为其他角色提供存在的基础，其战略和行为完全控制着系统的进化方向。主导企业和缝隙企业都要依附于核心企业存在，其不同之处在于，主导企业在价值链上位置较高，尤其是具有很强的市场话语权，因此它虽不能左右系统的演化方向，但核心企业相当在意与主导企业达成合作甚至结成同盟，其利益与系统本身紧密相关，所以主导企业对系统的忠诚度与维护动机均比较高。而缝隙企业处于价值链较低的环节，规模也相对较小，进入门槛较低且同质性较高，所以数量众多，竞争充分而激烈，单个缝隙企业对生态系统影响甚微，因此在面对冲击时成为"缓冲器"和"风向标"，赋予了生态系统较强的适应能力和恢复能力。商业生态系统这种"各司其职、协同演化"的特点，明确解释了不同"模块"在生产网络中的地位和作用，具有很强的指导意义。然而商业生态系统理论对企业本身的关注超过了对系统作用的关注，比较强调相对静止的"战略决策"，在市场特征、外部支持性环境等因素产生变化时，该系统的时滞也比较明显，难以全面把握冲击对系统内部造成的"形变"影响。

（3）商业生态系统中的核心企业具有很强的"平台化"属性。

商业生态系统中的核心企业是主导企业与缝隙企业存在的基础，换而言之，主导企业与缝隙企业与消费者市场的连接依存于核心企业，这就使核心企业具有了很强的"交易平台"性质——连接异质市场（如供需双方）。许多具有相互连接性质的市场内部存在着正的消费外部性（网络外部性）——单位商品的价值/效用与市场上商品的数量成正比（Katz and Shapiro，1985，1986；Shaloner，1985，1986），而在双边市场当中，分布在"平台"（交易场所/交易手段）不同"边"上的异质市场之间也存在着正的网络外部性（Armstrong，2006），由于这种跨边正外部性的存在，"平台"的准入性和吸引力成为关注的核心（Belleflamme and Toulemonde，2009），即设置合理的规则（主要是定价）吸引更多的异质参与者。双边市场具有明显的外部性特征，这正是信息化技术深入渗透到产品功能与市场选择层面中所体现出的最主要现象，深刻影响着供给方的生产模式与消费方的决策模式。

（4）从模块化的商业生态系统到新产业生态系统。

在现有研究成果中，李晓华、刘峰（2013）已经认识到，一些产业的产业链形成了"相互依赖、复杂连接、自我修复、共同演化"的生态机制，他们采用了"产业生态系统"（非循环经济学概念）的说法，将这一生态机制定义为包含"创新生态系统""生产生态系统""应用生态系统""辅助因素"在内的互动有机体，对分工复杂、技术新颖的战略性新兴产业进行了分析。然而，该研究并未阐述清楚生态系统内相互依赖、复杂连接、自我修复、共同演化的原因（尤其是技术根源）以及外在表现（未给出明确的发展范式），存在进一步探讨的空间。王海兵、杨蕙馨、吴炜峰（2014）明确了从全球价值链向新产业生态系统演进的过程，将"新产业生态系统"定义为"以消费者体验为起点、以产销合一为特征、以企业共生共存为目标"，在演化过程中"逐渐加长加粗的价值链"，提出了"提供最终产品""用户体验第一""具有大量企业群落的多条产业链""具有上下游分布的产业集群""存在核心平台""软硬件一体化"等六个特征。该研究注意到了消费者需求变化、互联网技术发展、开源理念普及等因素在产业业态变迁当中的重要驱动作用，但侧重于从全球研发角度推进"新产业生态系统"形成，从而改变我国企业在全球价值链上的位置，对于"新产业生态系统"本身的剖析略显单薄。

纵观上述研究的理论渊源可以发现，"产业链""模块化""生态网""平台化"是这些研究的逻辑起点，将这些理论按照演进路径梳理起来，就可以在既有"新产业生态系统"研究的基础上，进一步完善该范式的定义。通过理论路径梳理，结合王海兵、杨蕙馨、吴炜峰（2014）的既有成果，我们将新产业生态系统定义为"以满足消费者体验为目标，由主导性的核心平台连接着硬件（制造业）和软件（服务业）模块的共生型产业网络"，"模块"并不是单一的企业或产业，而是按照功能和地位划分的产业集群（集群内部存在竞争），新产业生态系统的"可扩展性"特征鲜明，开放程度非常高，核心平台能够兼容功能各异的"模块"，以满足不断变化的消费者需求，整个系统共同面对异质的消费者群体，提供最终产品，形成协同进化的开放型整体。

9.3 "新产业生态系统"与我国现代产业体系的建立

我国建立现代产业体系的过程，就是以技术创新逐步取代廉价劳动力和资本投入，形成经济增长的新动力，使产业结构向合理化、高度化方向演进——从宏观上看，形成以服务业为主体的三次产业结构；从中观上看，制造业对劳动力和资本需求降低，演变成技术密集的高端制造业；从微观上看，企业破除路径封锁，向微笑曲线的两端攀升。

9.3.1 新产业生态系统向泛在化演化，促使制造业走向高端化

随着物联网、云计算以及大数据技术的发展成熟，泛在、万用的信息传输和使用模式正在逐渐形成，因此越来越多的行业开始向信息化、智能化演进，从而使"新产业生态系统"模式向着泛在化演进。

对于制造业而言，新产业生态系统是未来向高端化演进的必然模式。制造业涵盖了从简单的基本零部件加工到极为复杂的大型工业装备等跨度巨大的多个产业，传统意义上不同产业的技术需求和升级路径也大相径庭。例如，大多数零部件制造产业向高端演进的路径依赖材料品质的提高、加工工艺的改进，制造出更为精确、耐用的产品；而大型工业设备向高端演进的路径（虽然建立在零部件高端化的基础上）却更依赖长期、大量的使用经验，积累系统设计与整合能力，发挥出最优的整体功能。然而，随着信息技术的不断进步，"第三次工业革命"悄然发生，整个社会逐渐形成一张泛在、巨大的信息收集、处理、传输网络，各类制造业产品都将不可避免地成为该网络中的"节点"，必须满足该网络动态化、随机化的需求，才能保证网络的生命力与活力。无法满足社会信息网络需要的制造业产品，将会逐渐脱离整个社会无处不在的信息互动，难以抓住的"第三次工

业革命"的机会，从高端制造领域被淘汰（甚至在传统升级路径上取得成功，也不能免遭厄运）。制造业企业随着传统路径的发育，必然也会被泛在的社会信息网络"捕获"，成为某种"新产业生态系统"的节点（初级表现为生产流程的智能化，深层表现为制造业产品整合信息模块，具有可扩展的服务功能）。

因此，"德国工业 4.0"等制造业振兴计划提出，制造业企业的生产、管理、流通过程以及产品功能的智能化、数字化是未来制造业高端化、柔性化的发展方向。泛在化的新产业生态系统是以满足消费者的最优体验、实现用户群体的潜在需求为导向，围绕核心平台连接起制造业与服务业，为异质的用户群体提供"各取所需"的"一揽子解决方案（软硬件一体化产品）"。从物联网、云计算、大数据技术的特征及发展脉络（包括数据库、信息服务平台、工业云、智慧社区等）来看，泛在化的新产业生态系统的核心模块是承载大数据环境的云端设备（也就是云计算数据库的开发者/拥有者），制造业产品（硬件端）通过集成信息化模块，组成泛在的物联网络，将客观世界中的各类信息收集、处理、整合后反馈至云端设备，形成大数据环境；而各类"解决方案"的开发者（云服务提供商，也就是软件端）能够从大数据环境中获得数据并进一步处理，提供不同层次、不同领域的信息服务，大量的软件开发者为云服务商提供软件支持，实现不断扩展的服务功能；异质的用户群体可以根据自身需要，选择恰当的服务，并通过新产业生态系统相互链接、互动。这种泛在化的新产业生态系统无论与哪个产业结合，其基础结构形式都如图 9-1 所示。

9.3.2 新产业生态系统可扩展性强，用户群体直接参与程度高

信息技术诞生以来，制造业产品的生产过程及功能逐渐体现出智能化、数字化特征已是不争的事实。大量既有研究从信息化与制造业融合、造成制造业业态变迁的角度入手，对制造业企业的生产手段（技术融合）、制造业产品的实现形式（产品融合）、制造业企业的业务流程（业务融合）、制造业对生产性服务业的需求（产业衍生）等方面，提出了"工业化与信息化融合"过程中依次递进的四个层面（或形式）。虽然制造业产品最终是为了满足一定的人类需求，但"两化融合"的逻辑仍然建立在"信息化为工业化服务"的基础之上，将制造业（工业化）作为"主要因素"或"实现目的"，而信息产业和生产性服务业（信息化）属于"从属因素"或"实现手段"，并没有将挖掘和满足用户群体的潜在需求（也就是信息要素存在的真正意义）看作信息化在经济学意义上的本质，反而沿用了大工业时代的惯例性思维模式，将信息化限制在一种"降低成本、扩张规模"的狭隘范围内，这样必然导致"两化融合"的逻辑对服务业的重要性估计不足。然而随着物联网、云计算、大数据等技术的发展，信息具备了"无所不在、任意分割"的特征，为人们实现多元需求提供了必要条件，那种由工业化衍

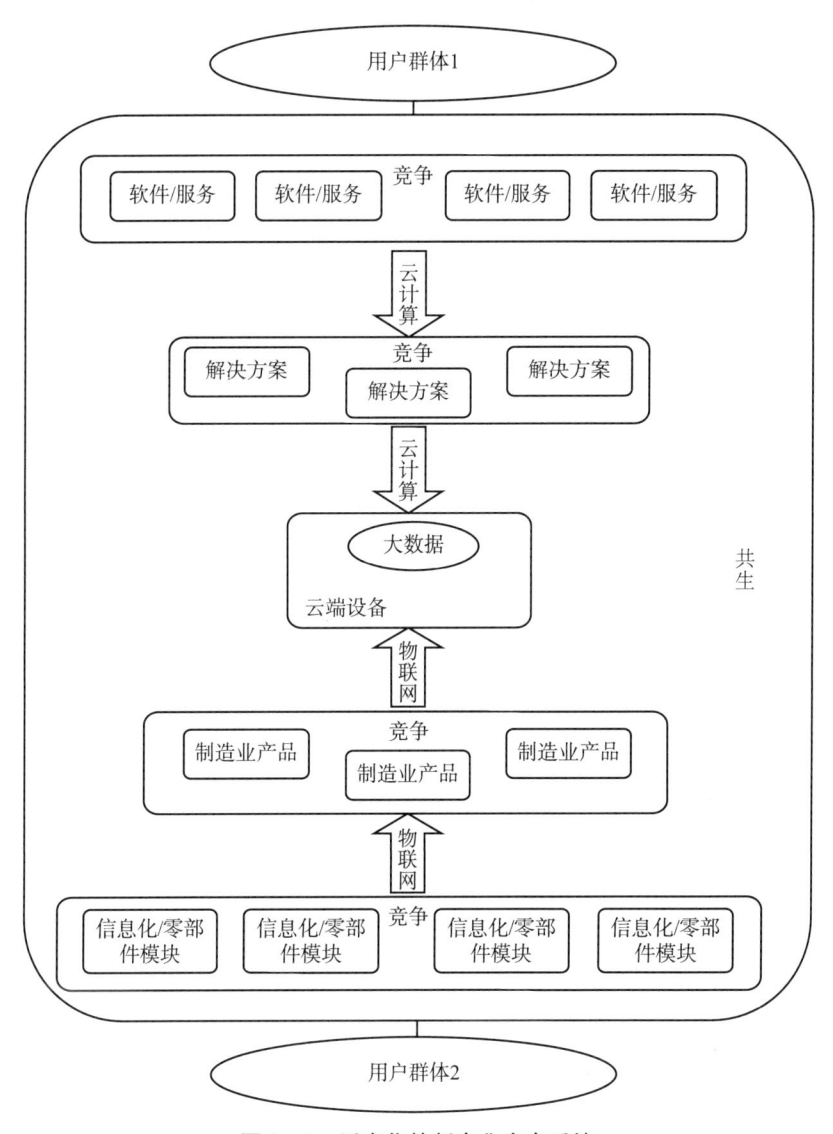

图 9-1 泛在化的新产业生态系统

生出的融合逻辑在逐渐失效。为了满足不断显性化的潜在需求，必然需要一种以服务为出发点的新型逻辑——新产业生态系统（这也说明了为什么制造业产品的价值链在系统中变得"微不足道"）。新产业生态系统脱离了"制造业产品"的局限，其信息化特征不是为了降低企业运营成本或者增加产品"噱头"，而是为了应对异质市场上不断涌现的随机化、个性化的潜在需求，以服务功能的扩展适应整个社会对制造业产品不断扩张的功能需求。

配置作用在产业链当中的直接体现，就是降低部分产业的规模壁垒，使企业边界发生变化，进而促进生产性服务业的产生。然而，在新产业生态系统中，促进服务业衍生的逻辑不仅是企业边界变迁，更重要的是通过极强的可扩展性"兼容"潜在性、随机性、异质性的用户群体需求，在供需双方之间发挥极大的配置效应，导致服务业快速增长。由于新产业生态系统以用户体验为出发点，试图提供"一揽子解决方案"（最终产品），具有很强的功能可扩展性，这种可扩展性实际上是从泛在环境中获得巨量数据，将其梳理、整合，并按照异质用户群体需求分散出去的过程，从企业使用云端解决方案管理生产运营过程，到个人下载各类软件获得相应内容/服务（这种内容/服务往往与其他各行各业直接相关），其实质都是如此。在"可扩展"的条件下，异质用户群体与生态系统模块的交流十分迅速、频繁，甚至直接参与新产业生态系统的演化，所产生的巨量数据（反映不断变迁与显性化的潜在需求）直接刺激满足相应需求的各服务行业迅速增长。在人口红利逐渐消失、劳动力成本上升的背景下，这种配置作用能促使劳动力随着制造业产品功能的扩展，沿着不断延伸的价值链向相关服务行业流动（特别是为了满足显性化的潜在需求而产生的新岗位），而不是直接导致结构性失业或者滞留于制造业当中形成隐性失业，阻碍制造业企业向价值链高端转型升级。

9.3.3 新产业生态系统"协同进化"，有利于中国制造业企业发挥优势，削弱"路径封锁"

新产业生态系统的内部结构决定了系统具有"协同进化"的开放特征。第一，核心平台连接着制造业、服务业以及异质的用户群体，不同模块之间存在正的网络外部性，因此需要保持较高的开放度，维持生态系统的"新陈代谢"；第二，新产业生态系统提供的"最终产品"涉及行业众多，许多行业规模壁垒也比较低，所以产业链上的纵向一体化趋势较弱，模块中存在"粉碎化"的经济单元（甚至是自然人个体），分工关系复杂；第三，"粉碎化"的经济单元促使创新主体多元化，而且协同创新趋势明显；第四，核心平台作为实现"可扩展性"的唯一模块，自然控制住了整个系统的演化方向。对于中国制造业企业而言，新产业生态系统的开放特征和自组织模式削弱了国外先发竞争者的传统壁垒优势（如工艺、制造技术、规模、市场标准等），有利于我国制造业企业在生态系统中充分发挥比较优势，占据高端制造行业的一席之地。

世界知识产权组织 2014 年的数据显示，中国在技术研发领域追赶速度相对较快（主要表现为专利申请总数跃居世界第一、增速最快、专利结构优化、国内申请人比重持续上升），但与美国、日本、德国等制造业强国相比，仍具有一定差距（主要表现在专利产出效率较低，应用率较低，境外申请数量较少，国际影响力不足，原材料工艺、精密加工、系统设计与整合等传统领域历史积累仍然相对较低）。国外先发竞争者主要通过技术积累、规则/标准设计、专利壁垒等手段（也有通过既有市场地位进行串谋的行为，但容易涉嫌不正当竞争）封锁我国

（包括其他后发国家）制造业企业的升级路径。然而在建立新产业生态系统所需要的信息模块领域，我国企业的竞争力相对较强。德国弗劳恩霍夫应用研究促进协会（Fraunhofer IAO）报告①显示，中国企业在与"工业4.0"息息相关的关键技术领域取得了长足进步，在部分关键领域已经积累了一定的技术优势。中国企业不仅年度专利申请数量跃居世界第一（2013~2014年数据），而且获得应用的授权专利数量已上升至世界第二位（仅次于美国）②，优势领域集中在网络拓扑结构、节能组网模块、射频识别设备等，与美国（云计算模糊算法、网络进程控制、无线通信标准、集成电路设计、射频信号标签等）和德国（信号控制设备、信息产业标准、射频信号识别等）形成了比较明显的优势互补。这些优势有利于我国制造业企业抓住"第三次工业革命"时机，充分发挥国内迅速成长的信息技术环境优势和市场环境优势，嵌入制造业和服务业共同形成的泛在化新产业生态系统中，从而在相当程度上规避先发竞争者在传统制造业技术领域设置的路径封锁，为实现升级争取时间。

9.4 结论与建议

9.4.1 推进信息化建设，重点建设完备、公开、规范的信息池平台

新产业生态系统的存在和成长依赖信息的存量与流量，特别是泛在的信息网络，因此继续推进信息化建设特别是网络基础设施建设具有重要意义。这种网络基础设施建设不仅是光纤、服务器、基站等硬件设施，更应当重点建设信息完备、内容公开、管理规范的各类信息池平台（类似图书馆的云服务机构）。当前，我国多数提供"平台"服务的企业具有企业各自为战、内容重复建设、数据容量有限、质量难以保证、行为难以管理的特点，均为新兴产业的典型缺陷；而另一部分发育相对成熟的信息池平台（如网购、社交等）则受限于行业特性，功能"可扩展性"发展较慢，因此，这些企业在成长为新产业生态系统核心的道路上仍然面临较大挑战。虽然各国政府均意识到了信息完备、公开的政府机构数据库的必要性，但是整合各类数据库中的信息（乃至整合网络信息）、提供内容服务的信息池仍是新鲜事物。在信息产业相对发达的美国，已经有颇具实力的大型企业从"云计算"产业入手，建立这种"包罗万象、无所不能"的信息池，并且

---

① Fraunhofer IAO. Report [DB/OL]. http：//www.iao.fraunhofer.de/lang-en/technology-innovation-management/1130-industry-4-0-china-moves-into-the-fast-lane.html.

② Fraunhofer IAO. Analysis of Industry 4.0 in China [DB/OL]. http：//www.iao.fraunhofer.de/images/iao-news/chinese-patenting-activities.pdf.

得到美国相对完善的各种数据库的支持，最典型也是最具优势的就是以谷歌为代表的内容服务型企业。谷歌的主要业务是"广告"，该业务贡献了绝大部分营业收入，而广为人知的搜索引擎服务、安卓操作系统等只是嵌入广告的载体。虽然目前广告之外的业务（如安卓系统）盈利能力受到质疑，但谷歌并无放弃的意向，甚至进一步拓展至"可穿戴设备"（如谷歌眼镜）领域，其原因就在于谷歌的服务内容（特别是依托云计算的多样化、可分割服务）正在急速扩张，需要通过搜索引擎、操作系统、可穿戴设备等业务对信息的感知和获取能力建立起庞大的信息池，成为未来泛在生态系统的"核心"。目前，无论是在软件开发上具有优势、拥有独特云算法乃至操作系统的微软或雅虎，还是对产业链控制力极强、拥有硬件开发能力的苹果等，都不具备谷歌那样强大的数据储备和开发实力，我国现有的各类"平台"则更逊一筹。为了弥补市场内企业实力的不足，更需要政府集中力量，建立起信息完备、内容公开、管理规范且具备一定服务功能的信息池平台，引导平台企业通过政府信息池进行连接、整合、进化，成为有能力与谷歌等先行者进行竞争的"新产业生态系统"核心。

9.4.2　进一步完善信息标准建设，维护信息安全和知识产权权益

完备、安全的信息标准是新产业生态系统生存发展的必要条件，模块之间的互联互通依赖于相互兼容的标准化"接口"，掌握完备的信息标准话语权是控制生态系统准入门槛的关键。由于新产业生态系统特别是其核心平台（包括企业私有的平台）在一定程度上具有"公共物品"的特征（具备极强的"可扩展"能力，能够兼容各类"模块"的需求），依赖公开、标准、安全的网络环境。建立新产业生态系统需要在网络大环境中形成规范、统一的技术、行为、管理标准，特别是要极端重视信息的安全（不仅是传统意义上控制病毒、堵住"后门"，保证信息在传输、使用过程当中的安全，更要注意在新的巨量数据环境下特别是采用云计算技术时信息的储存安全，不能因为算法问题或软件漏洞出现信息丢失、信息相互污染、信息泄露等问题）。另外，在复杂的信息产品和信息化服务层出不穷的条件下，需要进一步明确信息知识产权的所有者权益，提高市场对付费软件、付费服务的认同，保证参与者（特别是新产业生态系统中存在大量的个人开发者）能够获得合理回报。

9.4.3　引导制造业企业进行信息化功能拓展，融入新产业生态系统

目前，许多制造业企业（特别是中小企业）对未来泛在的信息网络环境认识还不够充分，并且对通过信息化功能拓展实现升级的路径抱有疑虑，因此市场本身的滞后性比较明显。政府可以通过将市场上已有的先行企业（如海尔、华为

等）和先行产业（如智能家居、智能电网等）作为试点，起到示范与带动作用，鼓励制造业产品融入不断延伸的泛在信息网络，进行功能拓展，并最终成为新产业生态系统的"模块"。另外，要吸取以往许多制造业当中出现的重复建设、产能过剩、恶性竞争现象的教训，少用、慎用补贴、贷款、税收等财政、金融政策工具，而是采取在社会上广泛宣传、推广信息化知识，在各行各业培养具备信息技术能力的复合型人才，为制造业企业提供基础的信息化模块，建立更完善的社会保障网支持个人创新，并将个人创新纳入产—学—研结合的研发体系当中等措施，形成新产业生态系统产生的支持性环境。

参考文献

［1］王丰. 人口红利真的是取之不尽、用之不竭的吗？［J］. 人口研究，2007，31（6）：76-83.

［2］蔡昉. 人口转变、人口红利与刘易斯转折点［J］. 经济研究，2010（4）：4-13.

［3］蔡昉. 中国的人口红利还能持续多久［J］. 经济学动态，2011（6）：3-7.

［4］车士义，郭琳. 结构转变、制度变迁下的人口红利与经济增长［J］. 人口研究，2011，35（2）：3-14.

［5］刘厚俊，王丹利. 劳动力成本上升对中国国际竞争比较优势的影响［J］. 世界经济研究，2011（3）：9-13.

［6］马飒，黄建锋. 劳动力成本上升削弱了中国的引资优势吗——基于跨国面板数据的经验分析［J］. 国际贸易问题，2014（10）：110-120.

［7］刘保珺. 我国产业结构演变与经济增长成因的实证分析［J］. 经济与管理研究，2007（2）：57-60.

［8］江小涓. 产业结构优化升级：新阶段和新任务［J］. 财贸经济，2005（4）：3-9.

［9］林炜. 企业创新激励：来自中国劳动力成本上升的解释［J］. 管理世界，2013（10）：95-105.

［10］谭力文，马海燕. 全球外包下的中国企业价值链重构［J］. 武汉大学学报：哲学社会科学版，2006（2）：149-154.

［11］杨蕙馨，王海兵. 国际金融危机后中国制业企业的成长策略［J］. 经济管理，2013（9）：41-52.

［12］王茜. 中国制造业是否应向"微笑曲线"两端攀爬——基于与制造业传统强国的比较分析［J］. 财贸经济，2013（8）：78-104.

［13］卓越，张珉. 全球价值链中的收益分配与"悲惨增长"——基于中国纺织服装业的分析［J］. 中国工业经济，2008（7）：131-140.

［14］戴金平，谭书诗. 美国经济再平衡中的制造业复兴战略［J］. 南开学报：哲学社会科学版，2013（1）：1-10.

［15］孟辰，卢季诺. 对美国制造业振兴计划的初步分析［J］. 国际贸易问题，2013（4）：73-82.

［16］黄顺魁. 制造业转型升级：德国"工业4.0"的启示［J］. 学习与实践，2015（1）：

44-51.

[17] 沈苏彬. 物联网概念模型与体系结构 [J]. 南京邮电大学学报：自然科学版, 2010, 30 (4): 1-8.

[18] 梁柳云, 王宁. 云计算产业发展现状与策略研究 [J]. 科技与经济, 2012, 25 (4): 86-90.

[19] 戚聿东, 刘健. 第三次工业革命趋势下产业组织转型 [J]. 财经问题研究, 2014 (1): 27-33.

[20] 韩军. 三网融合下传媒产业发展的路径及对策分析 [J]. 宏观经济研究, 2011 (12): 49-58.

[21] 王海兵, 杨蕙馨, 吴炜峰. 价值链断裂、新产业生态系统形成与我国企业全球研发 [J]. 经济管理, 2014 (6): 13-25.

[22] 芮明杰, 刘明宇. 模块化网络状产业链的知识分工与创新 [J]. 当代财经, 2006 (4): 83-86.

[23] 芮明杰, 刘明宇. 产业链整合理论述评 [J]. 产业经济研究, 2006 (3): 60-66.

[24] 郝斌, 任浩, Guerin A M. 组织模块化设计：基本原理与理论架构 [J]. 中国工业经济, 2007 (6): 80-87.

[25] 朱瑞博. 价值模块整合与产业融合 [J]. 中国工业经济, 2003 (8): 24-31.

[26] 周振华. 产业融合：新产业革命的历史性标志——兼析电信、广播电视和出版三大产业融合案例 [J]. 产业经济研究, 2003 (1): 1-10.

[27] 李晓华, 刘峰. 产业生态系统与战略性新兴产业发展 [J]. 中国工业经济, 2013 (3): 20-32.

[28] Lloyd M, Spielthenner D, Mokdsi G. The Smartphone Patent Wars [M]. Griffith Hack and its Patent Analyst Partner Ambercite, 2011.

[29] Chia T H. Fighting the Smartphone Patent War with RAND-Encumbered Patents [J]. Berkeley Tech. LJ, 2012 (27): 209-240.

[30] Shaver L. Illuminating Innovation: From Patent Racing to Patent War [J]. Social Science Electronic Publishing, 2012, 69 (4): 1891-1947.

[31] Motohashi K, Yuan Y. Productivity impact of technology spillover from multinationals to local firms: Comparing China's automobile and electronics industries [J]. Research Policy, 2010, 39 (6): 790-798.

[32] Hirschman A O. The Strategy of Economic Development [M]. New Haven: Yale University Press, 1958.

[33] Stevens G C. Integrating the supply chain [J]. International Journal of Physical Distribution & Materials Management, 1989, 19 (8): 3-8.

[34] Moore J F. Predators and Prey: A New Ecology of Competition [J]. Harvard Business Review, 1993, 71 (3): 75.

[35] Peltoniemi M. Business ecosystem: a conceptual model of an organization population from the perspectives of complexity and evolution [M]. 2005.

[36] Katz M L, Shapiro C. Network Externalities, Competition, and Compatibility [J]. American Economic Review, 1985, 75 (3): 424-440.

[37] Belleflamme P, Toulemonde E. Negative Intra – Group Externalities in Two – Sided Markets [J]. Social Science Electronic Publishing, 2010, 50 (1): 245-272.

[38] Armstrong M. Competition in two-sided markets [J]. The RAND Journal of Economics, 2006, 37 (3): 668-691.

第三篇
产业转型升级

第 10 章

中国产业关联的实证分析与产业政策[*]

10.1 产业关联指标值

产业结构作为国民经济大体系的一个子系统,是各产业按一定经济技术联系而构成的有机整体。产业关联简明地概括了产业间的有机组合方式,从某种意义上讲,决定了产业结构子系统的运行。

产业关联是刻画产业结构系统某一特定方面的一种机制,确切地说,产业关联不但要从质上规定而且要从量上反映产业间的技术经济联系(或产业间交易),因此决定了环境变化或某一产业的变化对其他产业影响的扩散过程,是产业结构系统的传递机制。这种传递过程是动态的。从动态观点看,固定资产投资是内生变量,对产业关联的转变起着重要作用,但是由于资料的限制只能利用 1987 年中国投入产出表,把对产业关联的考察限于产业中间交易部分来进行静态实证分析,以期窥视其动态变化。

10.1.1 产业关联的指标值

关联是由产业间一条条错综复杂的动态产业链组成的网状复合体,关联蕴含着产业间更为复杂、更为深刻的有机联系。因此应从多层次多方位、利用一系列指标来刻画产业关联。

产业连锁度指标是从包括产业附加值(或最终产品)在内的范围,考察各产业利用或提供给其他产业中间产品时自己所尽努力的程度,由此可看出产业自身功能的发挥情况。

度量产业后向连锁度的指标为:

---

[*] 本章作者为杨蕙馨、张圣平,发表在《管理世界》1993 年第 5 期(有改动)。

$$产业 j 的后向连锁度 = \frac{产业 j 使用的其他产业的直接投入}{产业 j 的总产出}$$

它表示产业 j 每生产单位产品所需要的其他部门产品的直接投入量,也反映了该产业在直接带动经济发展方面所尽的努力。

$$产业 i 的前向连锁度 = \frac{产业 i 向其他产业提供的中间产品}{产业 i 的国内使用总额①}$$

它反映了产业 i 所提供的国内使用总额中有多大份额用于对其他行业的中间投入,可说明该产业在直接推动其他产业发展方面自己所做的努力。

连锁度的大小主要取决于产业部门自身所具有的特性(包括部门自身消耗情况),与产业部门的规模相关性不大,因规模效益而影响产业连锁度的情况应另当别论。这涉及科技进步对产业关联的影响。

连锁度指标可用来检验产业部门的功能发挥情况。如金属矿采选业。虽然该产业的规模并不多大,但其功能就是提供中间初级品,这决定了它有较高的前向连锁度和较低的后向连锁度。若其前向连锁度不高,则该产业没有正常发挥应有的功能。产业前向连锁度与其自身消耗及最终需求率成反向运动,产业后向连锁率与其自身消耗及附加值率也成反向运动。

利用 1987 年中国投入产出表,我们计算了 33 个产业部门的连锁度指标,并将其分为四类产业群,见表 10-1。

表 10-1　　　　　　　　　　产业连锁度

分类	产业部门	前向连锁度	后向连锁度	分类	产业部门	前向连锁度	后向连锁度
I	木材加工及家具制造业	0.6475	0.5455	III	煤炭采选业	0.8279	0.3921
	造纸及文教用品制造业	0.6022	0.4441		石油和天然气开采业	0.9953	0.2377
	石油加工业	0.9777	0.5505		金属矿采选业	0.9186	0.3935
	炼焦、煤气及煤制品业	0.6617	0.7809		其他非金属矿采选业	0.9612	0.3567
	建材及非金属矿制品业	0.9158	0.5169		电力蒸汽热水生产供应业	0.8888	0.4056
	金属制品业	0.7724	0.6191		化学工业	0.6176	0.3860
	电气机械及器材制造业	0.4776	0.5773		金属冶炼及压延加工业	0.7601	0.4061
	仪器仪表及计量器具业	0.6536	0.4784		货运邮电业	0.7382	0.3604
	其他工业	0.8647	0.5417		旅客运输业	0.5053	0.3810
	商业	0.7672	0.4415		金融保险业	0.9758	0.0471

---

① 国内使用总额 = 总产出 - 净出口 - 库存增加 - 其他。

续表

分类	产业部门	前向连锁度	后向连锁度	分类	产业部门	前向连锁度	后向连锁度
II	食品制造业	0.2190	0.6161	IV	农业	0.3344	0.1679
	缝纫及皮革制品业	0.2217	0.6346		纺织业	0.3047	0.3706
	机械工业	0.3078	0.4454		电子及通信设备制造业	0.1271	0.3075
	交通运输设备制造业	0.2955	0.4768		公用事业及居民服务业	0.2373	0.2773
	机械设备修理业	0.0845	0.6097		行政机关	0	0.3605
	建筑业	0	0.7139				
	饮食业	0	0.7247				
	文教卫生科研事业	0.1695	0.4946				

资料来源：作者计算得到。

产业推动与带动系数是把产业部门置于国民经济大体系中，立足于扩大最终产出，分析各产业对经济发展的完全推动与带动作用。由此可弄清国民经济大体系中各产业所处的地位。这种考察与连锁度分析有互补修正的关系。可以说，连锁度分析属微观个体分析，而推动带动分析是宏观整体分析。

设 $b = (b_{ij})$，$(i, j = 1, 2, 3, \cdots, n)$ 为投入产出利昂惕夫逆矩阵，n 为产业个数，则：

$$产业 i 的推动系数 = \frac{n \sum_{j=1}^{n} b_{ij}}{\sum_{i=1}^{n} \sum_{j=1}^{n} b_{ij}}$$

产业推动系数描述了 n 个产业各生产单位最终产品时，产业 i 所进行的完全投入是否高于所有产业平均的完全投入，该系数大于 1 表明对经济发展的推动作用大，系数越高作用越大。

$$产业 j 的带动系数 = \frac{n \sum_{i=1}^{n} b_{ij}}{\sum_{i=1}^{n} \sum_{j=1}^{n} b_{ij}}$$

产业带动系数描述了一产业生产单位最终产品所诱发的 n 个产业的完全投入是否高于社会平均生产单位最终产品所诱发的 n 个产业的完全投入。带动系数大于 1 的产业其生产对各产业的完全诱发大，在经济发展中有重要的带动作用。

根据推动与带动系数的大小，将 33 个产业部门分为四类产业群，见表 10-2。

表 10-2　　　　　　　　　　　产业推动与带动系数

分类	产业部门	推动系数	带动系数	分类	产业部门	推动系数	带动系数
I	纺织业	1.8108	1.2069	III	农业	2.0844	0.7222
	造纸及文教用品制造业	1.1181	1.1215		煤炭采选业	1.0742	0.8500
	化学工业	2.6133	1.1163		石油和天然气开采业	1.0241	0.6996
	金属冶炼及压延加工业	2.2301	1.1449		电力蒸气热水生产供应业	1.0871	0.8205
	机械工业	1.5551	1.1473		石油加工业	1.0030	0.8602
					金融保险业	1.1397	0.4942
					商业	1.5979	0.8224
II	食品制造业	0.9360	1.0446	IV	金属矿采选业	0.6928	0.9193
	缝纫及皮革制品业	0.6136	1.2011		其他非金属矿采选业	0.6527	0.8045
	木材加工及家具制造业	0.6781	1.1443		货运邮电业	0.9429	0.8077
	炼焦、煤气及煤制品业	0.5410	1.1717		旅客运输业	0.5316	0.8329
	建材及非金属矿制品业	0.9579	1.0276		公用事业及居民服务业	0.5905	0.7265
	金属制品业	0.8689	1.1723		文教卫生科研事业	0.7698	0.9857
	交通运输设备制造业	0.9112	1.2282		行政机关	0.4454	0.7886
	电气机械及器材制造业	0.9558	1.2115				
	电子及通信设备制造业	0.9445	1.2853				
	仪器仪表及计量器具业	0.6061	1.0663				
	机械设备修理业	0.4634	1.1163				
	其他工业	0.6703	1.1691				
	建筑业	0.4454	1.1923				
	饮食业	0.4454	1.0982				

资料来源：作者计算得到。

10.1.2　产业功能发挥与地位评价

一般地，I类产业群以中游产业居多，如钢铁、石油化工、化学工业等均为典型的中游产业；II类产业群大部分产业为消费资料产业或最终产出率很高的部门，以典型的下游产业居多，如食品、饮食、服装皮革制造、建筑业等；III类产业群以上游产业如采掘业、能源、原材料及服务业为主；IV类产业群主要是发育不足或参与社会再生产过程不够的产业。

表10-1大体反映了不同功能的产业应归属的产业群类型，但也有不少值得

分析、重视的问题。木材加工及家具制造业与造纸及文教用品制造业通常被认为是下游产业，本应属Ⅱ类产业群，但其产品中间需求率分别高达71.40%和63.37%，而作为最终使用的比率低，故前向连锁度较大，被列为Ⅰ类产业群。归属Ⅰ类产业群的其他八个产业部门，自改革开放以来得到长足的发展，的确是社会生产中的"活跃"分子，特别是建材、电气机械、金属制品业，在生产领域大显身手，出尽风头。

观察其他三类产业群，我们认为下列产业的归属是合理的：食品制造业、缝纫及皮革制造业、建筑业、饮食业归属Ⅱ类产业群；各采选业、电力蒸汽热水生产供应业、货运邮电业、旅游运输业、金融保险业归属Ⅲ类产业群，它们是原材料、能源的供应者及为生产提供服务的行业，是经济发展的主要基础产业；行政机关与公用事业及居民服务业因与其他产业的交易不多而归属Ⅳ类产业群。但是，农业、纺织业、化学工业、机械工业等国民经济的重要支柱产业的归属却不尽如人意，它们的功能发挥不正常，不像人们所期望的那样。这是一定经济发展时期的特殊产物，其功能未正常发挥的背后有深刻的历史原因。

无论从发达工业国家产业结构的演变进程看，还是从产业结构系统的内在秩序看，机械工业、交通运输设备制造业、机械设备修理业、金属冶炼及压延加工业、电子及通信设备制造业等，应在产业关联中始终居于核心地位，具有较高的连锁度，表10-1的结果则不然。究其原因，这些产业向其他产业的销售量多是一种资本形成，在投入产出表上是作为最终需求的支付，忽视了它作为投入品能提高购买这些产品的产业的生产能力的重要作用，所以估计出的前向连锁度比实际效应低。从动态关联意义上讲，中间投入与投资品所引起的连锁反应不该有本质的区别。另外，也不应忘记，附加值率与自身消耗系数较高[①]，则后向连锁度就较低，如机械工业和电子及通信设备制造业的附加值率分别为35.18%和28.25%，自身消耗系数分别为20.18%和41%。

农业是整个国民经济的基础，应具有较高的前向连锁度，但由于农业最终需求率和附加值率高（51.64%和68.48%），导致农业归属Ⅳ类产业群。纺织业应具有较高的前后向连锁度，它归属Ⅳ类产业群的原因部分是由于最终需求率（26.28%）、附加值（25.63%）和自身消耗率（37.31%）较高。

化学工业与金属冶炼及压延加工业应归属Ⅰ类产业群，但因后向连锁度低而落入Ⅲ类产业群，其原因一方面为自身消耗率较高（28.98%、27.09%），更重要的是后面将分析的不合理的外贸进出口格局造成的。

产业推动与带动系数是把各部门放入国民经济总体大系统内，立足扩大最终产出，从整体目标出发考察各产业在经济发展中所起的作用与所处的地位。它不仅与各产业扮演的角色（功能）有关，而且与产业规模、产业间的广泛联系及自

---

① 附加值率＝附加值率/总产出；自消耗率＝自消耗额/总产出。

身消耗都有很大关系。

表 10-2 的产业分布修正或进一步证实了连锁度的分析。Ⅰ类产业群中的产业规模都较大,是国民经济的支柱产业,一方面这些产业自身消耗率高,另一方面由于规模大,在提供和利用其他产业产品时,对对方有举足轻重的作用,由此计算出的完全消耗系数大,推动与带动系数也大。如化学工业与金属冶炼及压延加工业的推动系数分别高达 2.6133 和 2.2301。

不论从产业功能发挥,还是产业在国民经济中的地位看,食品、缝纫、机械修理、交通运输设备制造、建筑、饮食六个产业对国民经济发展的带动作用都很大。木材加工、炼焦煤气及煤制品、建材、金属制品、电气机械、仪器仪表六个产业,由表 10-1 的Ⅰ类产业群落入表 10-2 的Ⅱ类产业群,原因是其产业规模不足,与其他产业的关联未能广泛展开。电子及通信设备制造业由表 10-1 的Ⅳ类产业群跃入表 10-2 的Ⅱ类产业群,肯定了它对经济发展的带动作用。

农业的推动系数高达 2.0844,充分说明了农业在国民经济中的重要地位,当然,如果农业的功能发挥更好些,它对国民经济的推动作用会更大。石油加工业由于前序产业主要是石油和天然气开采业,与其他产业的前序联系不大,故带动系数小于 1。表 10-2 也显示了电力、煤炭采选等能源工业以及金融保险、商业等服务业对经济发展的推动作用。Ⅳ类产业群在经济系统中处于相对落后的位置,原因是产业自身发育不足或与其他产业的联系不广泛,需加以扶持。

以上仅就关联指标本身进行了简要论述,舍象掉了外贸格局对产业关联的作用。

10.2 进出口贸易对产业关联的影响

10.2.1 进出口对产业关联的影响

1987 年中国投入产出表没有将进口与出口分别列出,仅给出了净出(进)口值,舍象掉了国际间的部门内贸易。因此,我们只能考察净进口和净出口对产业关联的影响。

连锁度指标的计算公式表明,进口有削弱产业后向连锁度和增强产业前向连锁度的作用(因为中间产品分配中含有进口产品)(见表 10-3)。

表 10-3　　　　　　　　　　某些产业净进口情况　　　　　　　　　　单位：%

产业	净进口率	产业	净进口率
木材及竹材采运业	12.95	机械工业	14.95
锯材加工及人造板制造业	15.62	其中：锅炉及原动机制造业	12.15
黑色金属矿采选业	20.09	金属加工机械制造业	15.15
造纸及纸制品业	25.25	工业专用设备制造业	40.88
化学工业	11.29	铁路运输设备制造业	26.38
其中：化学肥料制造业	16.94	交通运输设备制造业	20.37
有机化学产品制造业	7.88	电气机械及器材制造业	8.35
合成化学材料制造	41.74	电子及通信设备制造业	17.08
化学纤维工业	18.12	仪器仪表及计量器具业	33.77
黑色金属冶炼及压延加工业	15.66	商业	9.32

注：净进口率＝净进口额÷国内使用总额。
资料来源：作者计算得到。

表 10-3 列出的是净进口率较高的一些产业，化学工业净出口率为 11.29%（其中合成化学材料制造业高达 41.74%），这便是化学工业后向连锁度低（0.3860）的主要原因。归属 I 类产业群的木材及竹材采运、锯材加工及人造板、造纸及纸制品、电气机械及器材制造、仪器仪表及其他计量等产业，其进口依赖度较高，表明国内生产不能充分满足这些产业产品的需求，不得已而转向进口，即将这些产业应有的关联效应"外移"了。

归为 III 类产业群的黑色金属矿采选业、黑色金属冶炼及压延加工业、化学工业，进出口依赖度也较大，它们的前向连锁度高是进口在起作用，后向连锁度低也是由于进口较多。机械工业、交通运输设备制造、电子及通信设备制造业的进口比率虽然较高，但其前向连锁度仍较低，表明进出口的多为最终产品或主要是供自身消耗。

表 10-4 列出的是净出口率较高的产业。作为发展中国家，我国是出口初级产品和轻工产品，进口以工业制成品为主。这似乎没有不合理之处。但值得指出的是：一方面我国出口原油（净出口率为 17.49%），另一方面又大量进口以石油为原料的石化产品（如化学纤维、合成材料等），这种格局实际是将发展化学工业的关联效应拱手让出了。这也说明为什么日本在 20 世纪 50 年代末重点发展重化工业很快带动了产业结构的合理化和整个经济的发展，而我国化学工业的发展却始终未起到应有的作用，当然，我国产业结构不合理还有许多原因。

表 10–4　　　　　　　　　　某些产业净出口情况　　　　　　　　　　单位：%

产业	净出口率	产业	净出口率
畜牧业	3.06	纺织业	9.94
渔业	7.44	其中：针织品业	36.17
煤炭采选业	29.75	麻纺织业	43.47
石油开采业	17.49	棉纺织业	7.80
建材及非金属矿采选业	15.48	缝纫业	24.63
食品制造业	3.16	皮革毛皮及其制品业	25.13
饲料工业	24.51	文教体育和艺术用品	26.68

注：净出口率 = 净出口额 ÷ 国内使用总额。
资料来源：作者计算得到。

10.2.2　1991 年进出口结构变化

表 10–5 列出了 1991 年与 1987 年进出口结构发生的变化。

（1）进口结构按大类分（初级品和制成品）变化不大，只有化学品及有关产品的进口比重提高了 2.91 个百分点，再一次证明我国化学工业发展的关联效应未能在国内充分展开，由进口导致再进口，这种局面需尽快改变。轻纺、橡胶、矿冶及其制品的进口比重降低了 6.11 个百分点，表明国内这些产业有了进一步发展。

（2）出口结构比进口结构的变化大，初级产品出口比重降低了 11.05 个百分点，相应地，工业制成品出口比重提高了 11.05 个百分点。这种变化表明我国在经济发展的前提下，逐渐增加了制成品的出口，竞争能力有所增强。

对外贸易特别是进口对发展中国家的作用是双重的。一方面，进口可缓解国内供不应求的矛盾，尤其是关键设备的进口可提高生产技术水平，促进经济发展；另一方面，大量进口不利于国内替代进口产业的发展，不利于国内产业结构的调整，导致产业关联效应的"漏出"。另外，发展中国家的出口一般容易受贸易条件恶化的影响，因为出口的大部分是初级产品和轻工产品，只有提高工业制成品特别是技术知识密集型产品的出口，竞争力和出口创汇能力才能大幅度提高。

表 10–5　　　　　　　　海关进出口商品分类构成　　　　　　　　　单位：%

	进口		出口	
	1987 年	1991 年	1987 年	1991 年
总计	100	100	100	100
一、初级产品	16.0	17.0	33.55	22.5

续表

	进口		出口	
	1987年	1991年	1987年	1991年
食品及主要供食用的活动物	5.56	4.4	12.12	10.0
饮料及烟类	0.61	0.3	0.44	0.7
非食用原料	7.68	7.8	9.26	4.8
矿物燃料、润滑油及有关原料	1.25	3.3	11.52	6.7
动、植物油、脂及蜡	0.81	1.1	0.21	0.2
二、工业制成品	84.0	83.0	66.45	77.5
化学品及有关产品	11.59	14.5	5.67	5.3
轻纺产品、橡胶制品、矿冶产品及其制成品	22.51	16.4	21.73	20.1
机械及运输设备	33.80	30.7	4.41	9.9
杂项制品	4.35	3.8	15.91	23.1
未分类的其他商品	11.75	17.5	18.73	19.0

资料来源：1988年、1992年《中国统计年鉴》。

鉴于此，我们认为利用1987年中国投入产出表分析的净出口或净进口对产业关联的影响具有一定的代表意义，仍可作为20世纪90年代中国选择产业政策的参考依据。

10.2.3 入关对进出口贸易的冲击

中国恢复关贸总协定缔约国地位，有利于促进我国进一步改革开放和在平等互利的基础上扩大同各缔约方的贸易往来，有助于改善进出口贸易的地理分布和出口市场的多元化，增强综合国力。但是入关对我国各产业都会产生机遇和挑战，面临一定的冲击，这种冲击既不能夸大，也不能视而不见。

（1）交通运输、邮电通信、电力等为经济发展的基础产业，其产品属非贸易性商品，目前均受"瓶颈"制约。入关对这些行业几乎不产生影响，外商投资办厂时是不可能将这些行业的产品从国外带进来的。因此，经济的发展对这些产业的需求会越来越大。

（2）农业及各种特色商品在入关后受到的影响也微乎其微。

（3）入关后，纺织、服装、食品等轻工产品的出口条件是会好一些，但关键还取决于我们的产品款式和质量。入关后，这些产品的进口会增多一些，国内市场竞争会更激烈。

（4）重要产业或以大企业为主的产业，如汽车、钢铁、煤炭、石油化工等，入关后国家会采取一定的保护措施。虽然采取保护措施，但这几个产业的产品进口关税将分步骤降低，进口量也将逐步增加。比如汽车，国产车价格很高，原因在于生产规模过小、布点过于分散等，入关后汽车工业将面临非常严峻的考验。

（5）其他加工制造业的产品在入关后进口量将逐步增加，国内市场和国内产品的出口竞争都会更加激烈。

10.3　新产业政策选择的几点启示

经过14年的改革，中国的产业结构发生了很大的变化，为了促进中国产业结构的进一步调整，增强产业竞争力，适应入关后的国际、国内市场环境的变化，从前面产业关联的实证分析中，我们得出了几个尝试性的产业政策选择的启示，现简单归纳如下：

（1）交通运输、邮电通信业、能源、原材料等基础产业必须增加投资力度，迅速缓解其"瓶颈"制约。我们在前面的分析已说明，依据连锁度指标，这些产业是为生产提供服务和原材料、动力的基础产业（划归为Ⅲ类产业群），而推动与带动系数显示（划归为Ⅲ、Ⅳ类产业群）其发展是不足的，未能发挥应有的功能和作用。尤其是东南部和南部省份交通运输落后的制约更突出，今后两三年内应形成对铁路及其他交通设施的投资热点。再比如，到2000年电力生产能力必须增加4倍，以保证经济发展对动力的需求，这需要很大一笔投资[①]。

（2）农业是整个国民经济的基础。本章第一节的分析已揭示出，今后的关键是提高农业劳动生产率，开展深加工，增加附加值。如何达到上述目标？应有什么样的农业政策？我们认为，农业政策的着眼点应放在鼓励、调动农民生产积极性，不断提高生产技术水平，保证国家每年的各类农产品有一个大体平稳的供应量。与其当农业歉收后，又是给这种优惠那种奖励，不如长久地给农民一个可接受的农业生产比较利益水平。当然，这需要逐步建立主要农产品期货市场或交易所、制定随物价指数变动的农业最低支持价格、设立农业发展基金等。

（3）纺织工业、化学工业、机械工业是目前的支柱产业，其发展如何直接影响到国民经济的积累能力和其他产业的发展。为此，这几个产业自身要提高生产技术水平，促进化工原料、石油加工品、某些机械品国内替代品的发展，让这几个产业在产业关联中的作用得到充分发挥。

（4）金融保险业、公用事业及居民服务业、文教卫生科研事业等均属第三产业，对经济发展有非同寻常的意义。表10－1和表10－2的资料充分显示，它们的发展是不足的，未能起到应有的作用。迅速发展上述第三产业是一项紧迫的工作。

[①] 世界银行．中国：长期发展的问题与方案．北京：中国财政经济出版社，1985：4－5．

第 11 章

供给约束下的需求导向型经济与山东省主导产业的选择[*]

11.1 主导产业选择的基准

产业结构政策的核心问题是主导产业的选择。选择主导产业的主要依据是什么？这是一个非常重要的问题。

从世界各国近现代经济史看，商品经济实质上是一种供给约束下的需求导向型经济，社会需求结构、人们的消费结构是产业结构演进变化的主要动因。产业结构演进变化的另一个主要动因是社会供给。可以说，正是基于这个基本事实，也正是为了正确地反映这种现实，日本经济学家筱原三代在克拉克定理和霍夫曼定理的基础上，提出了规划产业结构的思想，即选择主导产业的"筱原两基准"。

筱原首先从需求结构变化的角度考虑不同产业发展的不同潜力和可能性。这就是从需求导向入手选择主导产业。高收入弹性是主导产业的必要条件，原因在于只有收入弹性高的产业才有可能不断扩大其市场，代表着未来产业结构变动的方向。其次，筱原从供给的角度考虑不同产业发展的不同潜力和可能性，提出选择主导产业的另一个基准：生产率上升率基准。生产率的提高在很大程度上是由于技术进步造成的，因而选择主导产业的这一基准实际上包含着技术进步这一重要因素。技术进步和由此带来的产品成本降低使创造更多的国民收入、增加供给成为可能。因此，生产率上升率高是主导产业的另一个必要条件。

高收入弹性和高生产率上升率在某些产业上并不一定协调，收入弹性高的产业不一定技术进步快，技术进步快的产业不一定收入弹性高。但是，筱原确认，必须同时满足上述两个基准，即既具有高收入弹性，又具有高生产率上升率的产业才能作为主导产业。

如果说"两基准"作为确立主导产业的基本准则成立，那么，产业前后关联

---

[*] 本章作者为杨蕙馨、臧旭恒，发表在《文史哲》1989年第4期（有改动）。

度则应是"两基准"的必要补充准则。筱原也提到这一点,把产业前后关联度作为确立主导产业的第三个基准,称为"关联效果基准"。

如上所述,高收入弹性和高生产率上升率是从供给与需求两个方面考虑主导产业发展的可能性,其基本含义是:主导产业既要具有较高的生产率增长率,又要有充分的市场吸收其产品。而"关联效果基准"则强调主导产业对国民经济其他产业的带动作用,通过主导产业的发展,带动整个国民经济的迅速发展。

产业关联度分为前向关联度和后向关联度。前向关联度指一个产业的发展向其他产业提供的中间产品占该产业产品总量的比重;后向关联度指一个产业使用的由其他产业提供的中间产品占该产业产出的比重。从理论上讲,一个产业的前后关联度都较大时,发展该产业能够有力地带动其他产业的发展。所以,扩张力较大的产业应作为主导产业加以扶植和重点发展。

无疑,以上三个基准也应作为山东省选择主导产业的基本依据。

在选择主导产业时,应考虑区域比较优势。山东省作为一个相对独立的经济区域,实际上也像国家经济整体一样,有两个市场:内部市场和外部市场。内部市场即省内市场,外部市场包括其他省区尤其是临近省区市场和国际市场。同时,随着商品经济的发展和开放型市场的形成,山东省也处于来自其他省区市场和国家的竞争之中。另外,在我国这样一个有计划的商品经济国家中,一省作为相对独立的经济区,其各种决策必然受到国家决策的制约,如主要资源的调入调出、积累与消费的比例以及积累内部结构的形成等,首先受制于国家的宏观经济政策和计划的安排。考虑到以上两个方面的因素,一省主导产业的选择既要遵守国家制定的产业结构政策的方向,又要根据本省的实际情况。这两方面统一的契点是,一省主导产业的选择,主要应依据本省的资源、技术、现有产业基础等方面的区域比较优势。

区域比较优势原则是对以上三个基本准则的重要修正,和三个基本准则共同组成山东省选择主导产业所应遵循的原则。在依据这些原则选择主导产业时,应打破传统的"轻重工业""三次产业"的划分,选择的主导产业该轻则轻,该重则重。

归纳以上论述,我们认为,山东省选择主导产业的程序应为:首先,预测需求弹性、劳动生产率变化和产业前后关联度,以此初步筛选主导产业;其次,再根据区域比较优势原则加以修正。

11.2 主导产业选择应考虑的因素

正如有的人已指出的,运用三个基本准则选择主导产业,关键是对这三个指标有个基本的估算。为此,我们根据有关统计数字和全国投入产出表,分别推算了需求的弹性收入、劳动生产率上升率和产业前后关联度。

11.2.1 需求的收入弹性

由于最终需求分为消费需求和投资需求两部分，需求的收入弹性相应地可分为消费需求的收入弹性和投资需求的收入弹性。其计算公式为：

$$E_C = \frac{\frac{\Delta W}{W}}{\frac{\Delta Y}{Y}} \quad E_I = \frac{\frac{\Delta I}{I}}{\frac{\Delta Y}{Y}}$$

其中，E_C 为消费需求的收入弹性，W 为某一商品实物消费量，ΔW 为某一商品实物消费量增量，Y 为国民收入，ΔY 为国民收入增量；E_I 为投资需求的收入弹性，I 为某一产业投资量，ΔI 为某一产业投资量增量。

我们用上述公式计算了消费需求的收入弹性和投资需求的收入弹性。从计算结构看，消费需求的收入弹性按计算的几种消费品可分成三种情况：弹性值小于 1 的低收入弹性消费品，弹性值大于 1 但小于 5 的中收入弹性消费品，弹性值大于 5 的高收入弹性消费品（见表 11-1）。

表 11-1　　　　全国 1980~1987 年几种主要消费品需求的收入弹性

低收入弹性（$E_C<1$）	中收入弹性（$1<E_C<5$）	高收入弹性（$E_C>5$）
各种布、针织内衣裤、香皂、铝锅铁锅、缝纫机等	手表、照相机、自行车等	洗衣机、电冰箱、电视机、录音机等

从表 11-1 可知，收入弹性高的消费品均为家用电器。

投资需求的收入弹性，囿于可利用的资料，我们主要计算了工业各产业的基本建设投入的收入弹性。我们以 1980~1987 年工业各产业总的基建投资的收入弹性值为中准，把小于这个数值的作为低弹性产业，大于这个数值的作为高弹性产业，结果见表 11-2。

表 11-2　　　　　　1980~1987 年低弹性产业和高弹性产业对比

低弹性产业	高弹性产业
煤炭采选业、石油和天然气开采业、金属矿开采业、木材及竹材采运业、纺织业、皮革毛皮及其制造品业、家具制造业、造纸及纸制品业、化学纤维工业、金属制造业、机械工业等	建材及其他非金属矿采选业、建材及其他非金属矿物制品业、食品（包括饮料、烟草）工业、缝纫业、木材加工及竹藤棕草制品业、电力工业、石油加工业、炼焦和煤气及煤制品业、化学工业、医药工业、橡胶制品业、塑料制品业、金属冶炼加工业、交通运输设备制造业、电气电子工业

其中，高收入弹性产业又分为三种类型：一是传统产业部门：食品、缝纫、木材加工等；二是能源、原材料产业部门：电力、石油、建材等；三是新兴产业部门：化学（包括医药、橡胶、塑料等）、电子等。

11.2.2　劳动生产率上升率

对于1980～1987年各主要工业部门全民所有制独立核算工业企业全员劳动生产率上升率情况，我们以各部门平均上升率为中准，小于中准值的为低上升率产业，大于中准值的为高上升率产业。此外，还有负增长的产业。结果如表11-3所示。

表11-3　1980～1987年低上升率产业、高上升率产业以及负增长产业

低上升率产业	高上升率产业	负增长的产业
造纸、电力、冶金、煤炭、食品、纺织	机械（包括电气、电子等）、建材、化学	石油、森林

11.2.3　产业前后关联度

从1981年全国投入产出表所列24个产业部门的直接消耗系数和完全消耗系数看，石油、化工、机械部门的产业前后关联度较高。[①]

根据以上分析，符合三个基准的产业部门主要有两个：化学工业和大机械部门中的电气电子工业。

以先前一定时期的数据作为根据，选择主导产业，无非是顺应了现存产业结构变化的自然惯性，任其自然发展，而不改变其变化的方向，仅仅加快其变化的速度。这在一定前提下成立：现存产业结构内部构成合理，并且其发展变化方向合理。但还有问题，即这种合理性的相对性，合理是一个动态过程。

以我国和山东省的实际情况看，现存产业结构并不十分合理，选择主导产业在于调整现存的产业结构，即改变现存产业结构自然发展变化的方向。在这种情况下，仅仅依据过去的数据显然不行，重要的是对未来数据的预测。这种预测困难较大。主要方法有两种：一是以先前一定时期的数据为基础，进行若干估算修正，推导未来；二是作为经济后进国，可借鉴经济先进国产业结构演变的实际经验和数据。实际上，日本在经济发展时期虽然确立了筱原两基准，但在选择战略

---

① 全国投入产出表（1981）[M]．北京：中国统计出版社，1986；肖四如等．产业结构动力学[J]．中青年经济论坛，1988（1）．

产业时也并没有进行精准的预测,而是根据估计和分析。不少人认为,在难以准确预料科学技术的进步、消费需求的变化等经济发展的各种情况的条件下,虽然很难,也没有必要详细地规划各部门、各行业的规模,但正确地选择主导产业还是能够做到的。[①]

11.3 山东省主导产业选择的趋向

区域比较优势是对需求的收入弹性、生产率上升率和产业前后关联度的重要修正。山东省作为全国经济组成部分的局部经济区域,在选择主导产业上必须考虑到怎样更好地发挥区域比较优势。山东省的区域比较优势应考虑到以下几个方面的因素:一是资源情况;二是已形成的产业基础;三是特定的经济地理环境。

11.3.1 资源优势

从资源的区域比较优势看,山东省有两个方面的资源优势:一是自然矿产资源较丰富;二是劳动力资源丰富。

11.3.2 已形成的产业基础

目前,山东省已形成五个支柱产业部门:纺织、机械、能源、食品和化工。其产值合计占全省工业总产值的80%左右。

也许,正是考虑到以上两个方面的因素,在1998年年底召开的全国长期规划座谈会上,山东省被列为"资源开发加工混合型经济区"(这次会议按全国各省区的优势和产业结构特点,将全国划分为五种类型的经济区:一是加工型;二是加工主导型;三是资源开发主导型;四是资源开发加工混合型;五是特殊类型)。

11.3.3 经济地理环境

山东省的经济地理环境比较特殊,除有很长的海岸线和众多的港口,有利于发展外向型经济外,就国内而言,可以说处于我国东部经济发达地区的南北两股经济力量的夹击之中,南有沪、江、浙等,北有京、津、冀、辽等。按全国七大经济区划分,山东省属于华东区,这一大区包括京、津、沪、江、浙等经济实力雄厚的省、市。随着经济体制改革向市场化方向推进,各种生产要素市场逐步形

---

① 杨治. 产业经济学导论 [M]. 北京:中国人民大学出版社,1985.

成,这一区域在资金、技术、劳动力、资源等方面的竞争将是激烈的。按照全国规划,华东经济区重点发展的产业主要是电子、机械、纺织等加工型尤其是深加工、精加工型产业。在这些产业方面,从整体上说,山东省与邻省市相比并不具有十分明显的优势,有些产业则由于各方面的原因,处于劣势地位。

考虑到以上因素,山东省主导产业的选择应以已形成的支柱产业为基础,以资源优势为契点,在资源开发加工混合型上做文章。同时因为主导产业的确立属于长期发展战略,必须在考虑到资源开发加工混合型的基础上,向深加工、精加工和高附加值的产业结构发展。对于在三基准中能确立为主导产业但暂不具备区域相对优势的产业,从长期看,仍应列为主导产业。这里,主导产业主要指电子工业。实际上,山东省在电子工业尤其是家用电器产业领域,已创出一些部优、国优名牌拳头产品,如琴岛—利勃海尔电冰箱、青岛牌彩电、小鸭—圣吉奥洗衣机等。

综合以上各方面因素的分析,我们认为山东省所应选择的主导产业为:一是以石油化工为主体的化学工业;二是以家用电器为主体的机电工业。

11.4　山东省主导产业的备选方案

关于山东省主导产业的选择,现已提出几种不同的方案。

方案A:机电、纺织、食品加工、电力、化工、建材。

方案B:电力、纺织、食品、化工、机械、建材。

以上两种方案差异很小。但同我们提出的方案相比,差异很大。

我们认为,以上两个方案似乎混淆了主导产业、支柱产业和瓶颈产业。对于主导产业的内涵仍有一些歧义,在此,我们倾向于这种观点:主导产业是指代表了一定经济发展阶段产业结构演进方向的产业;支柱产业是指在某一时期在总量中所占比重较高,在短期内的变化对经济增长率影响很大的产业;瓶颈产业是指在中、短期内处于短线状况的产业。[①] 主导产业、支柱产业和瓶颈产业之间的关系有以下特点:一是主导产业决定着其他两种产业的发展策略;二是由于在中、短期内技术变化不大,只能通过改善短缺部门的供给和支柱产业发展的惯性来推进增长,因此,瓶颈产业在中短期内的优先扩张和支柱产业的惯性发展是迫不得已的选择;三是中短期的增长目标与以主导产业发展为核心的长期目标可能发生矛盾,在这点上,支柱产业和瓶颈产业的扩张程度要受制于发展主导产业的长期目标;四是支柱产业与主导产业有时可能重合。[②]

从三种产业内涵及其间的关系上看,上述两种方案存在两个问题。

[①][②] 曾新群.产业主导部门分析理论的发展[J].中国工业经济,1998 (1).

第一，没有区分主导产业与支柱产业。山东省经过了近40年的经济建设，已经形成五个工业支柱产业：纺织、机械、化工、食品、能源。1987年这五个支柱产业产值合计占全省工业总产值的80%左右。显然，这五个产业具有支柱产业的性质，即所占比重较大且其变化对总的增长率的影响很大。也许正是基于这一点，上述两个方案均把这些产业列为主导产业。但是，以上五个产业中，纺织、食品工业属于传统工业，从长期看并不能代表产业结构演变的方向，即不具有主导产业的性质；机械工业在目前的范畴下是一个包容庞杂的产业部门，既包括新兴的电子产业等，又包括普通机械制造业等传统产业，因此，在选择主导产业时不宜笼统作为一个产业，而应具体划分为几个产业，分别加以分析；包括电力在内的能源工业比较特殊，我们稍后再做分析。我们认为，以上五个产业除化工和尚待分析的能源以外，纺织、食品和机械工业都不具备主导产业的性质，而仅具有支柱产业的性质，它们不属于与主导产业重合的那一类支柱产业。

第二，没有区分主导产业与瓶颈产业。电力和建材工业属于能源和原材料类产业，在山东以及全国都是制约经济发展，尤其是制约工业增长的短缺产品生产工业，显然属于在中短期内必须优先扩张的瓶颈产业，但并不属于主导产业。

涉及支出产业和瓶颈产业，我们的主导产业部门较完整的方案为：

（1）主导产业：机电工业、化工工业、纺织工业。
（2）支柱产业：纺织工业、机械（剔除机电部分）工业、食品工业。
（3）瓶颈产业：能源工业、建材工业。

对这个方案需进行几点解释：

首先，机电产业包括电气机械和电子设备两个子产业。1987年，这两个子产业在山东省工业总产值中所占比重很小，分别为3.1%和2.1%。[①] 但在居民需求弹性较大的牵引下，1980～1985年产值增长指数居于领先地位，分别为2.28和2.48，高于其他产业，也高于机械部门内其他子产业的增长指数。

其次，化学工业属于与主导产业重合的支柱产业，作为主导产业均无异议。

再次，主导产业以外的支柱产业纺织、机械和食品工业产值合计占1987年山东省工业总产值的一半上下，且近几年的产值增长率除食品工业略低于全省工业产值平均增长率外，纺织、机械工业大大高于全省工业产业平均增长率（高21.8～29.4个百分点）[②]。如果再考虑到纺织和食品工业在我国众多人口现有生活水平提高过程中创造的巨大市场容量和国际市场，这几个支柱产业短期内对山东省经济总量增长上的推进作用是绝不能忽视的。

最后是瓶颈产业。电力等能源和建材（平板玻璃、日用陶瓷、砖、瓦、花岗石等）的短缺，在中、短期内仍为制约我国和山东省经济增长的首要因素，对此必须优先扩张。

[①][②] 数据来自山东省统计局。

11.5 山东省主导产业的选择

山东省作为全国经济的组成部分，产业结构政策的选择首先要受制于国家的产业结构政策，但也有自己一定的选择空间。在当时的体制下，基建投资中资源型省份可以自主分配的投资份额为 30%~35%，加工型省份在 50% 左右。山东省属于资源开发加工混合型省份，可自由支配的投资份额为 35%~50%。因此，省一级的产业结构政策还是大有文章可做的。

全国经济发展、产业结构变革的趋势迫使山东省尽早地做出恰当的抉择。20 世纪 80 年代以来，我国老工业基地上海、辽宁、天津的地位下降，包括山东在内的江苏、浙江、广东等新兴工业区地位上升，其中江苏省、山东省的工业总产值还分别居全国的第一、第二位。这种地位沉浮的原因是多方面的，但主要原因之一是老工业区传统工业比重太大，大量传统工业的生产要素难以转向那些需求收入弹性高的产业，而新兴工业区没有过多的传统工业调整的包袱，能迅速建立起那些需求收入弹性高的产业。但在这一方面，山东省不应盲目乐观，与其他新兴工业区相比，山东省需求收入弹性高的新兴产业的发展相对落后。如电气机械及器材制造业产值，山东为 22.09 亿元，比之江苏 58.68 亿元、浙江 41.81 亿元、广东 58.53 亿元差距很大，仅略高于四川的 21.87 亿元，在全国居第 6 位。再如电子及通信设备制造业产值，山东为 10.92 亿元，远远落后于江苏的 66.75 亿元和广东的 48.11 亿元，仅居全国第 11 位。[①]

如果山东省不及时认清这种形势，通过确立主导产业及支柱产业和瓶颈产业政策，扶植主导产业的崛起，那么，可能不久之后，也要面临老工业区的困境。

对主导产业、支柱产业和瓶颈产业应实行区别对待的不同政策。政策内容主要有投资份额、贷款利率、税收、保护价格、补贴和限产等。对不同产业实行的政策可从投入和产出两个方面分析。

投入方面主要是投资政策。与主导产业的确立相关联的是倾斜的投资政策，即加大对机电和化学工业的投资比重，优先考虑瓶颈产业的投资需求，适当控制对支柱产业的投资。在这种政策的实施过程中，为了不影响全省工业总量的增长，支柱产业除内部结构调整所需的重点投资加以保护外，主要应通过更新改造资金扩张生产能力。

产出方面主要实行限产政策。对主要是传统产业的支柱产业，为了促使其尽快调整内部结构，对那些利润较大或产值较高但能耗高、质量差、技术指标低的落后产品实行限产。

---

① 中国统计年鉴（1988）[M]. 北京：中国统计出版社，1988.

此外，对于瓶颈产业除在投资上予以优先考虑外，还可实行优惠税率、保护价格或补贴政策，以刺激其尽快发展。

实行恰当的产业结构政策，关键还在于规范并约束各级政府的行为，通过建立各种制衡机制，促使各级政府的短期行为转变为长期行为。

第 12 章

经济全球化条件下的产业结构转型及对策*

现阶段人类的经济活动早已超越国界,通过资本、技术、劳动力、贸易、服务等的统一配置与重组而形成涵盖全球的有机经济整体。在这样一个生产不断国际化、贸易走向自由化、金融逐渐一体化以及"全球统一市场"逐步形成的时代大潮中,一种新的、跨越国界的企业、市场的相互关系得以建立,在使世界经济在所有方面融为一体的同时,也必将给一国产业结构及相关政策带来巨大的调整和变革。据国家统计局的数据,到 2010 年,我国经济对外依存度已超 60%。在中国经济日益融入全球产业分工体系以及当前仍受国际金融危机影响的背景下,深入分析开放经济条件下我国产业竞争状况、规模结构的调整变化情况,为政府决策部门提供具有借鉴意义和针对性的产业结构调整方案有重要意义。

12.1 经济全球化对产业结构的影响方向

经济全球化对一国产业结构有多方面的影响。无论是企业规模、市场集中度还是进入壁垒等都在不断发生着动态调整、变化。

12.1.1 企业规模:两极化趋势明显

经济全球化条件下的企业规模呈现两极化趋势:一方面巨型企业不断涌现,另一方面中小企业通过创新也不断成长。

根据《财富》杂志公布的"2009 年世界企业 500 强"数据,其营业收入总额达到 251755 亿美元的庞大规模,净利润总额为 8220 亿美元,资产总额为 1000400 亿美元,营业收入较上一年度增长了 6.6%,净利润下降了 48.3%,总资产下降了 4.6%。本次入围门槛为 185.7 亿美元,比上年增长 11.3%,其中能

---

* 本章作者为杨蕙馨、吴炜峰,发表在《经济学动态》2010 年第 6 期(有改动)。

源、金融行业占据了最重要的地位。入围世界 500 强的 34 家中国内地企业的营业收入总额为 1660.8 亿美元,利润为 975.2 亿美元,营业收入在世界 500 强中所占份额为 6.6%,净利润占世界 500 强净利润总额的 11.9%。从"2009 年中国企业 500 强"看,其营业收入总额折合 36805 亿美元,净利润总额折合 1706 亿美元,资产总额折合 104937 亿美元。"2008 年中国企业 500 强"的营业收入、净利润总额、资产总额分别相当于"2008 年世界企业 500 强"的 12.67%、11.85%、7.79%,而"2009 年中国企业 500 强"的营业收入、净利润总额、资产总额分别相当于"2009 年世界企业 500 强"的 14.62%、20.75%、10.49%,所有比例均有明显提高。①

巨型企业不断涌现,但中小企业的活力并没有被扼制,反而在不断成长。2002~2005 年世界范围内新注册企业占企业总数比重已经由 7.9% 增加到 8.6%,其中低收入国家的比重由 4.3% 增加到 6.5%,中等收入国家的比重由 7.5% 增加到 8.2%,中、低收入国家的比重由 6.8% 增加到 7.8%,高收入国家的比重由 9.4% 增加到 10.0%。从新登记注册企业数看,2002~2005 年世界范围内新注册企业数由 1952413 个增加到 3657114 个,其中低收入国家新注册企业数由 26801 个增加到 35830 个,中等收入国家新注册企业数由 702430 个增加到 1397560 个,中、低收入国家新注册企业数由 729231 个增加到 1433390 个,高收入国家新注册企业数由 1223182 个增加到 2223724 个。②

12.1.2 全球化条件下产业集中度变化趋势:有升有降

随着大企业越来越大,全球多数产业领域的集中度有提高的趋势。如汽车产业,前六大跨国公司合计产销量占全球产销量的 75% 左右,再加上 3 家独立厂商,9 家公司的汽车产销量占世界总量的 90% 左右。具体到某一国,由于外资企业的进入以及伴随而来内外资企业的激烈竞争,某些产业的市场集中度不升反降或先降再升。以中国汽车产业为例,中国汽车产业的发展从 1953 年在长春兴建第一汽车制造厂开始,尽管产销量小,但整个计划经济时期产业集中度非常高,三大厂商集中度 CR_3 大都在 60% 以上。改革开放以来,我国汽车产业不断发展壮大,并开始了由计划经济体制向市场经济体制的艰难转型,其间汽车产业集中度继续下降,例如 1981 年集中度 CR_3 为 62.6%,1987 年生产集中度 CR_3 急剧降为 32.5%。进入 20 世纪 90 年代,由于跨国公司大规模投资,中国汽车产业得到巨大发展,汽车产业集中度开始逐步回升,但也存在波动性,CR_4 从 1994 年的 44.2% 降到 2001 年的 41% 又开始上升,而 CR_8 从 1996 年的 66.2% 先降到 2001

---

① 中国企业联合会、中国企业家协会课题组. 2009 中国与世界企业 500 强对比分析. http://www.hzqlw.com/newql/xinxi.asp? id = 2946.

② 世界银行数据库。

年的63.0%再开始上升（见表12-1）。汽车产业发展受产业政策影响较大，2006年发改委发布《关于汽车工业结构调整意见的通知》，鼓励"汽车生产企业之间的跨地区、跨部门联合重组，培育具有国际竞争力的大型企业集团"，2009年国务院发布《汽车产业调整和振兴规划》，以扩大内需，应对国际金融危机。受这些产业政策的影响，汽车产业集中度进一步提升。据中国汽车工业协会统计，2009年销量排名前十位的汽车生产企业共销售汽车1189.33万辆，占汽车销售总量的87%。[①]

表12-1　　　　　　　　　　中国汽车产业集中度

年份	集中度（%） CR$_4$	集中度（%） CR$_8$	年份	集中度（%） CR$_4$	集中度（%） CR$_8$
1994	44.2	61.7	2001	41.0	63.0
1995	42.5	62.0	2002	56.7	75.9
1996	46.0	66.2	2003	55.9	71.8
1997	43.6	63.8	2004	58.4	79.7
1998	42.8	66.2	2005	56.6	78.4
1999	43.6	64.8	2006	55.9	78.1
2000	40.9	62.7	2007	53.2	73.6

资料来源：根据1995~2008年各年度《中国汽车工业年鉴》相关数据计算。

12.1.3　经济全球化对进入壁垒的影响：内容多样、形式多变

总体而言，经济全球化消融了一些"生产者保护"类的进入壁垒（如传统关税、非关税贸易壁垒等），然而新的"生产者保护"类壁垒（如标准壁垒）以及"消费者保护"类的壁垒（如绿色壁垒、消费者权益保护类法律壁垒）等也在不断产生、增加。

经济全球化的一个重要方面是世界一体市场的形成和发展。随着对外贸易和跨国直接投资的发展，传统的"生产者保护"类的进入壁垒不断消融。关税壁垒随着WTO的成立和各种双边、多边的关税协议的达成，已经大幅降低。中国自2002年起逐年调低进口关税，关税总水平由15.3%调整至2009年、2010年的9.8%，农产品平均税率由18.8%调整至2010年初的15.2%，工业品平均税率由14.7%调整至2010年初的8.9%。而多哈回合谈判有助于促进各国削减贸易

---

① 《2009年前十位汽车生产企业销量排名》，http://www.caam.org.cn/zhengche/20100122/1005034794.html。

壁垒、达成市场准入和一个更公平的贸易环境。在外商直接投资（FDI）方面，2000年世界范围内的FDI流入为13981.83亿美元、流出为12316.39亿美元，2007年FDI流入达到18333.24亿美元、流出为19965.14亿美元；2000年中国FDI流入为407.15亿美元、流出为9.16亿美元，2007年FDI流入达到835.21亿美元、流出为224.69亿美元。① FDI起到绕过关税和非关税壁垒以在全球范围内优化配置资本的作用。

然而，新的进入壁垒也在不断产生、增加。如以标准壁垒为代表的新的"生产者保护"类壁垒，主要有各类技术标准、技术认证，还有以"消费者保护"为名的各类绿色、法律壁垒，如环保标准壁垒、动植物检验检疫标准壁垒、包装与标签标准壁垒以及ISO 14000环境管理体系标准和环境标志壁垒、企业社会责任和认证标准壁垒等。这些新的进入壁垒并非一定是有害的（特别是某些"消费者保护"绿色壁垒），然而如果手续过于复杂、遵循成本较高或具备某些特别苛刻而实质对消费者保护无益的条款，实质上已构成了对社会福利的一种损失，也就成了一种进入壁垒。

总之，分析经济全球化对进入壁垒的影响，要特别注意壁垒内容的多样性和形式的多变性，并从其对社会福利损失影响的角度进行准确界定。

12.2　我国产业结构面临的挑战与机遇

经济全球化通过外资进入、跨国并购和对外贸易等方式对我国产业结构造成较大的挑战，然而也存在资本合作、技术模仿和制度学习的多种机遇。

12.2.1　全球化对我国产业结构的挑战

（1）外资进入对国民经济格局的影响。

中国是世界上外资流入最多的国家，2000年中国FDI流入为407.15亿美元，2007年FDI流入高达835.21亿美元。在外资进入的同时，也改变了一国既有的经济格局。从外商、港澳台商投资工业企业在各项主要经济指标的占比来看，外来投资企业已经占据中国工业1/3左右的比重，如2008年外商、港澳台商投资工业企业占工业总产值的29.52%、资产总计的26%、主营业务收入的29.32%、利润总额的26.97%。

外资的大举进入（特别是对关键产业的进入），也对我国的产业安全构成较大的挑战。一些关系国民经济命脉的行业如机器设备制造业、工业基础原材料产

---

① 资料来源：联合国贸易和发展会议数据库。

业、粮油业、信息产业、生物技术产业，如果外资进入过多或者对外依存度过高，将有可能危及一国产业安全。国家需要制定必要的产业政策，在大力引进国外资本，发挥其经济技术效益的同时，又要通过相关投资目录指南合理引导其流向，确保产业安全。目前中国外商、港澳台商投资工业企业占比（以"工业总产值"指标为例）最高的三个产业分别是：通信设备、计算机及其他电子设备制造业（81.28%），仪器仪表及文化、办公用机械制造业（57.28%），文教体育用品制造业（56.81%），详见表12-2。

表12-2　　2008年分行业外商、港澳台商投资工业企业工业总产值占比　　单位：%

行业	占比	行业	占比
通信设备、计算机及其他电子设备制造业	81.28	化学原料及化学制品制造业	26.84
仪器仪表及文化、办公用机械制造业	57.28	农副食品加工业	26.76
文教体育用品制造业	56.81	通用设备制造业	25.51
皮革、毛皮、羽毛（绒）及其制品业	47.52	废弃资源和废旧材料回收加工业	23.41
交通运输设备制造业	44.81	纺织业	22.75
纺织服装、鞋、帽制造业	42.20	水的生产和供应业	17.12
燃气生产和供应业	41.62	非金属矿物制品业	16.99
家具制造业	39.77	有色金属冶炼及压延加工业	15.89
橡胶制品业	38.76	木材加工及木、竹、藤、棕、草制品业	15.12
工艺品及其他制造业	37.16	黑色金属冶炼及压延加工业	14.44
塑料制品业	36.85	石油加工、炼焦及核燃料加工业	13.39
食品制造业	36.80	电力、热力的生产和供应业	8.31
饮料制造业	35.70	石油和天然气开采业	7.65
电气机械及器材制造业	35.31	非金属矿采选业	7.18
造纸及纸制品业	33.57	有色金属矿采选业	6.58
金属制品业	30.93	黑色金属矿采选业	2.78
化学纤维制造业	30.77	煤炭开采和洗选业	2.54
印刷业和记录媒介的复制	28.04	其他采矿业	0.68
医药制造业	27.09	烟草制品业	0.11
专用设备制造业	27.00	—	—

注：统计范围限于年主营业务收入在500万元以上的规模以上企业。
资料来源：根据《中国统计年鉴》（2009）计算。

(2) 跨国并购对产业格局的改变。

并购一旦超出疆域限制即成跨国并购。当前跨国并购呈现出新的特点：第一，世界并购总额不断增加，从 1990~2000 年的平均 2570.7 亿美元增加到 2008 年的 6732.1 亿美元；第二，发展中国家企业从被他国并购到并购他国企业，1990~2000 年发展中国家年平均"被并购"119.6 亿美元（依据"购买－出售"计算，下同），而近年来海外投资额迅速攀升，如 2007 年通过收购、兼并实现的对外投资达到 426.8 亿美元；第三，中国通过收购、兼并实现的对外投资剧增，2008 年达到 317.2 亿美元（见表 12－3）。

表 12－3　　　　　1990~2008 年跨国并购概览　　　　单位：百万美元

国家和地区	出售（净值）				购买（净值）			
	1990~2000 年（年平均）	2006 年	2007 年	2008 年	1990~2000 年（年平均）	2006 年	2007 年	2008 年
世　界	257070	635940	1031100	673214	257070	635940	1031100	673214
中　国	4899	11307	9274	5144	673	12053	-2388	36861
印　度	282	4410	4406	9519	104	6715	29076	11662
美　国	80625	136584	179220	225778	42974	114436	179816	72305
亚洲和大洋洲	8970	65130	68538	64730	10488	70714	91250	89006
发展中国家	25860	89028	96998	100862	13900	114119	139677	99805

资料来源：联合国贸易和发展会议数据库。

跨国并购的发生显著地改变了一国产业的现有面貌。当国内企业被外资并购时，有可能带来国内并购的连锁反应，深刻地改变该产业的竞争态势；反之，并购国外的企业有助于该企业开拓国外市场，壮大其竞争力，反过来又会影响国内产业的竞争态势。随着跨国并购的发生，一国产业的集中度往往随之提高，进而可能形成寡头垄断的产业格局，也将对产业绩效产生巨大作用。

(3) 对外贸易对消费格局的作用。

贸易的最终结果表现为消费。对外贸易的发生、国外商品的大量涌入，使得一国既有的消费格局随之变动。世界各国的货物和服务出口、进口占当年国民财富（国内生产总值）的比重均为 1/4~1/3。无论是吃、穿、住、用、行，还是教育、休闲、娱乐，产品和服务将实现跨国供给，居民消费开始全球同步化。"全球同步发行"已经成为全球消费的一种现实状态，并同时使一国固有的、传统的消费观念发生巨大改变。比如中国人自古有重储蓄、倡节俭的古老传统，而经济全球化带来了消费观念的变革，部分人开始倡导"提前消费""信用消费""分期消费"等新消费理念。

12.2.2 全球化为我国产业结构转型带来的机遇

（1）资本合作的机会。

资本跨国运行可通过外商直接投资（FDI）或与东道国资本合作（如成立合资企业）的方式。外来投资企业已经占据中国工业 1/3 左右的比重。在全社会固定资产投资上，利用外资从 1981 年的 36.4 亿元剧增到 2008 年的 5311.9 亿元；从构成比例上看，利用外资占全社会固定资产投资由 1981 年的不到 4% 逐渐递增到 1995~1997 年的超过 10%，近年又回落到 3%~4%。

（2）对技术的模仿。

资本合作除了作为一种投资资金来源发挥直接作用之外，还蕴含了技术进步和某些制度学习的可能。先来看技术的学习和模仿。新经济增长理论认为，技术是经济增长的动力和源泉，而大部分技术进步是出于市场激励而导致的有意识行为的结果，知识商品可反复使用，无须追加成本，成本只是生产开发本身的成本。此外，把新古典增长模型中的"劳动力"的定义扩大为人力资本投资（即人力不仅包括绝对的劳动力数量和该国所处的平均技术水平，而且还包括劳动力的教育水平、生产技能训练和相互协作能力的培养等），进一步强调了人力资本、技术进步在经济增长中的重要性。

经济全球化条件下对技术的模仿，至少可以通过以下几条途径实现：第一，外商直接投资（FDI）的技术外溢性。沃尔兹（Walz，1997）认为，尽管具有创新能力的公司主要存在于发达国家，但通过外商直接投资，知识便得到间接性转移。第二，"干中学"效应，即边干边学。通过设立合资企业，东道国可以在生产过程中学习国外先进的生产技术、工艺流程以及管理经验。第三，研发的全球网络。参与国际合作研发，成为发展中国家获得某一领域最前沿技术的一种新途径。在一些基础科学（如物理学）的前沿研究领域，需要投入昂贵的实验设备，并需要一流科研人员的协作。目前，我国通过更广泛地参与研发的全球网络，共享实验数据和前沿科研成果，对国内的科技进步起到了重要带动与示范的作用。

（3）对制度的学习。

自 1978 年改革开放以来，我国经济体制由传统的计划经济向市场经济转型，通过逐渐放开价格管制，引入非国有经济，开始采用市场竞争的机制来配置稀缺资源。其中经济制度向西方发达市场化国家的学习是显而易见的。然而，在对西方经济制度的学习过程中，通过适合国情的革新，进一步形成了有中国特色的经济制度。

12.3 关于我国产业结构转型的几点思考

经济全球化对一国产业结构有多方面的影响,无论是企业规模、市场集中度还是进入壁垒等都在不断发生着动态调整、变化,并通过外资进入、跨国并购和对外贸易等方式对我国产业结构形成较大挑战,同时也存在多种机遇。在当前,需要注意以下三点,以便在进一步参与经济全球化进程中,最大化产业结构转型的利益。

第一,谋求全球产业链核心环节,深化资本合作空间。经济全球化带来分工的深化、细化,全球产业链因之生成。产业链是指各个产业部门之间基于一定的技术经济关联,并依据特定的逻辑关系和时空布局关系客观形成的链条式关联关系形态。全球产业链将产业部门之间的技术经济关联扩大到全球,因此全球产业链可以基于各个国家和地区客观存在的区域差异,着眼于发挥区域比较优势,借助区域市场协调国家和地区间的专业化分工和多维需求的矛盾。在一个全球产业链中,产品的创意可能来自美国,设计来自法国,而主要零部件来自德国,产品的最终组装可能在中国或印度,分销则遍及全球。然而全球产业链的各环节的利益分配并不合理,往往是资本、技术密集的核心环节被发达国家所垄断,而处于辅助地位、市场竞争剧烈的环节交由发展中国家生产。我国下一步引进外资,要注重引进能弥补国内产业链缺失环节的资本和技术,重点引进全球产业链条中的核心环节。

第二,模仿与赶超相结合,提升国内产业技术竞争力。在继续发挥 FDI 的技术外溢性和合资企业对国外先进的生产技术、工艺流程以及管理经验的"干中学"效应的同时,应特别鼓励国内具备条件的企业、产业参与研发的全球网络,占领产业技术的制高点,为国内产业结构转型奠定必要的技术基础。需要提及的是,应该鼓励更多的国内企业、行业协会"走出去"参与研发的全球网络,而不仅限于高校和国家科研机构。

第三,强化经济制度对产业结构转型的重大推动作用。经济制度对经济增长与发展十分重要。正如诺斯所强调的,技术的革新固然为经济增长注入了活力,但人们如果没有制度创新和制度变迁的冲动,并通过一系列制度(包括产权制度、法律制度等)构建把技术创新的成果巩固下来,那么人类社会长期经济增长和社会发展是不可设想的。[①] 经济全球化给不同国家和地区的经济制度带来了相互竞争和模仿、学习的机会。无论是"自上而下"式还是"自下而上"式的制

---

① North, Douglass C., Institutions, Institutional Change, and Economic Performance. Cambridge University Press, 1990.

度变迁都可能改变原有经济的组织方式，使经济利益在不同人群中重新分配，甚至改变整个经济模式。变革的"阵痛"或代价经常是巨大的。中国从计划经济体制向市场经济体制的改革已进行了数十年，并且取得了巨大的成功，不断走向深入的改革需要从经济体制深入到其他领域，其历程将十分艰辛。

第13章

居住消费升级与产业发展的相关性分析[*]

改革开放30年来,我国城乡居民居住消费快速增长,居住条件不断改善。城镇居民居住支出由1981年的19.68元增加至2007年的982.28元,年均实际增长率达到9.2%;农村居民居住支出则从1978年的12元增加到2007年的573.8元,年均实际增长4%。[①] 从住房条件看,我国城市人均住宅建筑面积由1978年的6.7平方米提高到2006年的27.1平方米,增加了4倍;农村人均住房面积则由1978年的8.1平方米增至2007年的31.6平方米,约增加了3.9倍。然而近年来也存在房价过高、投资波动、消费不振等现象,特别是在因次贷危机引发的世界性金融危机期间,如何通过刺激居住(特别是住房)消费需求带动相关产业[②]发展,促进经济回暖,具有重要的现实意义。

13.1 我国城乡居民居住消费升级的模式特征

国内学者对何谓"消费升级"[③]持有不同观点。观点一:消费升级是不同的消费阶段。如程立认为,"我国居民消费升级经历了从传统的温饱型消费逐步向享受型、发展型转变的过程"。[④] 这里的消费升级主要是指居民消费能力的升级和消费档次的提高。观点二:消费升级是消费结构升级,主要体现为某类消费支出比重的增加。如郝梅瑞认为,"我国居民服务消费支出的比重不断提高"。[⑤] 观点三:消费升级既表现为消费水平的提高,又表现为消费结构从低级到高级阶段

---

[*] 本章作者为杨蕙馨、吴炜峰,发表在《经济学动态》2009年第4期(有改动)。
[①] 此处及文中未具体注明出处的数据均出自各年度《中国统计年鉴》。
[②] 本文所指"居住相关产业"是指与居住消费支出相对应的由房地产(住宅)、水电燃料等产业构成的较宽泛的范围。
[③] "消费升级"是一个具有中国特色的概念或术语,蕴含着消费结构变动因素;而在国外文献中主要使用"消费增长"(consumption growth)一词用于反映消费在不同时序间的变动情况,显然这两者的含义并不完全相同。
[④] 程立. 对消费升级拉动经济增长的思考 [J]. 南京理工大学学报(社科版), 2005 (1): 42–48.
[⑤] 郝梅瑞. 服务消费时代:居民消费升级的新阶段 [J]. 消费经济, 2006, 22 (5): 86–88.

的发展。① 本文基本同意观点三,消费水平的提高代表了消费"量"的增长,而消费结构的升级表现为消费需求的变动与消费"质"的改变,"质"与"量"的互动代表了一种剧烈的结构变迁,而结构变迁是转型经济的一大重要特征。

13.1.1 城镇居民居住消费升级的阶段

1981~2007 年城镇居民居住支出占消费性支出的比重见图 13-1,该比重趋势线基本上由三段组成,可据此划分居住消费升级的三阶段。1981~1986 年居住支出比重在 4% 左右,1987~1996 年大致位于 6%~8% 的区间,1997 年后则在 8%~10% 的区间徘徊。从整个时序数据看,居住支出占消费性支出的比重是稳步提高的。在采用剔除价格因素的居民消费分类指数后,可以看到"实际比重"远比未剔除价格因素前的"名义比重"更显"平滑"。② 近年来,无论是"实际比重"还是"名义比重"都有进一步降低的趋势。实际上,1993~2007 年的"实际比重"基本在 6%~8% 区间波动,并在大部分年份位于"名义比重"线之下。对这种差异性的一个解释是:市场化因素更多地抬升了城镇居民居住消费的价格水平,而并未太多地影响到他们的实际居住支出。考察自 1993 年起的"实际比重",同时假定其他年份的居住支出的比重能被"名义比重"较真实地反映,

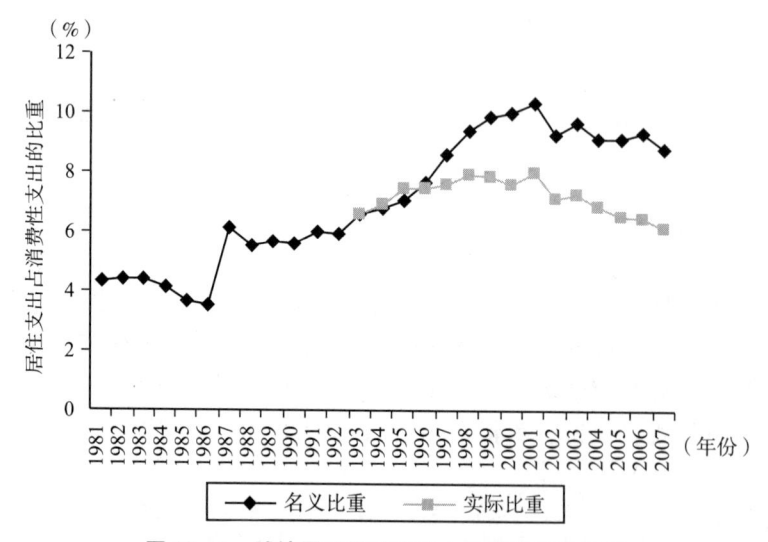

图 13-1 城镇居民居住支出占消费性支出比重

资料来源:作者整理得到。

---

① 臧旭恒等. 居民资产与消费选择行为分析 [M]. 上海三联书店、上海人民出版社,2001;吴炜峰,杨蕙馨. 转型时期我国城乡居民居住消费收入弹性研究 [J]. 产业经济评论,2008 (3):87-102.

② 国家统计局只提供自 1993 年起的居住消费分类指数数据,故"实际比重"自该年度算起。用该指数剔除价格影响后可获得居民居住支出占消费性支出的"实际比重"。

前述的居住消费升级的三阶段实际上仅为两阶段,即 1986 年之前的 4% 阶段和 1987 年起的 6%~8% 阶段。进一步,如果能够认同我们对 1993 年起"实际比重"与"名义比重"存在差异性的解释,那么居住消费价格的过快增长可能是这一阶段影响城镇居民居住消费升级的重要因素。

13.1.2 农村居民居住消费升级的模式特征

农村居民居住支出占消费性支出的比重与城镇居民存在较大不同。从时序数据看(见图 13-2),农村居民居住支出占消费性支出的比重明显高于城镇居民,大多数年份高出 1 倍多。此外还存在着明显的周期波动性,这种周期波动反映出在对转型时期农村居民居住消费升级的阶段性划分时存在困难,也可以同时并存争议性的判断。比如在同城镇居民居住支出比重做比较之后可以认为农村居民居住消费处于更高的阶段,但也可认为周期波动表明农村居民居住消费存在反复,这种反复似乎暗示着农村居民居住消费仍处于升级前的调整阶段。1978~1993 年完成一个较大的周期波动,1993~2005 年完成一个较平稳的波动,2006 年后则开始发生一定程度的反弹。

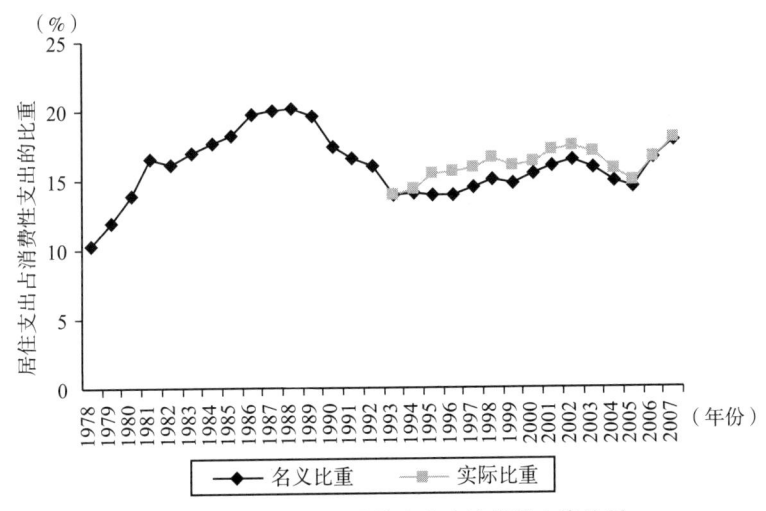

图 13-2 农村居民居住支出占消费性支出比重

资料来源:作者整理得到。

在采用剔除价格影响的居住消费分类指数后,可以看到"实际比重"与剔除价格因素前的"名义比重"相比基本保持平行,"实际比重"线基本位于"名义比重"线之上。对此现象的解释是:农村居民居住消费可能存在着某种程度的"自我雇用"现象,同时由于农村富余劳动力的存在,居住消费的价格也相对较低。

13.1.3 国际比较

目前，我国居民居住支出占消费性支出的比重仅相当于发达国家20世纪六七十年代的标准。根据《国际统计年鉴》的相关数据，1959年德国居住支出的比重为10.8%；1965年日本居住支出的比重为9.83%，英国为15.58%；1970年法国的比重为15.58%。近年来，西方发达国家的居住支出比重进一步提高至20%上下。如2006年美国居住支出的比重为17.45%，法国为24.93%，德国为24.4%；2005年日本为24.51%，英国为19.76%。①

以这些国家的居住消费作为标杆，我国城乡居民居住消费仍需要进行几次重大升级，才能达到它们目前的水平，可见未来几年我国居住消费增长的潜力巨大。然而，能否实现居住消费快速升级，也存在诸多制约因素。这些因素包括：居住价格水平、收入增长状况、居民对未来的预期以及居住产业供给水平。居住价格水平、收入增长状况、居民对未来的预期等构成了居民居住消费函数的主要变量，关于我国居住消费函数的构造将另文探讨。这里只考察居住消费如何带动居住相关产业（特别是住房）的发展。

13.2 居住消费与产业发展的相关性

13.2.1 我国居住相关产业发展状况

（1）住宅产业发展状况。

第一，全社会住宅投资由1995年的不到5000亿元增长到2007年的25000亿元的庞大规模，增速在20%~30%之间（见表13-1）。城乡之间的住宅投资额有较大差异。1995年至2007年，城镇住宅投资约增长了7倍，而农村的住宅投资只增长了不到3倍，正是城乡之间在增速上的巨大差异，使得城镇、农村的住宅投资的绝对额迅速拉开。2007年城镇住宅投资额超过20000亿元，而农村住宅投资仅为3700多亿元，差距为5.6倍。住宅投资的城乡差异见证了我国城市化进程加快带来的城乡间居住产业发展的不同状况。此外，从表13-1中还可以看到城镇房地产业构成城镇住宅投资的主力，城镇房地产业的住宅投资已占城镇住宅投资的80%以上；相反，农村住宅投资主要是农户自身的投资，到2007年农

---

① 参见国际统计数据（2007年）：http://www.stats.gov.cn/tjsj/qtsj/gjsj/2007/t20080630_402489064.htm。

户的住宅投资仍占农村住宅投资的 86%。

表 13-1　　　　　　　　1995~2007 年全社会住宅投资额　　　　　　单位：亿元

年份	合计	城镇	房地产	农村	农户
1995	4736.7	3278.2	1753.1	1458.5	1349.9
1996	5198.5	3326.2	1699.2	1872.3	1766.4
1997	5370.7	3319.7	1539.4	2051.0	1890.7
1998	6393.8	4310.8	2081.6	2083.0	1907.4
1999	7058.8	5050.9	2638.5	2007.9	1799.1
2000	7594.1	5435.3	3312.0	2158.9	1946.5
2001	8339.1	6261.5	4216.7	2077.6	1879.5
2002	9407.1	7248.9	5227.8	2158.2	1917.7
2003	10792.3	8624.8	6776.7	2167.5	1875.1
2004	13464.1	11010.1	8837.0	2453.9	2002.2
2005	15427.2	12825.8	10860.9	2601.5	2211.6
2006	19333.1	16305.5	13638.4	3027.5	2567.1
2007	25005.0	21238.3	18005.4	3766.7	3204.1

资料来源：《中国统计年鉴》（2008）。

第二，从全社会施工、竣工住宅面积和价值看（见表 13-2），除少数几个年份外，每年全社会施工的住宅面积均超过 150000 万平方米，特别是 2003 年以来，每年施工的住宅面积均超过 200000 万平方米，2007 年更是超过 300000 万平方米；自 2005 年起，每年竣工的住宅面积均超过 100000 万平方米；竣工住宅价值大幅提高，均在 10000 亿元以上，剔除价格及面积因素后，住宅价值的提高体现了住房质量的提高。从商品住宅价值占竣工住宅价值的比例看，目前我国住宅商品化率约在 60%，而 1995 年该比例不到 30%，这反映了我国住宅产业发展的一大重要趋势。

表 13-2　　　　　　1995~2007 年全社会施工、竣工房屋面积和价值

年份	施工住宅面积（万平方米）	商品住宅（万平方米）	竣工住宅面积（万平方米）	商品住宅（万平方米）	竣工住宅价值（亿元）	商品住宅（亿元）
1995	140451.9	32902.3	107433.1	11951.3	3622.7	995.4
1996	155508.9	31849.3	121913.4	12232.6	4505.6	1194.3
1997	149658.1	30374.7	121101.0	12464.7	4884.6	1269.9

续表

年份	施工住宅面积（万平方米）	商品住宅（万平方米）	竣工住宅面积（万平方米）	商品住宅（万平方米）	竣工住宅价值（亿元）	商品住宅（亿元）
1998	167600.8	36223.0	127571.6	14125.7	5441.8	1484.1
1999	181236.4	42590.3	139305.9	17640.7	6019.9	1831.3
2000	180634.3	50498.3	134528.8	20603.3	6153.4	2173.6
2001	182767.1	61583.0	130419.6	24625.4	6396.5	2622.4
2002	193731.0	73208.7	134002.1	28524.7	6967.8	3191.0
2003	205286.7	91390.5	130160.8	33774.6	7631.2	4128.9
2004	217580.5	108196.5	124881.1	34677.2	8320.3	4620.7
2005	239769.6	129078.4	132835.9	43682.9	10042.3	6060.1
2006	265565.3	151742.7	131408.2	45471.7	10950.1	6717.2
2007	315629.8	186788.4	146282.7	49831.3	12990.7	7853.1

资料来源：《中国统计年鉴》（2008）。

第三，从人均住房面积看，城市人均住宅建筑面积由 1978 年的 6.7 平方米提高到 2006 年的 27.1 平方米，增加了 4 倍；农村人均住房面积则由 1978 年的 8.1 平方米增至 2007 年的 31.6 平方米，约增加了 3.9 倍；城乡居民人均住房面积年均增速基本接近，大致稳定在 5% 上下。从国际上人均住宅面积看，英国为 37 平方米、德国为 36 平方米、新加坡为 33 平方米，美国和澳大利亚等发达国家的人均住宅面积已达到 50 平方米以上。[1] 我国人均住宅面积与这些国家相比还有一定的差距，但也已达到了中等发达国家水平。

（2）水电燃料产业发展状况。

第一，从固定资产投资看，电力、燃气及水的生产和供应业的投资明显加快。2003 年电力、燃气及水的生产和供应业的投资约在 4000 亿元，而到 2007 年则高达 9500 亿元。尽管电力、燃气及水的生产和供应业不仅仅满足居民居住需求，但从该项指标上可以大略看出我国居民居住条件改善的一个缩影。

第二，从规模以上水电燃料业（特别是电力、热力的生产和供应业）企业主要指标看，产业规模庞大，利润效益较好。2007 年电力、热力的生产和供应业的工业总产值、工业增加值和利润总额分别为 26462.65 亿元、828.89 亿元和 1982.22 亿元；燃气生产和供应业的工业总产值、工业增加值和利润总额分别为 988.72 亿元、306.67 亿元和 75.52 亿元；水的生产和供应业的工业总产值、工

---

[1] 张健：《从中外住房自有率情况看我国房地产市场》，http://blog.soufun.com/13065557/1648380/article detail.htm。

业增加值和利润总额分别为797.08亿元、365.96亿元和30.89亿元。

13.2.2 居住消费与产业发展的相关性

从居住消费与产业发展的相关系数可以比较好地考察居住消费与产业发展的相关性（见表13-3）。总体而言，居住消费与产业发展具有高相关性。从表13-3中可以看出，除"居住消费与电力、燃气及水的生产和供应业投资的相关系数"外，农村居民居住消费与产业发展的相关系数均高于城镇居民的相关系数。在设定投资滞后变量后，可以看到：城镇居民的"居住消费与滞后一期的住宅投资的相关系数"高于当期的住宅投资的相关系数；农村居民则相反。此外，城镇居民的"住宅消费与住宅投资的相关系数"低于当期的住宅投资的相关系数。

表13-3　　　　　　　居住消费与产业发展的相关系数

项　目	城镇居民	农村居民
居住消费与住宅投资的相关系数	0.95	0.98
居住消费与住宅投资的相关系数（住宅投资滞后一期）	0.96	0.96
住宅消费与住宅投资的相关系数[a]	0.86	—
住宅消费与住宅投资的相关系数（住宅投资滞后一期）[a]	0.89	—
居住消费与住宅施工面积的相关系数	0.96	0.98
住宅消费与住宅施工面积的相关系数[a]	0.90	—
居住消费与竣工住宅价值的相关系数	0.98	0.98
居住消费与电力、燃气及水的生产和供应业投资的相关系数[b]	0.96	0.90
水电燃料消费与电力、燃气及水的生产和供应业投资的相关系数[b,c]	0.98	—

注：a. 由于无法获得农村居民住宅消费数据，故该项目的农村居民的相关系数从略；b. 电力、燃气及水的生产和供应业投资数据为"全社会固定资产投资"，未进一步细分为城镇居民、农村居民；c. 由于无法获得农村水电燃料消费数据，故该项目的农村居民的相关系数从略。

资料来源：根据各年度《中国统计年鉴》相关数据计算。

13.3　居住消费对产业发展的拉动

13.3.1　消费对产业发展的作用机理

投入产出方法就是分析消费与产业发展的相关性。在投入产出分析中，消费需求与产业水平的相关性体现在 $X = (I - A)^{-1}Y$ 的表达式中。其中，A 为 n 阶直接消耗系数矩阵，X、Y 分别为 n 个部门总产品列向量、最终产品列向量。X 代表的"总产品"是一个可以用来表示"产业水平"的指标；Y 代表的"最终产品"也就是投入产出表中的"最终使用"，由三部分构成，即总消费（包括居民总消费、社会总消费）、资本形成总额、出口。由于"最终使用"的构成是线性的，所以利昂惕夫逆矩阵"$(I-A)^{-1}$"明确地表示消费需求与产业水平的相关性。在对不同年份的利昂惕夫逆矩阵系数进行比较后，则可以对不同时期居住消费与产业发展的相关性加以解释。下面利用 1997 年、2002 年中国投入产出表具体分析居住消费对居住相关产业发展的作用。①

13.3.2 居住消费对产业发展拉力的对比分析

这里通过比较 2002 年对 1997 年利昂惕夫逆矩阵系数变动情况，分析单位居住最终消费的增长对居住相关产业发展的拉力变化。

表 13-4 显示了 2002 年与 1997 年比较：

（1）电力、热力及水的生产和供应业的单位最终消费对燃气生产和供应业与房地产业的拉力增强；对其自身以及水的生产和供应业的拉力则有所减弱。

（2）燃气生产和供应业的单位最终消费除对其自身之外的居住各相关产业的拉力有所增强，而水的生产和供应业的单位最终消费除对燃气生产和供应业的拉力有所增强之外，对其他居住相关产业的拉力则有所减弱。

（3）房地产业对居住各相关产业的拉力均有所增强。这与这些年份（特别是 1998 年起取消实物分配福利住房）房地产业快速发展，对国民经济各部门的带动力明显增强的事实相吻合。

表 13-4　单位居住最终消费对居住相关产业拉力变动（2002 年与 1997 年）

产业	电力、热力的生产和供应业	燃气生产和供应业	水的生产和供应业	房地产业
电力、热力的生产和供应业	-0.0012	0.0050	-0.0214	0.0025
燃气生产和供应业	0.0010	-0.0038	0.0041	0.0003
水的生产和供应业	-0.0012	0.0021	-0.0192	-0.0000
房地产业	0.0015	0.0032	0.0027	0.0064

资料来源：根据 1997 年、2002 年中国投入产出表计算。

---

① 由于 2002 年中国投入产出 42 部门表及 1997 年中国投入产出 40 部门表中的部门划分并不一致，本文在分析单位居住最终消费的增长对居住相关产业发展的拉力变化时，首先将它们统一合并调整成 37 部门表，下文的分析均基于这两年的 37 部门表。

13.3.3 1997~2002 年居住产业结构变动的归因分析

归因矩阵①可以从两方面对产业结构变动做出定量解释：(1) 行和与 1 的大小关系反映了产业在整个经济系统中的结构变动情况。如果第 i 行的行和大于 1，表示在整个经济系统中，各部门最终需求导致 i 部门结构性增长；相反，小于 1，则表明结构性萎缩。(2) 归因矩阵与单位矩阵不同的元反映了产业之间投入产出关系的变动。如果第 i 行的对角元大于 1，表示该产业的最终需求影响使 i 产业发生结构性增长；如果某非对角元大于 0，则反映对应的列产业通过最终需求拉动了 i 产业的发展。

在表 13-5 中②，除水的生产和供应业外（可能与倡导节约用水、推广节水用具有关），其他居住相关产业的行和均大于 1，表明各部门最终需求的增长导致这些产业发生结构性增长；仅房地产业的对角元大于 1，表明房地产业受其最终需求影响将发生结构性增长，而其他居住相关产业受其最终需求影响则发生结构性萎缩。从非对角元正负情况看，电力、热力及水的生产和供应业通过最终需求拉动了其他 28 个产业的发展；燃气生产和供应业、居住和房地产业则分别拉动了其他 30 个、27 个和 30 个产业的发展。它们也在一定程度上反映了居住消费与产业发展的关联性。

表 13-5　　　　1997~2002 年居住产业结构变动的归因分析

产业	行和	对角元	产业	行和	对角元
电力、热力的生产和供应业	1.0966	0.9930	水的生产和供应业	0.9855	0.9930
燃气生产和供应业	1.011	0.9972	房地产业	1.1243	1.0067

资料来源：根据 1997 年、2002 年中国投入产出表计算。

13.4　结论与对策建议

13.4.1　研究结论

通过对我国城乡居民居住消费升级与产业发展相关性的剖析，可以得出如下

---

① 设 B_0 和 B_1 是基准期和计算期的利昂惕夫逆矩阵的列标准化矩阵。如果存在矩阵 C，使得 $CB_0 = B_1$，则称矩阵 C 为基准期到计算期产业结构变动的归因矩阵。

② 因篇幅所限，表 13-5 中未列出非对角元数据，如有需要，可与作者联系。

结论：

第一，我国城镇居民居住消费升级可分为两个阶段：1981~1986年是第一阶段，该时期居住支出占消费性支出的比重在4%左右；1987年至2008年处于居住消费升级的第二阶段，居住支出占消费性支出的比重大致位于6%~8%的区间；农村居民居住支出占消费性支出的比重明显高于城镇居民，大多数年份高出1倍多，同时存在着明显的周期波动性，这种周期波动反映出在对转型时期农村居民居住消费升级的阶段性划分时存在着困难，也可以同时并存争议性的判断。

第二，从相关系数看，我国城乡居民居住消费与产业发展具有高相关性。农村居民居住消费与产业发展的相关系数均高于城镇居民的相关系数，而投资滞后变量对居住消费与产业发展的相关性的影响在城镇与农村存在差异。

第三，利用投入产出表分析表明，近年来房地产业对居住各相关产业的拉力均有所增强，而其他居住相关产业对居住产业的拉力则增减作用并存；除水的生产和供应业外，各部门最终需求的增长将导致其他居住各产业发生结构性增长；房地产业受其最终需求影响将发生结构性增长，而其他居住相关产业受其最终需求影响则发生结构性萎缩。

13.4.2 对策建议

根据以上结论，在次贷危机引发的世界性金融危机期间，通过加快居住（特别是住房）消费升级带动我国居住相关产业发展，进而促进经济回暖，需要注意以下三点：

第一，抑制消费（特别是住房）价格过快增长仍是这一阶段加快我国城镇居民居住消费升级的重点。1997以来，我国城镇居民居住支出占消费性支出的比重基本维持在1987~1996年的6%~8%的区间，主要原因是价格因素大幅"平减"了城镇居民实际居住支出。国家发展和改革委员会、国家统计局的调查显示，2008年8月以来，全国70个大中城市房屋销售价格连续环比下降，且在2008年12月同比下降0.4%，这是自2005年7月以来首次出现同比下降。然而需要注意的是，本次房价微调主要是因宏观经济周期波动所带来的房地产消费暂时性抑制而产生的，房地产的投资并没有明显回落。据统计，[①] 2008年全国共完成房地产开发投资30580亿元，同比增长20.9%；房地产商"捂房"观望，全国商品房空置面积1.64亿平方米，同比增长21.8%，其中，空置商品住宅9069万平方米，同比增长32.3%。

第二，国家保障性住房政策是防止房价大起大落、促进居住消费的有效手段。住房构成一国国民的基本民生。从国际上看，一些国家和地区（如韩国、新

---

① 参见 http://soufun.com/news/2009-1-25/2364680.htm。

加坡）采取了多项政策扶持居住消费及相关产业发展。住房的公共政策主要有两种：一种是补贴开发商，通过提供低廉的住房用地和一系列税收优惠促使开发商扩大住房供给；另一种是国家出资建造住房，以低价房、廉租房的形式出售、出租给国民。前一种政策由于住房的价格缺乏弹性，效果不佳，目前很多国家采用的是后一种。近年来，我国也加快了经济适用房、廉租房的投资力度，然而从实施效果看，由于经济适用房、廉租房市场供应量过少，房价并没有得到有效控制。可见，应该进一步加大保障性住房政策力度，以防止房价大起大落，促进城乡居民的居住消费。

第三，加快居住消费升级还需要进一步提高城乡居民的收入水平。消除"效率壁垒"（barriers to efficiency），加快农村剩余劳动力转出，是提高农村居民收入水平的重要途径。效率壁垒的存在使一国经济中的资本、劳动力、土地、技术、信息等要素的流动性降低，并进一步导致经济效率发生损失。造成劳动力流动性降低的主要壁垒有以下几种：一是制度壁垒，如身份户籍制度严重限制了城乡、部门之间的劳动力流动；二是教育壁垒，指由于教育非均等性而产生阻碍劳动力流动的壁垒。尽快消除这些壁垒，有利于农村剩余劳动力转出，切实提高农村居民的收入水平，促进农村居民居住消费水平的提高。城镇居民的受教育程度较高，城镇的创业机会也较多，通过鼓励城镇居民自主创业，可以有效促进居民就业，提高收入水平，大幅减少因失业而带来的未来收入的不确定性问题。只有城乡居民收入水平提高了，居住消费才可以真正"水涨船高"，并通过居住消费与产业发展的关联性，带动居住相关产业又好又快发展，进而促进经济回暖。

第四篇
信息化与工业化

第 14 章

两化融合与内生经济增长[*]

14.1 引　　言

当今世界经济增长呈现两个显著的特征：一是工业化的再次兴起。2013 年德国提出"工业 4.0"计划以来，主要发达国家纷纷提出"再工业化"战略（金碚，2012；黄群慧和贺俊，2013）。二是信息化的广泛渗透，重塑全球化时代国家和产业的新竞争优势。故事背后印证的是全球范围内信息化与工业化融合发展特征[①]，两化融合日益成为提高资源配置效率、推动经济增长转型、调控环境承载力的重要手段。中国工业化进程短、信息化发展不完善，更不具备"先工业化、后信息化"的历史契机，所以，促进信息化与工业化的融合发展，成为中国保持经济稳定增长、调整产业结构、避免"中等收入陷阱"的历史选择。

党的十八届五中全会创新性地提出"创新、协调、绿色、开放、共享"五大发展理念，描绘了中国未来的发展方向和发展目标，而信息化与工业化的融合则成为解决自然、经济、社会各方面矛盾的重要手段。中国在深入推行两化融合的进程中出台了如"中国制造 2025"计划和"互联网＋"计划，推动互联网、云计算、大数据、物联网与现代制造相结合，引导工业信息化关键共性技术的突破，发展先进制造和高端装备。纵观已有研究文献，西方学者研究关注的焦点之一是信息技术的渗透和融合对经济增长的影响（Jorgenson and Stiroh，1995，1999；Dewan and Kraemer，2000；Jorgenson，2001；Gust and Marquez，2004）。关注的焦点之二是"信息技术生产率悖论"问题[②]（Solow，1987；Acemoglu et al.，2014）。在信息技术为先导的新科技革命浪潮中，中国提出信息化与工业化

---

[*] 本章作者为杨蕙馨、焦勇、陈庆江，发表在《经济管理》2016 年第 1 期（有改动）。

[①] 信息化与工业化的融合，下文简称"两化融合"。

[②] 信息技术生产率悖论，又称"生产率悖论"（productivity paradox）、"索洛悖论"，最早是由斯特拉斯曼（Strassman）在研究美国企业时发现的，即 IT 投资和投资回报率之间关联性较弱。20 世纪 80 年代美国企业投资 1 万亿美元用于信息技术建设，然而，自 1973 年开始美国的生产率增长率却进入低谷时期。

互补共进的发展道路（乌家培，1993，1995）。近年来，围绕两化融合的实现机制（肖静华等，2006；万建香，2009；俞立平等，2009；谢康等，2009；谢康、肖静华，2011；林莉、葛继平，2012）、融合过程（朱金周，2011；金江军，2011）、融合水平（国家统计信息中心课题组，2004；中国信息化水平评价研究课题组，2006；工业和信息化部信息化推进司，2012；谢康等，2012）的研究陆续展开。

两化融合是在产业层次中发挥后发优势的重要手段之一，是推动中国产业结构优化升级、经济可持续发展的重要推手。第一，现阶段中国收入状况、技术水平、产业结构和发达国家仍然存在差距，为了发挥后发优势，有必要引入已有的技术来加速国内知识积累，带来更快的经济增长速度（林毅夫，2003；林毅夫、张鹏飞，2005）。第二，世界范围内酝酿的新科技革命、再工业化战略为中国两化融合提供了有利条件，以"三网"融合、"云计算"为代表的新一代信息技术的发展，将会革新工业化的进程。如3D打印技术突破了传统制造业在材料加工上做减法的方式，采用"分层加工、叠加成形"的加法原则，使几乎任何电脑设计出来的物体都能很快转化为工业实物，从而带来生产组织方式的变革。先进技术和数控、分布式控制、柔性制造系统正对传统企业设计、生产流程进行再造，为新型工业化创造更为有效的技术手段。

两化融合也是产业结构优化升级、经济增长的生产要素之一。第一，信息技术的渗透和融合改变了要素配比结构，增强了要素流动性，提高了资源的配置效率，为资金、人力资本等要素在不同企业、产业和地理空间的流动提供了便利。第二，信息技术的渗透和融合促进了要素的集约使用，同时，对部分要素产生替代效应，提高了要素的使用效率。

本文在已有研究成果的基础上进行了拓展：一是将工业化与信息化引入协同演化共生模型中，利用合作系数 ϕ_1、ϕ_2 的乘积衡量两化融合水平，达到对两化融合两个方面（工业化促进信息化、信息化推动工业化）的准确衡量；二是提出两化融合是推动产业结构变迁、促进宏观经济增长的生产要素之一，从而将两化融合从索洛剩余中剥离出来；三是引入经济增长 R-C-K 模型（拉姆塞—卡斯—库普曼模型），将两化融合水平引入企业生产函数中，分析两化融合因素对宏观经济增长、平衡增长路径的作用机理。

14.2 两化融合的刻画及动态特征

14.2.1 两化融合程度刻画

构建两化融合的综合评价指标体系成为对两化融合水平刻画的普遍方式。两化融合是信息化和工业化相互融合、相互促进的过程（俞立平等，2009），双方的要素构成及表现形态相互结合、渗透直到彼此交融，也即信息化与工业化两个系统协同演化、共同发展的过程。本文立足协同演化视角，既然两化融合是信息化和工业化两个彼此不同但又相互联系的系统之间协同演化的结果，那么，由此构建信息化与工业化两化系统协同演化模型公式为：

$$\begin{cases} \dfrac{dx_1}{dt} = r_1 x_1 \left(1 - \dfrac{x_1}{N_1} + \phi_1 \dfrac{x_2}{N_2}\right) \\ \dfrac{dx_2}{dt} = r_2 x_2 \left(1 - \dfrac{x_2}{N_2} + \phi_2 \dfrac{x_1}{N_1}\right) \end{cases} \quad (14-1)$$

式中，x_1、x_2 分别代表工业化与信息化程度，r_1、r_2 分别是工业化、信息化的自然增长率，N_1、N_2 分别代表工业化（信息化）单独演进发展时所能够达到的最高值，ϕ_1、ϕ_2 为合作系数，分别表示信息化（工业化）水平的提高对工业化（信息化）水平提高的合作互惠作用。求解该模型，获得系统稳定条件和不动点，具体如表14-1所示。

表14-1　　　　　　　工业化与信息化协同演化的不动点及稳定条件

类型	不动点	稳定条件	解释、含义
零点解	(0, 0)	不稳定	工业化和信息化尚未进行
角点解	(N_1, 0)	$\phi_1 < 1$, $\phi_2 > 1$, $\phi_1 \phi_2 < 1$	工业化充分发展，而信息化尚未进行
角点解	(0, N_2)	$\phi_1 > 1$, $\phi_2 < 1$, $\phi_1 \phi_2 < 1$	信息化充分发展，而工业化尚未进行
内点解	$\left(\dfrac{N_1(1+\phi_1)}{1-\phi_1\phi_2}, \dfrac{N_2(1+\phi_2)}{1-\phi_1\phi_2}\right)$	$0 < \phi_1 < 1$, $0 < \phi_2 < 1$	工业化与信息化协同共生

资料来源：作者计算整理获得。

工业化与信息化协同演化存在四个不动点，其中零点解不稳定。稳定状态下的角点解是（N_1, 0）、（0, N_1），存在的条件是合作系数的非对称地位，才会带来信息化、工业化两个系统"非你即我"的竞争格局。只有满足稳定性条件 $0 < \phi_1 < 1$，$0 < \phi_2 < 1$ 时，合作系数 ϕ_1、ϕ_2 的作用力水平处于对称关系，也即工业化对信息化的促进作用与信息化对工业化的促进作用同等重要，并没有出现一种力量质的改变，工业化和信息化协同演化，不动点的工业化、信息化水平分别为 $\dfrac{N_1(1+\phi_1)}{1-\phi_1\phi_2}$、$\dfrac{N_2(1+\phi_2)}{1-\phi_1\phi_2}$。$\phi_1$、$\phi_2$ 为合作系数，分别表示信息化（工业化）水平的提高对工业化（信息化）水平提高的合作互惠作用，也即技术、管理等信

息资源共享所带来的知识外溢,带来协同发展效应。所以,ϕ_1 衡量了信息化发展对工业化的促进作用,ϕ_2 则衡量了工业化发展对信息化的促进作用。信息化与工业化融合发展,两者不可偏废,故而模型中 $\phi_1\phi_2$ 正是对两化融合内涵的精准表达。

14.2.2 两化融合动态特征分析

根据工业化与信息化协同演化模型,工业化与信息化共生的条件是:$0<\phi_1<1$,$0<\phi_2<1$,稳态条件下工业化程度为 $N_1^* = \dfrac{N_1(1+\phi_1)}{1-\phi_1\phi_2}$,信息化程度为 $N_2^* = \dfrac{N_2(1+\phi_2)}{1-\phi_1\phi_2}$,其中,$N_1^*$、$N_2^*$ 分别代表两化融合发展背景下工业化与信息化的稳态水平值。所以,建立在稳态水平上两化融合水平公式为:

$$I = \phi_1\phi_2 = 1 - \frac{N_1^*/N_1 + N_2^*/N_2 - 1}{(N_1^*/N_1)\cdot(N_2^*/N_2)} = \frac{(N_1^*/N_1-1)(N_2^*/N_2-1)}{(N_1^*/N_1)\cdot(N_2^*/N_2)} \quad (14-2)$$

式中,I 为两化融合水平,N_1^*/N_1、N_2^*/N_2 分别衡量工业化、信息化协同发展条件下,由于知识外溢、合作互惠带来的信息化与工业化发展到更高水平的稳定状态水平值和单独演化条件下的稳态水平值之间的倍数,衡量了由于合作互惠产生推动作用的大小。

根据两化融合的协同演化模型,随着信息化与工业化的发展,所产生的协同作用越来越强。例如,信息化所带来的技术支持,推动工业电子、工业软件、信息服务等信息技术产业繁荣发展,工业化发展为信息化创造"需求"(金江军等,2011;朱金周,2011),进而工业化和信息化能够突破自然增长极限①,达到更高的稳态水平值,据此假设:

$$\frac{N_1^*}{N_1} = k_1\cdot t + m,\quad \frac{N_2^*}{N_2} = k_2\cdot t + n \quad (14-3)$$

式中,k_1、k_2 为收敛速率,代表了随着时间推移,工业化、信息化突破自然增长极限达到更高水平的能力。收敛速度的现实解释是两化融合的制度安排、推进措施的政策强弱。m、n 分别代表作用力的初始水平。至此两化融合水平 $I = \phi_1\phi_2 = \dfrac{(k_1t+m-1)(k_2t+n-1)}{(k_1t+m)(k_2t+n)}$。随着两化融合的深度推进,经济增长、资源消耗、环境承载之间的矛盾凸显,导致两化融合水平缓慢增长,融合难度越来越大。两化融合的动态变化方程为:$i_t = (I_{t+1} - I_t)/I_t$,代入式(14-2)和

---

① 我们所指的工业化、信息化所能够达到的极限值并不是用百分比衡量,并不是达到100%时即为极限值,而是包含质量提升的演进过程。例如,现阶段德国"工业4.0"计划,就是对现有工业化的革新,推动工业化质量提升。

式（14-3），化简获得两化融合的动态变化方程：

$$i_t = \frac{(k_1t+m-1+k_1)(k_2t+n-1+k_2)(k_1t+m)(k_2t+n)}{(k_1t+m+k_1)(k_2t+n+k_2)(k_1t+m-1)(k_2t+n-1)} - 1 \quad (14-4)$$

式（14-4）中，i_t 是关于 t 的单调递减函数。为了将两化融合纳入经济增长 R-C-K 模型（Ramsey，1928；Cass，1965；Koopmans，1965）中，对两化融合进行线性化近似处理①。通过对两化融合的表达式分析和数值模拟，将两化融合水平、两化融合的动态变化归纳为三段特征，设定 $i_t = \gamma_1$，$0 < t < T_1$，两化融合水平 I_t 以较快的速度 γ_1 均匀增长；设定 $i_t = \gamma_2$，$0 < t < T_2$，其中 $\gamma_2 < \gamma_1$，代表了在（T_1，T_2）时间内两化融合以低于 γ_1 的速度 γ_2 均匀增长；在 $t > T_2$ 时，$i_t \approx 0$，两化融合的动态变化 i_t 接近于0，工业化与信息化接近于完全融合的理想状态，此时两个系统之间要素构成、表现形态彼此交融，充分利用合作互惠能力，推动工业化与信息化的同步、有序进行。

14.3 包含两化融合的内生经济增长模型

发展中国家的技术水平与发达国家相比存在显著差距，故而发展中国家通过引进技术来加速技术变迁，发挥后发优势，促进经济增长（林毅夫，2003），而信息化和工业化的融合是发挥后发优势、推动经济增长的活水之源。考虑一个包含两化融合的内生经济增长模型，两化融合构成推动经济增长的生产要素之一。具体考虑一个竞争性企业引入资本和劳动力生产和销售产品，消费者持有资本并进行消费和储蓄的 R-C-K 模型。

14.3.1 企业生产行为

将两化融合纳入生产函数，同时，企业生产还需投入资本 K、劳动力 L，假定技术进步表现为哈罗德中性，那么，企业生产函数的一般形式可以表述为 $Y_t = F(K_t, A_tI_tL_t)$，具体构建 C-D 生产函数形式为：

$$Y_t = K_t^\alpha (A_tI_tL_t)^{1-\alpha}, \quad 0 < \alpha < 1 \quad (14-5)$$

式中，Y_t 为最终产品的产量，A_t 为企业面临的技术水平，假定 A_t 以 g 的速率外生增长，也即 $\dot{A}_t/A_t = g$。生产函数中引入了两化融合作为生产要素之一，不仅发挥经济增长的后发优势，更是由于信息化与工业化的融合推动生产要素使用效率、配置效率的提高，带来更高的产出水平。基于此，两化融合是构成经济增长的生产要素之一，并纳入 R-C-K 模型。

---

① 线性化处理并不改变两化融合变化的基本特征，同时便于后续研究中获得平衡增长路径中的稳态值。

企业产出在个人消费与投资之间分割,此外,考虑到现有资本的折旧,资本积累方程形式为:

$$\dot{K}_t = Y_t - C_t - \delta K_t \quad (14-6)$$

式中,资本折旧率 $\delta > 0$。为了获取经济增长的动态轨迹中每单位有效劳动的资本存量 k 的动态特征,构建生产函数 $Y_t = K_t^{\alpha}(A_t I_t L_t)^{1-\alpha}$ 的紧凑形式为:$f(k_t) = \left(\dfrac{K_t}{A_t I_t L_t}\right)^{\alpha}$,则有 $k_t = \dfrac{K_t}{A_t I_t L_t}$,利用链式法则,求解获得每单位有效劳动的资本存量的变化速率为:

$$\dot{k}_t = y_t - c_t - (i + g + \delta)k_t \quad (14-7)$$

式中,两化融合 I 的时间增长率为 $i = \dot{I}_t / I_t$,$y_t - c_t$ 为每单位有效劳动的实际投资,而 $(i + g + \delta)k_t$ 为持平投资。

14.3.2 消费者行为

市场中存在大量的消费者,消费企业生产的产品,并提供企业生产所必需的劳动力资源。消费者将其收入在消费与储蓄之间进行分配,获得最大化的终身效用,由此构建消费者的效用函数形式:

$$U = \int_{t=0}^{\infty} e^{-\rho t} u(C_t) dt \quad (14-8)$$

式中,C_t 是 t 时刻的消费量,ρ 是主观贴现率,反映了消费者的主观时间偏好率。$u(\cdot)$ 为消费者瞬时效用函数,采用相对风险厌恶不变(CCRA)效用函数,瞬时效用函数形式:

$$u(C_t) = \dfrac{C_t^{1-\theta}}{1-\theta}, \quad \theta > 0 \quad (14-9)$$

式中,相对风险厌恶系数为 $-C \cdot \dfrac{u''(C)}{u'(C)} = \theta$ 独立于 C;代表性消费者的效用函数为 $U = \int_0^{\infty} \dfrac{C_t^{1-\theta} - 1}{1-\theta} e^{-\rho t} dt$。

14.3.3 系统均衡与最优路径

(1)经济系统均衡。

在给定的企业生产约束条件下,消费者效用最大化的目标函数与约束条件如式(14-10)和式(14-11)所示:

$$\max U = \int_{t=0}^{\infty} e^{-\rho t} u(C_t) dt \quad (14-10)$$

$$s.t. \begin{cases} \dot{k}_t = y_t - c_t - (i + g + \delta)k_t \\ y_t = (k_t)^{\alpha} \end{cases} \quad (14-11)$$

求解此模型，需要建立现值哈密尔顿函数：$\Gamma = u(c) + \lambda[y - c - (i_t + g + \delta)k]$，其中，$\lambda$ 为 k 的余状态变量，也即影子价格。分别对 Γ 求关于消费 c 和资本 k 的一阶导数，也即：$\frac{\partial \Gamma}{\partial c} = 0$，$\frac{\partial \Gamma}{\partial k} = 0$，从而获得：

$$\begin{cases} \dot{k} = y - c - (i_t + g + \delta)k \\ \dot{c} = \frac{c}{\theta}\left[\frac{dy}{dk} - (i_t + g + \delta + \rho)\right] \end{cases} \quad (14-12)$$

最优解状态下满足截断性条件：$\lim_{t \to \infty} e^{-\rho t}\lambda_t k_t = 0$，当 $\dot{k} = \dot{c} = 0$ 时，获得社会均衡解 (k, c) 为：$\left(\left(\frac{\alpha}{i_t + g + \delta + \rho}\right)^{\frac{1}{1-\alpha}}, (1 - i_t - g - \delta)\left(\frac{\alpha}{i_t + g + \delta + \rho}\right)^{\frac{1}{1-\alpha}}\right)$。根据对 i_t 变化性质的分析，可以得出平衡增长路径上包括三个均衡解，其中，当 $0 < t < T_1$ 时，$i_t = \gamma_1$，所以两化融合快速增长的稳态均衡解 (k^*, c^*) 为：$\left(\left(\frac{\alpha}{\gamma_1 + g + \delta + \rho}\right)^{\frac{1}{1-\alpha}}, (1 - \gamma_1 - g - \delta)\left(\frac{\alpha}{\gamma_1 + g + \delta + \rho}\right)^{\frac{1}{1-\alpha}}\right)$；当 $T_1 < t < T_2$ 时，$i_t = \gamma_2$，其中 $\gamma_2 < \gamma_1$，两化融合缓慢增长的稳态均衡解 (k^{**}, c^{**}) 为：$\left(\left(\frac{\alpha}{\gamma_2 + g + \delta + \rho}\right)^{\frac{1}{1-\alpha}}, (1 - \gamma_2 - g - \delta)\left(\frac{\alpha}{\gamma_2 + g + \delta + \rho}\right)^{\frac{1}{1-\alpha}}\right)$；当 $t > T_2$，两化融合的动态变化 i_t 接近于 0，工业化与信息化接近于完全融合的理想状态时，经济系统的稳态均衡解 (k^{***}, c^{***}) 为：$\left(\left(\frac{\alpha}{g + \delta + \rho}\right)^{\frac{1}{1-\alpha}}, (1 - g - \delta)\left(\frac{\alpha}{g + \delta + \rho}\right)^{\frac{1}{1-\alpha}}\right)$。总之，平衡增长路径中，存在三个稳态均衡解，对应了两化融合快速增长阶段、两化融合缓慢增长阶段和两化接近于完全融合的阶段。在平衡增长路径上，稳态的人均有效产出水平 $y = (k)^\alpha$ 分别为 $\left(\frac{\alpha}{\gamma_1 + g + \delta + \rho}\right)^{\frac{\alpha}{1-\alpha}}$、$\left(\frac{\alpha}{\gamma_2 + g + \delta + \rho}\right)^{\frac{\alpha}{1-\alpha}}$ 和 $\left(\frac{\alpha}{g + \delta + \rho}\right)^{\frac{\alpha}{1-\alpha}}$。

(2) 相图分析和演变路径。

首先分析不存在均衡转换，单一均衡状态下 (k^*, c^*)、(k^{**}, c^{**}) 或者 (k^{***}, c^{***}) 的动态学特征。以 (k^*, c^*) 为例，k^* 为 $\dot{c} = 0$ 时 k 的水平，$\dot{c} = 0$ 为一条经过点 k^*，并垂直于 x 轴的直线；而 $\dot{k} = 0$ 是一条先上升后下降的曲线，且 $\dot{c} = 0$ 的运动轨迹和 $\dot{k} = 0$ 的运动轨迹的焦点 E 位于 $\dot{k} = 0$ 轨迹上最高点的左侧，如图 14-1 所示。

图 14 – 1 c 与 k 的动态学

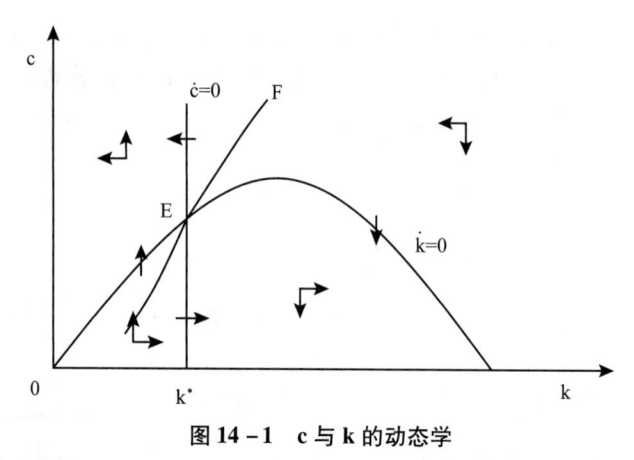

资料来源：作者绘制。

图 14 – 1 中箭头表示 c、k 的运动方向，当 k < k* 时，c 上升，反之亦然。通过 $\dot{c}=0$ 和 $\dot{k}=0$ 的运动轨迹，将区间划分为四个子区间，其中右上角子区间和左下角子区间内 c、k 的运动方向存在朝向均衡点 E 移动的可能性，而左上角子区间和右下角子区间则没有移动到均衡点 E 的可能性。曲线 F 为过均衡点 E 的鞍点路径。

经济增长沿着鞍点路径收敛于点 E，也即经济增长收敛于平衡增长路径，因此，两化融合的动态变化不发生跃迁时，也即保持恒定的增长率增长时，两化融合水平的提升并不能带来人均有效资本、人均有效消费和人均有效产出的上升。由于 $K_t = k_t \cdot (A_t I_t L_t)$、$Y_t = y_t \cdot (A_t I_t L_t)$，两化融合的平衡增长却带来了社会总产出、总资本和总消费的稳步提升。

图 14 – 2 显示的是两化融合由快速增长换挡到慢速增长进而进入零增长区间时，稳态条件下人均有效资本的演变路径。当两化融合增长速度保持恒定增长时，

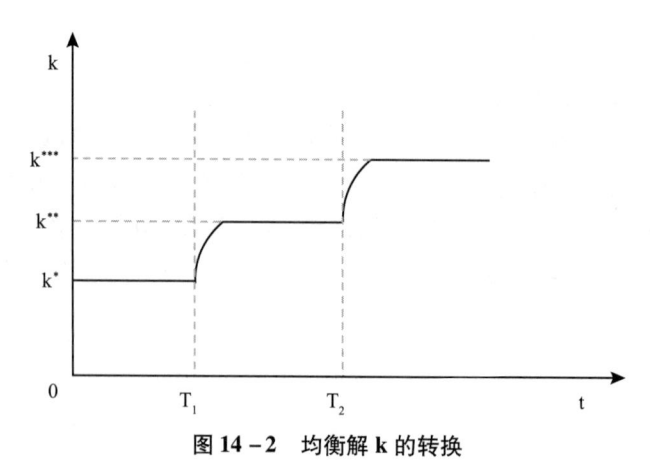

图 14 – 2 均衡解 k 的转换

资料来源：作者绘制。

人均有效资本量恒定不变，与此一致的是人均有效消费和人均有效产出保持不变；当经济系统稳态水平跃迁时，人均有效资本上升到更高水平，人均有效消费和人均有效产出也跃升到更高水平。由此可以获得一条令人鼓舞的结论：处于下降通道中的两化融合增长速度却带来经济系统更高水平的均衡值。

14.4　数　值　模　拟

关于经济增长 R–C–K 模型中的参数选取，已有不少研究进行了探讨，其中关于中国资本折旧率的取值分布为 4%~10%[①]，遵从王小鲁和樊纲（2000）的研究，设定 5% 的资本折旧率。生产函数中，资本的份额设定为 0.33，依据里斯和塞凯拉（Reis and Sequeira, 2007）的做法，将主观时间偏好率 ρ 设定为 0.02，技术进步率 g 设定为 0.2。因为鲜有关于两化融合方程中的参数设定，根据对两化融合的趋势图和两化融合的动态变化轨迹的分析，分别设定 t = 5、t = 20 和 t = 100 为两化融合初期（两化融合快速增长时期）、两化融合中期（两化融合缓慢增长时期）和两化融合长期（两化融合稳定不变）的代表时期值。设定两化融合收敛于更高水平能力的初始水平 m = 4，n = 2；由于收敛速度 k_1 和 k_2 具有对称性，故而设定 $k_2 = 2$，模拟 k_1 变动时人均有效产出的最佳反应，也即考察政策的推动作用对稳态值的影响。

图 14–3 模拟了两化融合初期阶段中人均有效产出对政府强弱的最优反应。两化融合的推进政策强弱对人均有效产出具有显著影响，人均有效产出呈现较为显著的 U 型特征，主要是与初期中两化融合的动态融合的动态变化较大息息相关。当政策措施较弱时，两化融合的动态变化处于较低水平，此时需要为此支付的持平投资较低，人均有效产出依然保持在较高水平上；随着两化融合政策的增强，两化融合动态变化快速增加，经济系统需要为此支付高水平的持平投资，故而政策措施力度的增强反而降低了稳态中人均有效产出水平；当两化融合政策进一步增强时，政策效果显现，并推动人均有效产出的增长。从模拟的结果看，初期中两化融合的推进政策对人均有效产出的增加效果并不显著。

[①] 关于资本折旧率的研究中存在两种观点：一种观点认为中国资本折旧率较低，介于 4%~6% 之间，周和李（Chow and Li, 2002）在估计中国资本存量时采取了类似的资本折旧率，并将 1993~1998 年的折旧率设定为 5.6%，而霍尔和琼斯（Hall and Jones, 1999）、杨（Young, 2000）则假定资本折旧率为 6%；另一种观点认为中国资本折旧率较高，介于 8%~11% 之间，张军等（2004）通过不同资本类型的估算分析得出折旧率为 9.6%，胡永刚、刘方（2007）的研究中选取的折旧率为 10%。

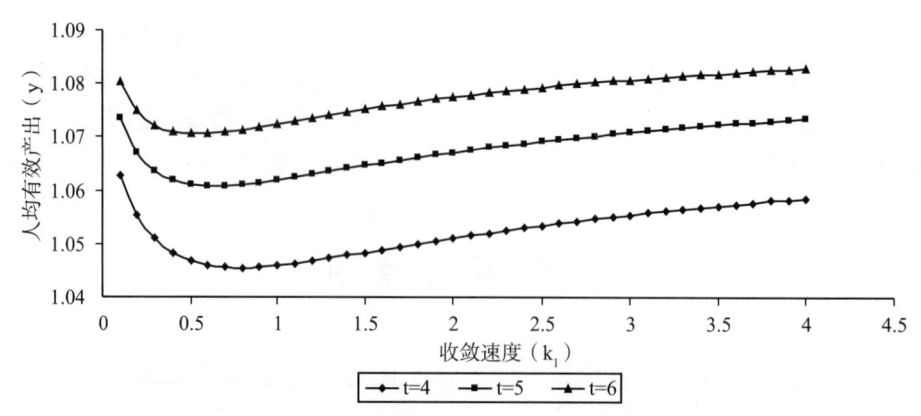

图 14-3　不同两化融合收敛速度条件下人均有效产出稳态水平值的短期效应

注：此处仅给出人均有效资本关于两化融合的收敛速度 k_1 的反应图，而人均有效产量和人均有效消费均具有类似性质，不再赘述。

资料来源：作者根据模型结果绘制。

图 14-4 模拟了两化融合的中期阶段收敛速度变动下的人均有效产出的最优反应。随着两化融合的深入推进，两化融合的制度安排和推进措施强弱发生变化时，所带来人均有效产出 U 型特征并不显著，反而出现持续的增长趋势。这一时期，两化融合处于缓慢增长阶段，稳态水平上需要支付的持平投资并不高，强力的推进政策带来经济系统处于更高的稳态水平，政策效果显著。因此，在两化融合的中期阶段，需要出台政策措施，鼓励两化融合深入、广泛的推行，可以推动经济系统收敛于更高水平的稳态值。

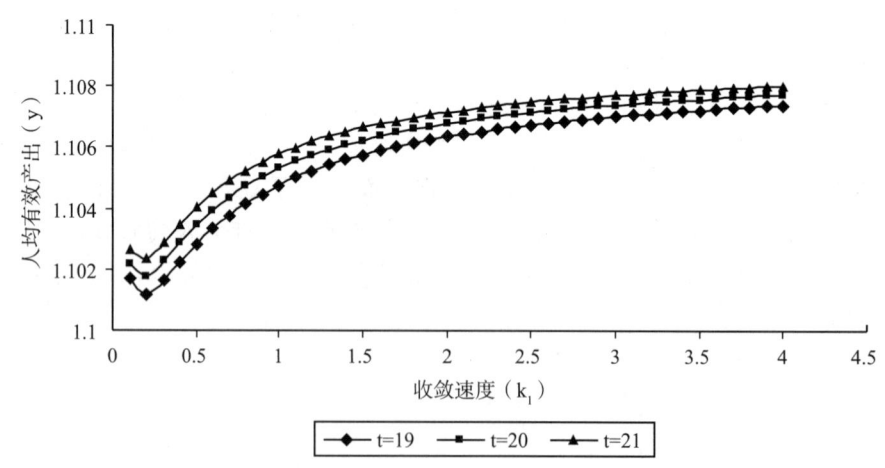

图 14-4　不同两化融合收敛速度条件下人均有效产出稳态水平值的中期效应

资料来源：作者根据模型结果绘制。

图 14-5 模拟了两化融合的长期中收敛速度变动下的人均有效产出的最优反应。为了更为有效地观测两化融合的收敛速度对稳态下人均收入的影响，同时，

模拟了当 t = 20 时,t = 99、t = 100 的趋势图①。长期中,人均有效产出水平在较高水平上保持稳定,两化融合的制度安排和推进措施强弱发生变化时,并不会带来稳态下人均有效产出水平的改变。这暗含着两个结论:第一,两化融合对稳态水平人均有效资本、人均有效消费和人均有效产出的提高具有促进作用,随着两化融合水平的提高,提高了资源的配置效率和使用效率;第二,长期中两化融合的政策强弱变化并不能影响到稳态水平值。

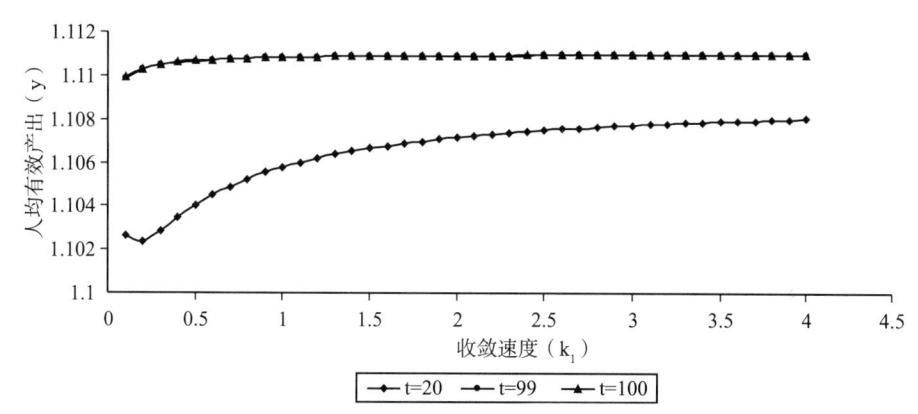

图 14 – 5　不同两化融合收敛速度条件下人均有效产出稳态水平值的长期效应
资料来源:作者根据模型结果绘制。

通过模拟研究发现,在两化融合的不同阶段,政策的强弱对稳态下人均有效收入产生异质性影响。在短期阶段,人均有效产出表现出显著的 U 型特征,U 型谷底,两化融合的动态变化大,导致了经济系统需要支付较高的持平投资,所以,政策由弱变强并不能带来人均有效产出的增加;在中期阶段,人均有效产出呈现显著的增长趋势,这一阶段需要投入的持平投资不高,强而有力的两化融合政策将会刺激经济增长,带来更高水平的稳态值;在长期阶段,两化融合通过协同演化到较高的稳态水平,经济系统达到较高的稳态水平值,此时政策的强弱并不能对人均有效产出带来影响。

14.5　研究结论与启示

14.5.1　研究结论

本文通过构建工业化与信息化的协同演化共生模型,利用合作系数的乘积衡

---

① 图 14 – 5 中,t = 99 和 t = 100 的人均有效产出稳态水平的模拟曲线几乎重叠在一起。

量两化融合程度，从而达到对两化融合的理论测度，进而将两化融合引入经济增长的 R－C－K 模型中，从而对两化融合的动态特征、两化融合对平衡增长路径的影响进行了理论研究和数值模拟分析。

本文的主要结论可以归纳为：第一，当稳态值不发生改变时，也即两化融合处于较快增长路径、较慢增长路径还是处于最佳状态不变时，两化融合的演进并不能带来经济系统人均有效产出、人均有效资本或人均有效消费的增加，然而，两化融合的平衡增长带来社会总产出、总资本和总消费的稳步提升，这对经济社会发展、物质文明的提升具有重要的现实意义。第二，当两化融合由快速增长换挡到慢速增长进而进入零增长区间时，经济系统稳态值发生跃迁，人均有效资本、人均有效消费量和人均有效产出均会上升到更高水平，而经济总量更是加速上升，所以，融合速度的下降是值得兴奋的事实。第三，两化融合的制度安排和推进措施的强弱对稳态中人均有效收入产生异质性影响。短期阶段，政策由弱变强的过程会导致人均有效收入呈现显著的 U 型特征；中期阶段，政策的增强带来人均有效收入的持续增长趋势；长期阶段，政策强弱变化和人均有效收入之间没有关系，经济系统演进到较高的稳态水平。

14.5.2　启示

通过上述分析，我们可以得到如下启示：

第一，两化融合不仅是一项政策安排，也构成经济增长的生产要素之一。应该从认知层将两化融合提升到与资本、劳动力同等重要的生产要素的位置，充分肯定两化融合对实现生产要素有效配置的基础性作用。中国是世界上最大的发展中国家，虽然现有的技术水平、管理手段与发达国家存在较大差距，但这也为中国两化融合的发展提供了广阔的"试验田"和"手术台"，充分引进、吸收、消化发达国家的先进技术，并加快国内工业制造和信息技术的结合，推动高端制造业、智能制造业的蓬勃发展，培育民族经济坚实的脊梁。

第二，通过对两化融合内在发展规律的充分认识，两化融合速度的下降并不是令人悲伤的现象。一方面，融合速度的下降印证了两化融合达到更高水平之上所显现的融合"新常态"，两化融合并不是线性增长模式，而是在经历一段快速增长后自然而然地进入缓慢增长渠道；另一方面，两化融合发展到较高水平，融合速度下降，经济系统中人均有效资本、人均有效消费和人均有效产出跃升到更高的稳态水平。故而政府在推进两化融合的进程中，并不能简单地通过判断两化融合程度的高低、增长速度的快慢就改变政策力度，避免走入"融合速度下降—激励政策增强"的政策误区。

第三，两化融合的演化规律受到自然演化和政策推动两种力量的影响，在出台推进两化融合的政策时，需要根据两化融合的不同发展阶段给出强弱有别的政策，主要遵循"弱政策—强政策—无政策"的政策路径。当经济系统处于两化融合的初级阶段，较弱的鼓励性政策即达到推动经济增长的目标，较强的政策激励只会带来更多的持平投资和更加沉重的政策负担。此时，更多地让两化融合的自然演化力量实现经济均衡更为明智。随着两化融合进入缓慢增长阶段，此时，自然演化的力量受制于资源配置、利用等方面的约束，达到增长瓶颈，强而有力的推动政策的出台能够使经济系统达到更高的稳态水平。当两化融合进入零增长区间时，此时工业化和信息化已经深度融合，自然利用效率、产业结构、经济增长模式已经进入理想模式，因此不再需要政策支持，两化融合的激励政策可以退出。

参考文献

[1] Acemoglu D, Dorn D, Hanson G H, et al. Return of the Solow Paradox? —Productivity and Employment in US Manufacturing [R]. National Bureau of Economic Research, 2014.

[2] Dewan S, Kraemer K L. Information Technology and Productivity: Evidence from Country-level Data [J]. Management Science, 2000 (4): 548 – 562.

[3] Gust C, Marquez J. International Comparisons of Productivity Growth: The Role of Information Technology and Regulatory Practices [J]. Labour Economics, 2004 (1): 33 – 58.

[4] Jorgenson D W. Information Technology and the US Economy [J]. American Economic Review, 2001 (1): 1 – 32.

[5] Jorgenson D W, Stiroh K. Computers and Growth [J]. Economics of Innovation and New Technology, 1995 (3 – 4): 295 – 316.

[6] Jorgenson D W, Stiroh K J. Information Technology and Growth [J]. American Economic Review, 1999 (2): 109 – 115.

[7] Reis A B, Sequeira T N. Human Capital and Overinvestment in R&D [J]. The Scandinavian Journal of Economics, 2007 (3): 573 – 591.

[8] 黄群慧，贺俊."第三次工业革命"与中国经济发展战略调整——技术经济范式转变的视角 [J]. 中国工业经济，2013 (1): 5 – 18.

[9] 金江军. 两化融合的现状、经验和趋势分析 [J]. 中国信息界，2011 (10): 9 – 11.

[10] 金碚. 全球竞争新格局与中国产业发展趋势 [J]. 中国工业经济，2012 (5): 5 – 17.

[11] 林毅夫. 后发优势与后发劣势——与杨小凯教授商榷 [J]. 经济学（季刊），2003 (7): 13 – 16.

[12] 林毅夫，张鹏飞. 后发优势、技术引进和落后国家的经济增长 [J]. 经济学（季刊），2005, 5 (1): 53 – 62.

[13] 林莉，葛继平. 协同管理视角下的信息化与工业化融合路径研究 [J]. 工业技术经济，2012 (2): 30 – 34.

[14] 芦彩梅，梁嘉骅. 产业集群协同演化模型及案例分析——以中山小榄镇五金集群为例 [J]. 中国软科学，2009 (2): 142 – 150.

[15] 万建香. 信息化与工业化融合路径 KMS——企业微观层面的传导机制分析 [J]. 江西社会科学，2009 (12): 74 – 77.

[16] 肖静华,谢康,周先波等.信息化带动工业化的发展模式[J].中山大学学报:社会科学版,2006(1):98-104.

[17] 谢康,肖静华,乌家培.中国工业化与信息化融合的环境、基础和道路[J].经济学动态,2009(2):28-31.

[18] 谢康,李礼,谭艾婷.信息化与工业化融合、技术效率与趋同[J].管理评论,2009,21(10):3-12.

[19] 谢康,肖静华.工业化与信息化融合:一个理论模型[J].中山大学学报:社会科学版,2011(4):210-216.

[20] 肖静华.中国工业化与信息化融合质量:理论与实证[J].中国信息化,2017(4):4-16.

[21] 杨蕙馨,等.产业组织与企业成长——国际金融危机后的考察[M].北京:经济科学出版社,2015.

[22] 俞立平,潘云涛,武夷山.工业化与信息化互动关系的实证研究[J].中国软科学,2009(1):34-40.

[23] 朱金周.中国"两化"融合发展报告[M].北京:社会科学文献出版社,2011.

第 15 章

政府干预、两化融合与产业结构变迁

——基于 2003~2014 年省际面板数据的分析^{*}

15.1 问题的提出

改革开放以来，中国从贫穷的农业国一跃成为全球制造业大国（夏庆杰，2016），产业结构发生了翻天覆地的重大变革，第一产业增加值占 GDP 的比重由 1978 年的 27.7% 下降到 2014 年的 9.1%，而第三产业增加值占 GDP 的比重由 1978 年的 24.6% 上升到 2014 年的 47.8%，一举成为推动经济增长、拉动国内就业的第一引擎[①]。2008 年全球金融危机以来，中国加快产业结构优化升级步伐，大力实施创新驱动战略，绿色发展、和谐发展理念推动产业结构有序调整。然而，在地方官员晋升锦标赛（周黎安，2007）的政策下，地区产业转型升级往往伴随着资源诅咒（邵帅等，2013）、污染区域转嫁（汤维祺等，2016）、企业与政府短视等诸多问题的困扰（王永明，2015），故而产业结构变迁进程中如何从宏观产业政策构建视角推动产业结构高级化和合理化发展成为理论研究和实践运用亟待回答的重要问题。早期文献中，在"配第—克拉克定律"（Petty - Clark Law）的劳动力结构变迁视角下，形成了劳动力由第一产业向第二产业，最终向第三产业转移的客观规律。库兹涅茨进一步将其扩展为产值结构观，产业结构调整的基本特征是第一产业份额不断下降，第三产业份额持续上升，第二产业出现先上升后下降的倒"U"型特征的"库兹涅茨事实"（Duarte and Restuccia，2010）。

在国际分工和全球产业转移进程中，中国建立了以劳动力密集型为内核、加工制造业为主导的产业体系和外向型经济（田洪川和石美遐，2013）。为了充分发挥后发优势的积极作用，信息化与工业化融合互补、齐头并进的发展构思成为

---

* 本章作者为焦勇、杨蕙馨，发表在《经济管理》2017 年第 6 期（有改动）。
① 根据国家统计局网站年度数据计算整理获得。

中国特色新型工业化道路的重要方式，更是经济新常态背景下推动工业供给侧结构性改革实现新旧动能转换的源泉（黄群慧，2016），如何借助两化融合发展战略推动中国产业结构调整升级成为理论研究和实践发展亟待解决的重点和难题。已有研究成果中，由于经济发展阶段、路径、方式和环境的差异性，国外学者相关研究主要集中在信息技术的渗透和融合对经济增长的影响（Jorgenson and Stiroh，1999；Dewan and Kraemer，2000；Jorgenson，2001），普遍得出信息化对经济增长具有重要促进作用的结论。孙琳琳等（2012）认为，世界经济发展史中，生产率的急剧改进和"通用技术革命"相关，信息技术日益成为推动企业创新发展、产业转型升级和国家竞争力提高的"通用目的的技术"（general purpose technologies，GPT），能够被广泛应用并发挥外部性，从而提高生产效率。信息化的影响属于不断扩散外部性的过程，巴苏和费尔南德（Basu and Fernald，2007）、切科贝利等（Ceccobelli et al.，2012）分别采用分行业和OECD国家的数据证实了信息化的通用技术特征，信息化的发展首先提高信息技术部门的全要素生产率，然后扩散到信息技术相关使用部门，并且影响力呈现逐渐减弱的发展趋势。但是，阿西莫格鲁等（Acemoglu et al.，2014）在微观分析中却又得出"信息技术生产率悖论"，也即信息化对微观要素生产率的提升意义不大的结论。近期研究对两化融合推动产业结构转型升级具有一定的共性认识，现阶段中国收入状况、技术水平、产业结构与发达国家仍然存在差距，为了充分发挥后发优势，有必要引入发达国家和地区的技术加速国内知识和技术积累步伐，促进经济增长和产业结构优化升级（林毅夫，2003；林毅夫和张鹏飞，2005）。

从作用机理看，主要形成要素效率提升、技术进步偏向性、提高附加值和推动创新等观点。两化融合过程中信息技术的应用降低要素市场的信息不对称，信息技术的渗透和融合增强要素流动性，改变产业内要素间配比结构，提高要素在三次产业之间以及各产业内部的配置效率，促进产业协调发展。技术进步偏向性视角下（Acemoglu，2002，2003），两化融合过程中信息技术渗透和融合带来的有偏技术进步将引导资本或劳动要素在产业部门间重新分配，使要素流向高回报产业，实现要素在产业间的优化配置。两化融合能够提升产业间融合渗透水平，提高产品的技术含量和附加值，促进产品向高端跨越，实现产业结构的优化和升级。创新视角下，创新活动的本质就是为生产系统创造生产要素和生产条件的新组合，从而提高生产效率和产出的过程（韩先锋等，2014），而两化融合刺激企业产品创新投入倾向和企业流程创新投入倾向（张龙鹏和周立群，2016）。张亚斌等（2014）构建了两化融合背景下的资源节约和环境质量改进的技术创新模型，实证检验得出两化融合确实能够抑制重化工业化所带来的污染，对工业环境治理绩效产生正向影响。所以，两化融合促进创新能力强的企业和产业收获更强的发展动力，构成产业结构变迁的微观基础。

综上所述，有关两化融合的研究多为定性论述，两化融合与产业结构变迁的研究成果较多停留在理论层面，抑或是从信息化的视角分析对产业结构升级的影响，而从两化融合内涵出发开展对产业结构变迁的模型刻画和计量分析并不多见。信息化与工业化融合发展不仅是中国政府提出的一项重要的国家发展战略，更是中国作为后发国家努力追赶发达国家的必然选择。故而厘清两化融合对产业结构变迁影响的作用机理，尤其是政府直接主导两化融合发展进程的背景下对中国产业结构变迁产生何种影响，具有重要的理论意义和实践价值。本文的贡献主要体现在：（1）基于两化融合的矢量特征——耦合程度和增值能力双重视角下，构建两化融合对产业结构变迁的理论分析框架，一定程度上扩充产业结构变迁的研究视角，丰富和发展两化融合对产业结构影响的研究，为中国两化融合的实践发展提供理论支撑。（2）本文研究结论为推动地区产业结构高级化和合理化开辟了两化融合的视角，并提出与地区两化融合发展水平相适应的政策调控安排，为地区两化融合发展、产业结构变迁提供了政策制定理论参考依据。

基于此，本文采用2003~2014年中国31个省（自治区、直辖市）的面板数据，实证检验政府干预、两化融合在产业结构变迁中的作用，并结合理论模型和实证检验结果，给出基于中国发展实践的解答。

15.2 理论模型构建

两化融合的科学测算成为推动理论研究与实践发展的重要基础，目前主要形成两种测算思路。第一种是以中国电子信息产业发展研究院提出的评价指标体系为代表，将两化融合分解为基础环境、工业应用和应用效益，从而利用宏观数据和微观调研数据，综合形成各地区、各产业的两化融合发展水平，这一思路的测量常见于实践运用中，偏向于对两化融合所表现出的外延特征进行测算。第二种是理论研究所形成的思路，较多从信息化与工业化协同发展的视角评价两化融合水平。谢康等（2012）构建了工业化与信息化的融合模型，并运用SFA的分析手段，分析了中国工业化与信息化的融合质量。陈庆江等（2016）从信息化与工业化协同演化的视角出发，构建了信息化与工业化共生模型并测算了中国各省份两化融合水平。

以外延的评价指标体系和以内涵的融合指标所得出的结果存在不可忽视的差异，这就引发了现实困境：若是某些地区信息化（工业化）处于较低水平，但是，两者之间耦合程度较高，那么前一种方式测算得出的结论是两化融合水平较低，但后一种方式测算得出的融合水平较高。这是因为两种测量范式的侧重点存在差异，评价指标体系更加侧重于两化融合带来的效果，而理论界构建的理论模型，更加强调两化融合的融合程度。两化融合和信息化、工业化水平的高低是两个截然不同的概念，建立在评价指标体系下的两化融合更加注重考察信息化、工业化程度的高低,所以很难会出现较低的工业化(信息化)水平却测算出较高的两化融合水平。从理论上分析,应该存在两种表现形态:高水平工业化(信息化)条件下的融合和低水平工业化(信息化)条件的融合。故而,通过前人研究成果的启发以及对两化融合的深入剖析,发现两化融合并不是单一维度上的变量,而是具有"方向"和"大小"的矢量特征,其中,方向维度印证的是两化融合的耦合能力,大小维度则反映出两化融合的增值能力。

15.2.1 两化融合的"方向"特征

信息化和工业化作为相互作用、相互联系的系统,两者之间在要素、手段、形态等方面从相互结合、渗透到彼此交融,协同发展成为两化融合的现实基础。两化融合并非刻画信息化、工业化的发展水平,而是信息化(工业化)对工业化(信息化)发展起到了多大的推动作用,并且包含"信息化带动工业化,工业化促进信息化"两个维度。根据杨蕙馨等(2016)、陈庆江等(2016)的构建方式,两化融合的协同演化模型为:

$$\begin{cases} \dfrac{dInf}{dt} = r_1 Inf\left(1 - \dfrac{Inf}{N_1} + \phi_1 \dfrac{Ind}{N_2}\right) \\ \dfrac{dInd}{dt} = r_2 Ind\left(1 - \dfrac{Ind}{N_2} + \phi_2 \dfrac{Inf}{N_1}\right) \end{cases} \quad (15-1)$$

式中,Inf、Ind 分别为信息化、工业化发展水平,r_1、r_2 衡量了信息化、工业化的自然增长率;N_1、N_2 分别代表它们单独演进所能够达到的最高水平值;ϕ_1、ϕ_2 则为合作系数,衡量了工业化(信息化)水平的提高对信息化(工业化)水平提高的合作互惠作用(杨蕙馨等,2016);$\phi_1 \times \phi_2$ 正是对两化融合"方向"特征的表达将其定义为两化融合的耦合程度(Coupling),并且有:

$$Coupling = \phi_1 \times \phi_2 \quad (15-2)$$

15.2.2 两化融合的"大小"特征

信息化与工业化融合,不仅是要达到两者较高的融合状态,更是要产生良好的融合效果。它取决于两个条件:一是两化融合的耦合程度高低;二是构成融合大小的信息化(工业化)水平。基于此,将耦合程度 Coupling 转化信息化和工业化夹角,并且夹角和耦合程度保持线性变换关系,所以,$C = \dfrac{2\alpha}{\pi}$,$\alpha = \dfrac{\pi}{2}C$,其中 α 为信息化与工业化两个变量的夹角,也即耦合水平。两化融合的增值能力表达式为 $Value = Inf \times Ind \times \sin\alpha$,所以,由 $\alpha = \dfrac{\pi \phi_1 \phi_2}{2}$,进一步将此式代入增值能力 Value 的表达式,从而有:

$$\text{Value} = \text{Inf} \times \text{Ind} \times \sin\frac{\pi\phi_1\phi_2}{2} \qquad (15-3)$$

由此，通过协同演化模型正式建立两化融合矢量特征函数表达式。通过式 (15-1) 中的微分方程，工业化与信息化两个系统存在稳态状况下的不动点，稳态中工业化和信息化水平分别为 $N_1^* = \dfrac{N_1(1+\phi_1)}{1-\phi_1\phi_2}$，$N_2^* = \dfrac{N_2(1+\phi_2)}{1-\phi_1\phi_2}$，稳态条件下，两化融合耦合程度的表达式如下：

$$\text{Coupling} = \phi_1\phi_2 = 1 - \frac{N_1^*/N_1 + N_2^*/N_2 - 1}{(N_1^*/N_1)(N_2^*/N_2)} = \frac{(N_1^*/N_1 - 1)(N_2^*/N_2 - 1)}{(N_1^*/N_1)(N_2^*/N_2)} \qquad (15-4)$$

$$\text{Value} = \text{Inf} \times \text{Ind} \times \sin\left(\frac{\pi}{2} \times \frac{(N_1^*/N_1 - 1)(N_2^*/N_2 - 1)}{(N_1^*/N_1)(N_2^*/N_2)}\right) \qquad (15-5)$$

式中，N_1^*/N_1、N_2^*/N_2 分别衡量工业化、信息化协同发展条件下，由于知识外溢、合作互惠带来的信息化与工业化发展到更高水平的稳定状态水平值和单独演化条件下的稳态水平值之间的倍数，衡量由于合作互惠产生推动作用的大小，结合杨蕙馨等（2016）的假定，建立在 N_1^*/N_1、N_2^*/N_2 的时间函数条件下，获得两化融合耦合程度和增值能力的动态变化方程。

15.2.3 引入产业结构变迁

假设存在三个典型厂商，分别为三次产业的代表，它们的生产行为需投入资本 K、劳动力 L，假定技术进步表现为哈罗德中性，所以，企业生产函数的一般形式可以表述为 $Y_t = F(K_t, A_t\text{Coupling}_t L_t)$，具体构建 C-D 生产函数形式，故三个典型厂商的生产函数表达式分别为：

$$Y_1 = K_1^\alpha (A_1\text{Coupling}_1 L_1)^{1-\alpha} \quad 0 < \alpha < 1 \qquad (15-6)$$

$$Y_2 = K_2^\beta (A_2\text{Coupling}_2 L_2)^{1-\beta} \quad 0 < \beta < 1 \qquad (15-7)$$

$$Y_3 = K_3^\chi (A_3\text{Coupling}_3 L_3)^{1-\chi} \quad 0 < \chi < 1 \qquad (15-8)$$

式（15-6）～式（15-8）中，Y_i 为最终产品产量，企业的技术水平为 A_i，生产函数中引入两化融合作为生产要素之一，不仅发挥经济增长的后发优势，更是由于信息化与工业化的融合推动生产要素使用效率、配置效率的提高，带来更高的产出水平（杨蕙馨等，2016）。

干春晖等（2011）认为产业结构变迁包含产业结构高级化和产业结构合理化两个维度。通过优化资源配置，推动产业结构合理化发展，使产业结构由低级向高级梯度变迁，实现产业结构高级化（刘嘉毅等，2014）；彭冲等（2013）认为产业结构变迁是产业优化升级的过程，即产业结构合理化和高级化的过程。干春晖等（2011）认为，产业结构高级化是指产业结构从低级形式向高级形式演变的过程，具体是指主导产业由第一产业朝向第二、第三产业顺次演进，由低附加值向高附加值演进，由劳动力密集型朝向资本、技术密集型演进。由于产业结构服务化发展趋势日益显著，采用第三产业与第二产业增加值之比测度产业结构高级化程度具有较强的科学性（干春晖等，2011），也即产业结构高级化 $\text{Optimi} = Y_3/Y_2$。

将式（15-7）和式（15-8）代入，从而获得产业结构高级化关于两化融合耦合程度的函数表达，$\text{Optimi} = \dfrac{\text{Coupling}_3^{1-x}}{\text{Coupling}_2^{1-\beta}} \times \dfrac{K_3^x}{K_2^\beta} \times \dfrac{(A_3 L_3)^{1-x}}{(A_2 L_2)^{1-\beta}}$。两化融合的发展进程在各个企业、产业甚至区域均存在差别，本文从宏观政府的角度入手，假设从基期开始，三个企业均面临相同的两化融合耦合程度，也即 $\text{Coupling}_2 = \text{Coupling}_3 = \text{Coupling}$，所以，产业结构高级化可以表述为：

$$\text{Optimi} = \text{Coupling}^{\beta-x} \times \frac{K_3^x}{K_2^\beta} \times \frac{(A_3 L_3)^{1-x}}{(A_2 L_2)^{1-\beta}} \quad (15-9)$$

同理，根据两化融合耦合程度与增值能力的关系式，可以获得产业结构高级化与两化融合增值能力的函数表达：

$$\text{Optimi} = \left[\frac{\pi}{2}\right]^{\varphi-\beta} \times \left[\arcsin\left(\frac{\text{Value}}{x \cdot y}\right)\right]^{\beta-\varphi} \times \frac{K_3^x}{K_2^\beta} \times \frac{(A_3 L_3)^{1-x}}{(A_2 L_2)^{1-\beta}} \quad (15-10)$$

产业结构的合理化是指产业之间比例关系和份额的合理化，具有较高的协调性和耦合质量，产生较高的资源配置效率（干春晖等，2011），本文从"组织熵"概念构建了泰尔指数，将产业结构合理化水平视为资源投入结构与产出结构之间的耦合程度，并以此衡量三次产业要素投入结构与产出结构的协调程度。泰尔指数为逆向指标，可以表示为：

$$\text{Rational} = \sum \frac{Y_i}{Y} \ln\left(\frac{Y_i}{Y} \bigg/ \frac{L_i}{L}\right) \quad (15-11)$$

式中，产业结构合理化是关于 $\dfrac{Y_i}{Y}$ 的函数式，所以，它可以换一种函数表达，即 $\text{Rational} = f\left(\dfrac{Y_i}{Y}\right)$。故而，产业结构合理化关于两化融合耦合程度的相关表达式可以定义为：

$$\text{Rational} = f\left(\frac{K_i^m (A_i \text{Coupling}_i L_i)^{1-m}}{K_1^\alpha (A_1 \text{Coupling}_1 L_1)^{1-\alpha} + K_2^\beta (A_2 \text{Coupling}_2 L_2)^{1-\beta} + K_3^x (A_3 \text{Coupling}_3 L_3)^{1-x}}\right) \quad (15-12)$$

式中，m 分别为 α、β、χ，又因为两化融合耦合程度与两化融合增值能力的函数表达式为 $\text{Coupling} = \dfrac{\arcsin\left(\dfrac{\text{Value}}{\text{Inf} \times \text{Ind}}\right)}{\dfrac{\pi}{2}}$，从而获得产业结构合理化与两化融合增值能力的函数表达式：

$$\text{Rational} = f\left\{K_i^m(A_i\text{Coupling}_iL_i)^{1-m}\left[\sum_i^3\left(\frac{\pi}{2}\right)^{m-1}K_i^\alpha(A_iL_i)^{1-m}\arcsin\left(\frac{\text{Value}}{\text{Inf}\times\text{Ind}}\right)^{1-m}\right]^{-1}\right\}$$
(15-13)

至此，我们在两化融合耦合程度和增值能力双重分析框架中，考察了两化融合对产业结构变迁的影响机理。模型结果表明，两化融合成为推动产业结构合理化和产业结构高级化的重要因素。

15.3　数据来源及研究设计

为了检验政府干预、两化融合对产业结构变迁的实际影响，受理论模型构建的启发，本文建立如下的计量检验模型。其中，回归模型（15-14）~模型（15-17）分别来自理论模型中式（15-9）、式（15-10）、式（15-12）和式（15-13）结论。

$$\begin{aligned}\ln(\text{Optimi}_{i,t}) = &\ \alpha_0 + \alpha_1\ln(\text{Coupling}_{i,t}) + \alpha_2\ln(\text{Intervent}_{i,t})\\ &+ \alpha_3\ln(\text{Coupling}_{i,t})\ln(\text{Intervent}_{i,t}) + \alpha_j\sum\ln(\text{control}_{i,t})\\ &+ \alpha_y\sum\text{Year} + \alpha_a\sum\text{Area} + \varepsilon_{i,t}\end{aligned}$$
(15-14)

$$\begin{aligned}\ln(\text{Optimi}_{i,t}) = &\ \beta_0 + \beta_1\ln(\text{Value}_{i,t}) + \beta_2\ln(\text{Intervent}_{i,t})\\ &+ \beta_3\ln(\text{Value}_{i,t})\ln(\text{Intervent}_{i,t}) + \beta_j\sum\ln(\text{control}_{i,t})\\ &+ \beta_y\sum\text{Year} + \beta_a\sum\text{Area} + \sigma_{i,t}\end{aligned}$$
(15-15)

$$\begin{aligned}\ln(\text{Rational}_{i,t}) = &\ \kappa_0 + \kappa_1\ln(\text{Coupling}_{i,t}) + \kappa_2\ln(\text{Intervent}_{i,t})\\ &+ \kappa_3\ln(\text{Coupling}_{i,t})\ln(\text{Intervent}_{i,t}) + \kappa_j\sum\ln(\text{control}_{i,t})\\ &+ \kappa_y\sum\text{Year} + \kappa_a\sum\text{Area} + \varsigma_{i,t}\end{aligned}$$
(15-16)

$$\begin{aligned}\ln(\text{Rational}_{i,t}) = &\ \lambda_0 + \lambda_1\ln(\text{Value}_{i,t}) + \lambda_2\ln(\text{Intervent}_{i,t})\\ &+ \lambda_3\ln(\text{Value}_{i,t})\ln(\text{Intervent}_{i,t}) + \lambda_j\sum\ln(\text{control}_{i,t})\\ &+ \lambda_y\sum\text{Year} + \lambda_a\sum\text{Area} + \tau_{i,t}\end{aligned}$$
(15-17)

在考察产业结构变迁的相关指标衡量中，综合采用产业结构高级化（Optimi）和产业结构合理化（Rational）两个指标加以衡量，分别代表产业演进进程中，产业结构的梯次演进和内部结构的合理化状况。本文利用第三产业增加值与第二产业增加值之比衡量产业结构高级化，采用泰尔指数衡量产业结构合理化。

核心解释变量中，两化融合指标具有"方向"和"大小"双重特征的矢量，文中尝试采用两化融合耦合程度（Coupling）衡量信息化与工业化融合的方向特征，测算思路和方法来自陈庆江等（2016）的研究，此处不再赘述。采用两化融合增值能力（Value）衡量信息化与工业化融合的大小特征，也即信息化与工业化融合能够产生多少增益。政府干预（Intervent）采用地方政府财政收入占 GDP 的比重衡量，反映了经济运行中政府"看得见的手"对经济的调控能力。

控制变量中，充分考察地方经济发展水平对产业结构变迁的影响，引入人均 GDP（Pgdp）这一变量。人力资本和劳动力也是影响产业结构变迁最为关键的因素，采用高等教育在校人数占人口总数的比重衡量人力资本密集度（Hcapital）；采用非农业人口就业密度衡量经济社会劳动力密集度（Labor），具体指标测算是地区非农业人口总数比地区面积（单位：百万人/万平方公里）。

本文选取 2003~2014 年中国 31 个省（自治区、直辖市）的面板数据，主要指标的基础数据来源于历年中国统计年鉴、各省（自治区、直辖市）统计年鉴以及国家统计局网站的年度省份统计数据等，劳动力密集度指标所涉及各省际面积数据取自于 Google 地图。主要指标中少量的缺失数据采用线性插值法加以填补。

15.4　实证结果与分析

15.4.1　基本回归结果

表 15-1 给出了政府干预、两化融合与产业结构高级化的主要回归结果，模型（1）~模型（4）结果显示两化融合耦合程度均在 1% 的水平上通过显著性检验，它对产业结构高级化具有显著的正向影响。模型（3）~模型（4）中，政府干预的回归系数均在 1% 的置信水平上显著为正，说明政府干预确实有利于产业结构高级化的发展进程，政府的力量不断顺应产业发展的客观规律，推动地方产业结构由一二三向二一三、二三一、三二一型转变。模型中政府干预的调节作用较为显著，交互项 $\ln(\text{Coupling}) \times \ln(\text{Intervent})$ 的回归系数均在 1% 的置信水平上显著为正，说明政府干预显著促进了两化融合耦合程度对产业结构高级化的正向作用，即同政府干预程度较低的地区相比，政府干预力度较强的地区两化融合对产业结构高级化的促进作用更大。

模型（5）~模型（8）结果显示两化融合的增值能力分别在 5%、1% 的置信水平上显著为正，说明两化融合的增值能力也促进了产业结构高级化的发展进程。从程度看，两化融合增值能力对产业结构高级化的促进作用小于两化融合耦合程度的促进作用，故而在两化融合发展实践中，政策的着力点更应该注重信息化与工业化两者之间的融合性。从模型（7）~模型（8）看，政府干预的力量并未发生改变，政府干预与两化融合增值能力的交叉项 $\ln(\text{Value}) \times \ln(\text{Intervent})$ 均在 1% 的置信水平上显著为正，说明政府干预显著促进了两化融合增值能力对产业结构高级化的正向作用。

表 15 – 1　　　　　　　　产业结构高级化的主要回归结果

变量	(1)	(2)	(3)	(4)	(5)	(6)	(7)	(8)
ln(Coupling)	0.542*** (0.077)	0.675*** (0.164)	4.775*** (0.982)	4.729*** (0.782)				
ln(Value)					0.093** (0.045)	0.333*** (0.036)	1.007*** (0.007)	0.678*** (0.126)
ln(Intervent)			0.269** (0.135)	0.324*** (0.110)			0.601*** (0.128)	0.236** (0.121)
ln(Coupling) × ln(Intervent)			1.418*** (0.273)	1.166*** (0.218)				
ln(Value) × ln(Intervent)							0.392*** (0.046)	0.151*** (0.052)
ln(Pgdp)		−0.880*** (0.075)		−0.837*** (0.072)		−1.085*** (0.073)		−1.008*** (0.077)
ln(Pgdp) × ln(Pgdp)		0.068*** (0.017)		0.067*** (0.016)		0.020 (0.015)		−0.008 (0.018)
ln(Hcapital)		0.053 (0.065)		0.058 (0.062)		0.076 (0.059)		0.090 (0.059)
ln(Labor)		0.075 (0.089)		0.022 (0.087)		0.076 (0.081)		0.067 (0.081)
Cons	0.102*** (0.036)	1.080*** (0.313)	1.036** (0.435)	2.292*** (0.436)	0.043 (0.078)	1.711*** (0.295)	1.397*** (0.321)	2.253*** (0.402)
Area	Uncontrolled	Controlled	Controlled	Controlled	Controlled	Controlled	Controlled	Controlled
Year	Uncontrolled	Controlled	Controlled	Controlled	Controlled	Controlled	Controlled	Controlled
Adj R²	0.116	0.925	0.887	0.931	0.876	0.937	0.900	0.939
F	49.842	100.204	67.381	105.852	63.406	121.733	77.273	119.527

注：(1) ***、**和*分别表示变量在1%、5%和10%的置信水平上显著；(2) 括号中数值为标准误差。

资料来源：作者计算。

控制变量中，人均 GDP 对产业结构高级化的影响较为显著和稳健。模型（2）、模型（4）、模型（6）和模型（8）中，Pgdp 二次项系数均在 1% 的置信水平上显著为正，说明人均 GDP 对产业结构高级化具有较为显著的 U 型关系，可信的解释是人均 GDP 较低的地区仍然处于工业化尚未完成的区域，第三产业发展水平反而高于第二产业，从而造成这种较低水平的产业结构高级化现象；随着地区人均 GDP 的不断上升，相伴而生的是工业化进程快速推进，产业结构高级化呈现下降趋势；当地区人均 GDP 达到较高水平并成功越过"中等收入陷阱"时，第三产业的蓬勃发展成为产业结构调整、经济转型升级的重要趋势。

表 15 - 2 分别显示了政府干预、两化融合对产业结构合理化的回归结果。模型（1）~模型（8）中，两化融合耦合程度和增值能力均在 5%、1%的置信水平上通过显著性检验，并呈现显著的负向相关关系，说明两化融合耦合程度的上升和增值能力的提升有助于产业结构合理化发展①，从影响程度看，两化融合耦合程度对产业结构合理化的正向影响大于两化融合增值能力对产业结构合理化的影响。从模型（3）、模型（4）中可以发现，政府干预有助于产业结构合理化进程，尤其是伴随着创新驱动战略的实施，改变要素密集投入的粗放式外延增长模式，进而转向依靠创新、全要素生产率提升为内核的集约式内涵增长模式，推动产业结构合理化调整。从交互项 ln(Coupling) × ln(Intervent) 和 ln(Value) × ln(Intervent) 的回归结果看，模型（3）、模型（4）、模型（7）的交叉项系数均在 1%的置信水平上显著为负，印证了政府干预显著促进两化融合耦合程度和增值能力对产业结构合理化的正向作用，从促进作用大小看，政府干预和两化融合耦合程度的交互项系数值更大。

表 15 - 2　　　　　　　　产业结构合理化的主要回归结果

变量	(1)	(2)	(3)	(4)	(5)	(6)	(7)	(8)
ln(Coupling)	-1.949*** (0.143)	-1.101*** (0.096)	-1.910** (0.844)	-6.029*** (0.656)				
ln(Value)					-0.175** (0.074)	-0.382*** (0.073)	-1.051*** (0.203)	-0.731*** (0.251)
ln(Intervent)			-2.291*** (0.156)	-0.914*** (0.139)			-0.254 (0.222)	0.207 (0.240)
ln(Coupling) × ln(Intervent)			-3.927*** (0.350)	-2.047*** (0.270)				
ln(Value) × ln(Intervent)							-0.389*** (0.080)	-0.176* (0.103)
ln(Pgdp)		0.254*** (0.083)		0.100 (0.081)		0.742*** (0.149)		0.611*** (0.153)

---

① 本文采用泰尔指数衡量产业结构合理化指数，该指标为逆向指标，故而 ln(Coupling) 和 ln(Value) 表现出正向相关。

续表

变量	(1)	(2)	(3)	(4)	(5)	(6)	(7)	(8)
ln(Pgdp)×ln(Pgdp)		-0.289*** (0.037)		-0.183*** (0.038)		-0.006 (0.030)		0.029 (0.035)
ln(Hcapital)		-0.233*** (0.079)		-0.142* (0.075)		0.252** (0.120)		0.199* (0.117)
ln(Labor)		-0.194*** (0.014)		-0.184*** (0.013)		-1.109*** (0.163)		-1.183*** (0.161)
Cons	-2.385*** (0.066)	-3.005*** (0.373)	-7.632*** (0.362)	-4.758*** (0.459)	-1.898*** (0.128)	-2.349*** (0.598)	-2.351*** (0.558)	-1.875** (0.801)
Area	Uncontrolled	Uncontrolled	Uncontrolled	Uncontrolled	Controlled	Controlled	Controlled	Controlled
Year	Uncontrolled	Uncontrolled	Uncontrolled	Uncontrolled	Controlled	Controlled	Controlled	Controlled
Adj R^2	0.332	0.769	0.578	0.799	0.927	0.944	0.935	0.947
F	185.636	247.694	170.696	212.242	113.018	136.999	122.096	139.576

注：(1) ***、**和*分别表示变量在1%、5%和10%的置信水平上显著；(2) 括号中数值为标准误差。

资料来源：作者计算。

控制变量中，人均GDP对产业结构合理化也呈现出U型关系，其原因如下：工业化快速发展并带来人均GDP的上升，但是产业结构并未处于合理状态，第二产业在经济结构中的份额不断扩大，其生产效率高于第一产业和第三产业；随着人均GDP的持续发展，工业反哺农业成为常态，第三产业逐渐成为推动经济发展的重要力量，从而形成资源合理配置和高效利用的状态，产业结构日趋合理。另外，控制变量劳动力密集度（非农业人口就业密度）对产业结构合理化具有较强的正向影响，这也印证了劳动力阻碍了产业结构合理化发展，可信的解释是劳动力密集投入的产业类型较为低端，产业创新和效率改进步伐较为缓慢，不利于产业结构合理化的发展。

15.4.2 2SLS检验结果

两化融合并不是完全的外生事件，两化融合对产业结构变迁的作用机理有可能因为经济发展的外在条件变动而产生非随机独立性，产业结构变迁的进程也会影响到两化融合的发展进程，产业结构日趋合理，势必有利于信息化与工业化的充分融合，导致实证检验可能存在内生选择偏误等问题。为了降低内生性对回归结果的干扰，最为有效的手段是寻找与两化融合相关且不受产业结构变迁影响的工具变量（Ⅳ），本文将选择三个工具变量：信息化指数、滞后一期两化融合变量和滞后一期政府干预变量。选取两个解释变量滞后一期作为工具变量，能够有效缓解由于时间趋势项因素所带来的内生性问题。而选择信息化指数作为工具变量的原因是：信息化指数对两化融合的耦合程度和增值能力呈现显著的正相关关系，信息化也是推动两化融合的重要因素，此外，信息化和产业结构变迁之间并不存在直接的相关性，由此能够有效识别并降低内生性问题的干扰。

本文采用二阶段工具变量回归（2SLS）重新估计政府干预、两化融合对产业结构高级化和产业结构合理化的影响，表 15 – 3 显示了主要的检验结果。第二阶段的回归结果显示，核心解释变量的估计值均未发生显著变化，文中获得的研究结论并未受到内生性问题的影响。无论是两化融合耦合程度，还是两化融合增值能力，均有利于产业结构高级化和产业结构合理化转型；政府干预不仅直接推动产业结构变迁的历史发展进程，同时还起到调节作用，使两化融合的正向影响力得到加强，这也印证了模型构建较为合理，基本模型所获得的结论具有较强的稳健性。

表 15 – 3　　　　　　　2SLS 检验的主要回归结果

变量	产业结构高级化				产业结构合理化			
	(1)	(2)	(3)	(4)	(5)	(6)	(7)	(8)
ln(Coupling)	0.592*** (0.083)	4.231** (1.865)			-2.026*** (0.155)	-16.418** (6.850)		
ln(Value)			0.276*** (0.034)	0.567 (0.377)			-1.037*** (0.038)	-1.507** (0.613)
ln(Intervent)		1.007*** (0.291)		0.311 (0.232)		-1.803*** (0.436)		-1.472*** (0.377)
ln(Coupling)× ln(Intervent)		1.633** (0.792)				-4.839** (2.035)		
ln(Value)× ln(Intervent)				0.205 (0.140)				-0.511** (0.228)
CV	NO	NO	NO	NO	NO	NO	NO	NO
Cons	0.110*** (0.038)	2.384*** (0.664)	0.346*** (0.062)	0.727 (0.581)	-2.427*** (0.070)	-7.748*** (1.755)	-3.391*** (0.069)	-5.599*** (0.945)
Area	Uncontrolled	Uncontrolled	Uncontrolled	Controlled	Uncontrolled	Controlled	Uncontrolled	Controlled
Year	Uncontrolled	Uncontrolled	Uncontrolled	Uncontrolled	Uncontrolled	Uncontrolled	Uncontrolled	Uncontrolled
Adj R^2	0.128	0.271	0.162	0.889	0.333	0.921	0.720	0.935
F	50.950	36.874	82.190	68.637	171.333	119.546	516.008	119.546

注：(1) ***、**和*分别表示变量在1%、5%和10%的置信水平上显著；(2) 括号中数值为标准误差。

资料来源：作者计算。

15.5 稳健性检验

15.5.1 国际金融危机的影响

2008年以来，由美国次债危机为诱因和主导的国际金融危机逐步凸显，为了抵御金融危机对国内的影响并且提高经济发展水平，全球贸易保护主义盛行。发达国家纷纷提出"再工业化"战略，一方面，发达国家将制造业尤其是高端制造业引流回国，对中国外向型经济特征以及现有的产业结构造成了一定影响；另一方面，"再工业化"战略充分吸收信息技术优势基础，形成以"服务型经济""制造业服务化"为典型特征的"新型工业形态"（Vandermerwe and Rada, 1989），从"产品为中心"向"服务为中心"的服务转型（service transition）成为制造业企业发展趋势（陈漫和张新国，2016），这对中国产业结构的变迁造成了较大影响。故而本研究以2008年为断点，分别考察2003~2008年和2009~2014年两个子样本数据集的回归结果，从而研判国际金融危机所带来的产业结构变迁新趋势。

表15-4汇报了[2003, 2008]和[2009, 2014]两个时间区间内政府干预、两化融合对产业结构高级化影响的回归结果。结果显示：主要解释的回归系数均未发生质变，这也印证了回归计量结果具有较高的可信度与稳健性。国际金融危机以来，两化融合耦合程度和增值能力对产业结构高级化的影响力呈现下降趋势，这也反映出国际金融危机对中国产业结构高级化的调整具有多重复杂性。从表现形式看，以西方发达国家的"再工业化"战略为先导的全球产业转移，深刻影响中国国内的产业结构高级化步伐；此外，国际金融危机的次生影响也波及国内产业结构调整机制，两化融合推动作用的下降构成最为直接的证据。

表15-4 两个时间区间内产业结构高级化的主要回归结果

变量	[2003, 2008]				[2009, 2014]			
	(1)	(2)	(3)	(4)	(5)	(6)	(7)	(8)
ln(Coupling)	5.825*** (1.104)	4.854*** (0.975)			4.000*** (0.835)	4.052*** (0.853)		
ln(Value)			1.311*** (0.157)	1.019*** (0.228)			0.475*** (0.180)	0.288 (0.194)

续表

变量	[2003, 2008]				[2009, 2014]			
	(1)	(2)	(3)	(4)	(5)	(6)	(7)	(8)
ln(Intervent)	0.955***	0.480***	0.987***	0.627***	1.318***	1.257***	0.230	0.106
	(0.189)	(0.171)	(0.153)	(0.209)	(0.152)	(0.166)	(0.194)	(0.188)
ln(Coupling)×ln(Intervent)	1.633***	1.077***			1.630***	1.575***		
	(0.292)	(0.262)			(0.379)	(0.382)		
ln(Value)×ln(Intervent)			0.451***	0.297***			0.210***	0.061
			(0.062)	(0.088)			(0.075)	(0.084)
ln(Pgdp)		-0.499***		-0.425***		-1.092***		-1.164***
		(0.108)		(0.118)		(0.193)		(0.164)
ln(Pgdp)×ln(Pgdp)		0.089***		-0.035		0.362***		0.023
		(0.022)		(0.025)		(0.073)		(0.042)
ln(Hcapital)		-0.114		-0.136*		0.083		0.254**
		(0.080)		(0.079)		(0.091)		(0.123)
ln(Labor)		0.367***		0.352***		-0.018		0.171
		(0.132)		(0.127)		(0.015)		(0.113)
Cons	3.041***	1.902***	2.687***	1.765***	2.961***	3.947***	0.371	2.824***
	(0.616)	(0.670)	(0.394)	(0.668)	(0.326)	(0.515)	(0.448)	(0.711)
Area	Controlled	Controlled	Controlled	Controlled	Uncontrolled	Uncontrolled	Controlled	Controlled
Year	Controlled	Controlled	Controlled	Controlled	Uncontrolled	Uncontrolled	Controlled	Controlled
Adj R^2	0.953	0.968	0.962	0.968	0.470	0.555	0.953	0.965
F	100.294	133.615	124.296	134.905	55.632	33.939	112.716	140.977

注：(1) ***、**和*分别表示变量在1%、5%和10%的置信水平上显著；(2) 括号中数值为标准误差。

资料来源：作者计算。

表15-5汇报了[2003, 2008]和[2009, 2014]两个时间区间内政府干预、两化融合对产业结构合理化影响的回归结果，回归结果均具有良好的稳健性。令人惊喜的发现是：国际金融危机后，两化融合的耦合程度和增值能力对产业结构合理化的正向影响力日趋增强。中国作为典型的外向型国家，在国际金融危机之后，外向型的产业结构面临快速调整的压力，加速产业结构合理化调整成为优化产业结构的大势所趋。从政府干预和两化融合耦合程度、增值能力的交互影响看，政府干预显著促进了两化融合耦合程度和增值能力对产业结构合理化的正向作用，并且危机发生后，交互项的系数值大于危机前，推动中国产业结构合理化调整步伐加速。

表 15-5 两个时间区间内产业结构合理化的主要回归结果

变量	[2003, 2008]				[2009, 2014]			
	(1)	(2)	(3)	(4)	(5)	(6)	(7)	(8)
ln(Coupling)	-10.278*** (1.001)	-4.927*** (0.922)			-14.504*** (1.744)	-7.474*** (1.233)		
ln(Value)			-1.598*** (0.238)	-1.749*** (0.278)			-2.690*** (0.359)	-2.443*** (0.390)
ln(Intervent)	-2.312*** (0.185)	-0.725*** (0.218)	-1.052*** (0.186)	-1.137*** (0.239)	-2.780*** (0.318)	-1.239*** (0.240)	-1.623*** (0.264)	-1.571*** (0.0.302)
ln(Coupling) × ln(Intervent)	-3.629*** (0.397)	-1.619*** (0.360)			-5.669*** (0.791)	-2.756*** (0.552)		
ln(Value) × ln(Intervent)			-0.357*** (0.101)	-0.453*** (0.117)			-0.817*** (0.168)	-0.751*** (0.187)
ln(Pgdp)		-0.030 (0.088)		0.092 (0.087)		0.428 (0.279)		0.360 (0.374)
ln(Pgdp) × ln(Pgdp)		-0.185*** (0.064)		-0.005 (0.062)		-0.296*** (0.106)		-0.072 (0.128)
ln(Hcapital)		-0.181** (0.081)		-0.055 (0.070)		0.004 (0.131)		0.163 (0.137)
ln(Labor)		-0.124*** (0.017)		-0.075*** (0.016)		-0.237*** (0.021)		-0.148*** (0.029)
Cons	-7.757*** (0.456)	-4.387*** (0.650)	-5.421*** (0.424)	-5.777*** (0.621)	-8.578 (0.680)	-5.036*** (0.745)	-6.690*** (0.549)	-6.141*** (0.808)
Area	Uncontrolled	Uncontrolled	Uncontrolled	Uncontrolled	Uncontrolled	Uncontrolled	Uncontrolled	Uncontrolled
Year	Uncontrolled	Uncontrolled	Uncontrolled	Uncontrolled	Uncontrolled	Uncontrolled	Uncontrolled	Uncontrolled
Adj R^2	0.639	0.797	0.831	0.853	0.527	0.809	0.744	0.793
F	110.079	104.821	303.883	154.097	69.759	113.287	180.338	102.467

注：(1) ***、**和*分别表示变量在1%、5%和10%的置信水平上显著；(2) 括号中数值为标准误差。
资料来源：作者计算。

15.5.2 东中西部地区的影响

中国各地区的区位因素、经济发展基础、产业结构状况均存在较大的差异性,本文继续从东中西三区域划分的视角①,深入研究政府干预、两化融合与产业结构变迁的关系。东中西部地区政府干预、两化融合对产业结构高级化影响的回归结果如表 15-6 所示。

表 15-6　　　　东、中、西部地区产业结构高级化的主要回归结果

变量	东部		中部		西部	
	(1)	(2)	(3)	(4)	(5)	(6)
ln(Coupling)	-10.419***		-0.438		9.887***	
	(2.776)		(1.901)		(1.387)	
ln(Value)		0.747***		-0.992		-0.073
		(0.174)		(0.734)		(0.239)
ln(Intervent)	-0.554***	0.476***	-0.954**	-1.380**	0.911***	-0.254
	(0.208)	(0.160)	(0.436)	(0.551)	(0.171)	(0.247)
ln(Coupling)× ln(Intervent)	-2.047***		-0.726		2.631***	
	(0.673)		(0.597)		(0.407)	
ln(Value)× ln(Intervent)		0.321***		-0.550**		-0.085
		(0.061)		(0.253)		(0.105)
CV	NO	NO	NO	NO	NO	NO
Cons	-2.763***	1.048***	-1.942	-3.017*	3.577	-0.429***
	(0.755)	(0.395)	(1.311)	(1.585)	(0.575)	(0.579)
Area	Controlled	Controlled	Controlled	Controlled	Controlled	Controlled
Year	Controlled	Controlled	Controlled	Controlled	Controlled	Controlled
Adj R²	0.972	0.967	0.716	0.672	0.907	0.865
F	190.218	160.713	12.405	10.261	57.003	37.547

注:(1)　***、**和*分别表示变量在1%、5%和10%的置信水平上显著;(2)括号中数值为标准误差。

资料来源:作者计算。

东部地区两化融合耦合程度阻碍了产业结构高级化发展进程,而两化融合增值能力的系数仍然在1%的置信水平上显著为正,东部地区产业结构演进到较高

---

① 根据中国统计局的划分标准,文中将中国31个省(自治区、直辖市,不含香港、澳门、台湾地区)划分为东部、中部、西部,其中东部包括北京、天津、河北、辽宁、上海、江苏、浙江、福建、山东、广东、海南11个省(市),中部包括山西、吉林、黑龙江、安徽、江西、河南、湖北、湖南8个省,西部包括内蒙古、广西、重庆、四川、贵州、云南、西藏、陕西、甘肃、青海、宁夏、新疆12个省(自治区、直辖市)。

水平，两化融合的耦合程度也处于较高水平，耦合程度的进一步提升并不能带来产业结构高级化发展趋势，此时东部地区的两化融合发展进程更应该注重增值能力的提升。中部地区两化融合耦合程度和增值能力对产业结构变迁的影响均不显著，主要的原因是中部地区处于工业化快速发展阶段，从一二三产业划分的视角测度产业结构高级化，将会得出产业结构高级化演进并不显著的结论，从而阻碍了两化融合对产业结构高级化的正向促进作用。西部地区的回归结果显示，两化融合耦合程度的系数在1%的置信水平上显著为正。东中西部地区交互项 ln(Coupling)×ln(Intervent) 系数与同区域两化融合耦合程度系数方向保持相同，尤其是西部地区，政府干预显著促进了两化融合耦合程度对产业结构高级化的正向作用；交互项 ln(Value)×ln(Intervent) 系数则与同区域两化融合增值能力系数方向保持相同。总之，在推动产业结构高级化的发展进程中，各地区需要因地制宜，东部地区需要充分利用已有的工业化、信息化优势条件，推动两化融合的增值能力突破发展，从而达到产业结构高级化的发展目标；西部地区在产业结构高级化发展进程中，需要不断推动信息化和工业化耦合水平的上升。

表15-7给出了东中西部地区政府干预、两化融合对产业结构合理化影响的回归结果，从中可以发现，东中西部地区两化融合耦合程度的系数在1%的置信水平上显著为负，说明耦合程度的提升促进了各区域产业结构合理化进程，并且影响力呈现出东部地区最大、中部地区次之、西部地区最小的态势。两化融合增值能力对产业结构合理化具有显著的促进作用在东中西部地区均获得肯定的结论，并且增值能力的影响力小于耦合程度的影响力。交互项 ln(Coupling)×ln(Intervent) 系数均在1%的置信水平上显著为负，印证了政府干预显著促进两化融合耦合程度对产业结构合理化的正向作用，从促进作用大小看，也表现出东部地区最大、中部地区次之、西部地区最小的态势。东部和中部地区中，交互项 ln(Value)×ln(Intervent) 分别在1%、5%的置信水平上显著为负，政府干预显著促进了东中部地区两化融合增值能力对产业结构合理化的正向作用。

表15-7   东、中、西部地区产业结构合理化的主要回归结果

变量	东部		中部		西部	
	(1)	(2)	(3)	(4)	(5)	(6)
ln(Coupling)	-10.594***		-8.733***		-3.443***	
	(1.481)		(2.124)		(0.982)	
ln(Value)		-2.778***		-3.266***		-0.903**
		(0.368)		(1.045)		(0.446)
ln(Intervent)	2.124***	-1.634***	-2.269***	-2.074**	-0.778***	-0.633
	(0.177)	(0.250)	(0.526)	(0.840)	(0.184)	(0.432)

续表

变量	东部		中部		西部	
	(1)	(2)	(3)	(4)	(5)	(6)
ln(Coupling) × ln(Intervent)	-3.754*** (0.555)		-2.727*** (0.827)		-1.115*** (0.410)	
ln(Value) × ln(Intervent)		-0.866*** (0.159)		-0.919** (0.410)		-0.222 (0.193)
CV	NO	NO	NO	NO	NO	NO
Cons	-7.564*** (0.387)	-6.757*** (0.491)	-8.296*** (1.360)	-8.510*** (2.130)	-3.287*** (0.445)	-3.419*** (0.992)
Area	Uncontrolled	Uncontrolled	Uncontrolled	Uncontrolled	Uncontrolled	Uncontrolled
Year	Uncontrolled	Uncontrolled	Uncontrolled	Uncontrolled	Uncontrolled	Uncontrolled
Adj R^2	0.710	0.762	0.531	0.532	0.395	0.481
F	107.820	140.916	36.803	37.057	32.061	45.230

注：(1) ***、**和*分别表示变量在1%、5%和10%的置信水平上显著；(2) 括号中数值为标准误差。

资料来源：作者计算。

15.6 研究结论与启示

15.6.1 研究结论

鉴于两化融合理论研究范式、衡量方式以及两化融合对产业结构变迁相关研究的不足，本文根据两化融合所表现出的矢量特征，尝试将其分解为耦合程度和增值能力双重指标，并初步解释了两化融合对产业结构变迁的内在机理。通过运用2003~2014年中国31个省份面板数据的OLS检验和2SLS检验发现：(1) 两化融合耦合程度、两化融合增值能力、政府干预显著促进产业结构合理化与产业结构高级化发展进程；(2) 政府干预显著促进了两化融合耦合程度、两化融合增值能力对产业结构高级化和产业结构合理化的正向作用；(3) 考察国际金融危机的影响，危机发生后，两化融合耦合程度和增值能力对产业结构高级化的影响力呈现下降趋势，可喜的是两化融合的耦合程度和增值能力对产业结构合理化的正向影响力日趋增强；(4) 东中西部地区回归结果显示，两化融合对产业结构高级化具有显著的异质性，而两化融合对产业结构合理化的正向影响在东中西部地区均得到验证。所以，本文认为在产业结构变迁的相关研究中，应该充分考虑两化融合的影响，尤其是建立在政府干预背景下，根据不同发展时期和区域异质性，建立具有时效性和区域异质性的政策安排成为关键点。

政府大力推动信息化与工业化融合发展如何影响产业结构变迁模式，是推动产业结构优化升级亟待探究的重要问题。本文的研究突破了已有的分析思路和框架的两种误区：一是认为两化融合就是信息化和工业化沿着各自轨道发展的过程，在这一观点的影响下，两化融合水平评价分解为测度信息化发展和工业化进程的指标体系，最终获得不同区域两化融合水平和地区经济发展水平、工业化进程、信息化水平高度一致；二是认为两化融合就是单一维度的概念，信息化和工业化的协调能力成为两化融合的全部内涵。深化对两化融合双重性质的把握，辩证地看待两化融合、信息化、工业化之间的关系，两化融合的最终目标是促进信息化和工业化更快发展，带来更高的融合效果。进一步从政府干预的视角揭示两化融合在产业结构变迁中的重要作用，扩展产业结构变迁相关研究的中国意义和内涵，揭示了两化融合对当代中国经济结构变迁的现实意义。当前，中国经济处于"新常态"，增长速度、发展模式、发展理念出现重大变革，推动产业结构高级化和合理化的发展进程是各项改革重要的基础，对推动产业结构优化升级具有重要的促进作用。

15.6.2 启示

本文的相关研究结论可以为推动产业结构变迁提供新的视角和思路：两化融合是我国新型工业化道路的重要内涵，也是产业结构升级的实现途径，应积极采取措施，通过两化深度融合，转变经济发展方式，加速产业结构优化升级。

第一，"智能制造"是通过两化融合推动产业结构升级的突破口。制造业是国民经济的核心与脊梁，中国作为全球制造业大国，被称为"世界制造业中心"。然而，长期以来制约中国制造业发展的创新能力不强、产品竞争力低、核心技术缺乏等诸多问题仍然存在，推动制造业领域信息化与工业化融合发展成为实现中国制造从低端向高端、由"中国制造"向"中国创造"和"中国智造"转化的重要途径。开展协同创新和开放创新，充分借助于新一代移动通信、下一代互联网、移动互联网、云计算、物联网和智能终端等关键共性技术，推动形成统一、开放、兼容的关键共性技术体系（黄群慧和李晓华，2016），持续加快制造业供给侧结构性改革，优化信息网络基础设施、发展壮大信息技术产业、健全网络安全保障体系，持续推动制造业经营业态、商业模式的革新和转变，打造富有竞争力和生命力的制造业生态。

第二，产业效率提升将成为两化融合推动产业结构升级的主要途径。产业结构优化升级的时代内涵在于产业生产效率不断提升，表现为生产要素的优化组合、技术水平和管理水平以及产品质量的提高，推动信息化与工业化的融合发展，可以带来生产要素配置效率的改善和生产要素使用效率的提升，推动产业优化升级发展。通过两化融合实现各环节的互通互联，推动劳动、资本、土地、创新资源能够从较低使用效率和较低配置效率的领域进入高使用效率和高配置效率的领域。另外，信息化与工业化的融合，加速了富有生产效率的技术手段、生产方式、技术形态的萌生，这也成为产业效率提升的活水之源。

第三，从两化融合的政策成本—收益视角看，两化融合耦合程度和增值能力均能够带动产业结构变迁步伐，并不是各地区投入大量的资源推动信息化与工业化融合就是最优决策。有限的资源既可以投入两化融合建设中，又能够投入信息化建设，还能够投入工业化发展进程中，所以，需要根据不同区域政策效果的差异性，做出有针对性的政策安排。具体而言，推动两化融合的发展，要推动信息化和工业化两者之间的协调发展，带来强大的耦合能力，然而仅仅关注这一角度，有可能付出巨大的政策成本，但结果却是低水平的高耦合状态，信息化和工业化的协调能力虽然较高，但是受制于较低的工业化水平、信息化基础，并不能为社会带来强大的促进融合效果。故而，推动信息化和工业化耦合程度的提高并不是本质，而是应通过较高的耦合程度带来更高的效益，从而更好地发挥后发优势。

参考文献

[1] Acemoglu D. Directed Technical Change [J]. The Review of Economic Studies, 2002, 69 (4): 781–809.

[2] Acemoglu D. Labor and Capital Augmenting Technical Change [J]. Journal of the European Economic Association, 2003, 1 (1): 1–37.

[3] Acemoglu D, Dorn D, Hanson G H, et al. Return of the Solow paradox? IT, productivity, and employment in US manufacturing [J]. The American Economic Review, 2014, 104 (5): 394–399.

[4] Basu S, Fernald J. Information and Communications Technology as a General Purpose Technology: Evidence from US Industry Data [J]. German Economic Review, 2007, 8 (2): 146–173.

[5] Ceccobelli M, Gitto S, Mancuso P. ICT Capital and Labour Productivity Growth: A Non–Parametric Analysis of 14 OECD Countries [J]. Telecommunications Policy, 2012, 36 (4): 282–292.

[6] Dewan S, Kraemer K L. Information Technology and Productivity: Evidence from Country–level Data [J]. Management Science, 2000, 46 (4): 548–562.

[7] Duarte M, Restuccia D. The Role of the Structural Transformation in Aggregate Productivity [J]. The Quarterly Journal of Economics, 2010, 125 (1): 129–173.

[8] Jorgenson D W. Information Technology and the US Economy [J]. American Economic Review, 2001: 1–32.

[9] Jorgenson D W, Stiroh K J. Information Technology and Growth [J]. American Economic Review, 1999: 109–115.

[10] Vandermerwe S, Rada J. Servitization of Business: Adding Value by Adding Services [J].

European Management Journal, 1989, 6 (4): 314 – 324.

[11] 陈漫, 张新国. 经济周期下的中国制造企业服务转型: 嵌入还是混入 [J]. 中国工业经济, 2016 (8): 93 – 109.

[12] 陈庆江, 杨蕙馨, 焦勇. 信息化和工业化融合对能源强度的影响——基于 2000 – 2012 年省际面板数据的经验分析 [J]. 中国人口·资源与环境, 2016, 26 (1): 55 – 63.

[13] 干春晖, 郑若谷, 余典范. 中国产业结构变迁对经济增长和波动的影响 [J]. 经济研究, 2011 (5): 4 – 16.

[14] 韩先锋, 惠宁, 宋文飞. 信息化能提高中国工业部门技术创新效率吗 [J]. 中国工业经济, 2014 (12): 70 – 82.

[15] 黄群慧. 论中国工业的供给侧结构性改革 [J]. 中国工业经济, 2016 (9): 5 – 23.

[16] 黄群慧, 李晓华. 创新发展理念: 发展观的重大突破 [J]. 经济管理, 2016 (11): 1 – 10.

[17] 林毅夫. 后发优势与后发劣势——与杨小凯教授商榷 [J]. 北京: 经济学 (季刊), 2003 (7): 13 – 16.

[18] 林毅夫, 张鹏飞. 后发优势、技术引进和落后国家的经济增长 [J]. 经济学 (季刊), 2005, 5 (1): 53 – 62.

[19] 刘嘉毅, 陶婷芳, 夏鑫. 产业结构变迁与住宅价格关系实证研究——来自中国内地的经验分析 [J]. 财经研究, 2014 (3): 73 – 84.

[20] 彭冲, 李春风, 李玉双. 产业结构变迁对经济波动的动态影响研究 [J]. 产业经济研究, 2013 (3): 91 – 100.

[21] 孙琳琳, 郑海涛, 任若恩. 信息化对中国经济增长的贡献: 行业面板数据的经验证据 [J]. 世界经济, 2012 (2): 3 – 25.

[22] 邵帅, 范美婷, 杨莉莉. 资源产业依赖如何影响经济发展效率? ——有条件资源诅咒假说的检验及解释 [J]. 管理世界, 2013 (2): 32 – 63.

[23] 汤维祺, 吴力波, 钱浩祺. 从 "污染天堂" 到绿色增长——区域间高耗能产业转移的调控机制研究 [J]. 经济研究, 2016 (6): 58 – 70.

[24] 田洪川, 石美遐. 制造业产业升级对中国就业数量的影响研究 [J]. 经济评论, 2013 (5): 68 – 78.

[25] 王永明. 政府绩效管理科学化: 理论分析、现实困境与实现路径 [J]. 中国行政管理, 2015 (11): 41 – 44.

[26] 夏庆杰. 第二次转型: 由制造业大国向创新型强国升级 [J]. 北京大学学报 (哲学社会科学版), 2016, 53 (2): 13 – 16.

[27] 肖静华. 中国工业化与信息化融合质量: 理论与实证 [J]. 中国信息化, 2017 (4): 4 – 16.

[28] 杨蕙馨, 焦勇, 陈庆江. 两化融合与内生经济增长 [J]. 经济管理, 2016 (1): 1 – 9.

[29] 张龙鹏, 周立群. "两化融合" 对企业创新的影响研究——基于企业价值链的视角 [J]. 财经研究, 2016, 42 (7): 99 – 110.

[30] 张亚斌, 金培振, 沈裕谋. 两化融合对中国工业环境治理绩效的贡献——重化工业化阶段的经验证据 [J]. 产业经济研究, 2014 (1): 40 – 50.

[31] 周黎安. 中国地方官员的晋升锦标赛模式研究 [J]. 经济研究, 2007 (7): 36 – 50.

第 16 章

信息化与工业化融合的耦合程度和增值能力[*]

16.1 问题的提出

近年来，主要发达国家纷纷提出了"再工业化"战略，通过发展先进制造技术来复兴和强化制造业的国际竞争力（金碚，2012；黄群慧、贺俊，2013），但工业化的再次兴起并非直接将分散于全球范围内的制造业环节转移到本国，而是广泛渗透、融合了先进信息技术的工业化再造过程。信息化与工业化融合发展成为世界各国经济发展的新动力。[①] 大力推动信息化与工业化在企业、产业、区域等层次中渗透、碰撞直至融合，成为中国未来经济发展新模式，而两化融合正在构成微观层面资源配置效率提高、中观层面产业结构优化升级、宏观层面经济增长方式转型的重要推手（杨惠馨等，2016），并成为建设工业强国、迈入发达国家行列、实现中华民族伟大复兴中国梦的战略举措。

从发达国家的历史经验和理论研究来看，国外学者尚没有充分关注两化融合自身发展的问题，仅仅聚焦于信息化以及信息化对产业发展、经济增长的影响（Jorgenson and Stiroh, 1995, 1999; Dewan and Kraemer, 2000; Jorgenson, 2001; Gust and Marquez, 2004）。国内对两化融合的研究主要从三个方面开展：一是对两化融合的描述性分析（乌家培，1993，1995；吴敬琏，2006；周叔莲，2008），着重关注中国两化融合发展道路的历史选择、两化融合发展现状以及存在的问题；二是对两化融合的实现机制、融合内涵的理论性分析（肖静华等，2006；万建香，2009；谢康、肖静华，2011；杨惠馨等，2016）；三是构建指标或指标体系评价两化融合水平（支燕，2009；谢康等，2012；陈庆江等，2016）。其中第三个主题的相关研究主要从两大思路展开：一是通过建立两化融合的指标体系，

---

* 本章作者焦勇、杨惠馨，发表在《社会科学研究》2017 年第 4 期（有改动）。
① 信息化与工业化融合，下文简称"两化融合"。

达到对两化融合的评价。这一思路的研究最常见于实践领域,比如国家统计信息中心课题组、中国信息化水平评价研究课题组、工业和信息化部信息化推进司等从不同侧面构建了评价指标体系。二是从两化融合的内涵出发,构建两化融合的测度指标。谢康等(2012)构建了工业化与信息化的融合模型,并运用 SFA 的分析手段,分析了中国工业化与信息化的融合质量,这一思路从信息化和工业化两个指标的协调程度对融合水平进行了评价;陈庆江等(2016)从信息化与工业化协同演化视角出发构建共生模型并测算了中国各省份两化融合水平。在已有研究中,从两化融合的外延特征构建评价指标体系和从协同发展视角建立单一评价指标,两种评价技术获得的结果存在一定差别。其原因是两种测量范式的侧重点存在差异。评价指标体系更加侧重于两化融合带来的效果,而学术界构建的理论模型更加强调信息化与工业化两方面的融合程度。由此引发了本文的思考:两化融合到底是衡量信息化与工业化融合效果的变量,还是直接衡量信息化与工业化融合程度的变量?两化融合是一个维度上的变量吗?

  两化融合和信息化、工业化水平的高低是两个截然不同的概念,建立在评价指标体系下的两化融合指标更加注重考察信息化、工业化程度的高低,很难会出现较低的工业化(信息化)水平带来更高的两化融合水平的结果。但从理论上分析,应该存在两种表现形态:高水平工业化(信息化)条件下的融合和低水平工业化(信息化)条件下的融合。故而,通过前人研究成果的启发以及对两化融合的深入剖析,本文发现两化融合并不是单一维度上的变量,而是具有"方向(耦合程度)"和"大小(增值能力)"的矢量特征,并且信息化和工业化也是具有矢量特征的。本文的独到之处和创新点是在已有的信息化与工业化协同演化模型基础上,完整地提出两化融合的双重特征,并构建了逻辑严密的理论分析框架和两化融合矢量数学模型,给出关于两化融合的方向、大小的计算方式;构建了两化融合矢量特征的动态模型,刻画了两化融合的Ⅰ型、Ⅱ型、Ⅲ型、Ⅳ型、Ⅴ型、Ⅵ型增值能力;结合理论框架及数学模型,测算了 2000~2014 年两化融合的矢量特征数值,并对两化融合的增值能力进行了分解。

16.2 两化融合的理论分析模型

16.2.1 两化融合矢量的基本模型

(1)两化融合的"方向"特征。

信息化和工业化两种系统在要素、手段、形态等方面从相互结合、渗透到彼此交融的相互作用过程,本质上是信息化和工业化两个彼此不同但又相互联系的系统之间协同演化的发展过程。两化融合并非指信息化、工业化发展到何种水平，而是信息化（工业化）对工业化（信息化）发展起到了多大的推动作用；两化融合水平并不仅仅指代信息化对工业化促进作用的大小，而是包含"信息化带动工业化，工业化促进信息化"两个维度。根据杨蕙馨等（2016）、陈庆江等（2016）的论述，本文构建的两化融合协同演化模型为：

$$\begin{cases} \dfrac{dx}{dt} = r_1 x \left(1 - \dfrac{x}{N_1} + \phi_1 \dfrac{y}{N_2} \right) \\ \dfrac{dy}{dt} = r_2 y \left(1 - \dfrac{y}{N_2} + \phi_2 \dfrac{x}{N_1} \right) \end{cases} \quad (16-1)$$

其中，x、y 分别代表信息化、工业化，r_1、r_2 分别是信息化、工业化的自然增长率；N_1、N_2 分别代表信息化、工业化单独演进发展时所能够达到的最高值；ϕ_1、ϕ_2 为合作系数，分别表示工业化（信息化）水平的提高对信息化（工业化）水平提高的合作互惠作用，也即信息资源共享、知识外溢而产生的协同发展效应。故而模型中 $\phi_1 \phi_2$ 正是对两化融合"方向"特征的表达。在本文的分析中，将两化融合这一维度特征定义为耦合程度。

故有，两化融合的耦合程度表达式：

$$C = \phi_1 \cdot \phi_2 \quad (16-2)$$

将耦合程度 C 转化为信息化和工业化夹角。假设信息化和工业化两条向量方向完全相同时，两化融合的耦合程度 $C=0$，即完全不耦合状态；信息化和工业化两条向量方向垂直时，两化融合的耦合程度 $C=1$，即完全耦合状态。进一步，假定夹角和耦合程度保持线性变换关系，所以，$C = \dfrac{2\alpha}{\pi}$，也即 $\alpha = \dfrac{\pi}{2} C$，$\alpha$ 为信息化与工业化的夹角，将表达式（16-2）代入，所以夹角的表达式为：

$$\alpha = \dfrac{\pi \phi_1 \phi_2}{2} \quad (16-3)$$

（2）两化融合的"大小"特征。

两化融合是通过信息化与工业化的融合发展最终达到充分融合的"理想状态"，进而产生良好的融合效果。所以说两化融合能力的大小取决于两个方面：一是两化融合的"方向"；二是构成融合大小的信息化（工业化）水平。例如，两化融合的方向特征并不明显，协同发展的效应处于较低水平，那么，即使信息化、工业化处于较高水平也不能带来较好的融合效果。本文将两化融合效果的大小这一维度特征定义为增值能力，同时将两个向量（工业化、信息化）组成的平行四边形面积定义为两化融合的增值能力测度，此四边形面积大小受到两个因素的影响：一是矢量信息化、工业化大小，即 x、y 的大小，也即现实生活中信息化、工业化发展水平的高低；二是 x、y 的方向性，即信息化与工业化的夹角 α。所以，一般情形下，两化融合的增值能力表达式为：$V = x \cdot y \cdot \sin\alpha$，将式

(16-3) 代入，所以，$\alpha = \dfrac{\pi \phi_1 \phi_2}{2}$。

$$V = x \cdot y \cdot \sin \dfrac{\pi \phi_1 \phi_2}{2} \quad (16-4)$$

式中，V 为两化融合增值能力的函数表达。

16.2.2 两化融合的演进模式

图 16-1 从两化融合的耦合程度和增值能力两个层面分析各地区两化融合的演进模式。根据耦合程度高低和增值能力大小划分为四个区域：Ⅰ区域内，两化融合的耦合程度高，同时增值能力大，例如德国的高端制造业，信息技术与工业制造在高水平上充分融合；Ⅱ区域内，两化融合的耦合程度低，但是增值能力大，表明企业、行业或区域的两化融合的耦合程度较低，然而凭借较高的信息化基础和工业化水平依然能够带来较高的增值能力；Ⅲ区域内，两化融合的耦合程度低，增值能力小；Ⅳ区域内，两化融合的耦合程度虽然高，增值能力却不大，表明尽管信息化与工业化充分协同发展，但是受制于较低的信息化（工业化）水平，协同发展所带来的经济效益并不高。

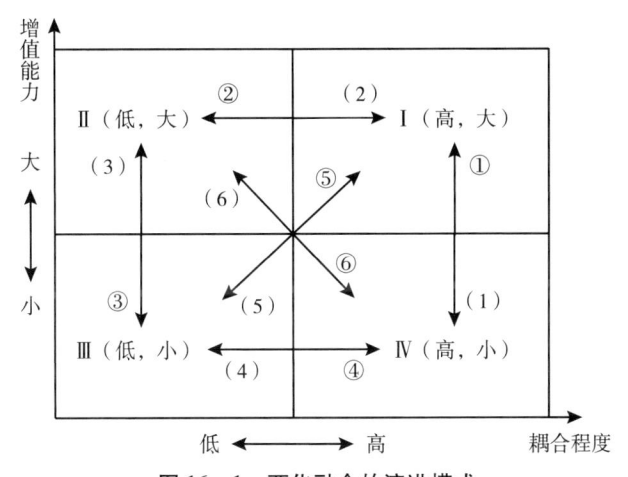

图 16-1 两化融合的演进模式

资料来源：作者绘制。

基于两化融合的两个角度的演进，模式（2）和模式④的共同特征是增值能力相对水平不发生改变，两化融合的耦合程度上升；模式①和模式（3）的共同特征是耦合程度不变的条件下实现了增值能力的跃升，即两化融合的两个方面（工业化和信息化）之间的协同作用力大小并未发生改变，而是通过提升工业化水平或是信息化水平提升两化融合的增值能力。

16.2.3 两化融合的动态模型

从动态的角度来看，两化融合的两个方面即信息化与工业化的融合，是指通过"信息化带动工业化，工业化促进信息化"推动工业化与信息化的同步进行、协同发展（杨蕙馨等，2016）。两化融合的增值能力是指信息化与工业化耦合形成协同互惠作用力，以及结合现有信息化、工业化水平的效益所增加的效果。两化融合的增值能力通常存在上升、不变和下降三种情况，鉴于中国各地区的发展实践均以上升为主，所以本文以两化融合增值能力上升进行理论分析，而上升的来源有三个方面：一是工业化水平不变条件下，由于信息化增长所带动的增值能力上升；二是信息化水平不变条件下，由于工业化增长所促进的增值能力上升；三是信息化与工业化同时增长所带来的增值能力上升。

假设信息化、工业化水平分别由 x_0、y_0 增长到 $(x_0 + \Delta x)$、$(y_0 + \Delta y)$，耦合程度则由基期的 $C_0 = \phi_1 \cdot \phi_2$ 变化为报告期的 $C_1 = \phi_1^* \cdot \phi_2^*$，夹角由 α_0 增长到 α_1，所以有：

$$V_1 = (x_0 + \Delta x)(y_0 + \Delta y)\sin\alpha_1 \qquad (16-5)$$

将增长的信息化、工业化水平这一因素分解可以将式（16-5）展开成式（16-6）：

$$V_1 = V_0 + x_0\Delta y\sin\alpha_1 + y_0\Delta x\sin\alpha_1 + \Delta x\Delta y\sin\alpha_1 \qquad (16-6)$$

继而夹角由 α_0 增长到 α_1，再将这一因素进行分解，获得报告期两化融合增值能力分解形式，如式（16-7）所示：

$$V_1 = \underbrace{x_0 y_0 \sin\alpha_0}_{\text{I 型增值}} + \underbrace{x_0 \Delta y \sin\alpha_0 + y_0 \Delta x \sin\alpha_0}_{\text{II 型增值}} + \underbrace{\Delta x \Delta y \sin\alpha_0}_{\text{III 型增值}} + \underbrace{x_0 y_0 [\sin\alpha_1 - \sin\alpha_0]}_{\text{IV 型增值}}$$
$$+ \underbrace{x_0 \Delta y [\sin\alpha_1 - \sin\alpha_0] + y_0 \Delta x [\sin\alpha_1 - \sin\alpha_0]}_{\text{V 型增值}} + \underbrace{\Delta x \Delta y [\sin\alpha_1 - \sin\alpha_0]}_{\text{IV 型增值}}$$

$$(16-7)$$

将式（16-3）关于夹角的表达式代入式（16-7），可获得报告期两化融合的增值能力的分解公式：

$$V_1 = \underbrace{x_0 y_0 \sin\frac{\pi\phi_1\phi_2}{2}}_{\text{I 型增值}} + \underbrace{x_0 \Delta y \sin\frac{\pi\phi_1\phi_2}{2} + y_0 \Delta x \sin\frac{\pi\phi_1\phi_2}{2}}_{\text{II 型增值}} + \underbrace{\Delta x \Delta y \sin\frac{\pi\phi_1\phi_2}{2}}_{\text{III 型增值}}$$
$$+ \underbrace{x_0 y_0 \left[\sin\frac{\pi\phi_1^*\phi_2^*}{2} - \sin\frac{\pi\phi_1\phi_2}{2}\right]}_{\text{IV 型增值}}$$
$$+ \underbrace{x_0 \Delta y \left[\sin\frac{\pi\phi_1^*\phi_2^*}{2} - \sin\frac{\pi\phi_1\phi_2}{2}\right] + y_0 \Delta x \left[\sin\frac{\pi\phi_1^*\phi_2^*}{2} - \sin\frac{\pi\phi_1\phi_2}{2}\right]}_{\text{V 型增值}}$$

$$+\underbrace{\Delta x \Delta y \left[\sin \frac{\pi \phi_1^* \phi_2^*}{2} - \sin \frac{\pi \phi_1 \phi_2}{2}\right]}_{\text{VI型增值}} \quad (16-8)$$

在式（16-8）中，报告期两化融合增值能力提升由六种增值能力共同构成，分别为Ⅰ型到Ⅵ型增值能力，共由八项构成。其中，Ⅱ型、Ⅴ型增值能力均有两项。两化融合Ⅰ型增值能力、两化融合耦合程度以及信息化和工业化水平都不改变所带来的原始增值效果；两化融合Ⅱ型增值能力、两化融合耦合程度不变，信息化或者工业化增长所带来的增值效果；两化融合Ⅲ型增值能力，两化融合耦合程度不变，信息化与工业化增长的交互影响带来的增值效果；两化融合Ⅳ型增值能力，两化融合耦合程度提升带来的补偿效应，也即建立在原始的信息化、工业化水平上，单纯由耦合程度提升带来的增值效果；两化融合Ⅴ型增值能力，两化融合耦合程度提升，同时信息化或者工业化增长带来的增值效果；两化融合Ⅵ型增值能力，两化融合耦合程度提升，同时信息化和工业化增长的交互影响带来的增值效果。

报告期两化融合的增值能力可以继续归纳为三大项：第一项为两化融合静态增值能力，包含Ⅰ型增值能力，指基期的两化融合增值能力；第二项为两化融合横向增值能力，包含Ⅱ型增值能力和Ⅲ型增值能力，指两化融合耦合程度不变，由于信息化、工业化水平上升引致的增值效果；第三项为两化融合纵向增值能力，包含Ⅳ型增值能力、Ⅴ型增值能力和Ⅵ型增值能力，指两化融合的耦合程度上升带来的综合效果。

16.3 耦合程度与增值能力的指标和数据

16.3.1 指标构建

增值能力指标建立在信息化水平、工业化水平和耦合程度的基础上，涉及的基础性指标分别为信息化水平、工业化水平和耦合程度。

第一，工业化水平。沿用陈庆江等（2016）的指标体系，工业化水平的评价指标体系由五个方面的综合评价组成，分别为人均GDP、第三产业增加值与第二产业增加值之比、制造业固定资产投资占工业部门固定资产投资比重、城镇人口占总人口比例、第一产业就业比重；同时参照陈佳贵等给出的工业化发展水平权重体系可获得2000~2014年各地区工业化水平。

第二，信息化水平。反映信息化水平的指标直接来自《中国信息年鉴》，以"各地区信息化发展指数"作为测度指标。

第三，两化融合的耦合程度。根据杨蕙馨等（2016）、陈庆江等（2016）构建的两化融合协同演化模型,并结合谢康等(2012)提出的工业化与信息化融合模型,利用巴特斯(Battese)和科利(Coelli)构建的 SFA 随机前沿生产函数模型,可以构建式(16-9)工业化带动信息化模型:

$$x = f(y, i, t)\exp(V_{it} - U_{it}) \quad (16-9)$$

式(16-9)表示在工业化的带动作用下信息化能够达到的水平。同理可以构建式(16-10)信息化促进工业化模型:

$$y = f(x, i, t)\exp(V_{it} - U_{it}) \quad (16-10)$$

其中,V 代表信息化(工业化)进程中存在的不可控因素的影响,假设 $V_{it} \sim N(0, \sigma_V^2)$;U 为效率损失,即工业化(信息化)影响下信息化(工业化)所能达到的最优水平。信息化(工业化)实际值和前沿面两者的相对距离可以衡量式(16-1)中合作互惠力量的大小,例如,信息化水平的实际值和前沿面差距越小,实际值越接近前沿面,从而印证工业化对信息化产生的作用越强。基于上述分析,构建合作系数指标,如式(16-11)和式(16-12)所示:

$$\phi_1 = \frac{x}{opt(x)} \quad (16-11)$$

$$\phi_2 = \frac{y}{opt(y)} \quad (16-12)$$

其中,opt(x)、opt(y)分别为信息化(工业化)的最优水平,两化融合的耦合程度 $\phi_1\phi_2$ 可以进一步表达为:

$$C = \phi_1\phi_2 = \frac{x}{opt(x)} \cdot \frac{y}{opt(y)} \quad (16-13)$$

通过 SFA 模型,结合各地区的工业化发展水平和信息化发展水平数据,可分别得到信息化对工业化的带动作用和工业化对信息化的拉动作用 ϕ_1、ϕ_2,进而可衡量各地区信息化和工业化融合水平。

16.3.2 数据来源及处理

本文研究对象是 2000~2014 年中国 31 个省份的样本数据。其中,2000~2005 年的信息化水平数据来自 2007 年的《中国信息年鉴》,2006~2014 年的信息化水平数据取自于 2014 年和 2015 年的《中国信息年鉴》。

在测算工业化水平的基础性指标中,各地区 GDP 数值来自国家统计局网站数据库,并采用汇率法和购买力平价法折算,实际 GDP 采用两者的平均值;汇率数据来自中国人民银行网站;2000~2014 年各地区第二产业增加值、第三产业增加值、制造业固定资产投资、工业部门固定资产投资、城镇人口、总人口、第一产业就业、总就业等指标原始数值均来自国家统计局网站数据库,少量缺失数值均按照均值插值法填补。

16.4 测算结果及分析

16.4.1 两化融合的耦合程度和增值能力

表 16-1 给出的 2000~2014 年中国各省份两化融合耦合程度和增值能力数值[①]表明,两化融合的耦合程度并没有达到最优状态,这和谢康等(2012)所获得的结论一致。2000~2014 年各地区两化融合的耦合程度有良好增长性,各地区数值均保持持续稳定增长,例如,北京市耦合系数由 2000 年的 0.892 稳步增长到 2014 年的 0.927,上海的耦合系数一直处于高水平,2000 年两化融合的耦合系数已达到 0.962,2014 年这一数值进一步增长到 0.966;另有部分地区两化融合的耦合程度和其经济地位不匹配,例如,宁夏的耦合系数较大,2000 年耦合系数达到 0.896,并进一步上升到 2014 年的 0.908。根据测算结果,除北京、上海、广东和宁夏四个地区,其他区域两化融合耦合程度均低于 0.900,信息化与工业化没有达到高耦合程度,但两化融合的耦合程度处于长期增长通道中,发挥着越来越大的协同作用,且存在较大上升空间。

表 16-1　　　　两化融合的耦合程度和增值能力

地区	两化融合耦合程度			两化融合增值能力		
	2000 年	2007 年	2014 年	2000 年	2007 年	2014 年
北京	0.892	0.911	0.927	0.548	0.822	0.947
天津	0.683	0.731	0.770	0.256	0.385	0.658
河北	0.394	0.487	0.563	0.075	0.127	0.214
山西	0.269	0.400	0.509	0.045	0.078	0.156
内蒙古	0.375	0.475	0.558	0.065	0.104	0.280
辽宁	0.573	0.642	0.699	0.163	0.241	0.355
吉林	0.501	0.578	0.642	0.127	0.170	0.243
黑龙江	0.371	0.482	0.573	0.065	0.101	0.222
上海	0.962	0.964	0.966	0.482	0.733	0.784
江苏	0.705	0.745	0.779	0.178	0.319	0.519

① 表 16-1 中给出了 2000 年、2007 年和 2014 年共计 3 个代表性年份的两化融合耦合程度、增值能力数值,其他年份的数值并未列出,感兴趣的读者可以和作者联系索取。

续表

地区	两化融合耦合程度			两化融合增值能力		
	2000 年	2007 年	2014 年	2000 年	2007 年	2014 年
浙江	0.755	0.791	0.821	0.215	0.358	0.475
安徽	0.446	0.530	0.600	0.074	0.105	0.213
福建	0.647	0.704	0.751	0.164	0.234	0.380
江西	0.551	0.610	0.659	0.115	0.142	0.205
山东	0.672	0.715	0.751	0.132	0.223	0.347
河南	0.468	0.546	0.611	0.058	0.110	0.187
湖北	0.625	0.682	0.730	0.121	0.171	0.307
湖南	0.606	0.662	0.709	0.112	0.146	0.220
广东	0.899	0.913	0.924	0.239	0.360	0.442
广西	0.616	0.666	0.707	0.122	0.110	0.171
海南	0.805	0.818	0.828	0.190	0.170	0.243
重庆	0.687	0.737	0.778	0.104	0.171	0.314
四川	0.632	0.689	0.736	0.096	0.124	0.164
贵州	0.311	0.428	0.526	0.018	0.038	0.171
云南	0.361	0.470	0.560	0.028	0.037	0.089
西藏	0.685	0.711	0.732	0.058	0.078	0.067
陕西	0.617	0.686	0.743	0.084	0.115	0.253
甘肃	0.548	0.626	0.690	0.066	0.057	0.075
青海	0.749	0.782	0.808	0.079	0.101	0.181
宁夏	0.896	0.903	0.908	0.110	0.124	0.283
新疆	0.726	0.773	0.812	0.081	0.094	0.172

资料来源：作者计算获得。

同时，2000~2014 年中国各地区两化融合的增值能力保持稳定增长趋势。例如，北京市的增值系数由 2000 年的 0.548 逐步增长到 2014 年的 0.947，2014 年江苏省增值系数为 0.519，较 2000 年增长了 1.92 倍，贵州省增值系数更是由 2000 年的 0.018 增长到 2014 年的 0.171，增长了 8.32 倍。但是，各省份两化融合增值能力具有显著的异质性，2014 年北京市增值系数最高，而最低的是西藏，增值系数仅为 0.067，相当于北京市同期水平的 7.91%。总的来看，工业化水平高、信息化发展较为完善的是东部地区，如北京、上海、天津、江苏、浙江、广东占据前六位，而西藏、甘肃、贵州等地区的两化融合增值能力较弱。

如图 16-2 所示，中国内地各地区两化融合的耦合程度不断上升，耦合系数由 2000 年的 0.614 上升到 2014 年的 0.722，增长了 17.59%，年均增长率为 1.26%，耦合程度呈现出缓慢的增长趋势。从不同年份看，耦合系数的增长较为平稳，并未出现大的波动，2000~2001 年的增长率最快，然而增长速度也仅为 1.49%，而增长率最慢的 2013~2014 年，这一数值也达到 0.94%。2000~2004 年两化融合耦合程度增长速度整体表现出缓慢下降趋势，耦合程度增长率下降，这和杨蕙馨等（2016）的理论研究不谋而合，两化融合耦合程度表现为时间的一阶增函数、二阶减函数的动态变化性质。

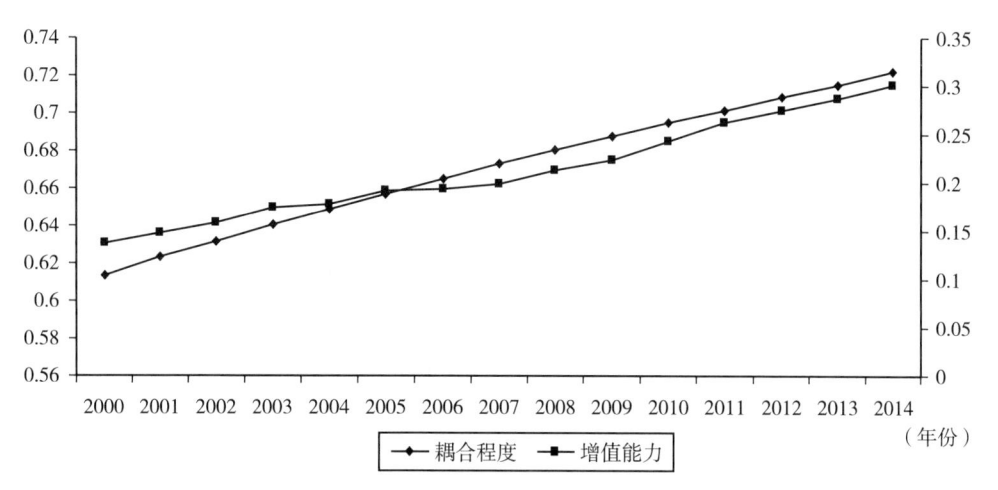

图 16-2　2000~2014 年中国两化融合的耦合程度和增值能力的趋势

注：左侧纵轴为耦合程度，右侧纵轴为增值能力。
资料来源：作者绘制。

但此间两化融合的增值能力增长较快，增值系数由 2000 年的 0.138 增长到 2014 年的 0.301，年均增长率达到 5.75%，超过耦合程度的增长率水平。两化融合增值能力的提升，主要由耦合程度提升和信息化（工业化）发展两方面的因素带来，由于耦合程度处于缓慢上升通道中，增值能力的增长更多地是由信息化和工业化发展带来的。这便提出了两化融合实践中容易被忽视的问题：推动两化融合发展，不单纯是提高信息化与工业化的耦合程度、协同发展程度，同时依然需要大力提升信息化、工业化水平，因为现阶段这一方面仍然是两化融合效益的主要来源。

16.4.2　两化融合的演进路径

图 16-3 绘制了 2000 年中国内地各地区两化融合的耦合程度与增值能力二维图形，虚线均为 2000 年耦合程度与增值能力的平均值。2000 年中国两化融合

耦合程度与增值能力的平均数值分别为 0.614、0.138，两化融合耦合程度高于平均值的地区有 18 个，两化融合增值能力高于平均值的地区仅 9 个，主要原因是两化融合增值能力的变异程度高于耦合程度的变异程度。耦合程度的标准差为 0.181，变异系数为 29.55%，而同期增值能力的标准差为 0.117，变异系数却达到惊人的 84.80%。就不同地区而言，两化融合所带来的增值能力具有显著的区域异质性，增值能力值最低的地区仅 0.018，最高地区达到 0.548。数值背后的经济学含义是：增值能力的异质性来自两个方面，其一是地区信息化与工业化耦合程度的大小，其二则关涉地区信息化和工业化的发展水平。

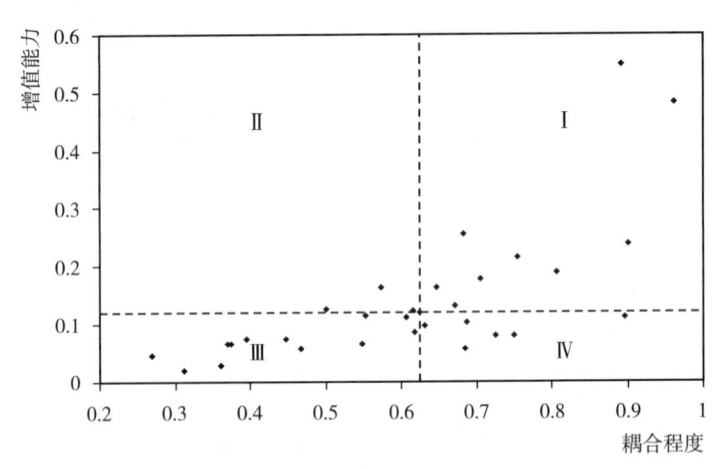

图 16-3　2000 年两化融合的耦合程度与增值能力分布特征

资料来源：作者绘制。

以 2000 年各地区两化融合耦合程度和增值能力的平均值作为图 16-3 中四个象限划分的依据，2000 年各地区很少落入象限 II 中，即当两化融合耦合程度处于较低水平时，两化融合的增值能力很难处于较高水平。与此鲜明对比的是象限 I 中取值较多，并且较为分散。导致上述格局的主要原因在于，两化融合的耦合程度提升是增值能力提升的必要非充分条件，两化融合的耦合程度较低很难带来较高的增值能力，但是即使耦合系数大，也依然存在着增值系数低的区域，例如青海省。所以，大力推动耦合程度的提高，构成推动各地区两化融合发展极为重要的关键环节。

图 16-4 绘制了 2014 年各地区两化融合的耦合程度与增值能力二维图形，从图 16-3 和图 16-4 的对比中可以发现，散点朝向右上方运动，各地区整体落入到象限 I 中①，这表明，经过 2000~2014 年的发展，各地区两化融合的耦合程

---

① 为了方便与图 16-3 进行对比，考察两化融合的动态变化特征，图 16-4 中的两条虚线并不是 2014 年耦合程度、增值能力的平均值，而是沿用 2000 年对应指标的平均值。

度和增值能力均实现了快速上升,2014 年两者的平均值分别达到 0.722、0.301,同 2000 年比较,两化融合的增值能力提高 1.18 倍。

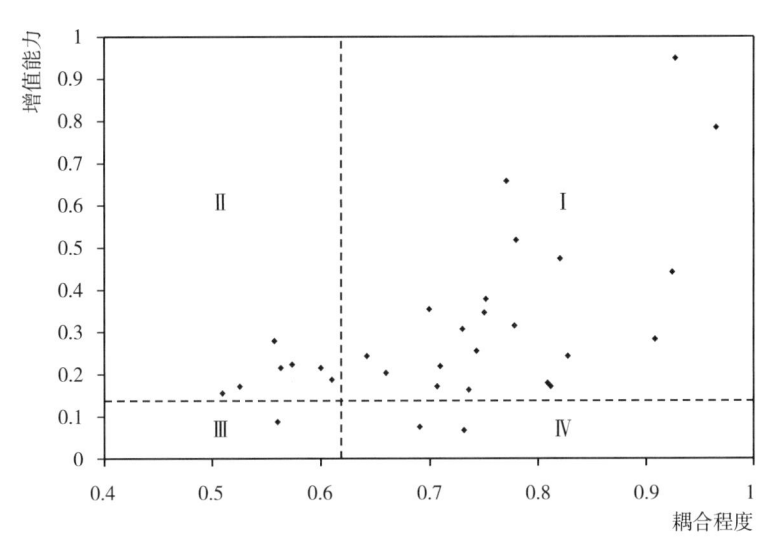

图 16-4　2014 年两化融合的耦合程度与增值能力分布特征

资料来源:作者绘制。

进一步,由图 16-4 和图 16-3 的比较发现,处于象限Ⅲ的散点大量减少,再综合对比图 16-1 中两化融合演进模式,可以发现象限Ⅲ的散点存在三种演进模式。第一种是模式(3),即散点由象限Ⅲ运动到象限Ⅱ,两化融合由(低,小)演进到(低,大)模式,这一模式主要是地区信息化和工业化水平快速提升带来了更高的增值能力。第二种是模式④,即散点由象限Ⅲ运动到象限Ⅳ,两化融合由(低,小)演进到(高,小)模式,在这一模式下,两化融合的耦合程度提高较快,但是信息化和工业化的发展水平较低,即处于较低水平的高耦合。推动信息化、工业化发展成为破除该类地区两化融合发展瓶颈、实现增值能力提升的方向性选择。第三种是模式⑤,即散点由象限Ⅲ运动到象限Ⅰ,两化融合直接由(低,小)演进到(高,大)模式,这一模式实现了两化融合耦合程度和增值能力的双重提升,但不可否认的是即使实现了飞跃,也仍然处于象限Ⅰ的低端水平。

表 16-2 给出了 2000 年中国各省份耦合程度与增值能力的路径分类。结果显示,2000 年两化融合耦合程度较高的地区有北京、上海、广东、浙江、海南、宁夏、新疆、青海等地区,两化融合增值能力较高的地区有北京、上海、广东、浙江、海南、天津、江苏、福建等地区。两化融合的耦合程度和增值能力匹配的地区有北京、上海、广东、浙江、海南、山东、辽宁、陕西、甘肃、内蒙古、黑

表16-2　2000年和2014年中国各省份两化融合耦合程度与增值能力路径分类

<table>
<tr><th rowspan="3"></th><th colspan="8">耦合程度</th></tr>
<tr><th colspan="4">2000年</th><th colspan="4">2014年</th></tr>
<tr><th>1~8名</th><th>9~16名</th><th>17~24名</th><th>25~31名</th><th>1~8名</th><th>9~16名</th><th>17~24名</th><th>25~31名</th></tr>
<tr><td>增值能力 1~8名</td><td>北京、上海、广东、浙江</td><td>天津、江苏、福建</td><td>吉林、广西、湖北、江西、湖南</td><td></td><td>北京、上海、广东、浙江</td><td>天津、江苏、福建</td><td>辽宁</td><td></td></tr>
<tr><td>9~16名</td><td>宁夏</td><td>山东、辽宁</td><td>陕西、甘肃</td><td>河北、安徽</td><td>宁夏、海南</td><td>山东、重庆、陕西</td><td>湖北、吉林</td><td>内蒙古</td></tr>
<tr><td>17~24名</td><td>新疆、青海</td><td>重庆、四川</td><td>河南</td><td>内蒙古、黑龙江、山西、云南、贵州</td><td>青海、新疆</td><td></td><td>湖南、河南</td><td>河北、黑龙江、安徽</td></tr>
<tr><td>25~31名</td><td></td><td>西藏</td><td></td><td></td><td></td><td>四川、西藏</td><td>广西、甘肃</td><td>山西、云南、贵州</td></tr>
</table>

资料来源：作者整理获得。

龙江、山西、云南、贵州等 14 个省份。① 新疆、青海的两化融合耦合程度处于第一序列中,但是增值能力却处于第三序列中,从中可以看出,两化融合耦合程度高的地区不一定就是增值能力强的地区,两者之间存在相互协调问题。令人意外的是宁夏、新疆、青海等地区的耦合程度处于第一序列中,但是增值能力均不在第一序列中,说明这类地区信息化和工业化两者之间产生了较好的协同力量,耦合程度高,但是受制于较低的信息化和工业化发展水平,不能带来更高的效益增值。总之,这一类型地区处于低水平的高耦合状态。

同 2000 年比较,2014 年各地区的两化融合排名发生了一定程度的变化。北京、上海、广东、浙江依然是两化融合发展较好的区域,耦合程度和增值能力均处于最好水平,而海南的增值能力排名出现下降。两化融合的耦合程度和增值能力较差的地区有山西、云南和贵州,和 2000 年比较,内蒙古、黑龙江的增值能力排名增长较快。

图 16-5 绘制了东中西部地区 2000~2014 年两化融合耦合程度和增值能力的动态演进路径,直观呈现出显著的区域差异性。东部地区两化融合的整体水平较高,所有年份的耦合程度和增值能力数值均处于 Ⅰ 象限中,东部地区两化融合实践走在全国前列。中部地区和西部地区两化融合的耦合程度、增值能力均处于较低水平,尤其是中部地区两化融合的耦合程度显著低于西部地区。

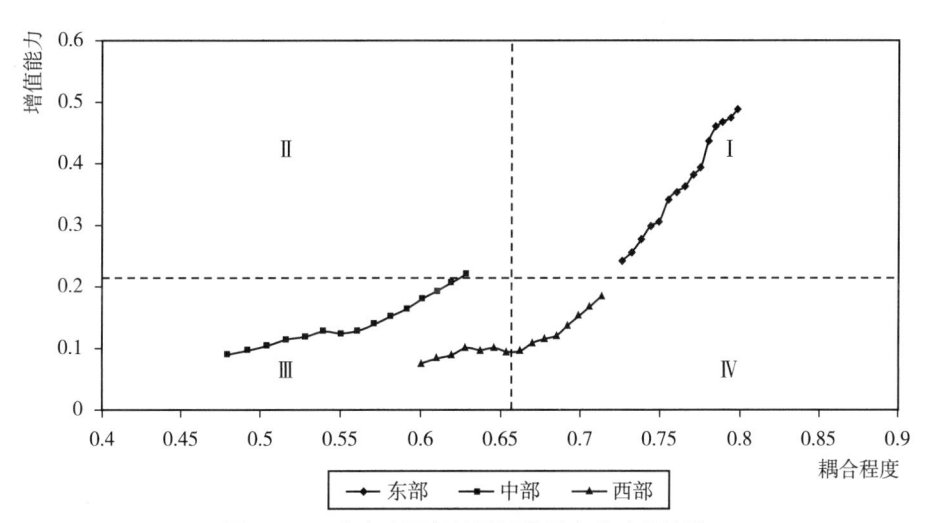

图 16-5 分东中西部地区两化融合的路径演进

资料来源:作者绘制。

从动态变化来看,东部地区的两化融合指标从象限 Ⅰ 中的较低水平逐步向象限 Ⅰ 中的较高水平演进,两化融合耦合程度和增值能力分别由 2000 年的 0.726、

---

① 两化融合的耦合程度和增值能力匹配指的是不同省份的耦合程度和增值能力处于相同的取值区间内,即表 16-2 中对角线的区间。

0.240 提高到 2014 年的 0.798、0.488；中部地区由象限Ⅲ中的较低位置向较高水平运动，2014 年数值进入象限Ⅱ中，从动态发展来看，符合图 16-1 中模式（3）的运动轨迹；西部地区则由象限Ⅲ运动到象限Ⅳ，符合模式④的运动轨迹。中部地区和西部地区两化融合呈现出两种风格迥异的发展模式，中部地区两化融合的耦合程度不高，融合的经济效益却很大；西部地区两化融合的耦合程度处于较高水平，然而经济效益并不高。

16.4.3 两化融合增值能力的动态分解

表 16-3 根据理论分析模型中对两化融合增值能力的动态分解，经计算后获得了自 2000 年到 2014 年两化融合增值能力的动态分解值。从全国的平均数值来看，2014 年两化融合增值能力由大到小依次为：Ⅰ型＞Ⅱ型＞Ⅲ型＞Ⅳ型＞Ⅴ＞Ⅵ型。两化融合Ⅰ型增值能力最强，达到 0.138，占两化融合增值能力的 46.06%，从 2000~2014 年发展情况来看，2000 年及以前所积累的增值能力不足 2014 年的一半，且一大半由信息化、工业化及两化融合耦合程度提升综合带来。尤其是两化融合Ⅱ型增值能力有重要贡献，达到 0.117，占两化融合增值能力的 39.19%，两化融合横向增值能力系数总和达到 0.135。与此对应的是两化融合的纵向增值能力系数仅为 0.027，占比为 8.96%。可以认为，现阶段各地区两化融合发展更多地体现为工业化、信息化增长带来的增长效果，而由于耦合程度提升带来的增长效果偏低。

表 16-3　　　　　2000~2014 年的两化融合增值能力分解

地区	Ⅰ型	Ⅱ型		Ⅲ型	Ⅳ型	Ⅴ型		Ⅵ型	
	第1项	第2项	第3项	第4项	第5项	第6项	第7项	第8项	
北京	0.548	0.006	0.314	0.003	0.004	0.002	0.000	0.000	
天津	0.256	0.122	0.162	0.077	0.017	0.011	0.008	0.005	
河北	0.075	0.020	0.052	0.014	0.025	0.017	0.007	0.005	
山西	0.045	0.007	0.032	0.005	0.034	0.024	0.006	0.004	
内蒙古	0.065	0.061	0.040	0.037	0.025	0.015	0.023	0.014	
辽宁	0.163	0.034	0.095	0.020	0.022	0.013	0.005	0.003	
吉林	0.127	0.005	0.069	0.003	0.025	0.013	0.001	0.001	
黑龙江	0.065	0.038	0.034	0.020	0.027	0.014	0.016	0.008	
上海	0.482	0.010	0.286	0.006	0.000	0.000	0.000	0.000	
江苏	0.178	0.088	0.153	0.075	0.009	0.008	0.004	0.001	
浙江	0.215	0.053	0.153	0.037	0.008	0.006	0.002	0.001	

续表

地区	I型 第1项	II型 第2项	II型 第3项	III型 第4项	IV型 第5项	V型 第6项	V型 第7项	VI型 第8项
安徽	0.074	0.019	0.061	0.016	0.019	0.016	0.005	0.004
福建	0.164	0.042	0.114	0.029	0.014	0.010	0.004	0.003
江西	0.115	-0.001	0.068	0.000	0.015	0.009	0.000	0.000
山东	0.132	0.059	0.093	0.042	0.008	0.006	0.004	0.003
河南	0.058	0.035	0.038	0.023	0.013	0.008	0.008	0.005
湖北	0.121	0.043	0.086	0.031	0.012	0.008	0.004	0.003
湖南	0.112	0.015	0.065	0.009	0.011	0.007	0.002	0.001
广东	0.239	0.017	0.172	0.012	0.001	0.001	0.000	0.000
广西	0.122	-0.025	0.076	-0.016	0.011	0.007	-0.002	-0.001
海南	0.190	-0.051	0.139	-0.038	0.002	0.001	-0.001	0.000
重庆	0.104	0.073	0.068	0.048	0.007	0.005	0.005	0.003
四川	0.096	0.002	0.051	0.001	0.009	0.005	0.000	0.000
贵州	0.018	0.037	0.018	0.036	0.010	0.010	0.021	0.020
云南	0.028	0.009	0.019	0.006	0.012	0.008	0.004	0.003
西藏	0.058	-0.030	0.077	-0.040	0.002	0.003	-0.001	-0.001
陕西	0.084	0.029	0.085	0.029	0.010	0.010	0.003	0.003
甘肃	0.066	-0.027	0.044	-0.018	0.011	0.007	-0.004	-0.003
青海	0.079	0.025	0.054	0.017	0.003	0.002	0.001	0.001
宁夏	0.110	0.054	0.079	0.039	0.000	0.000	0.000	0.000
新疆	0.081	0.030	0.038	0.014	0.004	0.002	0.002	0.001
平均	0.138	0.026	0.091	0.017	0.012	0.008	0.004	0.003

资料来源：作者计算获得。

从不同省份的分解数值来看，两化融合 I 型增值能力仍然构成最为重要的组成部分，例如，北京、山东、甘肃，I 型增值能力占总增值能力的比例分别为 62.42%、37.95%、87.83%。两化融合 II 型增值能力中，第 2 项和第 3 项分别代表耦合程度不变，工业化水平、信息化水平提升带来的增值能力提升。从各地区数值来看，大多数地区表现为第 3 项数值大于第 2 项，也即信息化水平提升带来的增值能力提升更明显。然而河北、山西、内蒙古、黑龙江、重庆、贵州六个地区的 II 型增值能力中，工业化水平提升带来的促进作用大于信息化水平提升的作用。

表16-4显示了以2000年为基期，2014年东中西部地区两化融合增值能力的分解数值，从中得出三点结论。

表16-4　2000~2014年东中西部地区的两化融合增值能力分解

地区		Ⅰ型	Ⅱ型		Ⅲ型	Ⅳ型	Ⅴ型		Ⅵ型
		第1项	第2项	第3项	第4项	第5项	第6项	第7项	第8项
东部	绝对数	0.240	0.036	0.158	0.025	0.010	0.007	0.003	0.002
	相对数	49.90	7.52	32.76	5.26	2.10	1.42	0.62	0.42
中部	绝对数	0.090	0.020	0.056	0.013	0.019	0.012	0.005	0.003
	相对数	40.78	9.23	25.74	5.99	8.85	5.64	2.32	1.46
西部	绝对数	0.076	0.020	0.054	0.013	0.009	0.006	0.004	0.003
	相对数	41.07	10.72	29.20	6.92	4.69	3.30	2.32	1.78

资料来源：作者计算获得。

第一，两化融合静态增值能力（Ⅰ型增值能力）表现为东部地区最大、中部地区次之、西部地区最小，东中西部地区两化融合Ⅰ型增值能力分别为0.240、0.090、0.076，东部地区所获得的增值能力远远超过中西部地区。原因是东部地区信息化和工业化发展基础好，两者的协同作用处于领先水平，所带来的融合效果也最好。

第二，两化融合横向增值能力（Ⅱ型和Ⅲ型增值能力）也表现出了显著的东部地区最大、中部地区次之、西部地区最小的特征，这也印证了东部地区信息化、工业化发展迅速，两化融合Ⅱ型和Ⅲ型增值能力强的结论。

第三，两化融合纵向增值能力（Ⅳ型、Ⅴ型和Ⅵ型增值能力）呈现出中部地区最高、东部和西部地区处于同一水平的特征，从相对份额来看，中部地区两化融合纵向增值能力达到18.27%，提升耦合程度对于中部地区增值能力的提高具有重要的促进作用。

16.5　结论和启示

16.5.1　研究结论

本章在构建信息化与工业化融合的耦合程度和增值能力理论分析框架基础上，全面地刻画了中国内地各省份两化融合的演进路径，在此基础上进一步建立了两化融合增值能力动态模型,分析了各地区两化融合增值能力的动力来源。研究发现:2000~2014年,各地区两化融合的耦合程度与增值能力不断提升和增强,融合效果趋好。部分欠发达地区信息化和工业化两者之间的协调性较高,但是受制于较低的信息化和工业化水平,不能带来更高的效益增值,处于低水平高耦合状态。大力提升两化融合增值能力需要全面看待信息化、工业化以及两者耦合的问题,耦合程度提升是增值能力提升的必要非充分条件,两化融合的耦合程度较低难以带来较高的增值能力。现阶段耦合程度增长潜力有限,大力提升信息化、工业化水平成为两化融合增值能力提升的主要动力来源。东中西部地区的两化融合具有显著异质性,东部地区两化融合的耦合程度和增值能力水平最高,中部地区两化融合的耦合程度低于西部地区,但是增值能力却高于西部地区。从两化融合增值能力的动态分解来看,2014年两化融合的增值能力构成中,两化融合静态增值能力(Ⅰ型增值能力)占据近一半的贡献,另外一半的影响来自两化融合横向增值能力和纵向增值能力,横向增值能力强于纵向增值能力,即增值能力中由于耦合程度提升带来的增值效果偏低。从两化融合的东中西部地区分解来看,两化融合静态增值能力和横向增值能力表现为东部地区最大、中部地区次之、西部地区最小的发展态势,而两化融合的纵向增值能力却呈现中部地区最高、东部和西部地区处于同一水平的态势。提升两化融合耦合程度对于中部地区增值能力的提高具有重要促进作用。

16.5.2 启示

基于上述研究结论,我们可以获得四点启示:

第一,破除对两化融合的认知误区。一是认为两化融合的历史进程就是信息化和工业化自身的发展过程,在这一观点的影响下测度信息化和工业化发展水平的指标体系,仅仅着重于两化融合程度的评价分解,由此获得的各地区两化融合程度的数值和地区经济发展水平、工业化进程、信息化水平高度一致;二是认为两化融合只是单一维度的概念,将两化融合理解成信息化和工业化的协调能力。本文的研究有助于在认识层面深化对两化融合双重性质的把握。两化融合具有"方向"和"大小"两个矢量特征,两者不可偏废。推动两化融合发展,要重视推动信息化和工业化协调发展可带来的强大的耦合能力,但如果仅仅关注于这一角度也有可能付出巨大的政策成本,结果却是低水平的高耦合状态,因为即使信息化和工业化的协调能力强,但是受制于较低的工业化水平、信息化基础,仍无法为社会带来强大的融合效果。故而,推动信息化和工业化耦合程度的提高并不是目的,通过较高的耦合程度带来更高的效益从而更好地发挥后发优势,才能真正发挥更大的效益。

第二,辩证地看待两化融合以及信息化、工业化之间的关系。两化融合表现为信息化和工业化两者之间的相互促进、协同发展，两化融合不是地区发展的名片，而是需要切实落地。两化融合发展的最终目标是促进信息化和工业化更快地发展，带来更多的融合效果。由此引出政策制定过程中需要考量的一个问题是两化融合的边界。各地区并不是简单地投入大量的资源推动信息化与工业化融合便是最优决策，有限的资源既可以用于两化融合建设，也可以投入信息化建设或者工业化发展中，所以需要考察边际投入所带来的增值量。若某一地区两化融合发展耦合程度处于较高水平，而信息化和工业化却处于较低水平，即使将更多的资源投入两化融合，其耦合程度提升所带来的实际提升效果的增长也不会很快；建立在较低两化融合增值能力的两翼（也即信息化、工业化水平）上带来的增值能力提升效果也不会大，所以资源更多地投入信息化、工业化建设，如此带来的效果会更加显著。

第三，突破静态两化融合耦合程度的束缚，引导两化融合向高增值能力方向发展。引导两化融合耦合程度以及信息化、工业化均衡发展，才能获得最大化的增值效果。这需要充分发挥工业化对融合发展的拉动作用，促进工业化进程充分吸收信息化发展的前沿技术，引导工业化向更高水平突破和变革，进而朝纵深方向发展，增强聚合能力。同时应注重信息化对融合发展的推动作用，以信息化的发展推动新技术、新业态、新模式的广泛运用，引导信息化横向扩张，增强扩网能力。

第四，根据各地区两化融合发展的不同状态，实施促进两化融合发展的差异性精准政策体系。本文的研究对此具有较强的政策导向性，具体而言，东部地区两化融合的耦合程度和增值能力已达到较高发展水平，现阶段的发展不再需要政策推动，而是应以市场机制的调节作用为主导，促进信息化和工业化朝更高层次、更深领域发展。中部地区两化融合的增值能力较强，但是耦合程度较低，所以政策的发力点应该是注重两化融合耦合程度的提升，将资源向推动信息化和工业化融合建设倾斜。西部地区两化融合的耦合程度较高，但是增值能力较为薄弱，有限的资源更应该朝信息化建设和工业化建设倾斜，否则即使把更多的资源用于两化融合建设能够带来的融合效益也不会大。从具体的省份看，辽宁、湖北、吉林、内蒙古等两化融合的增值能力较强，但是耦合程度较低，所以政策制定的侧重点应该是以提高两化融合的耦合程度为主，强化信息化与工业化协同能力；四川、青海、新疆、西藏耦合程度处于较高水平，但是增值能力较弱，所以政策制定的重点应是提高这些地区两化融合的增值能力，核心就是发展信息化、工业化水平；山西、云南、贵州等省市两化融合的耦合程度低、增值能力弱，两个方面应同步进行。

参考文献

[1] 金碚. 全球竞争新格局与中国产业发展趋势 [J]. 中国工业经济，2012 (5)：5–17.

[2] 黄群慧, 贺俊. "第三次工业革命": 科学认识与战略思考 [J]. 决策探索, 2012 (24): 26-27.

[3] 杨蕙馨, 焦勇, 陈庆江. 两化融合与内生经济增长 [J]. 经济管理, 2016 (1): 1-9.

[4] Jorgenson D W, Stiroh K. Computers and growth [J]. Economics of Innovation and New Technology, 1995, 3 (3-4): 295-316.

[5] Jorgenson D W, Stiroh K J. Information technology and growth [J]. The American Economic Review, 1999, 89 (2): 109-115.

[6] Dewan S, Kraemer K L. Information technology and productivity: evidence from country-level data [J]. Management Science, 2000, 46 (4): 548-562.

[7] Jorgenson D W. Information technology and the US economy [J]. The American Economic Review, 2001, 91 (1): 1-32.

[8] Gust C, Marquez J. International comparisons of productivity growth: the role of information technology and regulatory practices [J]. Labour Economics, 2004, 11 (1): 33-58.

[9] 乌家培. 正确处理信息化与工业化的关系 [J]. 经济研究, 1993 (12): 70-71.

[10] 乌家培. 中国信息化道路探索 [J]. 经济研究, 1995 (6): 67-72.

[11] 肖静华, 谢康, 周先波, 等. 信息化带动工业化的发展模式 [J]. 中山大学学报: 社会科学版, 2006 (1): 98-104.

[12] 万建香. 信息化与工业化融合路径 KM——企业微观层面的传导机制分析 [J]. 江西社会科学, 2009 (12): 74-77.

[13] 谢康, 肖静华. 工业化与信息化融合: 一个理论模型 [J]. 中山大学学报: 社会科学版, 2011 (4): 210-216.

[14] 支燕, 白雪洁, 王蕾蕾. 我国"两化融合"的产业差异及动态演进特征——基于2000~2007年投入产出表的实证 [J]. 科研管理, 2012 (1): 90-95.

[15] 谢康, 肖静华, 周先波, 等. 中国工业化与信息化融合质量: 理论与实证 [J]. 经济研究, 2012 (1): 4-16.

[16] 陈庆江, 杨蕙馨, 焦勇. 信息化和工业化融合对能源强度的影响 [J]. 中国人口·资源与环境, 2016 (1): 55-63.

第 17 章

信息化和工业化融合对能源强度的影响

——基于 2000~2012 年省际面板数据的经验分析*

20 世纪 60 年代以来，以计算机技术和数字通信技术为主要标志的信息化浪潮迅速兴起并逐渐渗透融合到经济社会各个领域，构成"第三次工业革命"的主要内容。信息技术的渗透和融合改变了企业层面的生产运作方式，提升了产业层面的资源配置效率，引发了人类生产方式的新变革并重塑了全球化时代国家和产业的竞争优势。由于经济和技术环境的变化，未完全完成工业化的发展中国家不可能复制西方发达国家"先工业化后信息化"的发展方式。中国经济发展所面临的外部环境和内部条件与西方发达国家存在很大差异，必须走一条适合中国国情的新型工业化道路。信息化和工业化融合发展是这一新型工业化道路的重要内涵。经过 30 余年的高速增长，资源和环境压力已成为我国经济持续健康发展的主要约束条件之一。改革开放以来，受益于技术进步和产业结构变化，我国整体的能源强度已有明显下降。根据《中国能源统计年鉴 2013》统计数据，按 2000 年可比价格计算，2012 年我国每万元 GDP 标准煤消耗量为 1.13 吨，比 2000 年的 1.46 吨降低了 22.60%。然而，这一数据与西方发达国家单位 GDP 能源消耗仍有较大差距。根据世界银行数据库"GDP 单位能源消耗"测算，2012 年中国单位 GDP 能耗比美国高 45.09%，比日本高 94.11%。如何进一步采取措施，降低能源强度，推动节能减排，已成为经济发展新常态下亟待解决的重要理论和现实问题。

理论研究中探讨的影响国家和地区能源强度的主要因素包括技术进步、产业结构、能源价格、进出口和对外投资的技术外溢效应等。随着第三次工业革命的深入发展，信息通信技术对能源强度的影响受到广泛关注。苏荣和艾考斯（Sue Wing and Eckaus, 2004）的研究表明，信息技术资本投入在美国能源强度下降过程中发挥了关键的促进作用。罗姆（Romm, 2002）指出，信息通信技术资本扩散提高了企业生产管理水平，推动了能源使用效率提升。科拉德（Collard, 2005）等研究发现，信息技术资本投入从总体上降低了法国服务业部门的电力消

---

* 本章作者为陈庆江、杨蕙馨、焦勇，发表在《中国人口·资源与环境》2016 年第 1 期（有改动）。

耗水平。周（Cho, 2007）等对韩国的数据进行分析后发现，信息通信技术资本投入降低了一些电力消耗量较大的制造业部门的电力消耗，但却提高了服务业部门和多数制造业部门的电力消耗水平。胡剑锋（2010）基于我国 1997~2006 年省际面板数据的经验研究证实，信息化资本可以提高能源使用效率，有效降低地区能源强度。李雷鸣和贾江涛利用 1961~2008 年的数据探讨了我国信息化与能源效率二者之间的关系，发现信息化对能源效率提升有长期稳定的推动作用。樊茂清等基于中国 1981~2005 年投入产出数据的经验研究也表明，信息通信技术投资提高了各产业生产效率，降低了能源强度。现有研究多从信息通信技术投资对能源强度的影响切入，关注的主要是信息化发展水平对能源效率的影响，直接探讨信息化和工业化融合对能源强度影响的研究相对较少。

信息化和工业化融合对降低能源强度、促进节能减排的作用在认识和实践中已取得初步共识，但这种影响和作用机理却鲜有经验研究的支持。信息化和工业化融合水平测度上的困难是经验研究相对滞后的主要原因之一。谢康等（2011）借鉴协调发展系数的概念构建了信息化和工业化融合水平的测度方法，并利用经验数据探讨我国信息化和工业化融合质量问题，这是涉及信息化和工业化融合与能源强度关系为数不多的前瞻性研究。上述方法考虑了信息化与工业化的互动，但协调发展水平测得的只是两者之间相互作用的偏离程度，并不能准确反映融合水平。换言之，如果一个地区信息化与工业化在两个方向上的相互影响系数相对均衡且处于较低水平，则按照谢康等（2011）以协调发展系数为基础构建的测度方法，该地区信息化和工业化融合水平反而会相对较高，存在一定的不合理性。上述研究中，信息化和工业化融合水平对地区能源强度的影响没有得到经验数据支持，这一结果与理论分析和实践观察相背离。研究中信息化和工业化融合水平测度上的偏差可能是导致上述困惑的主要原因之一。为进一步探讨信息化和工业化融合对能源强度的影响，本文以协同演化理论为基础，改进了谢康等（2011）构建的测度方法，并以中国 30 个省份（不含港澳台地区和西藏）2000~2012 年的面板数据探讨信息化和工业化融合对地区能源强度的影响，进而提出我国通过信息化和工业化深度融合提高能源使用效率、推动节能减排的政策建议（《中国能源统计年鉴》中西藏自治区的年度能源消费数据缺失，故将其剔除）。

17.1 信息化和工业化融合对能源强度影响的作用机理

信息化和工业化融合主要通过推动技术进步、产业结构升级和资源优化配置三种作用机制，提高能源使用效率，影响能源强度。

机理 1：信息化和工业化融合带来的技术进步，降低了生产和消费过程中的能源消耗。

首先，信息化和工业化融合过程中的技术进步，推动了生产方式的"轻量化"发展，降低了生产过程中的能源消耗。信息化和工业化融合过程中，信息网络技术与工业资源综合利用技术、能源节约技术相互渗透和融合，促进了低消耗、可循环、低排放、可持续的产业结构和生产方式的形成与发展。尤其是在能源需求相对较高的重工业部门中，信息化和工业化融合的能源节约效应更为显著。其次，信息化和工业化融合带来的技术进步，降低了产品和服务消费过程中的能源使用。信息通信技术在家电、交通、市政等领域中的渗透和融合，提高了产品和服务的智能化程度，从总量上减少了消费过程中的能源消耗，降低了地区能源强度。

机理2：信息化和工业化融合推动了产业结构优化升级，改变了不同能源密集度的产业部门之间的比例结构。

信息化和工业化融合能够加速产业之间的相互渗透与融合，推动产业融合和产业衍生，使一个国家或地区产业结构趋于高级化。这一过程中，能源要素密集的第二产业比重逐渐下降，对能源依赖程度相对较低的第三产业占比相对上升。信息化和工业化融合推动了生产性服务业发展壮大，同时催生了新服务业态的产生和成长，加速了产业体系的高级化进程。另外，信息化和工业化融合推动了第二产业内部结构的优化调整，降低了第二产业的能源密集度。产业融合和产业衍生过程中，一些能源密集度较低的工业部门如高新技术产业、战略性新兴产业逐步发展壮大，提高了能源密集度较低的产业部门在第二产业中的相对比重。

机理3：信息化和工业化融合通过资源优化配置，提高了能源使用效率。

信息化和工业化融合有效降低了要素配置和使用中的信息不对称，使包括能源在内的各生产要素配置到使用效率最高的领域和环节，优化了产业之间、产业内部和企业内部生产环节的资源配置，提高了单位能源的经济产出，进而提高了能源使用效率，降低了能源强度。另外，信息化和工业化融合带来的有偏技术进步导致能源和其他要素边际替代率的变化，改变了能源要素的相对投入量，推动了能源强度下降。

17.2 模型设定与数据来源

17.2.1 模型设定

（1）信息化和工业化融合水平。

信息化和工业化融合是指在实现工业化过程中，做到信息化带动工业化，工业化促进信息化，进而推动经济社会协调发展。从系统论的角度，可以将信息化和工业化融合视为经济系统内信息化和工业化两个子系统之间协同演化的过程，这一演化过程是工业化的推动作用和信息化的拉动作用两种力量交互影响的结果。基于这一认识，构建式（17-1）所示的信息化和工业化协同演化模型：

$$\begin{cases} \dfrac{dx_1}{dt} = r_1 x_1 \left(1 - \dfrac{x_1}{N_1} + \phi_1 \dfrac{x_2}{N_2}\right) \\ \dfrac{dx_2}{dt} = r_2 x_2 \left(1 - \dfrac{x_2}{N_2} + \phi_2 \dfrac{x_1}{N_1}\right) \end{cases} \quad (17-1)$$

式（17-1）中，x_1、x_2分别为工业化和信息化发展水平，r_1、r_2分别是工业化和信息化的自然增长率；N_1、N_2分别代表工业化或者信息化独立发展所能够达到的最高值；ϕ_1、ϕ_2为合作系数，分别表示信息化对工业化的带动作用和工业化对信息化的拉动作用。式（17-1）中，$\phi_1\phi_2$即是对信息化和工业化融合水平的一种测度。

借鉴谢康等工业化与信息化融合模型的思想，结合巴特斯（Battese）和科利（Coelli）的效率损失影响的随机前沿生产函数模型，构建式（17-2）所示的信息化带动工业化模型：

$$x_1 = f(x_2, i, t)\exp(V_{it} - U_{it}) \quad (17-2)$$

式（17-2）表示在信息化的带动作用下，工业化所能够达到的水平。同理可构建式（17-3）所示的工业化促进信息化模型：

$$x_2 = f(x_1, i, t)\exp(V_{it} - U_{it}) \quad (17-3)$$

其中，V代表工业化和信息化发展过程中随机因素的影响，$V_{it} \sim N(0, \sigma_V^2)$；U代表效率损失，即信息化（工业化）的影响下工业化（信息化）所能够达到的最优水平（前沿面），假设U服从半正态分布。进而信息化（工业化）水平的提高对工业化（信息化）水平提高的合作互惠作用可以用工业化（信息化）实际值和估计的前沿面值之间的比值表示。基于上述分析，构建合作系数指标：

$$\varphi_1 = \dfrac{x_1}{\text{opt}(x_1)} \quad (17-4)$$

$$\varphi_2 = \dfrac{x_2}{\text{opt}(x_2)} \quad (17-5)$$

$\text{opt}(x_1)$、$\text{opt}(x_2)$分别代表建立在信息化（工业化）充分发展的基础上工业化（信息化）所能够达到的最优水平。根据式（17-1）构建的理论模型，可用式（17-6）中合作系数的乘积$\phi_1\phi_2$表达信息化和工业化融合水平。

$$I = \phi_1\phi_2 = \dfrac{x_1}{\text{opt}(x_1)} \times \dfrac{x_2}{\text{opt}(x_2)} \quad (17-6)$$

通过随机前沿方法（SFA），利用各省区工业化发展水平和信息化发展水平数据，可分别得到信息化对工业化的带动作用和工业化对信息化的拉动作用ϕ_1、ϕ_2，进而测度各省区信息化和工业化融合水平。

(2) 回归模型

为考察信息化和工业化融合对能源强度的影响，构建基于资本、劳动和能源的 C－D 生产函数，生产函数形式为 Y = Af(K, L, E)。其中，K、L、E 分别代表资本、劳动和能源投入，A 为技术水平，则与生产函数相对应的成本函数形式为：

$$C = A^{-1} P_K^\alpha P_L^\beta P_E^{1-\alpha-\beta} Q \quad (17-7)$$

式（17-7）中，Q 为产出水平，P_K、P_L、P_E 分别代表资本、劳动和能源的价格水平，α、β、$1-\alpha-\beta$ 分别为资本、劳动和能源的价格弹性。根据谢泼德引理（Shephard's Lemma），成本函数关于能源价格的偏导数等价于能源需求，故有：

$$E = (1-\alpha-\beta) A^{-1} P_K^\alpha P_L^\beta P_E^{-\alpha-\beta} Q \quad (17-8)$$

式（17-8）中，E 为能源消费量，A 为技术水平。由于能源强度（ENERGY）可以表示为 E/Q，故有：

$$ENERGY = (1-\alpha-\beta) A^{-1} P_K^\alpha P_L^\beta P_E^{-\alpha-\beta} \quad (17-9)$$

借鉴吴延兵的模型，技术水平可以表达为：

$$A = e^{f(\cdot)+\mu} \quad (17-10)$$

式（17-10）中，μ 为随机误差项。技术水平受到技术创新、信息化与工业化融合水平和开放条件下比较优势的获取等方面因素影响，根据胡等（Hu et al., 2005）的研究，进一步将函数 f(·) 设定为：

$$f(\cdot) = \gamma_1 LN(I) + \gamma_2 LN(T) + \gamma_3 LN\left(\frac{IM}{GDP}\right) + \gamma_4 LN\left(\frac{EX}{GDP}\right) + \gamma_5 LN(FDI)$$
$$(17-11)$$

式（17-11）中，I 为信息化与工业化融合水平，T 为技术创新活动，$\frac{IM}{GDP}$、$\frac{EX}{GDP}$、FDI 分别为进口比重、出口比重和外商直接投资。将式（17-11）代入式（17-10），进而代入式（17-9）中，并对等式两边取对数，可得：

$$LN(ENERGY) = c + \eta_1 LN(I) + \eta_2 LN(T) + \eta_3 LN\left(\frac{IM}{GDP}\right) + \eta_4 LN\left(\frac{EX}{GDP}\right)$$
$$+ \eta_5 LN(FDI) + \eta_6 LN\left(\frac{P_K^\alpha P_L^\beta P_E^{1-\alpha-\beta}}{P_E}\right) + \mu \quad (17-12)$$

简化之，可得双对数回归模型：

$$LN(ENERGY) = c + \alpha \cdot LN(I) + \beta \cdot LN(CV) + u \quad (17-13)$$

其中，c 是模型常数项，u 是随机扰动项；因变量 ENERGY 为能源强度，以各省区能源消费与相应年度不变价格地区生产总值的比值作为衡量指标；核心解释变量 I 为信息化和工业化融合水平；CV 是影响能源强度的其他控制变量，除式（17-12）中涉及的技术创新、对外经济贸易和能源价格等因素外，考虑到产业结构特征和政府相关规制政策也对能源强度有重要影响,在回归方程中加入产业结构和政府干预两个控制变量。

第一,产业结构。产业结构的变化会对能源经济效率产生显著影响。不同产业部门能源密集程度存在很大差异,第二产业对能源依赖程度最大,单位产出的能源消耗最高。随着产业结构向高级化演进,第二产业在国民经济中的比重相对下降,能源密集度相对较低的第三产业占比上升。这种结构变化降低了地区能源强度。在模型中引入产业结构变量,并以各省区第三产业增加值与第二产业增加值之比衡量该地区产业结构特征。

第二,政府干预。政府能源消耗和污染排放相关规制政策直接对能源强度产生影响。另外,经济运行中政府部门的宏观调控影响产业演进和技术创新,进而影响能源配置和使用效率。在模型中引入政府干预变量,并以各省区财政支出与相应年度 GDP 的比值衡量政府对经济运行的干预程度。

第三,技术创新。技术创新是能源强度一个重要的影响因素。发明专利授权数量作为创新活动的产出指标,能够较好地反映各省区的技术创新水平。在模型中引入技术创新变量,并以各省区每万人发明专利授予数量衡量该地区技术创新水平。

第四,对外经济贸易因素。以各省区比较优势为基础的对外经济贸易影响包括能源在内的要素配置和使用效率。另外,对外经济贸易的技术外溢效应影响技术进步,间接作用于能源强度。在模型中引入出口比重、进口比重和外商直接投资(FDI)三个控制变量,并分别以各省区出口总额、进口总额、外商投资总额三个指标与地区 GDP 之比衡量上述三个变量。

第五,能源价格。由于能源的要素替代效应,能源价格与能源强度之间存在反向变动关系。在模型中引入能源价格变量,并以历年《中国统计年鉴》中"燃料、动力类工业生产者购进价格指数(2000 年 =100)"衡量能源价格水平。

17.2.2 数据来源

(1)能源消费。各省区 2000~2001 年能源消费数据取自《中国能源统计年鉴(2000~2002)》,2002~2005 年数据取自《中国能源统计年鉴(2006)》,2006~2012 年数据取自《中国能源统计年鉴(2013)》。

(2)信息化发展水平。考虑到数据的可得性和连续性,采用《中国信息年鉴》中"各地区信息化发展指数"作为各省区信息化发展水平的衡量指标。其中,2000~2005 年信息化发展水平数据取自《中国信息年鉴(2010)》,2006~2012 年数据取自《中国信息年鉴(2014)》。

(3)工业化发展水平。以陈佳贵等工业化发展水平测度方法的指标与权重为基础,将各指标进行归一化处理,按相应权重赋值后测得各省区的工业化发展水平。测度体系包括以下 5 个方面的指标：①人均 GDP；②第三产业增加值与第二产业增加值之比；③制造业固定资产投资占工业部门固定资产投资的比重；④城镇人口占总人口比例；⑤第一产业就业比重。相关原始数据取自《新中国 60 年统计资料汇编》、国家统计局数据库、各省统计年鉴以及世界银行数据库①。

（4）各省区名义 GDP、GDP 折算指数、三次产业增加值、常住人口数量、发明专利授予数量、出口总额、进口总额、外商投资总额和"燃料、动力类工业生产者购进价格指数（上年＝100）"数据均取自国家统计局数据库中地区年度数据或根据上述数据折算。

17.3　实证检验与结果分析

17.3.1　基本回归结果

表 17-1 分别给出了最小二乘法（OLS）回归模型、面板数据固定效应模型（FE）和分位数（中位数）回归模型下信息化和工业化融合对能源强度影响的回归结果②。三个模型的结果均表明，信息化和工业化融合对能源强度存在显著影响，且在 1% 的水平上显著负相关。信息化和工业化融合推动产业结构优化升级，促进生产技术效率提升，提高了包括能源在内的各要素的配置效率，降低了地区能源强度。

表 17-1　　　　　　　　　能源强度回归结果

变量	最小二乘法	固定效应	分位数回归（中位数）
融合水平	-0.259*** (-3.55)	-0.394*** (-4.28)	-0.431*** (-4.47)
产业结构	-0.326*** (-5.26)	-0.242*** (-7.08)	-0.271*** (-3.31)
政府干预	0.679*** (13.45)	-0.196*** (-4.91)	0.627*** (9.42)

---

① 由于工业化发展水平测度涉及的原始数据繁多，文中仅简要介绍原始数据的主要来源，各指标详细数据来源和原始数据可向作者索取。

② Hausman 检验结果显示，采用面板固定效应模型是适宜的，后续实证结果的分析均以 FE 模型为准。为检验模型的稳健性，同时列出其他模型回归结果作为参考。

续表

变量	最小二乘法	固定效应	分位数回归（中位数）
技术创新	0.036* (1.77)	-0.022** (-2.00)	0.048* (1.76)
出口比重	0.064** (1.97)	0.028* (1.77)	0.080* (1.87)
进口比重	-0.109*** (-3.39)	0.033** (1.98)	-0.091** (-2.14)
外商投资	-0.109*** (-4.16)	0.083*** (5.14)	-0.142*** (-4.10)
能源价格	-0.842*** (-9.35)	-0.046 (-0.97)	-0.845*** (-7.11)
常数项	1.643*** (11.92)	0.098 (0.97)	1.533*** (8.42)
N	390	390	390
R^2	0.648	0.585	—
F	90.462	73.181	—

注：*、**、***分别表示在10%、5%、1%的水平上显著，圆括号内为t检验值。
资料来源：作者整理得到。

控制变量中，产业结构对能源强度有显著影响。与第二产业相比，第三产业对能源的依赖程度相对较低。第三产业增加值与第二产业增加值之比越大，产业结构高级化程度越高，单位产出的能源消耗也就越低。政府干预和能源价格对能源强度也有一定影响，但这种影响在不同省份之间差别较大，导致FE模型与其他两个模型的估计结果不一致。从能源强度各影响因素看，信息化和工业化融合对能源强度影响的弹性系数相对较大。综上所述，信息化和工业化融合是当前推动能源集约使用、降低能源强度、实现经济可持续发展的主要力量之一。

17.3.2 分区域回归结果

表17-2是我国东部、中部、西部三大区域能源强度固定效应模型（FE）回归分析结果。不同区域信息化和工业化融合对能源强度均有显著影响，且影响力大小有一定差异，但这种差异并不显著。分区域回归结果也表明，信息化和工业化融合对能源强度影响模型是稳健的。

表 17-2　　　　　　　　　　　三大地区能源强度回归结果

变量	东部	中部	西部
融合水平	-0.595 ** (-2.39)	-0.518 *** (-2.75)	-0.681 *** (-3.97)
产业结构	-0.497 *** (-7.55)	-0.047 (-0.65)	-0.015 (-0.20)
政府干预	0.092 (1.01)	-0.241 ** (-2.23)	-0.302 *** (-6.14)
技术创新	-0.011 (-0.63)	0.002 (0.09)	-0.025 (-1.51)
出口比重	0.138 *** (2.81)	0.017 (0.62)	0.003 (0.14)
进口比重	0.029 (0.68)	0.012 (0.32)	0.011 (0.57)
外商投资	0.021 (0.87)	0.223 *** (5.56)	0.111 *** (4.77)
能源价格	-0.248 *** (-3.29)	0.032 -0.28	0.276 *** -3.27
常数项	0.393 * (1.89)	0.101 (0.41)	0.078 (0.52)
N	143	104	143
R^2	0.710	0.709	0.538
F	45.604	33.172	22.881

注：*、**、*** 分别表示在 10%、5%、1% 的水平上显著，圆括号内为 t 检验值。
资料来源：作者整理得到。

17.3.3　不同时期回归结果

2008 年前后，我国信息化和工业化融合的内部条件和外部环境均出现较大变化。为落实党的十七大报告中"发展现代产业体系，大力推进信息化与工业化融合，促进工业由大变强"的战略部署，以"大部制"改革为契机，国务院整合成立工业和信息化部，加快推动信息化和工业化融合。从外部环境看，美国次贷危机以及随后的国际金融危机对我国的影响逐步显现，原有相对粗放的经济增长方式压力凸显，通过信息化和工业化融合提高我国经济发展质量的要求日益迫切。为考察 2008 年前后信息化和工业化融合对能源强度影响的变化，将整体数据分为2000~2007年和2008~2012年两个时间区间分别进行回归分析。表17-3是两个时间区间内OLS模型和FE模型的回归分析结果。对比两个时间段固定效应模型回归分析结果,信息化和工业化融合对地区能源强度的影响有增强趋势。2000~2007年,信息化和工业化融合对地区能源强度的影响不显著;2008~2012年,信息化和工业化融合水平每提高1%,地区能源强度下降0.840%。

表17-3　　　　　　　　　　不同时期能源强度回归结果

变量	[2000, 2007] 最小二乘法	[2000, 2007] 固定效应	[2008, 2012] 最小二乘法	[2008, 2012] 固定效应
融合水平	-0.284*** (-3.57)	-0.193 (-1.27)	0.062 (0.42)	-0.840*** (-3.52)
产业结构	-0.415*** (-4.94)	-0.339*** (-4.97)	-0.086 (-0.87)	-0.077 (-1.50)
政府干预	0.789*** (13.07)	-0.215*** (-3.16)	0.368*** (4.23)	-0.006 (-0.09)
技术创新	0.107*** (4.32)	-0.005 (-0.27)	-0.069** (-2.06)	-0.080*** (-4.44)
出口比重	0.070 (1.49)	0.002 (0.08)	-0.003 (-0.07)	0.018 (1.16)
进口比重	-0.150*** (-3.72)	0.021 (0.83)	-0.081 (-1.47)	-0.002 (-0.09)
外商投资	-0.086*** (-2.86)	0.075*** (3.38)	-0.165*** (-3.79)	-0.045** (-2.22)
能源价格	-0.618*** (-5.26)	-0.025 (-0.31)	-0.528* (-1.96)	-0.086 (-1.52)
常数项	1.947*** (12.84)	0.099 (0.60)	0.765** (2.52)	-0.080 (-0.54)
N	240	240	150	150
R^2	0.694	0.097	0.667	0.683
F	68.726	7.838	38.354	44.836

注:*、**、***分别表示在10%、5%、1%的水平上显著,圆括号内为t检验值。
资料来源:作者整理得到。

2008年后,信息化和工业化融合逐步走向深入,对能源使用效率提升的作用也更加显著。出现这一趋势的主要原因有:在国家和地区层面上,信息化和工业化融合整体环境不断改善，相关长期发展规划逐步清晰，产业结构调整初见成效，国家和各级地方政府推进力度也明显增强；在微观企业层面上，企业通过信息化和工业化融合推动节能减排的实践从少数环节应用向整体集成应用转变，融合效益逐步显现。

17.3.4 面板门限回归结果

产业结构是信息化和工业化融合影响能源强度作用机制中的一个重要因素。在产业结构高级化演进过程中，受益于各产业在国民经济中相对比重变化、经济发展质量提升以及融合环境改善，信息化和工业化融合的能源节约效应也应存在显著变化。为检验产业结构在信息化和工业化融合影响地区能源强度过程中是否存在门限效应，以第三产业增加值与第二产业增加值之比为门限变量进行面板数据门限回归。①

门限效应存在性检验表明（见表17-4），回归模型存在单一门限，门限值为0.7568，95%置信区间为[0.7450, 0.7585]。换言之，当某一省区第三产业增加值与第二产业增加值之比超过0.7568时，信息化和工业化融合对地区能源强度的影响会发生显著改变。

表17-4　　　　门限效应存在性检验（bootstrap=300）

门限	RSS	MSE	Fstat	Prob	Crit10	Crit5	Crit1
单一门限	2.0148	0.0053	34.68	0.0300	27.3043	31.3542	44.7226

资料来源：作者整理得到。

面板门限回归结果（见表17-5）表明，产业结构在信息化和工业化融合影响地区能源强度的过程中存在门限效应：在第三产业增加值与第二产业增加值之比相对较低阶段（低于0.7568），信息化和工业化融合对地区能源强度存在负向影响，但这种影响不显著；第三产业增加值与第二产业增加值之比达到一定水平后（高于0.7568），信息化和工业化融合能够显著降低地区能源强度。截至2012年底，我国30个省份（不含港澳台地区和西藏）中，仍有14个省份的第三产业增加值与第二产业增加值之比尚未越过这一门限。据此发现，当前我国信息化和工业化融合的节能减排效应仍有很大提升空间。

---

① 本部分利用王群勇的门限回归程序包完成数据分析（程序包：Stata Journal, volume 15, number 1: st0373）。

表 17－5　　面板门限模型回归结果

能源强度		回归系数	t 值	P 值
产业结构		－0.378***	－9.32	0.000
政府干预		－0.210***	－5.49	0.000
技术创新		－0.021**	－2.00	0.046
出口比重		0.018	1.17	0.243
进口比重		0.020	1.26	0.207
外商投资		0.083***	5.37	0.000
能源价格		－0.057	－1.27	0.206
两化融合	0	－0.148	－1.51	0.133
	1	－0.320***	－3.58	0.000
常数项		0.066	0.69	0.492

注：F test that all u_i = 0；F（29,351）= 157.41 Prob > F = 0.0000。
资料来源：作者整理得到。

门限效应主要源于产业结构高级化演进过程中产业质量提升和融合环境改善两方面因素的影响。产业结构演进过程中，随着信息通信技术的深度渗透融合，各产业部门特别是工业部门发展质量快速提升，信息化和工业化融合的能源节约效应更加显著。另外，产业结构高级化演进过程中制造维修服务、建筑工程服务、环保服务、物流服务、信息服务等生产性服务业的迅速发展，为信息化和工业化融合能源节约效应的充分发挥提供了环境和条件。

进入后工业化阶段，一个国家或地区第三产业在国民经济中的比重将远远超过第二产业。由于能源消耗最大的第二产业占比大幅下降，信息化与工业化融合的能源节约效应可能会减弱，甚至不再显著，从而出现另一个门限。目前，我国大部分地区尚处于工业化后期的前半段，第三产业占比不断提升的同时，第二产业占比持续下降但仍高于第三产业占比。上述现阶段我国产业结构特征是理论分析中可能存在的另一个门限没有得到现有经验数据支持的主要原因。

17.4　结论与对策建议

17.4.1　研究结论

本文以系统间协同演化理论为基础，改进了信息化和工业化融合水平的测度方法，并以我国 30 个省份（不含港澳台地区和西藏）2000～1012 年的面板数据探讨信息化和工业化融合对地区能源强度的影响。主要结论如下：

第一，信息化和工业化融合能够显著降低地区能源强度。这种作用主要通过推动技术进步、产业结构升级和资源优化配置三种机制实现。信息化和工业化融合是当前推动能源集约使用、降低能源强度、实现经济可持续发展的主要力量之一。

第二，信息化和工业化融合对能源强度的影响在东部、中部、西部三个不同经济发展水平的地区之间存在差异，但这种影响并不显著。

第三，从动态发展看，信息化和工业化融合对地区能源强度的影响呈现增强趋势。这主要得益于宏观层面上融合环境的持续改善和微观层面上融合实践的不断深入。

第四，产业结构在信息化和工业化融合影响地区能源强度的过程中存在门限效应：在第三产业增加值与第二产业增加值之比达到一定水平后（高于 0.7568），信息化和工业化融合能够显著降低地区能源强度。门限效应主要来自产业结构高级化过程中的产业质量提升和融合环境改善。

17.4.2 对策建议

现阶段，我国信息化和工业化融合的节能减排效应存在很大提升空间。经济发展新常态下，应根据不同省区经济发展阶段和产业结构差异，采取针对性措施推动信息化和工业化深度融合。在推动通信、交通等融合基础设施建设的同时，积极发展第三产业特别是生产性服务业，为信息化和工业化深度融合节能减排效应的有效发挥创造良好的外部软环境。具体包括以下四方面措施：

第一，根据不同地区信息化和工业化融合水平及其产业结构差异，采取针对性措施推动两化深度融合。我国不同地区间信息化和工业化融合呈现明显的梯度发展特征。中西部地区融合水平相对较低，第二产业在国民经济中所占比重相对较高，应在加强互联网等融合基础设施建设的同时，着重提高信息技术在工业中的应用；东部地区融合水平相对较高，第三产业发展充分，应注意发挥市场机制的主导作用，提升企业信息技术应用效益。

第二，加快推进"智能制造"，提高生产和消费过程的能源使用效率。智能工厂和智能产品是"智能制造"的两大核心要素。实践中，应以"中国制造 2025"规划和"互联网+"行动计划为指引，加快智能工厂建设，提高产品和服务的智能化水平。一方面，积极推进新一代信息技术与制造技术深度融合，提升企业研发、生产、管理和服务的智能化水平，通过信息技术改进制造工艺，提高生产过程的能源使用效率；另一方面，加快推动智能产品和智能服务研发与市场化应用，提高产品和服务消费过程的能源使用效率。

第三，加强工业互联网基础设施建设，为信息化和工业化融合过程中节能减排效应的有效发挥营造良好的基础环境。云计算、大数据和物联网对现有互联网基础提出了挑战，低时延、高可靠、广覆盖的工业互联网是"智能工厂""智慧车间""云制造"等智能生产方式成长发展的前提条件之一。应积极推动部署和建设新一代互联网基础设施，提高企业移动宽带接入能力，为"智能制造"提供良好的网络基础环境。

第四，推动基于信息技术的能源服务产业发展壮大。能源服务产业是现代生产性服务业的重要组成部分，也是国家重点支持的战略性新兴产业之一。信息技术与能源节约技术的融合为这一新兴产业发展注入了新的动力，拓展了产业成长空间。实践中，可综合运用财政、税收和法律等手段，引导和鼓励专业化能源服务企业将信息技术手段应用于合同能源管理等业务中，发展能源互联网，推动能源服务企业创新商业模式。

参考文献

[1] Zhang Z. Why Did the Energy Intensity Fall in China's Industrial Sector in the 1990s？The Relative Importance of Structural Change and Intensity Change [J]. Energy Economics，2003，25 (6)：625-638.

[2] 杭雷鸣，屠梅. 能源价格对能源强度的影响——以国内制造业为例 [J]. 数量经济技术经济研究，2006 (12)：93-100.

[3] Ma H，Oxley L，Gibson J，Kim B. China's Energy Economy：Technical Change，Factor Demand and Interfactor/Interfuel Substitution [J]. Energy Economics，2008，30 (5)：2167-2183.

[4] Zhao X，Ma C，Hong D，Why Did China's Energy Intensity Increase During 1998-2006：Decomposition and Policy Analysis [J]. Energy Policy，2010，38 (3)：1379-1388.

[5] Sue Wing I，Eckaus R S. Explaining Long-Run Changes in the Energy Intensity of the U. S. Economy [R]. MIT Joint Program on the Science and Policy of Global Change Report No. 116，Cambridge，MA，2004.

[6] Romm J. The Internet and the New Energy Economy [J]. Resources，Conservation and Recycling，2002，36 (3)：197-210.

[7] Collard F，Feve P，Portier F. Electricity Consumption and ICT in the French Service Sector [J]. Energy Economics，2005，27 (3)：541-550.

[8] Cho Y，Lee J，Kim T. The Impact of ICT Investment and Energy Price on Industrial Electricity Demand：Dynamic Growth Model Approach [J]. Energy Policy，2007，35 (9)：4730-4738.

[9] 胡剑锋. 信息化资本对能源强度的影响研究——基于我国省际面板数据的实证分析 [J]. 中国经济问题，2010 (4)：26-32.

[10] 李雷鸣，贾江涛. 信息化与能源效率的关系研究 [J]. 中国石油大学学报（自然科学版），2011 (5)：163-167.

[11] 樊茂清，郑海涛，孙琳琳，等. 能源价格、技术变化和信息化投资对部门能源强度

的影响 [J]. 世界经济, 2012 (5): 22 - 45.

[12] 谢康, 肖静华, 周先波, 等. 中国工业化与信息化融合质量: 理论与实证 [J]. 经济研究, 2012 (1): 4 - 16.

[13] 杨蕙馨, 冯文娜, 王军. 产业组织与企业成长——国际金融危机后的考察 [M]. 北京: 经济科学出版社, 2015: 341 - 387.

[14] 王班班, 齐绍洲. 有偏技术进步、要素替代与中国工业能源强度 [J]. 经济研究, 2014 (2): 115 - 127.

[15] 谢康, 肖静华. 工业化与信息化融合: 一个理论模型 [J]. 中山大学学报 (社会科学版), 2011 (4): 210 - 216.

[16] Battese G E, Coelli T J. A Model for Technical Inefficiency Effects in a Stochastic Frontier Production Function for Panel Data [J]. Empirical Economics, 1995 (20): 325 - 332.

[17] 吴延兵. 自主研发、技术引进与生产率——基于中国地区工业的实证研究 [J]. 经济研究, 2008 (8): 51 - 64.

[18] Hu A G Z, Jefferson G H, Qian J. R&D and Technology Transfer: Firm-level Evidence from Chinese Industry [J]. Review of Economics and Statistics, 2005, 87 (4): 780 - 786.

[19] 曹明. 中国能源经济效率动态分析及预测 [J]. 中国人口·资源与环境, 2011, 21 (4): 81 - 87.

[20] 樊茂清, 任若恩, 陈高才. 技术变化、要素替代和贸易对能源强度影响的实证研究 [J]. 经济学 (季刊), 2009, 9 (1): 237 - 258.

[21] Hang L, Tu M. The Impacts of Energy Prices on Energy Intensity: Evidence from China [J]. Energy Policy, 2007, 35 (5): 2978 - 2988.

[22] 陈佳贵, 黄群慧, 钟宏武. 中国地区工业化进程的综合评价和特征分析 [J]. 经济研究, 2006 (6): 4 - 15.

[23] 陈佳贵, 黄群慧, 吕铁, 等. 中国工业化进程报告 (1995~2010) [M]. 北京: 社会科学文献出版社, 2012: 32 - 45.

[24] 徐盈之, 魏莎. 中国省际节能减排效率的经济增长效应——基于门槛回归模型的研究 [J]. 中国地质大学学报 (社会科学版), 2014, 14 (3): 60 - 69.

[25] 卢现祥, 王宇. 论国外发展低碳经济的财税政策支持体系 [J]. 经济与管理评论, 2012 (2): 13 - 21.

[26] 刘新民, 吴宣俊, 吴士健. 山东省能源消费与经济增长的因果关系研究 [J]. 经济与管理评论, 2012 (5): 124 - 129.

[27] 彭恒文, 陈茉莉. 中国能源消费波动福利成本的差异性研究 [J]. 经济与管理评论, 2013 (3): 35 - 42.

第 18 章

东北地区信息化与传统产业的改造升级[*]

18.1 东北三省信息化发展状况分析

信息化是推动当今世界经济高速增长和社会快速发展的一个新的增长因素，也是中国走新型工业化道路的必然选择。20 世纪 90 年代以来，中国各级政府对信息化工作日益重视，积极推进信息化进程。中国信息产业持续高速增长，2003 年信息产业实现增加值 7090 亿元（电子信息产业 4000 亿元，通信业 3090 亿元），占国内生产总值的 6%，增长 23.73%，拉动当年经济增长 1.3%（当年价），对经济增长的贡献率达 11.4%。

东北地区是中国重要的工业基地，曾在新中国的社会主义建设中发挥过"领头羊"作用，在全国具有重要的战略地位。目前，东北正处于工业化的中期即重化工阶段，随着资源的日渐枯竭，城市转型等问题越来越突出，如果沿袭传统的工业发展模式，东北就难以完成 21 世纪初基本实现工业化的发展目标。因此，用信息化带动工业化，走可持续发展之路，是振兴东北经济的必由之路。

目前，东北地区正在全面推进信息化建设，电子信息产业发展迅速，但由于起步较晚，东北地区还处于信息化发展的初期阶段。根据国家信息化测评中心公布的第一批国家信息化指标测算数据（2000 年），东北三省各项信息化指标在全国 31 个省、自治区、直辖市中的排名情况见表 18-1。

表 18-1 东北三省主要信息化指标在全国 31 个省、自治区、直辖市中的排名

指标	辽宁	吉林	黑龙江
互联网用户数	8	16	14
每百户拥有计算机数	19	25	24

[*] 本文作者为杨蕙馨、黄守坤，发表在《求实学刊》2005 年第 2 期（有改动）。

续表

指标	辽宁	吉林	黑龙江
信息产业增加值占国内生产总值的比重	19	16	28
R&D 经费支出总额占 GDP 比重	7	10	23
信息产业投资占全部基本建设及更新改造投资比重	25	29	24

从表18-1看出，互联网用户数在全国位于中上等水平，但信息产业投资占全部基本建设及更新改造投资比重、信息产业增加值占国内生产总值的比重以及每百户拥有计算机数都在全国处于中下等水平，甚至接近31个省、自治区、直辖市的最后。这一方面表明对信息产业发展的重视度还不够，另一方面表明信息化发展的基础设施还不够扎实，如计算机的普及率比较低。这些都会直接影响信息化的进程。

另外，东北三省企业信息化的状况也令人担忧，企业的信息化建设至今处于启蒙段。有关部门对辽宁14个行业204户企业信息化建设状况的调查表明，信息化建设发展不平衡，企业特别是地方企业对信息化工作重视不够，没有信息主管的占27.4%，只有55.4%的企业建立了专门的信息机构，大大低于全国平均水平；每户企业平均信息技术人员不足16人，企业信息化标准规范应用水平低。

18.2 影响信息化发展的因素分析

测量信息化发展水平的方法有很多，有日本信息指数法、美国的波拉特法、国际数据通信公司的信息社会指标法（IDC）、中国国家信息化测评中心公布的国家信息化指标法（NIQ）。各种方法都是从多个指标、多个方面来反映信息化的程度，而且各个信息化指标间存在很强的正相关，因此，只要找到影响其中几个指标的因素，就可以推断影响信息化发展的主要因素。

18.2.1 影响拥有计算机数量的因素分析

"每千人拥有的计算机数"指标虽然不能全面反映信息化发展的水平，但至少在某种程度上可以反映出信息化发展水平的高低。下面首先利用统计中的相关分析方法来定量分析与计算机拥有量相关程度比较明显的指标或变量，根据《2001年中国统计年鉴》中的各地区指标数据，计算得到与计算机拥有量相关性显著的指标变量及其相关系数（见表18-2）。

表 18-2　　　　　　　　与每百户拥有的计算机数相关的变量指标

		城镇居民人均消费支出	城镇居民可支配收入	财政支出中的科学事业费	2000年每万人大学生数	教育经费	研究开发机构及科技信息人员数
2000年每百户拥有的计算机数	相关系数	0.920 **	0.878 **	0.795 **	0.722 **	0.644 **	0.647 **
	Sig（双尾）	0.000	0.000	0.000	0.000	0.000	0.000
	N	31	31	31	31	31	31

注：** 相关性在 0.01 水平上显著（双尾）。

由表 18-2 计算出的相关系数可以看出，在 0.01 的显著性水平下表中的变量与计算机拥有量的正相关性都是非常显著的。首先是城镇居民的人均消费支出，与计算机拥有量的相关系数达 0.92，说明计算机的拥有量是与当地居民的消费水平分不开的，计算机作为一种消费品，与各地区的消费需求密不可分；其次，居民的收入水平以及地区的财政收入与计算机拥有量的相关系数也很高，分别达到 0.878 和 0.694，说明信息化中计算机的拥有量受制于居民和各地区的财力，收入对计算机消费的引致效果还是非常明显的；最后，各地区每百户的计算机拥有量还与财政支出中科学事业支出的大小、各地区教育经费的大小、科技人员的多少正相关，说明计算机拥有量的多少还与政府对科技、教育的重视程度有关，对科技、教育重视程度高的地区，计算机比较普及，从而信息化程度也比较高，重视程度低的地区则信息化程度较低。进一步，将每百户拥有的计算机数作为被解释变量，将它的一些影响因素作为解释变量，通过 SPSS 软件计算比较，得到的比较理想的回归模型见表 18-3、表 18-4。

表 18-3　　　　　　　　　　　　模型概况

模型	R	R^2	修正的 R^2	估计的标准差	D-W 值
相关值	0.957	0.917	0.907	2.17144	1.528

表 18-4　　　　　　　　　　　　回归分析结果

模型	非标准化系数		标准化系数	t 值	Sig.	方差扩大因子
	回归系数	标准差	Beta 系数			VIF
（常数）	-12.010	1.613		-7.446	0.000	
每十万人大专以上人口	6.539E-04	0.000	0.281	3.946	0.001	1.646

续表

模型	非标准化系数		标准化系数	t 值	Sig.	方差扩大因子
	回归系数	标准差	Beta 系数			VIF
城镇居民人均消费支出	3.235E-03	0.000	0.623	7.443	0.000	2.266
教育经费	2.215E-06	0.000	0.218	3.192	0.004	1.505

可以看出，该模型能解释计算机拥有量的90%以上，说明模型的拟合优度较高；D-W值及VIF值都在合理范围之内，说明回归模型不存在明显的自相关或多重共线性。城镇居民的消费支出是决定计算机拥有量最显著的因素；其次是每十万人大专以上人口，反映出人口的教育素质影响信息化的发展；最后是各地区的教育经费在显著性水平0.01下也是显著的，说明对教育的重视程度、教育投入的多少直接影响计算机的普及与发展。

18.2.2　影响信息产业增加值占国内生产总值的比重的因素分析

信息产业增加值占国内生产总值的比重是测量信息化发展水平的一个重要指标，是对信息化发展效果的直接度量。我们仍然采用相关性分析方法来寻找影响该指标的一些变量，通过计算相关系数（见表18-5），发现每十万人大专以上人口数、移动电话的普及率、上网用户数、研究开发机构及科技信息人员数以及电话普及率五个指标变量与信息产业增加值占GDP比重的相关性显著。

表18-5　与信息产业增加值占GDP比重的相关性显著的变量

		每十万人大专以上人口	2000年移动电话普及率	2000年上网用户总数	研究开发机构及科技信息人员数	2000年电话普及率
2000年信息产业增加值占国内生产总值的比重	相关系数	0.609**	0.607**	0.480*	0.385*	0.382
	Sig（双尾）	0.000	0.003	0.028	0.032	0.059
	N	31	22	21	31	25

注：** 表示相关性在0.01水平上显著（双尾）；* 表示相关性在0.05水平上显著（双尾）。
资料来源：《中国统计年鉴》及《中国信息年鉴》。

首先，每十万人大专以上人口数与信息产业增加值占GDP比重的相关系数最大，为0.609。在0.01显著性水平下是显著的，说明人口素质、人力资源是推动信息化发展的直接动力，与信息化发展密切相关；其次，移动电话的普及率、上网人数、电话普及率也分别在显著性水平 0.01、0.05 和 0.1 下显著，说明信息产品的普及与发展是进行信息化的关键，信息化的效果直接与这些因素有关，因此，要使信息化带动经济的发展，应该先普及手机、上网、电话等信息工具；最后，研究开发机构及科技人员数在显著性水平 0.05 下与信息产业增加值占 GDP 比重的相关性也是显著的，说明科技人员的数量对信息化的发展起着显著性的作用。

18.2.3　从信息化的影响因素看如何加快东北地区的信息化建设

通过以上分析，我们知道了影响每百户计算机拥有量和信息产业增加值占 GDP 比重这两个标志信息化发展水平重要指标的因素，这两个指标也是东北三省在全国 31 个省、自治区、直辖市中排名落后的两个指标，是该地区信息化发展中的弱项，因此，要加快东北三省信息化建设，进行计算机的普及和大力发展信息产业非常必要。

从影响信息化的因素看，信息化进程中信息产品的普及与当地消费需求的大小密不可分，而东北三省的居民收入及消费水平在全国 31 个省、自治区、直辖市中处于中下等水平，辽宁相对好一些，吉林和黑龙江居民收入及消费水平都比较低，另外，东北三省职工的平均工资近年来也是比较低的，如黑龙江几乎是全国最低的，这些是当前制约东北信息化发展的主要因素。因此，从促进社会发展、增加就业和提高居民生活水平和质量出发，扩大就业，增加居民收入，促进经济社会发展，是全面建设小康社会的需要，也应当成为东北老工业基地改造的出发点和归宿。

从以上分析可以看出，东北三省各级政府非常重视信息化的建设，通信产业固定资产投资额、财政支出中科学事业费、教育经费投入、研究开发机构及科技人员数等多项指标都列于全国中上等水平，但信息产业增加值及其占 GDP 的比重却不尽如人意，说明东北地区信息化建设的效率不高，需在今后的信息化建设中特别注意。

18.3　信息化带动下的产业结构优化升级途径分析

信息化代表着当今世界先进生产力的发展方向。在现代信息、网络技术革命的推动下，经济组织结构正在发生深刻的变化，信息正在强有力地挑战原有的传统经济组织，并成为新型经济组织的催生剂。在这种背景下，东北地区要实现产业结构的优化升级，就要充分发挥信息化的作用。

18.3.1 发挥信息产业的带动作用

东北地区是我国近代工业起步较早的地区之一，已基本形成了以钢铁、机械、石油、化工、建材、煤炭等重工业为主体的工业体系，曾在全国经济发展中扮演着举足轻重的角色。但是，20 世纪 90 年代以来，在新一轮经济结构调整和深化体制改革的进程中，东北老工业基地未能抓住机遇，改革开放和结构调整的步伐相对滞后。随着煤炭、森林、石油及其他金属与非金属矿产资源的枯竭，与之相关的资源型产业随之萎缩，东北老工业基地已经成为当前体制矛盾和结构矛盾最为突出的地区。值此关键时刻，党中央、国务院提出了振兴东北的伟大战略举措。振兴东北，路在何方？以信息化带动工业化走新型工业化、可持续发展之路是振兴东北经济的有效途径。

2003 年辽宁信息产品制造业销售收入达到 4060289 万元人民币，利税 191817 万元人民币，出口创汇 319142 万美元，利用外资 35191 万美元；辽宁省全省信息产业的总规模达到了 783 亿元人民币，同比增长 19.2%，占全省 GDP 的比重从 2002 年的 4.47% 上升到了 4.88%，有了明显的进步[①]。2003 年吉林省信息产业实现了快速发展，全省国民经济和社会信息化建设取得实质性进展，信息化建设水平不断提高，对经济发展和社会进步起到了日益明显的带动作用。电子信息产品制造业发展势头良好，全行业完成工业总产值 100 亿元，同比增长 17%；软件产业整体实力明显增强，软件及信息服务业销售额突破了 30 亿元，同比增长 25%；信息化建设向宽领域深层次发展，企业信息化建设全面展开，领域信息化建设稳步推进。[②] 2003 年黑龙江省信息产业增加值完成 123.4 亿元，同比增长 14.3%，占全省国内生产总值 2.78%；软件、系统集成、应用服务和其他相应技术服务营销额 61.5 亿元，同比增长 50%，筹备成立了 ERP 软件企业联盟和软件出口联盟，实现软件出口 104.3 万美元。截至 2003 年底，黑龙江省 13 个市地数码城全部开通，为各地信息化建设奠定了重要基础。[③]

信息产业的快速发展，销售收入的大幅增加，具有巨大的示范效应，它会带动其他产业与之联合，走信息化发展的道路。

18.3.2 通过信息化调整东北地区产业结构

东北地区在调整产业结构、培育主导产业和新的经济增长点、优化社会发展环境等工作中，应最大限度地发挥信息技术的创新、渗透、倍增和带动作用，系

---

① 2004 年辽宁省全省信息产业工作会议简报。
② 数据来自《2003 年吉林省国民经济和社会发展统计公报》。
③ 数据来自《2004 年黑龙江省信息产业工作会议简报》。

统、协调地推动老工业基地振兴是至关重要的。

针对东北三省经济及产业发展现状，同时结合信息产业发展演变速度较快的国家和地区的实际经验，东北三省要实现经济的跨越式发展必须将信息产业作为先导产业，因为信息技术产业具有渗透性强、关联度高、市场需求广阔、资源利用率高、对经济增长贡献度高等特点，加快发展符合东北地区特点的信息产品制造业。

18.3.3 加快企业信息化，实现传统产业结构的升级

企业信息化的目的就是利用信息技术改造传统产业，实现生产过程的电子化、自动化、智能化，提高产品质量，稳定生产工艺，节能降耗，减轻环境污染；利用信息技术促进管理和决策水平的提高，实现决策的科学化、网络化、智能化和信息化；利用信息技术有效整合信息资源，实现商务活动的电子化、网络化、智能化和信息化。

东北老工业基地的企业以制造业尤其是装备制造业为主。制造业信息化的内涵是将信息技术与制造技术相结合，充分利用社会资源，协同开展产品开发和设计、制造、销售、采购、管理等产品全生命周期业务活动，以快速、及时地响应和适应市场、用户需求变化，提高企业群体竞争优势。说到底，制造业企业的信息化主要是生产过程的信息化和管理过程的信息化。东北老工业基地的企业开展信息化建设已经多年，涌现出了很多信息化优秀案例。但与东南沿海地区尤其与长三角地区相比，东北老工业基地企业信息化的整体水平还相对较低。造成这种现象的原因是：第一，重视程度不够。不少企业觉得信息化不是必需的，宁愿把有限的资金用于进口新设备、新生产线等，而不愿意购买软件为其服务。第二，在企业信息化建设过程中还存在一些误区。部分企业在推进企业信息化过程中缺乏必要的前期预研论证和统筹规划，仓促上马，对企业信息化实施方案的可行性、方案实施过程中的复杂性、企业信息化的内外部环境因素以及需要注意解决的问题等心中无数；对企业信息化将涉及企业的组织机构、管理体制、工作方法等一系列重大变革，并会造成利益冲突等问题缺乏充分的思想准备。第三，资金和人才的缺乏。企业信息化普遍缺钱缺人，东北老工业基地尤甚。信息化不仅需要巨额投资，而且需要持续不断地投资，但东北老工业基地的企业普遍经营困难，下岗工人较多，能拿出的信息化资金有限。另外，信息化需要既懂管理又懂技术的复合型人才，但由于体制、机制等方面的原因，不仅难以引进急需的人才，即使自己培养的信息化人才也流失严重。高层次、复合型人才的缺乏，制约了企业信息化应用向深度和广度的拓展。第四，信息化的社会环境亟待改善。信息化是社会系统工程，不仅需要与之相适应的企业环境，还需要相应的法制环境、产业环境等。与信息化相适应的监督、管理体制和政策法规等还亟待完善，

对企业信息化工程进度和质量，还缺乏相应的监督管理体制和信息化权威机构的统一协调管理。此外，企业信息化的法律法规建设方面落后于企业信息化建设实际需要，各类信息化标准制定滞后，也影响了企业信息化的顺利进行。

参考文献

［1］邢志强，宋淑凤．我国社会信息化指数测度研究评述［J］．情报理论与实践，2000（4）：307－311.

［2］李敏．论信息化对工业化的带动和传统产业的改造［J］．云南社会科学，2002（4）：55－58.

［3］苑国良．推进企业信息化带动制造业走新型工业化之路［J］．机电一体化，2003（6）：6－7.

［4］常广蔗，冉净斐．我国信息产业发展的现状、问题及对策分析［J］．现代管理科学，2003（5）：25－26.

［5］郑英隆．信息产业加速发展与产业结构升级的交互关系研究［J］．经济评论，2001（1）：48－53.

［6］郭熙保，刘莹．工业化、信息化与信息产业［J］．经济理论与经济管理，2002（3）：26－30.

［7］田海峰．信息产业发展与我国产业结构升级［J］．地质技术经济管理，2003（4）：1－6.

第五篇

产业技术进步

第 19 章

中国信息产业技术进步对劳动力就业及工资差距的影响[*]

19.1 问题的提出

随着信息技术的快速更新及其在全球范围内的应用，经济发展对信息产业的依赖性逐渐增加，信息产业已成为高新技术产业的领头羊。信息产业是技术密集型产业，技术进步是首要问题，其中技术进步对劳动力就业的影响尤其引人关注。

技术进步究竟会增加还是减少劳动力就业？这是众多学者一直探讨的话题，尤其在劳动经济学和国际贸易研究领域引起了广泛的争论（Borjas and Ramey，2000）。争论的根本原因在于技术进步对劳动力就业的效应具有双重性，即"就业补偿和创造"机制（Pissarides，1990）及"创造性毁灭"（Aghion and Howitt，1994）机制。以贝尔曼等（Berman et al.，1998）、阿西莫格鲁（Acemoglu，2002，2003）、布拉蒂和马特乌兹（Bratti and Matteucci，2004）及霍恩斯坦因等（Hornstein et al.，2005）为代表的学者主要关注技能偏向型技术进步（skill-biased technological change，SBTC）对劳动力就业和工资的影响，认为技能偏向型的技术进步增加了对高技能劳动力的需求，减少了对低技能劳动力的需求，进而加剧了工资不平等。

由于信息技术的使用，1960~1996年美国工业行业的劳动力就业人口中受教育的人数几乎增加了40%（Chun，2003）。可见教育在技术进步与劳动力就业及工资差异的关系中具有很大的作用。受教育程度较高的劳动力更有能力，在应对环境变化和适应新技术环境方面具有明显的比较优势，企业更愿意雇用这样的劳动力，因此技能劳动力的相对工资也随之提高（Galor and Moav，2000）。然而能力与大学教育并不完全相关，能力这种技能并不是完全天生固有的，而是部分与

---

[*] 本章作者为杨蕙馨、李春梅，发表在《中国工业经济》2013年第1期（有改动）。

教育相关（Acemoglu，1998）。虽然学者们认为教育是技术与人力资本和工资差距关系中不可或缺的因素，但却没有探讨教育系统本身对工资不平等的影响（许志成、闫佳，2011）。因此将劳动者受教育的成本和收益引入技术进步对劳动力就业及工资差异影响的模型中是拓展已有理论的有效途径。

国内外关于工资差距的定量研究主要集中于地区差异（范剑勇、张雁，2009）、城乡差异（赵红军、孙楚仁，2008）及行业差异（Banga，2009；喻美辞、熊启泉，2012）等角度，且绝大部分是以工业行业的全国数据进行时间序列分析，迄今尚无用省际数据分析中国信息产业技术进步与工资差距的文献，一个重要的原因可能在于各个省（自治区、直辖市）信息产业高技能与低技能劳动力工资差距的数据很难获得，数据的局限性和计量方法使用的差异是进一步深入研究技术进步与劳动力就业关系的主要障碍之一（Bratti and Matteucci，2004）。

中国信息产业的技术进步是否呈现出技能偏向型特征？产业内高技能劳动力与低技能劳动力就业量的变化及工资差距是否显著？信息产业是技术密集型产业，而技术需要知识的积累来强化和升级。通过教育产生的人力资本积累是经济增长的发动机（Wong and Yip，1999），教育质量（educational quality）是劳动力选择是否接受高等教育的主要因素，当教育质量较高时，更多的劳动力倾向于接受教育，教育质量决定着人力资本的结构和增长（Castelló – Climenta and Hidalgo – Cabrillanab，2012）。本文借鉴已有理论模型，以信息产业为分析对象，将技术进步内生化处理的同时把教育质量作为重要的外生变量引入理论模型中，通过分析劳动者接受高等教育的成本和收益，从劳动力需求与供给两方面的探讨得到产业内高技能与低技能劳动力就业量及工资的发展路径。这扩展了技术进步与劳动力就业及工资差异关系的理论分析内容。最后采用2009年中国26个省（自治区、直辖市）的截面数据进行实证检验，以典型的技术密集型的信息产业展开研究，为中国技术进步与劳动力充分就业并行发展的政策制定提供可供借鉴的现实依据。

19.2　信息产业技术进步与劳动力就业：理论与现实

技术进步带动经济增长，对劳动力就业产生两种效应：一是"资本化"效应，经济增长时期创建一个企业必定会获得收益，更多的企业选择进入市场，从而就业职位增加；二是"创造性毁灭"效应，经济增长会减少劳动力与工作匹配的持续时间，一方面直接提高了均衡的失业水平，另一方面产品生命周期变短，产品生命周期内的利润减少，导致人力资本价格相对上涨，进入市场的企业数目自然会减少，在此过程中技术进步间接抑制了工作岗位的创建（Aghion and Howitt，1994）。因此，技术进步会增加还是减少劳动力就业数量一直是学者们关注的焦点（Lachenmaier and Rottmann, 2011）。

20世纪90年代以来，中国信息产业发展迅速，技术水平逐年提升。信息技术通过计算机、通信网络、软件、多媒体和互联网等方式大量应用于传统产业的研发设计、生产过程控制及经营管理等领域中，以其广泛的渗透性和增值作用，为传统产业的技术改造、结构调整与产业升级服务，这为信息产业开辟了广阔的应用市场。《中国信息年鉴2011》中信息产业发展综述的统计数据显示，2010年全国信息技术领域专利申请总量超过110万件，比上年增长10%以上。信息产业就业人数稳步增长，信息传输、计算机服务和软件业就业人数由2003年的116.82万人增长到了2010年的185.77万人，增长了59%，其中大专以上学历人数占总就业人数的比重由42%增长到55%，平均工资由2003年的3.09万元增长到2010年的6.44万元；通信设备、计算机及其他电子设备制造业平均工资由2003年的1.89万元增长到2010年的3.62万元，如图19-1所示。可以看出伴随中国信息产业技术水平的提高，劳动力就业人数及平均工资稳步增长，这是否说明信息产业技术进步对劳动力就业尤其是接受了高等教育的劳动力就业具有促进作用？

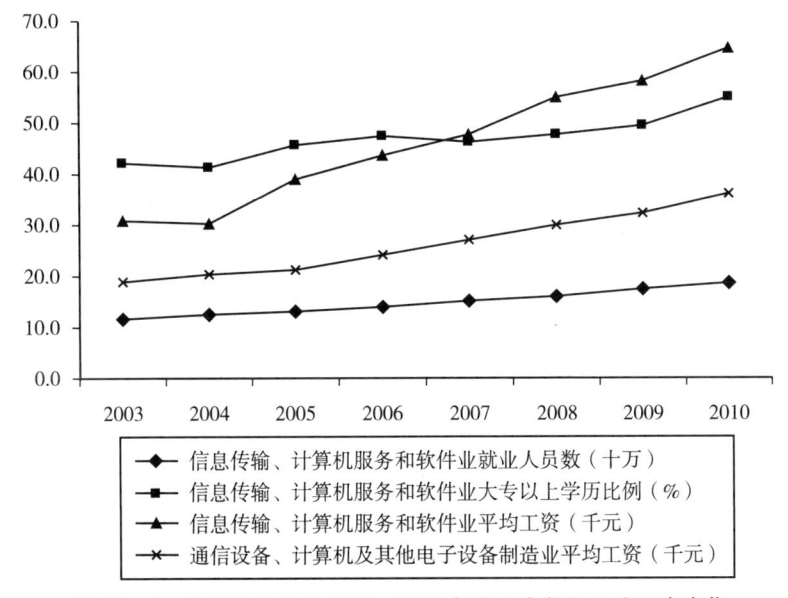

图19-1 中国信息产业2003~2010年就业人数及平均工资变化

资料来源：根据《中国统计年鉴2011》及2004~2011年各年度《中国劳动统计年鉴》数据整理。

探讨技术进步对劳动力就业及工资的影响，首先需要明确技术进步的形成动因和技术与劳动力市场的相互作用（Acemoglu, 2002）。阿西莫格鲁（Acemoglu, 2002）认为企业采用新技术的关键性动因是技术进步带来的市场规模。克鲁赛尔等（Krusell et al., 2000）认为技术进步是资本品生产率增长的结果，技术进步和经济增长增加了个体能力、知识和受教育水平的差距，人力资本异质性对技术进步的影响逐渐增大，设备资本与技能之间的互补性致使技能偏向性不断增强。但贝尔曼和梅钦（Berman and Machin，2000）指出，技术进步主要由产业内的技术升级引起，并不是劳动力从低技能到高技能产业重新分配的结果，这并不能完全用资本技术互补的理论解释。

20世纪70年代以信息技术为代表的技术发展具有技能偏向型特征，新技术与技术工人之间产生了更为互补的现象，教育、知识及天赋等个体差异使人力资本具有异质性，导致对技能型劳动需求增加，当技能偏向型技术进步更有利时，企业就会有动力开发和采纳这种技术，相对于非技术工人，技术工人大大受益，这推动了技能劳动力工资的增长，扩大了技能劳动力与非技能劳动力之间的工资差距（Acemoglu，2002，2003）。但也有部分学者认为，技能偏向型技术变化不一定会加剧技能与非技能劳动力的工资差距，因为工资不仅仅取决于生产率，也取决于商品价格，也就是说，消费者偏好在技术变化与工资差距中的作用不可忽视（Weiss，2008）。在技能偏向型技术进步对就业和工资不平等的影响中，也要充分考虑社会利益和社会平均收入，由于技能劳动力的生产率上升而导致的工资上涨会使社会的平均收入与社会利益增加，促使非技术工人要求增加工资（Weiss and Garloff，2011）。虽然学术界对技能偏向型技术进步与劳动力的技能需求及工资差距的关系没有达成共识（Weiss，2008），但技能偏向型技术进步是从技术进步类型的角度探讨技术进步与劳动力就业关系的主要研究方法。作为技术密集型的信息产业，其技术进步可能是技能偏向型的，本文将对这一问题进行理论与实证两方面的分析。

19.3 基本理论模型的构建

19.3.1 信息产业对劳动力的需求

假定信息产业的经济活动可以无限期地进行下去，在每个时期产业都只生产一种产品，且产品市场处于完全竞争状态，产品的生产使用技术和劳动力两种要素。劳动力包括高技能与低技能劳动力，并且两种劳动力从事两种不同且不完全替代的工作（Acemoglu and Autor，2012），生产函数如下：

$$Y_t = f(A_t, H_t) \quad (19-1)$$

式中，A_t为t时期信息产业的技术水平，H_t为t时期信息产业高技能与低技能劳动力效率单位数量的有效组合，Y_t为t时期的产量。借鉴盖尔勒和莫艾弗（Galor and Moav，2000）的模型，本文假设信息产业劳动力投入的有效组合方为不变替代弹性（constant elasticity of substitution，CES）形式：

$$H_t = ((\beta L_t^s)^\sigma + ((1-\delta g_t)L_t^u)^\sigma)^{1/\sigma} \quad (19-2)$$

在 t 时期，L_t^s 为高技能劳动力的效率单位数量，L_t^u 为低技能劳动力的效率单位数量。高技能劳动力与低技能劳动力的替代弹性 $\varepsilon = 1/(1-\sigma)$，即两种劳动力不完全替代，参照奥特尔等（Autor et al.，1998）的研究，劳动力替代弹性 $\varepsilon > 1$，即 $0 < \sigma < 1$。β 为高技能劳动力在劳动力组合中的权重。g_t 为技术进步率，$g_t = (A_t - A_{t-1})/A_{t-1}$，$0 < \delta g_t < 1$ 表示从 t-1 期到 t 期由于技术进步的存在，低技能劳动力效率单位数量会在劳动力组合中减少，相对于高技能劳动力，低技能劳动力更易受到技术进步的腐蚀。

从式（19-2）可以看到，技术进步会减少产业内劳动力的总体数量，即技术进步存在"腐蚀效应"，使劳动力投入组合中高技能劳动力替代低技能劳动力。也就是说，如果其他条件给定，技术进步率提高时高技能劳动力就业份额会相对增加，因此技术进步决定着两种劳动力的份额（Galor and Moav，2000）。

结合式（19-1）与式（19-2），构建生产函数的具体形式如下：

$$Y_t = A_t((\beta L_t^s)^\sigma + ((1-\delta g_t)L_t^u)^\sigma)^{1/\sigma} \quad (19-3)$$

假设最终产品的市场价格为1，按照利润最大化原则，两种技能类型劳动力的工资分别等于他们的边际生产率。首先高技能劳动力的反需求函数为：

$$w_t^s = \frac{\partial Y_t}{\partial L_t^s} = \beta A_t \left(\left(\frac{\beta L_t^s}{(1-\delta g_t)L_t^u} \right)^{-\sigma} + 1 \right)^{(1-\sigma)/\sigma} \quad (19-4)$$

式中，w_t^s 表示 t 时期高技能劳动力的工资。对式（19-4）进行计算得到 $\partial w_t^s/\partial(L_t^s/L_t^u) < 0$，随着高技能劳动力需求量的相对增加，高技能劳动力的工资会逐渐下降。

同样低技能劳动力的反需求函数为：

$$w_t^u = \frac{\partial y_t}{\partial L_t^u} = (1-\delta g_t)A_t \left(\left(\frac{\beta L_t^s}{(1-\delta g_t)L_t^u} \right)^\sigma + 1 \right)^{(1-\sigma)/\sigma} \quad (19-5)$$

式中，w_t^u 表示 t 时期低技能劳动力的工资。对式（19-5）计算得到 $\partial w_t^u/\partial(L_t^s/L_t^u) > 0$，低技能劳动力的工资会随着低技能劳动力需求量的相对减少而上涨。将式（19-4）与式（19-5）相除，两种技能类型劳动力相对需求量的市场反需求函数为：

$$w_t^* = \frac{w_t^s}{w_t^u} = \left(\frac{\beta}{1-\delta g_t} \right)^\sigma \left(\frac{L_t^s}{L_t^u} \right)^{\sigma-1} \quad (19-6)$$

式中，w_t^* 为高技能与低技能劳动力的工资之比，也就是高技能与低技能劳动力之间的工资差距，反映了劳动力技能水平的回报，已有文献中也将之称作技能溢价。当技术进步率 g_t 不变时，由于 $0 < \sigma < 1$，$\partial w_t^*/\partial(L_t^s/L_t^u) < 0$，两种技能类型劳动力的工资差距会随着高技能劳动力相对需求量的增加而减小。如图 19-2 所示，当高技能劳动力相对需求量增加时，劳动力相对供给曲线由 S_{t-1} 变化到

S_t，工资差距由 w_{t-1} 变化到 w'_t，此时，$w'_t < w_{t-1}$，这是一般的替代效应（Acemoglu，2002）。

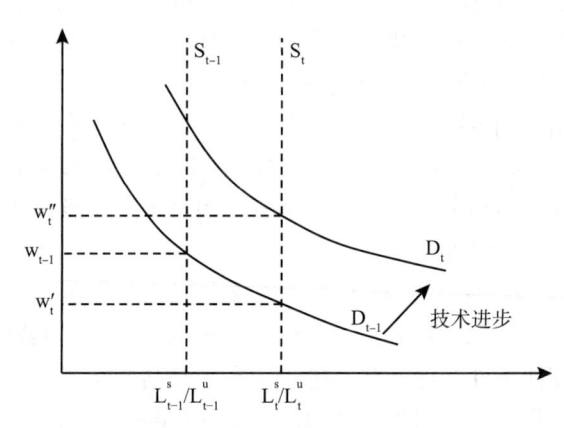

图 19-2 劳动力工资差距变化

资料来源：借鉴阿西莫格鲁（Acemoglu，2002）绘制。

19.3.2 信息产业劳动力的供给

在任何时期，两种不同技能类型的劳动力都在劳动市场上共存。假设对每个人来说，只有接受高等教育才能成为高技能劳动力。每一个 t 时期出生的个体有两种选择：一是不接受高等教育，直接进入信息产业工作，此时的劳动力为低技能劳动力；二是选择接受高等教育，但要付出教育成本，接受了高等教育会获取知识，并在学习过程中获得技能，此时的劳动力为高技能劳动力。假设个体在出生后没有学习能力差异，也就是每一个个体的能力是一样的，不存在智力差异，两种技能类型劳动力的形成是个体选择的不同结果。选择成为高技能劳动力的个体要花掉 $0 < \tau < 1$ 的单位时间进行学习，为了简化计算，假设 $\beta(1-\tau) = 1$（Galor and Moav，2000），这意味着学习的时间成本 τ 会被劳动力组合函数中高技能劳动力的权重 β 补偿，也就是说在不考虑技术进步的前提下，投资于人力资本是可以获益的。

如果劳动者选择直接参加工作，那么就成为低技能劳动力。由于没有教育成本支出，低技能劳动力的收益（I^u_t）等于其劳动收入，表示为工资与有效劳动力数量的函数：

$$I^u_t = w^u_t L^u_t (1 - \delta g_t) \tag{19-7}$$

而选择接受高等教育的劳动力要付出教育成本，假设影响教育成本的因素主要有三个：一是人力资本存量，以前一期两种技能类型劳动力的相对就业量（L^s_{t-1}/L^u_{t-1}）表示。因为知识需要前一期具有知识存量的劳动者传授给下一期的劳动者，以实现知识的代代相传，如果前一期高技能劳动力就业量相对较多，低技能劳动力就业量相对较少，劳动者学习高技能的成本就会较低。二是教育质量（以 q 表示），高等教育的教育质量越高，即 q 值越大，劳动者学习技能所付出的教育成本就会越低。三是经济发展水平，如果人们的平均收入水平都很高，劳动者接受高等教育所付出的学费就会很高，假定经济发展水平以低技能劳动力的收益（I_t^u）表示。借鉴许志成和闫佳（2011）的思路，构建教育成本（C_t）函数如下：

$$C_t = w_t^u L_t^u (1 - \delta g_t) \left(1 - \left(\frac{L_{t-1}^s}{L_{t-1}^u}\right)^q\right) \bigg/ \left(\frac{L_{t-1}^s}{L_{t-1}^u}\right)^q \quad (19-8)$$

对于选择成为高技能劳动力的个体来说，t 时期的收益（I_t^s）为其劳动收入减去接受高等教育付出的教育成本：

$$I_t^s = w_t^s L_t^s \beta (1 - \tau) - w_t^u L_t^u (1 - \delta g_t) \left(1 - \left(\frac{L_{t-1}^s}{L_{t-1}^u}\right)^q\right) \bigg/ \left(\frac{L_{t-1}^s}{L_{t-1}^u}\right)^q \quad (19-9)$$

对于理性的个体来讲，由于不存在智力差异，只有在高技能劳动力的收益大于低技能劳动力的收益（$I_t^s > I_t^u$）时才会选择接受高等教育。通过式（19-7）和式（19-9）可以得到 $I_t^u = I_t^s$ 时的均衡解：

$$w_t^* = \frac{w_t^s}{w_t^u} = \left(\frac{L_t^u}{L_t^s}\right) \left(\frac{L_{t-1}^s}{L_{t-1}^u}\right)^{-q} (1 - \delta g_t) \quad (19-10)$$

19.3.3 技术进步的内生化处理

现阶段的技术水平会使技能型劳动力的收益增加，促使受教育个体的劳动力供给增加，而增加的人力资本又使技术进步率上升（Galor and Moav，2000）。技术进步内生于研发投入和创新者的激励，如果技术进步增加了对技能型劳动的需求或出现了工资差距即技能溢价，那么就可以认定存在技能偏向型技术进步（Acemoglu，1998；宋冬林等，2010）。在经济转型时期，技术密集型产业的技术进步更倾向于技能偏向型（Cazzavillan and Olszewski，2011）。基于盖尔勒和莫艾弗（Galor and Moav，2000）及阿西莫格鲁（Acemoglu，1998）的模型，假定信息产业的技术进步为内生，t 期的技术进步率是 t-1 期两种技能类型劳动力相对就业量的线性函数，表示如下：

$$g_t = \lambda (L_{t-1}^s / L_{t-1}^u)^q \quad (19-11)$$

式（19-11）中，λ 表示 t-1 期两种技能类型劳动力相对就业量对 t 期技术进步率的影响程度，假设 0 < λ < 1。如果 t-1 期高技能劳动力的人力资本存量相对较高，低技能劳动力人力资本存量相对较低，t 期技术进步的速度就会较快。式（19-11）说明不同技能劳动力的人力资本存量决定着技术进步率，而高技能劳动力的数量取决于劳动者选择是否接受高等教育，劳动者的技能水平由教育质量决定，因此教育质量也影响着技术进步率，教育质量越高，技术进步率的增长速度越快。这充分说明教育的代际效应对技术进步具有决定性的作用。

由于 t-1 期高技能劳动力相对就业量的增加会使 t 期的技术进步率上升,如图 19-2 所示,劳动力相对需求曲线由 D_{t-1} 移动到 D_t,劳动力工资差距由 w'_t 上升到 w''_t,但此时并不能确定 w''_t 与 w_{t-1} 的大小。这里看到技术进步对劳动力工资差距的影响是正向的,即由 w'_t 变化到 w''_t。技术进步对劳动力工资差距产生了补偿效应,因此信息产业技术进步是技能偏向型的。结合前面的分析,得到高技能劳动力相对就业量的增加对劳动力工资差距的影响取决于替代效应与补偿效应的综合效应。

19.3.4 信息产业高技能与低技能劳动力的动态均衡发展路径

上面从劳动力需求与供给的角度分析了技术进步与劳动力就业及工资差距的关系,但由于受高技能与低技能劳动力相对就业量的影响,劳动力的需求与供给是变化的。在技能偏向型技术进步的情况下,t-1 期两种技能类型劳动力相对就业量决定 t 期的技术进步率,而 t 期的技术进步率影响 t 期的劳动力需求,t 期的劳动力供给同时受到教育质量的影响。因此信息产业内高技能与低技能劳动力的就业量是动态变化的。从长期来讲,两种技能类型劳动力就业量的比值能否通过不断的演变达到一个动态的稳定点?

劳动力市场出清由劳动力需求和供给两方面决定,结合劳动力需求模型 (19-6) 与劳动力供给模型 (19-10) 得到:

$$\left(\frac{\beta}{1-\delta g_t}\right)^\sigma \left(\frac{L^s_t}{L^u_t}\right)^{\sigma-1} = \left(\frac{L^u_t}{L^s_t}\right)\left(\frac{L^s_{t-1}}{L^u_{t-1}}\right)^{-q}(1-\delta g_t) \qquad (19-12)$$

将技术进步内生公式 (11) 代入公式 (12) 中,通过计算得到两种技能类型劳动力就业量之比的动态迭代函数:

$$\frac{L^s_t}{L^u_t} = \frac{1}{\beta}\left(\frac{L^s_{t-1}}{L^u_{t-1}}\right)^{-q/\sigma}\left(1-\delta\lambda\left(\frac{L^s_{t-1}}{L^u_{t-1}}\right)^q\right)^{(\sigma+1)/\sigma} \qquad (19-13)$$

在现实市场中,劳动力市场上高技能劳动力与低技能劳动力的数量在任何时期都不会为 0,也就是说在任意时点,低技能劳动力都存在于劳动力市场中,最多是高技能劳动力的数量很少,但不会为 0。

式 (19-13) 中,t-1 期高技能与低技能劳动力就业量的比值决定着 t 期高技能与低技能劳动力就业量的比值。这说明 t 期高技能与低技能劳动力就业量的比值是 t-1 期高技能与低技能劳动力就业量比值的映射函数,给定 L^s_0/L^u_0 的初始状态为一个接近于 0 的小数,可以看出 L^s_t/L^u_t 在 $[(L^s_0/L^u_0),1]$ 上是连续可微的,由式 (19-13) 得到:

$$\frac{\partial(L^s_t/L^u_t)}{\partial(L^s_{t-1}/L^u_{t-1})} = -\frac{q}{\beta\sigma}\left(\frac{L^s_{t-1}}{L^u_{t-1}}\right)^{-\frac{q+\sigma}{\sigma}}\left(1-\delta\lambda\left(\frac{L^s_{t-1}}{L^u_{t-1}}\right)^q\right)^{-\frac{1+\sigma}{\sigma}}$$

$$-\delta\lambda\frac{1+\sigma}{\sigma}\left(\frac{L^s_{t-1}}{L^u_{t-1}}\right)^{-\frac{q}{\sigma}-1+q}\left(1-\delta\lambda\left(\frac{L^s_{t-1}}{L^u_{t-1}}\right)^\sigma\right)^{\frac{1}{\sigma}} < 0$$

可以看出，$\frac{\partial(L_t^s/L_t^u)}{\partial(L_{t-1}^s/L_{t-1}^u)} < 1$，故式（19-13）是压缩映射函数，根据 Brouwer 不动点定理，式（19-13）在 $[(L_0^s/L_0^u), 1]$ 上必定存在不动点 (L_t^s/L_t^u)，该不动点唯一且稳定。

因此，可以得到给定任意的起点 $(L_0^s/L_0^u) > 0$，L_t^s/L_t^u 都会通过式（19-13）的动态迭代方程达到一个均衡的稳定状态，也就是说由于教育质量 q 的影响，在技能偏向型技术进步的情况下，高技能与低技能劳动力就业量的比值能够达到稳定的均衡状态 $(L_t^s/L_t^u)^*$。

19.3.5 信息产业高技能与低技能劳动力工资差距的发展路径

由于劳动力供给与需求是变化的，所以劳动力工资差距也会随之变化。通过前面的分析得到，长期来讲高技能与低技能劳动力就业量的比值能够达到稳定的均衡状态，在这种情况下，高技能与低技能劳动力工资差距会是什么样的发展路径呢？

将式（19-11）和式（19-13）代入式（19-10）中，计算可得到劳动力工资差距：

$$w_t^* = \frac{w_t^s}{w_t^u} = \frac{1}{\beta} \left(\frac{L_{t-1}^s}{L_{t-1}^u}\right)^{-(q+q/\sigma)} \left(1 - \delta\lambda\left(\frac{L_{t-1}^s}{L_{t-1}^u}\right)^q\right)^{2+1/\sigma} \quad (19-14)$$

式（19-14）说明 t 期两种技能类型劳动力的工资差距受到 t-1 期两种技能类型劳动力就业量比值的影响，w_t 对 L_{t-1}^s/L_{t-1}^u 求偏导，得到：

$$\frac{\partial w_t^*}{\partial(L_{t-1}^s/L_{t-1}^u)} = -\frac{1}{\beta}\left(q\left(1+\frac{1}{\sigma}\right)\left(\frac{L_{t-1}^s}{L_{t-1}^u}\right)^{-(1+q+q/\sigma)}\left(1-\delta\lambda\left(\frac{L_{t-1}^s}{L_{t-1}^u}\right)^q\right)^{2+1/\sigma}\right.$$
$$\left. + q\delta\lambda\left(2+\frac{1}{\sigma}\right)\left(\frac{L_{t-1}^s}{L_{t-1}^u}\right)^{-1-q/\sigma}\left(1-\delta\lambda\left(\frac{L_{t-1}^s}{L_{t-1}^u}\right)^q\right)^{1+1/\sigma}\right) \quad (19-15)$$

可以看出，$\partial w_t/\partial(L_{t-1}^s/L_{t-1}^u) < 0$。给定任意起点的 $L_0^s/L_0^u > 0$ 为接近于 0 的小数时，劳动力工资差距较大，而后，工资差距随着两种技能类型劳动力就业量比值的增加而减小。

由此得到：由于教育质量的影响，工资差距也就是技能溢价随着高技能与低技能劳动力就业数量之比的增加而减少。也就是说，由于教育质量的影响，技能偏向型技术进步而致的工资差距不会一直增大。

19.4 实证模型、指标设计及数据来源

以上从劳动力供给和需求角度在理论上分析了信息产业技术进步过程中劳动

力就业和工资差距的发展路径,接下来应用信息产业的相关数据检验理论分析的结果。

19.4.1 实证模型的选择

在现实经济发展过程中,影响劳动力就业及工资差距的因素很多,比如经济发展水平、物质资本、人力资本、产业结构、政策体制及对外开放度等,计量模型很难将所有的影响因素都考虑在内。由于不同的国家影响技能型劳动力需求和技能溢价的因素差异显著,因此国际贸易是广受关注的因素(宋冬林等,2010)。对外开放增加了竞争力,迫使企业不得不持续创新,同时国内与国外企业的研发支出增多,劳动生产率提高,尤其是外商直接投资(foreign direct investment,FDI)会大大改善劳动生产率(Banga,2009)。技能偏向型技术进步随着国际贸易和FDI扩散到发展中国家,是发展中国家技能劳动力相对工资提高的外生动力(Berman and Machin,2000),因此国际贸易会引致技能偏向型技术进步,从而增加对技术工人的需求,最终增加技术工人的相对工资(Epifani and Gancia,2006)。

借鉴宋冬林等(2010)的做法,本文计量模型将考虑对外开放度因素,探讨技术进步、教育质量及对外开放度对工资差距的影响。为消除各个变量的不平稳性,所有变量均采取对数形式,构建一般线性计量模型:

$$\ln(L_i^s/L_i^u) = \alpha_0 + \alpha_1 \ln TP_i + \alpha_2 \ln EDUQ_i + \alpha_3 \ln OPENNESS_i + \varepsilon_i \quad (19-16)$$

$$\ln(w_i^s/w_i^u) = \beta_0 + \beta_1 \ln TP_i + \beta_2 \ln EDUQ_i + \beta_3 \ln OPENNESS_i + \varepsilon_i \quad (19-17)$$

式中,i 表示第 i 个省(自治区、直辖市),TP 表示技术进步,EDUQ 表示教育质量,OPENNESS 表示对外开放度,ε 表示随机误差项。

19.4.2 被解释变量的选取

国内外文献对高技能与低技能劳动力的划分主要有两种方法:第一种是以劳动力的受教育程度为标准,接受大学及以上教育的劳动力为高技能劳动力,接受高中及以下教育的劳动力为低技能劳动力,即用可观察的教育溢价反映技能收益(Acemoglu,2002)。第二种是按照工作的性质和岗位划分,非生产性劳动力也就是不工作在生产一线上的劳动力为高技能劳动力,生产性劳动力也就是工作在生产一线上的劳动力为低技能劳动力。第二种划分方法被广泛应用于对规模以上工业企业或大中型工业企业工资差异的研究中,例如以制造业大中型企业的科技活动人员作为制造业熟练劳动力的替代指标,并以科技活动人员的劳务费表示熟练劳动力的工资水平(喻美辞、熊启泉,2012)。以事业、国有企业单位专业技术人员数来表示技能型劳动力数量(宋冬林等,2010)。

由于中国公开出版的年鉴如《中国统计年鉴》《中国劳动统计年鉴》《中国人口和就业统计年鉴》《中国科技统计年鉴》及中国经济普查数据中都没有同时按照省（自治区、直辖市）和行业划分的工资统计，也没有按受教育程度或技能劳动力类别划分的工资数据，给定量研究带来了一定困难。借鉴已有文献的做法，需对高技能与低技能劳动力就业量及其工资差距进行替代。考虑到信息产业为高技术产业同时也是研发密集型产业，产业内的高技能劳动力主要从事研究与实验发展（R&D）工作，故用通信设备、计算机及其他电子设备制造业与信息传输、计算机服务与软件业研究与试验发展人员表示高技能劳动力，用 R&D 人员劳务费表示高技能劳动力工资。更进一步，通过计算得到高技能与低技能劳动力的工资差距：

$$w^* = \frac{w^s}{w^u} = \frac{(F_i + F_j)/(L_i^s + L_j^s)}{(I_i - F_i + I_j - F_j)/(L_i - L_i^s + L_j - L_j^s)} \quad (19-18)$$

式中，i 代表通信设备、计算机及其他电子设备制造业，j 代表信息传输、计算机服务与软件业。F 代表 R&D 人员劳务费总额，L^s 代表 R&D 人员数量，I 代表产业工资总额，L 代表就业总人数。式（19-18）表示信息产业高技能劳动力平均工资用 R&D 人员劳务费总额除以 R&D 人员总人数表示，低技能劳动力平均工资用低技能劳动力工资总额除以低技能劳动力就业量表示，低技能劳动工资总额等于信息产业工资总额减去 R&D 人员劳务费总额，低技能劳动力就业量等于信息产业就业总人数减去 R&D 人员总人数。通信设备、计算机及其他电子设备制造业与信息传输、计算机服务与软件业 R&D 人员数量及劳务费数据来自《2009 年第二次全国 R&D 资源清查资料汇编》，该数据的统计年份只有 2009 年，但包括了中国各个省（自治区、直辖市）各个行业研究与发展的详细统计数据，这是其他年鉴所缺少的。

19.4.3 解释变量指标的选取

（1）技术进步

技术水平并不会影响技术工人的相对需求数量，技术进步率决定着技术工人的相对需求（Galor and Moav，2000），故采用全要素生产率（total factor productivity，TFP）和技术变化（technical change，TC）两类指标。由于着重考察技术进步对技能需求与工资差距的影响，所以将技术进步的滞后项引入模型中，即技术进步指标包括 2008 年和 2009 年全要素生产率（TFP2008 和 TFP2009）及 2008 年和 2009 年技术变化（TC2008 和 TC2009）。该指标通过非参数的 Malmquist 指数方法计算得到。Malmquist 指数方法需要的产出变量为通信设备、计算机及其他电子设备制造业和信息传输、计算机服务和软件业的主营业务收入的加总。由于各个省（自治区、直辖市）信息传输、计算机服务和软件业主营业务收入没有详细的官方统计数据,鉴于电信业和软件业是信息传输、计算机服务和软件业的主要产业,将电信业和软件业的主营业务收入之和作为替代值;投入变量选取资本投入与劳动力投入。资本投入为通信设备、计算机及其他电子设备制造业和信息传输、计算机服务和软件业的资本存量加总,通信设备、计算机及其他电子设备制造业的资本存量用固定资产净值表示,信息传输、计算机服务和软件业的资本存量根据戈尔德史密斯(Goldsmith,1951)的"永续存盘法"计算:

$$K_{it} = K_{it-1}(1-\delta_{it}) + I_{it} \qquad (19-19)$$

式中,i 表示第 i 个省(自治区、直辖市),t 表示第 t 年,K 表示资本存量,δ 表示折旧率,I 表示固定资产投资。计算资本存量需要得到基期资本存量、折旧率及固定资产投资的值。国家统计局于 2004 年印发关于《统计上划分信息相关产业暂行规定》的通知,故将 2004 年定为基期,2004 年的固定资本形成用当年固定资产投资表示,各省(自治区、直辖市)2004 年的初始资本存量用 2004 年的固定资本形成除以 10% 得到(张军,2004)。参照霍尔和琼斯(Hall and Jones,1999)的研究,折旧率取 6%。劳动力投入为通信设备、计算机及其他电子设备制造业全部从业人员平均人数与信息传输、计算机服务和软件业年平均就业人数的加总。

(2)教育质量

中国教育事业的发展主要依靠政府财政支出的支持,教育经费支出占财政总支出的比重(EDUR)在一定程度上能够反映教育质量。另外,普通高等学校本、专科在校学生人数占总就业人数的比重(UNIVERSR)也可以反映地区教育质量的高低。故采用这两个变量作为教育质量的指标。

(3)对外开放度

采用出口商品总额占地区生产总值的比重(EXPORTR)和外商直接投资占地区生产总值的比重(FDIR)作为度量指标。由于统计年鉴中这两项指标以美元计价,考虑到数据的一致性,按当年美元对人民币的年平均汇率进行折算。

19.4.4 数据来源与说明

本文所使用的数据来源如表 19-1 所示。数据对象为中国 26 个省(自治区、直辖市)[①],参照《中国统计年鉴 2011》中的价格定基指数,将主营业务收入数据用对应年份的居民消费价格指数折算成不变价,固定资产投资数据用对应年份的固定资产投资价格指数折算成不变价。

---

① 海南、新疆、西藏、宁夏和青海由于数据不全,暂不予考虑。

表 19-1　　　　　　　　　　　数据来源与说明

指标	数据来源
通信设备、计算机及其他电子设备制造业及信息传输、计算机服务与软件业 R&D 人员及劳务费	第二次全国 R&D 资源清查资料汇编——工业企业卷及综合卷
通信设备、计算机及其他电子设备制造业及信息传输、计算机服务与软件业工资总额	中国劳动统计年鉴
通信设备、计算机及其他电子设备制造业主营业务收入、固定资产净值及全部从业人员平均人数	中国工业经济统计年鉴
电信业和软件业主营业务收入	中国信息年鉴、中华人民共和国工业和信息化部网站
信息传输、计算机服务和软件业固定资产投资及年平均就业人数	中国第三产业统计年鉴
地区生产总值、出口商品总额、外商直接投资、教育经费支出、财政总支出、总就业人数及普通高等学校本、专科在校学生人数	中国统计年鉴

19.5　实证结果与分析

将全部统计数据取对数（能够在一定程度上避免自相关）后，采用 OLS 方法使用稳健标准差，应用 Stata 10.0 软件进行回归估计，结果如表 19-2 所示。

表 19-2　　　　中国信息产业技能偏向型技术进步的参数估计

	（1）	（2）	（3）	（4）	（5）	（6）
常数项（constant）	12.65 (3.35)***	12.94 (3.67)***	12.59 (3.39)***	-7.14 (-1.96)*	-7.18 (-2.21)**	-6.64 (-2.1)**
2008 年全要素生产率（TFP2008）	2.94 (1.65)	2.88 (1.74)*	2.92 (1.79)*	0.11 (0.07)	0.08 (0.06)	-0.24 (-0.21)
2009 年全要素生产率（TFP2009）	-0.23 (-0.12)			2.48 (1.51)	2.60 (1.91)*	2.80 (2.09)**
2008 年技术变化（TC2008）	2.82 (0.26)	8.89 (1.87)*		-0.84 (-0.12)		
2009 年技术变化（TC2009）	2.69 (0.68)		3.34 (1.87)*	1.07 (0.32)		
普通高等学校本、专科在校学生占总就业人数比重（UNIVERSR）	1.99 (4.93)***	1.97 (5.46)***	1.87 (4.89)***	-1.06 (-1.94)	-1.05 (-2.42)**	-0.46 (-2.37)**

续表

	（1）	（2）	（3）	（4）	（5）	（6）
教育经费支出占财政总支出比重（EDUR）	1.07 (0.83)	1.18 (1.03)	1.43 (1.36)	-0.94 (-1.54)	-1.00 (-1.70)	-1.14 (-0.84)
出口比重（EXPORTR）	0.58 (1.34)	0.40 (2.75)***	0.41 (2.72)**	0.35 (1.32)	0.38 (2.86)***	
外商直接投资比重（FDIR）	-0.33 (-0.48)			0.02 (0.04)		0.55 (2.63)**
膨胀因子均值（Mean VIF）	4.16	1.34	1.34	4.16	1.30	1.32
自相关检验（DW）	1.27	1.40	1.14	1.69	1.72	1.78
拟合度（R^2）	0.70	0.69	0.69	0.47	0.47	0.42
F统计量（F-stat）	8.63	16.20	14.43	3.82	5.64	4.50
F统计量显著性P（F-stat）	0.00	0.00	0.00	0.01	0.00	0.00

注：*表示10%的显著性水平，**表示5%的显著性水平，***表示1%的显著性水平，括号内是变量回归系数估计的t检验值。

由表19-2可以看出，回归方程总体上拟合程度不是很高，但F统计量的P值均接近于0，因此回归方程的相关性比较显著。由于数据均取对数，且整体的DW值都不接近于0或者4，所以模型不存在一阶自相关。方程（1）和方程（4）分别表示回归方程以两种技能类型劳动力就业量比和工资差距为因变量，以前一期及当期的全要素生产率和技术变化、教育经费支出占财政总支出的比重和普通高等学校本、专科在校学生人数占总就业人数的比重、出口和外商直接投资占地区生产总值的比重为自变量。可以看出回归结果中各变量的估计系数均不显著，检验发现自变量之间存在严重的多重共线性（膨胀因子的均值为4.16>2）。通过变量之间的相关系数矩阵得到TC2008和TC2009的相关系数为0.82，EXPORTR和FDIR之间的相关系数为0.89，且都在1%的水平上显著，TC（2008、2009）与EXPORTR之间、TC（2008、2009）与FDIR之间均在5%显著性水平上相关，但相关系数较小。故将方程（1）重新调整为方程（2）和方程（3），方程（4）重新调整为方程（5）和方程（6），调整之后变量之间不再存在多重共线性。

调整后的方程（2）中前一期的技术进步TFP2008和TC2008对两种技能类型劳动力就业量之比的影响均通过了10%的显著性水平检验。将前一期的技术变化（TC2008）换为当期的技术变化（TC2009），即方程（2）变为方程（3）时，估计系数仍然通过了10%的显著性水平检验。方程（2）和方程（3）说明中国信息产业技术进步会影响产业内劳动力的就业，其中尤其是以前一期技术进步的影响为主。随着技术的进步，高技能劳动力的相对就业量会逐渐增加，低技能劳动力的相对就业量会逐渐减少。

回归方程（5）将技术变化去掉，以全要素生产率表示技术进步，以出口的比重作为对外开放度的指标，结果发现当期的全要素生产率与两种技能类型劳动力的工资差距在10%的显著性水平上相关，但前一期的全要素生产率不会影响两种技能类型劳动力的工资差距。将出口的比重换为外商直接投资的比重，也会产生同样的影响，见方程（6）中的结果。这说明当期的技术进步显著影响两种技能类型劳动力工资差距。随着技术的进步，两种技能类型劳动力的工资差距将逐渐增大。

方程（2）、方程（3）、方程（5）和方程（6）的结果显示：中国信息产业的技术进步为技能偏向型，信息产业存在技能溢价现象，随着技术的进步，高技能劳动力的相对就业量逐渐增加，低技能劳动力的相对就业量逐渐减少，高技能与低技能劳动力的工资差距逐渐变大。这表明前面的理论分析是符合现实发展规律的。中国信息产业技术进步确实会显著影响产业内劳动力就业结构和劳动力收入结构，劳动力市场技能溢价现象在现阶段表现明显。

由表19-2可以看出，教育质量对两种技能类型劳动力就业量之比和工资差距的影响非常显著，方程（2）和方程（3）显示教育质量与两种技能类型劳动力就业量之比正相关，方程（5）和方程（6）显示教育质量与工资差距负相关。这表明教育质量是影响信息产业劳动力就业和工资差距的重要因素之一，教育质量关系着劳动者的技能收益，高技能与低技能劳动力的工资差距不会随着技术的进步一直增加。随着教育质量的提高，更多的劳动力会选择接受高等教育，以提升自身的能力和技能水平，高技能的劳动力逐渐增加，高技能劳动力供给增长导致高技能劳动力工资相对下降，而低技能的劳动力就业量相对减少导致低技能劳动力工资相对上涨，因此工资差距会有逐渐缩小的趋势。教育经费支出占财政总支出比重与两种技能类型劳动力数量及工资差距的相关性不是很显著，可能是因为目前教育经费的资助方式与方法的约束条款及具体规定不够完善，从而使经费的资助与经费的使用没有完全匹配。

19.6 结　　论

基于中国信息产业的发展现状，本文结合劳动力需求与供给两方面的探讨，提出信息产业技术进步内生条件下的劳动力就业和工资差距的演化模型。其中教育质量在技术进步与劳动力就业关系中起着至关重要的作用。外生的教育质量影响技术进步的速度和教育的成本，进而决定了信息产业高技能与低技能劳动力的相对就业量及两种技能类型劳动力的工资收入。通过分析得到信息产业存在技能偏向型技术进步,由于教育质量的影响,长期来讲高技能与低技能劳动力就业量之比可以达到稳定的均衡状态,技能偏向型技术进步而致的工资差距不会一直增大。

本文采用2009年相关截面数据证实了中国信息产业技术进步为技能偏向型,技术进步的确与产业内劳动力就业结构和劳动力工资结构有着密切的联系。随着技术的进步,高技能劳动力的数量和工资都会增长,低技能劳动力数量和工资都会下降。教育质量显著影响两种技能类型劳动力的就业量和工资水平,教育质量提高时,更多的劳动力会选择接受高等教育,产业内高技能劳动力的就业量相对增加,低技能劳动力就业量相对减少,受供求关系的影响,两种技能类型的劳动力工资差距逐渐减小。由于数据获得存在困难,文中所使用的样本仅为2009年的数据,使实证结果具有一定的局限性。

信息产业属于技术密集型产业,先进设备的应用、技术的发展需要高技能型劳动力与之相匹配,技术进步必定引致不同技能类型劳动力数量和工资结构发生变化。产业创新集中体现了知识进步,因此失业率会通过自动化、技能过时和创造性毁灭的过程而大幅提高(Aghion and Howitt, 1994)。信息产业技能偏向型技术进步导致了产业内就业结构技能升级的同时,也加剧了技能劳动力的供需矛盾。

劳动力充分就业是"民生问题"的主要内容,也是经济发展的基础。党的十八大报告指出以改善民生为重点的社会建设要优先发展教育,着力提高教育质量。中国的高等教育在规模扩张的同时,应该注重提高人才的培养质量,以调整高技能与低技能劳动力的供给和需求矛盾,使更多的劳动力成为技能型人才,顺应知识经济的发展,与技能偏向型技术进步相匹配,解决由"劳动力合成谬论"[①](lump-of-labor fallacy)而引出的技术进步必然减少就业的问题(Autor, 2010)。十八大报告同时指出应大力促进教育公平,合理配置教育资源,重点向农村、边远、贫困、民族地区倾斜。因此高等教育更应注重教育的普及性,使更多低收入的人群有机会接受高等教育,提高西部及偏远地区的劳动力技能与收入。

本文以技术密集型的信息产业为分析对象,有针对性地探讨了技术进步与劳动力就业及工资差距的关系。鉴于中国目前劳动力技能禀赋总体较低的现实,政府应充分考虑技术创新和产业发展对高技能人才需求的影响,鼓励社会、用人单位、个人加大人才发展投入,以促进高等教育、技能发展与产业技术进步的有效结合,实现技能偏向型技术进步与劳动力充分就业并行发展,这对提高劳动力对

---

① "劳动力合成谬论"认为,社会中需要做的工作总量是固定的,技术进步导致劳动生产率提高,必然增加失业。奥特尔和卡茨(Autor and Katz, 2010)认为这是一种错误观点,错误的原因在于:技术进步创造新的产品和服务,将劳动力从旧工作带到新工作中,因此,从长期来讲,技术进步影响劳动力就业结构而不是就业数量。

新技术应用的适应性、改善工资不平等、最大限度地降低失业率、促进经济协调发展具有积极的作用与意义。

参考文献

[1] Borjas G J, Ramey V A. Market Responses to Interindustry Wage Differentials [R]. NBER Working Paper, 2000.

[2] Pissarides C A. Equilibrium Unemployment Theory [M]. London: Basil Blackwell, 1990.

[3] Aghion P, Howitt P. Growth and Unemployment [J]. Review of Economic Studies, 1994 (61): 477-494.

[4] Berman E, Bound J, Machin S. Implications of Skill-Biased Technological Change: International Evidence [J]. Quarterly Journal of Economics, 1998, 113 (4): 1245-1279.

[5] Acemoglu D. Technical Change, Inequality and Labor Market [J]. Journal of Economic Literature, 2002, 40 (1): 7-72.

[6] Acemoglu D. Patterns of Skill Premia [J]. Review of Economic Studies, 2010, 70 (2): 199-230.

[7] Bratti M, Matteucci N. Is There Skill-biased Technological Change in Italian Manufacturing? Evidence from Firm-level Data [R]. NBER Working Paper, 2004.

[8] Hornstein A, Krusell P, Violante G L. The Effects of Technical Change on Labor Market Inequalities, in Handbook of Economics Growth [M].//Aghion P, Durlauf S. Oxford: North-Holland, 2005.

[9] Chun H. Information Technology and the Demand for Educated Workers: Disentangling the Impacts of Adoption versus Use [J]. The Review of Economics and Statistics, 2003, 85 (1): 1-8.

[10] Galor O, Moav O. Ability-Biased Technological Transition, Wage Inequality, and Economic Growth [J]. Quarterly Journal of Economics, 2000, 115 (2): 469-497.

[11] Acemoglu D. Why Do New Technologies Complement Skills? Directed Technical Change and Wage Inequality [J]. The Quarterly Journal of Economics, 1998, 113 (4): 1055-1089.

[12] Banga R. Liberalisation and Wage Inequality in India [R]. Working Paper, 2009, 2.

[13] Wong K, Yip C K. Education, Economic Growth, and Brain Drain [J]. Journal of Economic Dynamics and Control, 1999 (23).

[14] Castelló-Climenta A, Hidalgo-Cabrillanab A. The Role of Educational Quality and Quantity in the Process of Economic Development [J]. Economics of Education Review, 2012, 31 (4): 0-409.

[15] Lachenmaier S, Rottmann H. The Effect of Innovation on Employment: A Panel Analysis [J]. International Journal of Industrial Organization, 2011, 29 (2): 0-220.

[16] Krusell P, Ohanian L E, Ríos J V. Capital-Skill Complementarity and Inequality: A Macroeconomic Analysis [J]. Econometrica, 2000, 68 (5): 1029-1053.

[17] Berman E, Machin S. Skill-Biased Technology Transfer around the World [J]. Oxford Review of Economic Policy, 2000, 16 (3): 12-22.

[18] Weiss M. Skill-biased Technological Change: Is There Hope for the Unskilled? [J]. Economics Letters, 2008, 100 (3): 0 –441.

[19] Weiss M, Garloff A. Skill-biased Technological Change and Endogenous Benefits: the Dynamics of Unemployment and Wage Inequality [J]. Applied Economics, 2011, 43 (7): 811 – 821.

[20] Acemoglu D, Autor D. What Does Human Capital Do? A Review of Goldin and Katzs the Race between Education and Technology [R]. NBER Working Paper, 2012, 2.

[21] Autor D H, Katz L F, Krueger A B. Computing Inequality: Have Computers Changed the Labor Market? [J]. Quarterly Journal of Economics, 1998, 113 (4): 1169 – 1213.

[22] Cazzavillan G, Olszewski K. Skill-biased Technological Change, Endogenous Labor Supply and Growth: A Model and Calibration to Poland and the US [J]. Research in Economics, 2011, 65 (2): 124 – 136.

[23] Epifani P, Gancia G. Increasing Returns, Imperfect Competition and Factor Prices [J]. Review of Economics and Statistics, 2006, 88 (4): 583 – 598.

[24] Goldsmith R W A. Perpetual Inventory of National Wealth, Studies in Income and Wealth [R]. National Bureau of Economic Research, 1951.

[25] Hall R, Jones C. Why Do Some Countries Produce So Much More Output per Worker than Others? [J]. The Quarterly Journal of Economics, 1999, 114 (1): 83 – 116.

[26] Autor D H, Katz L F. Grand Challenges in the Study of Employment and Technological Change [R]. Working Paper Series, 2010, 9.

[27] 许志成, 闫佳. 技能偏向型技术进步必然加剧工资不平等吗? [J]. 经济评论, 2011 (3): 20 – 29.

[28] 范剑勇, 张雁. 经济地理与地区间工资差异 [J]. 经济研究, 2009 (8): 73 – 84.

[29] 赵红军, 孙楚仁. 二元结构、经济转轨与城乡收入差距分化 [J]. 财经研究, 2008, 34 (3): 121 – 131.

[30] 喻美辞, 熊启泉. 对外开放扩大还是缩小了中国的工资不平等?——来自中国省级面板数据的证据 [J]. 经济学动态, 2012 (3): 3 – 9.

[31] 中国信息年鉴2011 [M]. 北京: 中国信息年鉴期刊社, 2011.

[32] 宋冬林, 王林辉, 董直庆. 技能偏向型技术进步存在吗?——来自中国的经验证据 [J]. 经济研究, 2010 (5): 68 – 81.

[33] 张军, 吴桂英, 张吉鹏. 中国省际物质资本存量估算: 1952~2000 [J]. 经济研究, 2004 (10): 35 – 44.

[34] 中国统计年鉴2011 [M]. 北京: 中国统计出版社, 2011.

第 20 章

中国信息产业技术效率及影响因素分析[*]

纵观世界近 30 年的发展,经济全球化速度明显加快,而信息化已成为经济全球化的前提和保证。世界范围内的信息技术进步,对中国信息产业的发展产生了深远的影响,信息产业已成为中国经济发展的新增长点,在国民经济发展中具有重要的地位。近年来,中国信息产业发展迅猛,以电子信息制造业、软件业和电信业为例,2005~2011 年,这些产业的规模迅速扩大,截至 2011 年底,全国电子信息制造业主营业务收入达到 7.49 万亿元,同比增长 17.69%,软件业主营业务收入达到 1.84 万亿元,同比增长 37.72%,如图 20-1 所示。

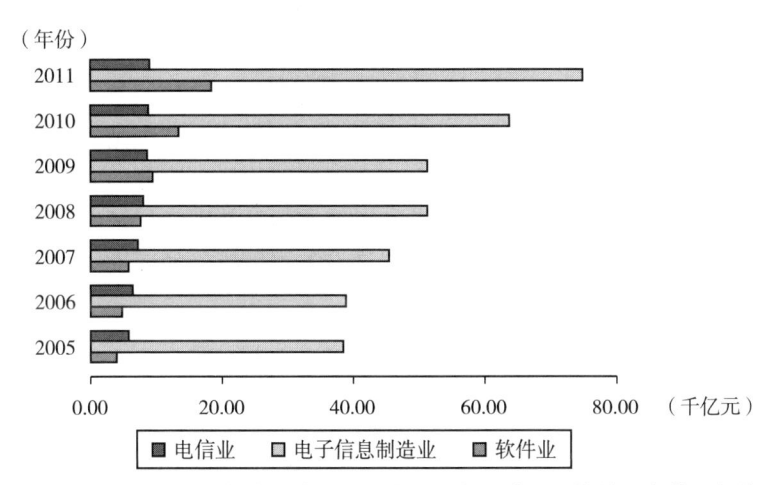

图 20-1　2005~2011 年中国电信业、电子信息制造业和软件业主营业务收入

资料来源:工业与信息化部网站及 2006~2010 年各年度《中国信息年鉴》。

信息产业规模壮大的同时,信息技术水平也逐年提高,以电子及通信设备制造业为例,2000~2010 年研发人员、研发经费内部支出[①]、新产品产值及申请专

---

[*] 本章作者为李春梅、杨蕙馨,发表在《产业经济评论》2012 年第 4 期(有改动)。

[①] 根据《中国高技术产业统计年鉴》,中国统计出版社 2011 年版。研发经费内部支出指调查单位在报告年度用于内部开展 R&D 活动的实际支出。

利数逐年快速增长，其中，2010 年研发人员达到 21.15 万人，同比增长 15.54%，申请专利数达到 5.72 万件，同比增长 9.51%，新产品产值达到 3.56 万亿元，同比增长 8.39%，如图 20-2 所示。

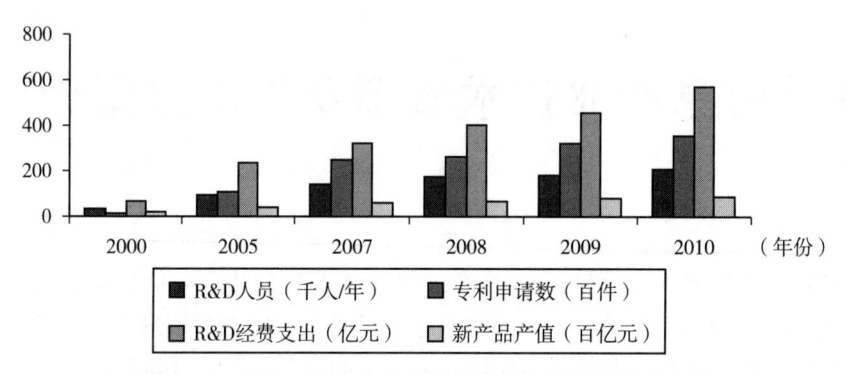

图 20-2 2000~2010 年电子及通信设备制造业技术水平

资料来源：《中国高技术产业统计年鉴 2011》。

根据中国工业与信息化部的统计①，截至 2011 年底，全国信息技术领域专利申请总量达到 136.4 万件，占工业专利申请总量的 35.7%，比上年增加 22.95 万件，同比增长 20.2%，信息技术领域专利申请总量和新增量在各工业行业中均居于首位。

信息产业作为战略性新兴产业之一，由于具有技术密集的特点，在产业规模扩大的同时，更应该注重提高产业的技术水平和技术效率。中国幅员辽阔，区域经济差异显著，外部环境差异导致信息产业发展不均衡。因此，研究各地区信息产业技术效率的变化趋势和特点及影响技术效率的外部因素，可以为勘察信息产业漏洞、促进信息产业发展和协调区域经济发展提供正确的理论指导。

20.1 文 献 综 述

随机前沿方法（stochastic frontier analysis，SFA）近几年得到了学者们的广泛应用。马哈迈特（Mahamat，2009）应用随机前沿方法分析了加拿大制造业的生产率增长，认为研发支出、信息与通信技术、投资及贸易开放度对加拿大制造业生产率增长有很大的正面影响。全炯振（2009）用 SFA – Malmquist 相结合的生产率指数模型，测算了中国各省（自治区、直辖市）及东部、中部和西部地区农业全要素生产率变化指数，得到中国农业全要素生产率的年均增长率为

---

① 2011 年电子信息产业统计公报 [EB/OL]. http://www.miit.gov.cn/n11293472/n11293832/n11294132/n12858462/14475184.html.

0.7%，且为技术诱导型的增长模式。侯晓辉等（2011）用 SFA 面板数据模型，估计了 2001～2008 年中国商业银行的生产率指数，研究结果表明，中国商业银行全要素生产率的年均增长率为 2.75%。对信息产业的效率进行研究的文献主要有：徐盈之等（2009）应用 Malmquist 指数方法分析了中国信息服务业的全要素生产率，得到中国信息服务业全要素生产率不仅存在绝对趋同，而且形成东、中、西三大俱乐部趋同，此外还存在明显的条件趋同，影响区域差异的主要因素包括人力资本、信息化水平、R&D 投入、政府行为和城市化等。王宏伟（2009）测算了国家层面信息产业全要素生产率的增长，认为信息产业全要素生产率长期高位运行，IT 生产业和应用业的增长主要由技术进步驱动。李琳（2011）应用三阶段 DEA 模型实证研究了中国信息产业效率，认为信息产业的发展存在地区差异，应该通过加大地区投入力度、提高管理效率来改善信息产业的发展效率。

应用随机前沿方法分析中国信息产业技术效率的文献较少，主要是因为信息产业属于新兴产业之一，从世界范围来看只有几十年的发展历程，与发达国家相比，中国信息产业还处于发展的初级阶段，产业涉及的经济活动和行业构成学术界并没有统一的界定，因此获得较为完整的产业数据存在一定困难，这在很大程度上制约了对信息产业的定量研究。本文借鉴已有的研究成果，运用随机前沿方法实证分析 2007～2010 年中国 28 个省（自治区、直辖市）信息产业技术效率的变化趋势和特点，并进一步将得到的技术效率与外部影响因素进行回归分析，探讨外部因素对技术效率的影响程度。根据中国目前信息产业的发展状况，信息产业主要包括信息制造业和信息服务业，考虑到产业数据的可得性，参照国民经济行业分类内容，本文的信息产业研究对象包括通信设备、计算机及其他电子设备制造业以及信息传输、计算机服务和软件业。

20.2 研究方法与数据处理

20.2.1 研究方法

随机前沿方法由艾格纳等（Aigner et al.，1977）、米乌森和布鲁克（Meeusen and Broeck，1977）及巴特斯和克拉（Battese and Corra，1977）几乎同时提出，学者们认为这是 SFA 诞生的三篇开创性文献，之后 SFA 被皮特和李（Pitt and Lee，1981）及施密特和西克尔斯（Schmidt and Sickles，1984）拓展。最初的 SFA 主要针对截面数据进行分析，巴特斯和科利（Battese and Coelli，1992）及巴特斯和科利（Battese and Coelli，1995）延伸了 SFA 的使用范围，增加了时间变量，将随机前沿方法运用到了对面板数据的研究中，SFA 回归方程为：

$$Y_{it} = f(\chi_{it}; \alpha)\exp(v_{it} - u_{it}), \quad i = 1, \cdots, N, \quad t = 1, \cdots, T \quad (20-1)$$

式中，t 表示第 t 年，Y_{it} 为第 i 个单元第 t 年的产出，χ_{it} 为第 i 个单元第 t 年的投入，α 为待估计系数，$f(z_{it}; \alpha)$ 为投入变量对产出变量的影响，$(v_{it} - u_{it})$ 为混合误差项，其中 v_{it} 为随机干扰项，假设独立同分布，$v_{it} \sim N(0, \sigma_v^2)$，$u_{it} \geq 0$ 为技术无效率项，假设服从在零处截断（truncations at zero）正态分布，$u_{it} \sim N^+(\mu, \sigma_u^2)$，并且 v_{it} 和 u_{it} 之间及二者与 x_{it} 之间都独立不相关，回归方程采用极大似然估计方法。当 $\gamma = \sigma_u^2/(\sigma_u^2 + \sigma_v^2) \to 1$ 时，技术无效率的影响占主要地位，当 $\gamma \to 0$ 时，随机误差的影响占主要地位。同时，γ 的零假设统计检验也用于检验 SFA 模型设定的合理性，当 $\gamma \to 0$ 时，说明 SFA 模型的设定是不合理的。

用参数方法估计生产效率时，生产函数模型的设定非常重要，本文采用超越对数生产函数模型，其中暗含了柯布—道格拉斯（Cobb-Douglas）生产函数的模式，超越对数生产函数放松了技术进步中性的假定，将时间因素引入模型中，各投入要素对产出的贡献会随着时间的变化而变化。因此，超越对数模型对面板数据技术效率的实证分析更为合适。这样式（20-1）变为式（20-2）：

$$\ln Y_{it} = \alpha_0 + \alpha_1 t + \alpha_2 t^2 + \alpha_3 \ln K_{it} + \alpha_4 \ln L_{it} + \alpha_5 \ln K_{it} \ln L_{it} + \alpha_6 \ln K_{it} \ln K_{it}$$
$$+ \alpha_7 \ln L_{it} \ln L_{it} + \alpha_8 t \ln K_{it} + \alpha_9 t \ln L_{it} + v_{it} - u_{it}, \quad i = 1, \cdots, N,$$
$$t = 1, \cdots, T \quad (20-2)$$

式中，Y_{it} 为第 i 个单元的产出，K_{it} 与 L_{it} 分别为第 i 个单元的投入，即式（20-1）中的 x_{it}，其他的参数同式（20-1）。

20.2.2 投入产出变量和外部影响因素的选取

（1）投入产出变量

本文的信息产业研究对象包括通信设备、计算机及其他电子设备制造业以及信息传输、计算机服务和软件业。投入变量选取劳动力投入和资本投入。劳动力投入用通信设备、计算机及其他电子设备制造业全部从业人员平均人数与信息传输、计算机服务和软件业年平均就业人数①之和作为衡量指标。资本投入用资本存量作为衡量指标，具体为通信设备、计算机及其他电子设备制造业以及信息传输、计算机服务和软件业的资本存量之和。其中，通信设备、计算机及其他电子设备制造业的资本存量用固定资产净值替代，信息传输、计算机服务和软件业的资本存量由于没有直接的官方统计数据，采用"永续存盘法"（Goldsmith，1951）计算，具体为：

$$K_{it} = K_{it-1}(1 - \delta_{it}) + I_{it} \quad (20-3)$$

式中，i 为 i 省（自治区、直辖市），K_{it} 为 t 年 i 省（自治区、直辖市）的资

---

① 信息传输、计算机服务和软件业年平均就业人数为上一年总就业人数与本年总就业人数的平均数。

本存量，I_{it} 为 t 年 i 省的固定资产投资额，δ_{it} 为折旧率，本文折旧率参照霍尔和琼斯（Hall and Jones，1999）的研究取 6%。由于国家统计局 2004 年印发关于《统计上划分信息相关产业暂行规定》的通知，故将 2004 年定为基期，2004 年的固定资本形成用当年固定资产投资表示，参照张军（2004）的研究，2004 年的资本存量通过 2004 年的固定资本形成除以 10% 得到。

产出变量用信息产业主营业务收入作为衡量指标，具体为通信设备、计算机及其他电子设备制造业以及信息传输、计算机服务和软件业的主营业务收入之和。由于各个省（自治区、直辖市）信息传输、计算机服务和软件业主营业务收入数据没有详细的官方统计，考虑到电信业和软件业是信息传输、计算机服务和软件业的主要产业，故将电信业和软件业的主营业务收入之和作为信息传输、计算机服务和软件业的主营业务收入的替代值。

（2）外部影响因素的选取

本文选取对信息产业技术效率有影响又不是样本可以主观控制的外部因素，包括经济发展水平、教育水平、经济开放度、政府支持度和消费需求，具体如下：

第一，经济发展水平。此指标用人均地区生产总值（PGRP）衡量。新经济增长理论认为技术进步通过调整投入要素，改变劳动方式和产业结构，促进经济增长。因此，技术效率不同导致了同样的投入时产出量的不同，从而影响经济增长方式。反过来讲，经济增长是否会影响技术效率，尤其是否会影响产业技术效率？如果有影响，经济增长对产业的技术效率会产生什么样的作用？因此分析经济发展水平与信息产业技术效率的关系是十分必要的。

第二，教育水平。以大专以上学历人口占总人口的比重表示。信息产业属于高技术产业之一，技术效率的提升依靠拥有高知识含量的劳动力来实现，信息产业技术效率的改善需要由地区的高水平教育提供智力支持。因此，教育水平是影响信息产业技术效率的主要因素之一。

第三，经济开放度。用出口商品总额和外商直接投资占地区生产总值的比重作为度量指标。统计年鉴中此两项指标以美元为单位，考虑到数据的一致性，本文按美元兑人民币的年平均汇率对数据进行折算。伴随着经济全球化，中国与外部世界的联系日益紧密，外国的技术逐渐渗透到中国，对中国技术产生了很大冲击，因此，经济开放度是中国信息产业技术效率变化不可或缺的影响因素之一。

第四，政府对科技发展的支持度。用研发（R&D）经费支出占公共财政支出比重表示。地方政府对研发经费的支出比重反映了政府对本地科研发展的支持力度。R&D 经费是基础科学研究和重大科研课题研究的主要资金来源，也是新技术的发明转化到企业产品中去的物质保障。信息产业具有强烈技术依赖性，因此技术效率的变化会受到政府科研支持力度的影响。

第五，信息消费系数。信息产品消费是当代社会居民生活中不可缺少的内容。作为商品，信息产品的供给同样受到信息需求变化的影响，供给（即产出）

的变化进一步会影响产业技术效率。因此信息消费系数是影响信息产业技术效率的主要因素之一。目前统计年鉴中并没有对信息消费系数的专门测算,学术界对信息消费系数也没有一致的衡量方法。考虑到数据的可得性,本文信息消费系数用信息消费支出占全部支出的比重表示,信息产品的消费目前主要为城镇居民所主导,因此指标具体量化为城镇居民通信、文化娱乐用品及文化娱乐服务支出占城镇居民消费总支出的比重。

(3) 信息产业技术效率与外部影响因素回归模型的设定

采用随机前沿分析方法时,投入产出变量已取对数,故将得到的技术效率作为因变量,将外部影响因素取对数后作为自变量,构建如下的回归方程:

$$TE_{it} = \beta_0 + \beta_1 \ln PGRP_{it} + \beta_2 \ln EDU_{it} + \beta_3 \ln EXPORT_{it} + \beta_4 \ln FDI_{it} + \beta_5 \ln RD_{it} + \beta_6 \ln ICPI_{it} + \varepsilon_{it}, \quad i = 1, \cdots, N, \; t = 1, \cdots, T \quad (20-4)$$

式中,TE_{it}代表 i 省(自治区、直辖市)第 t 年信息产业的技术效率,$PGRP_{it}$、EDU_{it}、$EXPORT_{it}$、FDI_{it}、$\ln RD_{it}$ 和 $ICPI_{it}$ 分别代表 i 省(自治区、直辖市)第 t 年的地区经济发展水平、教育水平、出口商品总额占 GRP 的比重、外商直接投资占 GRP 的比重、政府对科技发展的支持度及居民信息消费系数,β 为对应的各待估计参数。

20.2.3 数据来源与处理

本文的数据源于 2004~2010 年的《中国统计年鉴》和 2007~2010 年的《中国工业经济统计年鉴》《中国第三产业统计年鉴》《中国信息年鉴》《中国科技统计年鉴》及中华人民共和国工业和信息化部网站[1]。为消除价格变动的影响,参照《中国统计年鉴 2011》中的价格定基指数[2],主营业务收入、地区人均生产总值通过对应年份的居民消费价格指数折算成实际值,固定资产投资通过对应年份的固定资产投资价格指数折算成实际值。由于部分年鉴中西藏、宁夏和青海的数据缺失,因此本文的数据对象为中国 28 个省(自治区、直辖市)(见表 20-1)。

表 20-1　　　　中国信息产业投入、产出和影响因素的指标及来源

项目	指标	构成	数据来源	单位
产出	主营业务收入	通信设备、计算机及其他电子设备制造业主营业务收入	中国工业经济统计年鉴	亿元
		电信业和软件业主营业务收入	中国信息年鉴、国家工业和信息化部网站	亿元

---

[1] http://www.miit.gov.cn.
[2] 中国工业经济统计年鉴 [M]. 北京:中国统计出版社,2011:297.

续表

项目	指标	构成	数据来源	单位
投入	资本	通信设备、计算机及其他电子设备制造业固定资产净值	中国工业经济统计年鉴	亿元
		信息传输、计算机服务和软件业资本存量	中国第三产业统计年鉴	亿元
	劳动力	通信设备、计算机及其他电子设备制造业全部从业人员平均人数	中国工业经济统计年鉴	万人
		信息传输、计算机服务和软件业平均就业人数	中国第三产业统计年鉴	万人
影响因素	经济发展水平	地区人均生产总值	中国统计年鉴	万元/人
	教育水平	大专以上人口占总人口比重	中国统计年鉴	百分比
	经济开放度	出口商品总额占 GRP 比重	中国统计年鉴	百分比
		外商直接投资占 GRP 比重	中国统计年鉴	百分比
	政府科技支持度	科学技术支出占财政一般预算支出比重	中国统计年鉴	百分比
	居民信息消费系数	城镇居民家庭平均每人全年通信、文化娱乐用品及文化娱乐服务支出占消费总支出比重	中国统计年鉴	百分比

20.3 实证结果与分析

20.3.1 中国信息产业技术效率分析

采用 SFA 方法，通过 Stata 10.0 软件对模型（2）进行估计，结果如表 20-2 所示，其中大部分参数通过了 5% 的显著性水平检验。

表 20-2   超越对数生产函数估计值

变量	参数	估计值	标准差	z 统计量	变量	参数	估计值	标准差	z 统计量
_cons	α_0	-10.5402 **	2.5418	-4.15	tlnl	α_9	0.0876 **	0.0363	2.42
t	α_1	0.0973	0.1875	0.52	mu		0.9240 ***	0.2295	4.03
t2	α_2	0.0252 **	0.0121	2.09	eta		0.0895 **	0.0323	2.77
lnk	α_3	6.5326 ***	1.1442	5.71	lnsigma2		-2.0695 ***	0.2834	-7.30
lnl	α_4	-3.5530 ***	0.8517	-4.17	ilgtgamma		2.0169 ***	0.3665	5.50

续表

变量	参数	估计值	标准差	z统计量	变量	参数	估计值	标准差	z统计量
lnk×lnl	α_5	1.1369***	0.2922	3.89	sigma2		0.1263		
lnk×lnk	α_6	-0.7468***	0.1577	-4.73	gamma		0.8826		
lnl×lnl	α_7	-0.4661**	0.1595	-2.92	sigma_u2		0.1114		
tlnk	α_8	-0.0974**	0.0434	-2.24	sigma_v2		0.0148		

注: ** 表示5%的显著性水平, *** 表示1%的显著性水平。

$\gamma = 0.8826$, 接近于1, 说明SFA的模型设定是合理的。混合误差中, 由人为操作的技术无效率的影响占主要地位, 技术无效率误差在总误差中占88.27%, 随机误差占11.73%。

与时间相关的变量系数 α_1、α_2、α_8 及 α_9 的估计值均不为零, 且大部分通过了5%的显著性水平检验, 表明中国信息产业技术进步存在。其中, α_8 和 α_9 在5%的水平上显著不为零, 说明信息产业技术非希克斯（Hicks）中性, 投入要素对产出的贡献会随着时间的变化而改变。

α_5、α_6 和 α_7 的估计值均通过了5%的显著性水平检验, 说明公式（2）中二次项变量的设定是合理的, 也就是说随机前沿生产函数的超越对数形式是合适的, 传统的柯布—道格拉斯生产函数形式不适合本研究。

根据Stata 10.0的实证结果, 得到中国信息产业技术效率值, 整理如表20-3所示。

表20-3 2007~2010年中国28个省（自治区、直辖市）信息产业技术效率值

地区		2007	2008	2009	2010	平均值	地区		2007	2008	2009	2010	平均值
中部地区	山西	0.1790	0.2073	0.2372	0.2683	0.2229	东部地区	北京	0.5713	0.5993	0.6260	0.6515	0.6120
	安徽	0.2587	0.2904	0.3228	0.3555	0.3068		天津	0.8617	0.8726	0.8828	0.8921	0.8773
	江西	0.1956	0.2249	0.2555	0.2871	0.2408		河北	0.2231	0.2536	0.2852	0.3175	0.2698
	河南	0.2536	0.2851	0.3174	0.3501	0.3016		上海	0.6627	0.6864	0.7087	0.7298	0.6969
	湖北	0.3054	0.3379	0.3708	0.4036	0.3544		江苏	0.3680	0.4008	0.4333	0.4654	0.4169
	湖南	0.1994	0.2289	0.2597	0.2914	0.2448		浙江	0.2329	0.2638	0.2957	0.3281	0.2801
	平均值	0.2320	0.2624	0.2939	0.3260	0.2786		福建	0.4229	0.4552	0.4868	0.5177	0.4706
西部地区	内蒙古	0.3911	0.4238	0.4560	0.4877	0.4396		山东	0.5472	0.5760	0.6038	0.6304	0.5893
	广西	0.2036	0.2333	0.2642	0.2960	0.2493		广东	0.2540	0.2856	0.3179	0.3506	0.3020
	重庆	0.1671	0.1947	0.2239	0.2545	0.2101		海南	0.3294	0.3622	0.3951	0.4277	0.3786
	四川	0.2483	0.2797	0.3118	0.3445	0.2961		平均值	0.4473	0.4756	0.5035	0.5311	0.4894

续表

地区		年份				平均值	地区		年份				平均值
		2007	2008	2009	2010				2007	2008	2009	2010	
西部地区	贵州	0.3906	0.4233	0.4555	0.4872	0.4391	东北地区	辽宁	0.3429	0.3757	0.4085	0.4410	0.3920
	云南	0.1658	0.1933	0.2225	0.2530	0.2087		吉林	0.4370	0.4690	0.5003	0.5308	0.4843
	陕西	0.2666	0.2984	0.3309	0.3637	0.3149		黑龙江	0.1684	0.1961	0.2255	0.2561	0.2115
	甘肃	0.2600	0.2917	0.3241	0.3569	0.3081		平均值	0.3161	0.3469	0.3781	0.4093	0.3626
	新疆	0.3060	0.3386	0.3714	0.4042	0.3550	全国平均值		0.3290	0.3588	0.3890	0.4194	0.3741
	平均值	0.3290	0.3588	0.3890	0.4194	0.3134							

将2007~2010年中国四个地区信息产业年平均技术效率用时间趋势图表示，如图20-3所示。

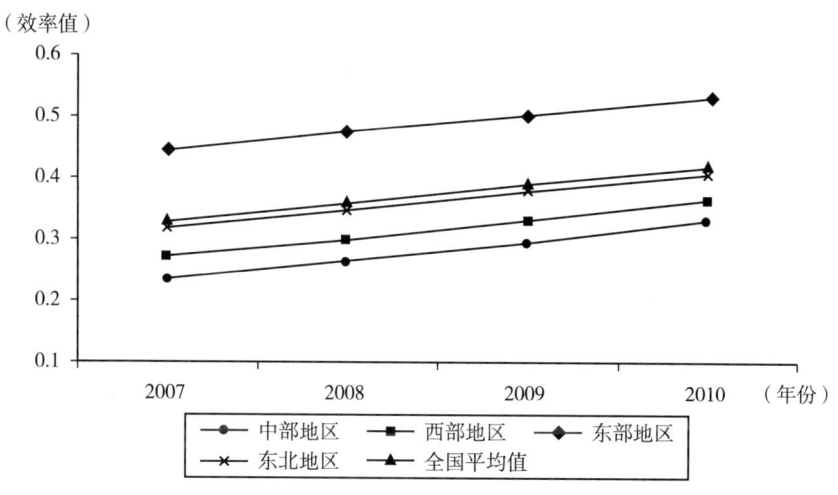

图20-3　2007~2010年中国信息产业地区年平均技术效率的时间变化

从表20-3和图20-3中可以看出，2007~2010年中国信息产业技术效率值总体较低，但逐年升高，全国技术效率平均值为0.3741。技术效率区域差异特征明显，东部地区效率值最高，为0.4894，其次为东北地区和西部地区，为0.3626和0.3134，中部地区最低，为0.2786。东部地区、西部地区及中部地区的技术效率值均处在全国平均值之下，东北地区技术效率值与全国平均值相接近。

从各省（自治区、直辖市）的数值来看，天津市技术效率最高，为0.8773，云南省技术效率最低，为0.2087。技术效率排名前十位的省（自治区、直辖市）中，东部地区6个（北京市、天津市、上海市、江苏省、福建省和山东省），东北地区2个（吉林省和辽宁省），中部地区0个，西部地区2个（内蒙古自治区和贵州省)。技术效率排名后十位的省(自治区、直辖市)中,东部地区 2 个(河北省和浙江省),东北地区 1 个(黑龙江省),中部地区 3 个(山西省、江西省和湖南省),西部地区 4 个(广西壮族自治区、重庆市、四川省和云南省)。

由此可以看出,中国信息产业区域发展条块分割,东中西的布局尚须进一步统筹规划,东部地区劳动力的成本逐年上升,"低碳"等环境资源压力较大,而西部地区的物质基础及市场没有充分开发,尚未具备较好的发展信息产业的能力,因此,整体上来讲,中国信息产业技术效率较低,发展状况不容乐观。中国信息产业技术效率的区域特征表现为"东高西低",即受经济因素影响较大。东部地区经济较发达,信息基础设施较完备,能够为信息产业的发展提供良好的物质基础,尤其是北京市、天津市、上海市和山东省,鉴于地理位置的优越,整体管理水平和创新制度一直处于全国的领先地位,始终是中国技术的带领者和创造者。另外,东部地区不仅制定了良好的海外人才引进政策,而且为高质量(教育和技能)人才的发展提供了较好的软件和硬件条件,这为信息产业技术效率的逐年提升提供了保障。而西部地区的技术效率高于中部地区的原因可能是由于西部地区总体经济发展较慢,信息产业的基础建设较差,因此在大力推进信息产业发展过程中能够直接学习其他地区的先进技术,借鉴已有的先进经验,因此区域建设和发展的效率较高,致使信息产业技术效率相对来讲较高。

20.3.2　中国信息产业技术效率的外部影响因素分析

将表 20 - 3 中得到的技术效率值作为因变量,外部影响因素取对数后作为自变量,根据模型 (4),对 2007 ~ 2010 年中国信息产业的技术效率与外部影响因素进行面板数据的实证分析。由于面板数据只有 4 年,故不考虑"面板自相关"问题①,回归时使用聚类稳健标准差,以消除异方差。接下来确定采用固定效应模型还是随机效应模型,由于使用了聚类稳健标准差,所以传统的豪斯曼检验不适用,需要借助手工的辅助回归与检验,按照陈强 (2010) 的做法②,得到如下的检验结果:

(1)　$mdlnPGRP = 0$

(2)　$mdlnEDU = 0$

(3)　$mdlnEXPORT = 0$

(4)　$mdlnFDI = 0$

(5)　$mdlnRD = 0$

(6)　$mdlnICPI = 0$

---

①　陈强. 高级计量经济学及 Stata 应用 [M]. 北京:高等教育出版社,2010:159. 作者指出,对于时间期数较小的短面板,可以不考虑"面板自相关"的问题。

②　陈强. 高级计量经济学及 Stata 应用 [M]. 北京:高等教育出版社,2010:163.

chi2(6) = 16.48

Prob. > chi2 = 0.0114

其中,p值为0.0114,故拒绝随机效应模型,认为应该使用固定效应模型。故接受原假设,采用随机效应模型。应用 Stata 10.0 软件,采用固定效应模型,其中使用聚类稳健标准差,对面板数据进行回归分析,得到了表 20-4 所示的估计结果。

表 20-4　　　　中国信息产业技术效率外部影响因素的参数估计

变量	参数	估计值	标准差	t 统计量	P 值	95% 置信区间	
_cons	β_0	-0.2552 *	0.1351	-1.89	0.070	-0.5323	0.0219
lnPGRP = 0	β_1	0.1741 ***	0.0159	10.98	0.000	0.1416	0.2066
lnEDU = 0	β_2	0.0330 **	0.0121	2.74	0.011	0.0083	0.0579
lnEXPORT = 0	β_3	-0.0125 **	0.0052	-2.42	0.022	-0.0232	-0.0019
lnFDI = 0	β_4	0.0127 *	0.0069	1.84	0.077	-0.0015	0.0269
lnRD = 0	β_5	0.0115	0.0192	0.60	0.553	-0.0278	0.0509
lnICPI = 0	β_6	-0.0381 **	0.0166	-2.30	0.029	-0.0721	-0.0041
sigma_u		0.1619					
sigma_e		0.0124					
ρ		0.9941					

注：* 表示 10% 的显著性水平，** 表示 5% 的显著性水平，*** 表示 1% 的显著性水平。

观察表 20-4,ρ=0.9941,接近于 1,故计量模型 (4) 设定合理。其中经济发展水平、教育水平、出口总额占 GRP 比重及信息消费系数对中国信息产业技术效率的影响均通过了 1% 的显著性水平检验,但影响效果差异显著。

第一,经济发展水平与信息产业技术效率存在非常显著的正相关关系,在影响因素中作用效果最大,相关系数为 0.16,即经济发展水平提升 1%,信息产业技术效率增加 0.0016,故提高地区经济发展水平对信息产业技术效率的改进具有积极的促进作用。信息产业属于高技术产业和战略性新兴产业,其技术发展要依托在基本的经济基础上,因此长三角地区与京津地区信息产业与信息技术发展迅速与当地经济发展水平较高有直接的联系。

第二,同经济发展水平的作用相同,教育水平与信息产业技术效率也存在显著的正相关关系,相关系数为 0.0362。因此提升教育质量是改进技术效率的有效途径之一。信息产业为知识密集型的产业,高知识含量的劳动力是保证技术效率提升的根本要素,而教育是培养人才的主要途径,因此提升高等教育水平对发展信息产业具有长远的战略意义。

第三，与已有的研究结果不同，本文中外商直接投资占地区生产总值的比重对信息产业技术效率没有显著性影响，相关系数只通过了 10% 的显著性水平检验，故外商直接投资对信息产业技术效率提升没有溢出效应。也就是说外国企业在中国进行投资建厂过程中，外国的管理制度和创新体制在渗透到国内信息产业中时，没有得到有效的发挥。因此，中国在招商引资时应审时度势，不能盲目吸引外资。

第四，出口总额占地区生产总值的比重与信息产业技术效率相关性显著，但二者为负相关，即出口总量占地区生产总值比重增加时，信息产业技术效率会降低，而出口总量占地区生产总值比重减少时，技术效率会明显提高。这主要因为经济全球化过程中，中国的产品出口日益增长，当国外市场对中国信息产品需求量减少时，势必会刺激信息产业提高技术效率，以减少成本，扩大市场份额，增加利润，故二者呈现出显著的负相关关系。

第五，政府对科研的支持度与信息产业技术效率的关系不显著，z 统计量为 0.93，二者的相关程度在影响因素中最小，没有通过 10% 的显著性水平检验，也就是说信息产业技术效率与政府科研支持力度几乎无关。这可能主要是因为目前公共财政支出中科研经费的资助方式和方法仍然存在欠缺，以及产业内科研经费使用配置不当所致。因此，政府在增加 R&D 投入力度的同时，应加强对科研经费使用的监督和监管，在保证为研发提供充足的物质基础和鼓励各部门研发积极性的同时，使科研经费得到合理有效利用。

第六，信息消费系数与信息产业技术效率具有显著的相关性，但与我们直观感觉不同的是，信息消费系数与技术效率负相关，相关系数为 -0.045。这主要是因为信息产品与传统产品不同，信息产品更新换代的速度非常快，这个特征使得信息产业必须具有较高的技术效率，生产更多、更好的产品刺激消费，以拓展自身的市场范围。因此，当信息消费系数降低，即居民对信息产品消费占总产品消费的比例下降时，信息产业必需提升技术效率，研发新产品，以吸引更多的消费者增加信息消费。

20.4　结论及政策建议

20.4.1　研究结论

本章首先运用 SFA 方法对 2007~2010 年中国 28 个省（自治区、直辖市）信息产业技术效率进行了分析，得到如下结论：

第一，信息产业存在非中性技术进步。信息产业发展过程中，技术进步为非中性的，技术水平会随时间的推移而赋予在资本和劳动力中，使资本与劳动力投入对产出的贡献随时间而改变。因此，提升信息产业的技术进步水平，转变信息产业的增长方式，对经济全球化环境下中国的经济发展具有长远的战略意义。

第二，信息产业技术效率区域特征明显，呈现出"东高西低"的现象。2007~2010年间，中国28个省（自治区、直辖市）信息产业技术效率值普遍偏低，但逐年增加。东部地区技术效率最高，东北地区和西部地区次之，中部地区最低。可以看出经济发展水平影响着信息产业的技术效率，经济发达地区技术资源的利用和配置相对合理，无效率的比例较小。因此，我国应加强中西部地区的经济建设，缩减区域经济发展的差异，以带动信息产业技术效率快速增长。

随后将信息产业的技术效率与外部影响因素进行了回归分析，发现：

第一，信息产业技术效率的变化受到外部因素的影响较大。其中，经济发展水平和教育水平对技术效率改善具有显著的正向作用。因此，发展战略性新兴产业的前提是快速发展地区经济和加强高等教育建设。只有物质资本和人力资本共同进步的前提下，中国信息产业才能发展壮大，产业竞争力和国家竞争力才能双提高。

第二，经济开放度中外商直接投资占地区生产总值的比重没有显著影响信息产业技术效率，国外技术溢出效应不显著。但是出口总额占地区生产总值比重的降低会促进信息产业技术效率的提升。因此，中国经济走向全球化的同时，国家应着重保护本国企业，招商引资应审时度势，保证国家产业安全和信息产业技术安全，在本国企业和产业蓬勃发展的前提下招商引资，扩大出口，有选择性地借鉴国外先进经验，为民族产业发展提供良好的环境。

第三，信息消费系数与信息产业技术效率负相关，二者之间具有较高的弹性关系。这主要是因为信息产品更新换代速度很快，人们信息消费需求的变化对产品的供给自然显得十分重要。因此居民信息产品的需求对信息产业技术效率具有强烈的刺激作用，信息消费系数下降时，信息产业技术效率会明显改善。

20.4.2 政策建议

将中国信息产业的发展现状和实证分析相结合，我们认为，为保证中国信息产业可持续发展，需要从两个方面开展工作：

第一，信息产业内部因素是根本。与国外相比，国内信息技术领域发明专利比例差距较大，在发明专利比例较高的通信、信息材料与加工工艺两个技术领域，国内与国外的差距超过30个百分点[①]。因此信息产业应加强内部投入资源的优化整合和配置，通过自主创新来提升原创技术和自身研究开发能力，在增加投

---

① 中国信息年鉴（产业发展篇）[M]. 北京：中国信息年鉴期刊社，2010.

入的基础上合理配置资源,以提升创新效率,在促进技术进步的同时改善技术效率,使信息产业向集约型增长模式发展。鼓励新思想和新方法的使用,通过不断开发新产品,刺激国内及国外市场的消费需求,提升信息消费系数,提高出口量,在保证扩大内需的前提下积极扩张国外市场。

第二,充分重视外部因素发挥的作用。首先,要提升地区经济发展水平和教育水平,这是促进信息产业增长的基础,经济与教育能够为信息产业提供充足的物质保障和智力保障。其次,在扩大对外开放的同时,应审时度势,从本文的分析中可以看出,外资的投入对中国信息产业的溢出效应并不明显,国外的核心技术和管理方式并没有被中国所消化吸收,反而出现了一些负面影响,因此在积极招商引资时应对外资的进入领域和进入方式进行政策限制和引导。扩大海外市场的同时,应注重提高技术密集型出口产品的质量和数量。只有这样才能在保护本国信息产业蓬勃发展的同时积极学习国外的技术经验,提高对外开放的技术溢出效应。最后,政府在增大科研投入力度的同时,应改善资助方式并加强对科研经费使用方式的监督和监管,可以通过制定科学、合理的激励制度和监管制度,改善目前的效率低下状况,从而全方位提高信息产业的技术水平。

参考文献

[1] 陈强. 高级计量经济学及 Stata 应用 [M]. 北京:高等教育出版社,2010.

[2] 李琳. 基于三阶段 DEA 模型的中国信息产业效率实证研究 [J]. 统计与决策,2011 (16):84 - 86.

[3] 侯晓辉,李婉丽,王青. 所有权、市场势力与中国商业银行的全要素生产率 [J]. 世界经济,2011 (2):135 - 157.

[4] 全炯振. 中国农业全要素生产率增长的实证分析:1978 ~ 2007 年——基于随机前沿分析 (SFA) 方法 [J]. 中国农村经济,2009 (9):36 - 47.

[5] 王宏伟. 信息产业与中国经济增长的实证分析 [J]. 中国工业经济,2009 (11):66 - 76.

[6] 徐盈之,赵玥. 中国信息服务业全要素生产率变动的区域差异与趋同分析 [J]. 数量经济技术经济研究,2009 (10):49 - 60 + 86.

[7] 严兵. 外商直接投资与技术进步——基于昆山地区数据的实证分析 [J]. 世界经济研究,2006 (9):71 - 76.

[8] 张军,吴桂英,张吉鹏. 中国省际物质资本存量估算:1952 ~ 2000 [J]. 经济研究,2004 (10):35 - 44.

[9] 中国工业经济统计年鉴 [R]. 北京:中国统计出版社,2010.

[10] 中国信息年鉴 [R]. 国家信息中心中国信息年鉴期刊社,2010 年.

[11] Aigner D, Lovell C A K. Schmidt P. Formulation and Estimation of Stochastic Frontier Production Function Models [J]. Journal of Econometrics, 1977, 6 (1):21 - 37.

[12] Barrell R, Pain N. Foreign Direct Investment, Technological Change, and Economic

Growth within Europe [J]. The Economic Journal, 1997, 107 (445): 1770-1786.

[13] Battese G E, Colli T J. Frontier Production Function, Technical Efficiency and Panel Data: With Application to Paddy Farmers in India [J]. Journal of Productivity Analysis, 1992, 3 (1/2): 153-169.

[14] Battese G E, Colli T J. A Model of Technical Efficiency Effects in Stochastic Frontier Productions for Panel Data [J]. Empirical Economics, 1995, 20 (2): 325-332.

[15] Battese G E, Corra G S. Estimation of a Production Frontier Model: With Application to the Pastoral Zone of Eastern Australia [J]. Australian Journal of Agricultural Economics, 1977, 21 (3): 169-179.

[16] Goldsmith R W A. Perpetual Inventory of National Wealth, in Studies in Income and Wealth [M]. Princeton: National Bureau of Economic Research, 1951.

[17] Hall R E, Jones C I. Why Do Some Countries Produce So Much More Output per Worker than Others? [J]. The Quarterly Journal of Economics, 1999, 114 (1): 83-116.

[18] Mahamat H H. Total Factor Productivity Growth, Technological Progress, and Efficiency Changes: Empirical Evidence from Canadian Manufacturing Industries, Working Paper, 2009.

[19] Meeusen W, Broeck J D. Efficiency Estimation from Cobb-Douglas Production Functions with Composed Error [J]. International Economic Review, 1977, 18 (2): 435.

[20] Pitt M M, Lee L. The Measurement and Sources of Technical Inefficiency in the Indonesian Weaving Industry [J]. Journal of Development Economics, 1981, 9 (1): 43-64.

[21] Schmidt P, Sickles R C. Production Frontiers and Panel Data [J]. Journal of Business & Economic Statistics, 1984, 2 (4): 367-374.

第 21 章

基于 DEA 方法的山东省规模以上工业企业全要素生产率分析[*]

21.1 引　言

全要素生产率（total factor productivity, TFP）的分析是探求经济增长与安全的重要工具，是衡量要素投入对经济增长的贡献的一个重要手段，也是体现一个经济体的经济增长方式和其能否实现可持续的科学发展的重要指标（刘秉镰和李清彬，2009）。从索洛（Solow）的技术进步、法瑞尔（Farrell, 1957）提出以生产可行界来衡量技术效率，到科伦布哈卡（Klunbhakar）等将 TFP 分解为技术进步、生产效率变化、规模效率变化以及配置效率变化，人们设计出许多 TFP 增长率的度量方法（万兴等，2007），包括以随机前沿分析（stochastic frontier analysis, SFA）为代表的参数法和以数据包络分析（data envelopment analysis, DEA）为代表的非参数法。

国内研究中 SFA 和 DEA 方法都得到了应用，例如孔翔等（1999）运用 SFA 模型估算了 1990~1994 年度建材、化工、机械以及纺织行业国有企业的 TFP 增长率及其分解；颜鹏飞和王兵（2004）运用 DEA 方法，测度了 1978~2001 年中国 30 个省、自治区、直辖市的技术效率、技术进步及 Malmquist 指数；刘秉镰和李清彬（2009）运用 DEA 模型分析了中国 1990~2006 年城市全要素生产率的动态变化情况。

结合前人研究成果，采用 DEA 方法对山东省规模以上工业企业全要素生产率进行分析有助于了解山东省工业经济增长质量情况，即了解山东省规模以上工业经济增长是单纯的资源投入的结果，还是生产率提高的结果，或者是二者兼具？分城市的分析还有助于了解山东省工业经济增长的区域差异，对于不同地市的资源配置和区域政策方向具有重要的参考意义。基于上述考虑，本文对山东省 17 地市规模

---

[*] 本章作者为王同庆、杨蕙馨，发表在《山东社会科学》2012 年第 2 期（有改动）。

以上工业企业全要素生产率进行分析，以揭示山东省规模以上工业经济增长的来源，为进一步科学、健康、持续推进工业经济技术进步和发展提供参考。

21.2　研　究　方　法

本文采用 DEA 中适合面板数据的 Malmquist 指数法，分析山东省规模以上工业企业全要素生产率的动态变化特征。Malmquist 指数可由距离函数定义，距离函数可以描述多投入、多产出的生产技术，同时不需要类似利润最大化的行为假设。[①] 由于工业企业一般追求既定投入条件下的产量最大化，因此选择面向产出的距离函数是恰当的。

Malmquist 指数不断得以完善，通过三个经典公式可以说明其原理。[②] 第 s 期和第 t 期的 Malmquist（面向输出的）TFP 变动指数为：

$$m_i(x_i^s, y_i^s, x_i^t, y_i^t) = \left[\frac{d_i^s(x_i^t, y_i^t)}{d_i^s(x_i^s, y_i^s)} \cdot \frac{d_i^t(x_i^t, y_i^t)}{d_i^t(x_i^s, y_i^s)} \right]^{1/2} \quad (21-1)$$

式（21-1）中，x_i^t、x_i^s 分别表示第 i 个地区在第 t 期和第 s 期的投入向量；y_i^t、y_i^s 分别表示第 i 个地区在第 t 期和第 s 期的产出向量；$d_i^s(x_i^t, y_i^t)$ 表示第 s 期观测值到第 t 期技术前沿面的距离。如果 $m_i > 1$，则表示从 s 期到 t 期存在正的 TFP 增长，反之则表示 TFP 下降。式（21-1）变形为：

$$m_i(x_i^s, y_i^s, x_i^t, y_i^t) = \frac{d_i^t(x_i^t, y_i^t)}{d_i^s(x_i^s, y_i^s)} \cdot \left[\frac{d_i^s(x_i^s, y_i^s)}{d_i^t(x_i^s, y_i^s)} \cdot \frac{d_i^s(x_i^t, y_i^t)}{d_i^t(x_i^t, y_i^t)} \right]^{1/2} \quad (21-2)$$

式（21-2）将技术变化与技术效率变化进行了分离。中括号外面部分是从第 s 期到 t 期生产效率的变化；中括号内部分是从第 s 期到 t 期技术的变化率。

更进一步，放松式（21-1）和式（21-2）中固定规模报酬的假设，描述变动规模报酬情形，将技术变化效率分解为纯技术效率变化和规模效率变化，可以表示为：

$$m_{v,c}^{s,t} = \frac{d_v^t(x_i^t, y_i^t)}{d_v^s(x_i^s, y_i^s)} \cdot \left[\frac{d_v^s(x_i^s, y_i^s)}{d_c^s(x_i^s, y_i^s)} \Big/ \frac{d_v^t(x_i^t, y_i^t)}{d_c^t(x_i^t, y_i^t)} \right] \cdot \left[\frac{d_c^s(x_i^s, y_i^s)}{d_c^t(x_i^s, y_i^s)} \cdot \frac{d_c^s(x_i^t, y_i^t)}{d_c^t(x_i^t, y_i^t)} \right]$$

$$(21-3)$$

式（21-3）中，下标为 v 表示的是变动规模报酬的情况，下标为 c 表示的是固定报酬的情况，第一项表示的是变动规模报酬下的纯技术效率变化，第二项是规模效率变化，第三项表示技术变化率。

[①] 万兴等. 江苏制造业 TFP 增长、技术进步及效率变动分析——基于 SFA 和 DEA 方法的比较 [J]. 系统管理学报, 2007 (5).

[②] Fare R, Grosskopf S, Roos P. On Two Definitions of Productivity [J]. Economics Letters, 1996 (53): 269-274.

显然，Malmquist 指数将生产率的变化原因归结为技术变化与技术效率变化，并进一步把技术效率变化细分为纯技术效率变化与规模效率变化。

21.3 变量选择和数据来源

21.3.1 投入产出变量

投入产出变量的选择，对 DEA 模型的计算至关重要。将每个地市规模以上工业企业作为决策单元计算其全要素生产率，其基础仍然是经济增长理论，资本和劳动的投入仍然是最重要的投入要素。

第一，资本变量的选择。虽然一些学者采用永续盘存法对资本存量进行估算，但估算结果差异较大。具体到规模以上工业企业的资本存量也没有一个合理的指标。刘祥（2004）、刘秉镰和李清彬（2009）等用固定资产投资额作为资本存量的代替，也得出了较为可信的结果，但是相对资本合计来讲，TFP 会被高估。在计算过程中曾尝试分别用资本合计和固定资产投资额作为资本变量进行计算，采用固定资产投资额作为资本变量计算的 TFP 值确实被高估了，因此，本文采用资本合计作为资本存量变量的代替。统计年鉴提供的资本合计的数据为当年价格，需要对该数据进行价格调整。由于各地市数据本身都在山东省范围内，各地市的投资价格指数差异较小，因此统一使用山东省的投资价格指数对各地市资本合计数据进行价格调整。

第二，劳动变量的选择。由于劳动种类和劳动质量等因素的干扰，每小时的劳动量只是理论上的概念，在具体实践中根本无法对其进行科学度量。因此劳动变量的选择沿用了多数研究的方法，用从业人员数来代替。

第三，产出变量的选择。本文分别将工业增加值和工业总产值作为产出变量进行两次计算，并比较两个结果。

21.3.2 数据来源

全部样本为 2000~2009 年山东省各地市规模以上工业企业。数据来源为各年度《山东省统计年鉴》。从 2007 年起《山东统计年鉴》不再提供各地市规模以上工业企业的工业增加值，但是各地市的规模以上工业企业的工业总产值仍能保持连续性，这为相关数据计算带来不便。为了延续山东省各地市规模以上工业企业全要素生产率的变动趋势，产出变量分别采用工业增加值和工业总产值计算全要素生产率，并对它们进行比较，既能揭示全要素生产率的变动趋势，又不至于使全要素生产率被过于高估。

21.4 实证结果分析

本文使用 Deap 2.1 软件进行分析。鉴于本文分别以工业增加值和工业总产值作为产出变量进行计算,为方便比较,将 2000~2006 年度以工业增加值和工业总产值作为产出变量的计算结果分别定为结果一和结果二,将 2000~2009 年度以工业总产值作为产出变量的计算结果定为结果三。

21.4.1 全要素生产率总体变化特征

山东省各地市规模以上工业企业全要素生产率均值结果如表 21-1 所示。结果一显示,2000~2006 年山东省 17 地市规模以上工业企业全要素生产率(tfpch)的动态变化平均值为 1.104,这表示 2006 年较 2000 年规模以上工业企业全要素生产率上升了 10.4%。将全要素生产率结果进行分解,可以看出,全要素生产率上升的贡献来源中技术变化与效率变化相差不大,技术变化的贡献弱大于效率变化。技术变化(techch)在 2000~2006 年度动态变化平均值为 1.054,上升 5.4%;而效率变化(effch)动态平均值上升 4.8%,其中纯技术效率(pech)变化动态平均值上升 2.4%,规模效率(sech)动态平均上升 2.3%。

表 21-1 2000~2009 年山东省 17 地市规模以上工业企业全要素生产率均值

	effch 均值	techch 均值	pech 均值	sech 均值	tfpch 均值
结果一	1.048	1.054	1.024	1.023	1.104
结果二	1.074	1.072	1.036	1.036	1.151
结果三	1.059	1.053	1.031	1.027	1.116

结果二与结果一是处于同一时间段但不同产出变量的结果,具有一定的可比性。由于工业总产值与工业增加值相比没有扣除中间投入,将工业总产值作为产出变量势必会高估全要素生产率,表 21-1 的结果证实了这一推论,结果二的数值均高于结果一。结果三比结果二多了 2007~2009 年的数据,而数值都比结果二要小,这说明 2007~2009 年度受国际金融危机的影响,山东省规模以上工业企业全要素生产率相比以前的改善变小了。

总体上看,山东省规模以上工业企业的整体全要素生产率是不断改善的,因此这些企业发展处于良性状态,这也印证了山东省不断加强工业企业技术创新和技术引进的效果。并且,不管是技术变化还是技术效率的利用程度都有所改善,这也表明山东省工业企业全要素生产率的提高不仅依靠单纯的技术变化来带动,而且也对现有技术的能量水平充分挖掘,促进了山东省工业企业的良性发展。

21.4.2 全要素生产率的年度平均变化规律

下面分析山东省各地市规模以上工业企业全要素生产率的年度平均值变化情况。表 21-2 按照产出变量不同列出了全要素生产率年度均值变化，并通过图 21-1 直观显示这一变化。

表 21-2　2000~2009 年山东省 17 地市规模以上工业企业全要素生产率年度均值变化

年度	结果一 effch	techch	pech	sech	tfpch	结果三 effch	techch	pech	sech	tfpch
2000~2001	1.143	0.941	1.124	1.017	1.076	0.980	1.103	1.043	0.939	1.081
2001~2002	1.069	1.042	1.031	1.036	1.114	1.054	1.112	1.004	1.049	1.172
2002~2003	1.003	1.096	0.984	1.019	1.099	1.083	1.078	1.034	1.048	1.168
2003~2004	1.171	1.022	1.083	1.082	1.197	1.223	1.003	1.091	1.121	1.226
2004~2005	0.889	1.265	0.919	0.968	1.125	1.062	1.111	1.024	1.037	1.180
2005~2006	1.036	0.985	1.018	1.019	1.021	1.055	1.029	1.022	1.032	1.086
2006~2007	—	—	—	—	—	1.082	1.001	1.058	1.023	1.084
2007~2008	—	—	—	—	—	1.004	1.024	1.017	0.987	1.028
2008~2009	—	—	—	—	—	1.009	1.026	0.993	1.017	1.036
均值	1.048	1.054	1.024	1.023	1.104	1.059	1.053	1.031	1.027	1.116

注：结果二和结果三的区别在于时间跨度不同，所以 2000~2006 年度的全要素生产率年度平均值一致，只是最后由于结果三增加了 2007~2009 年的数据，均值有所改变，因此这里没有列出结果二的数据。

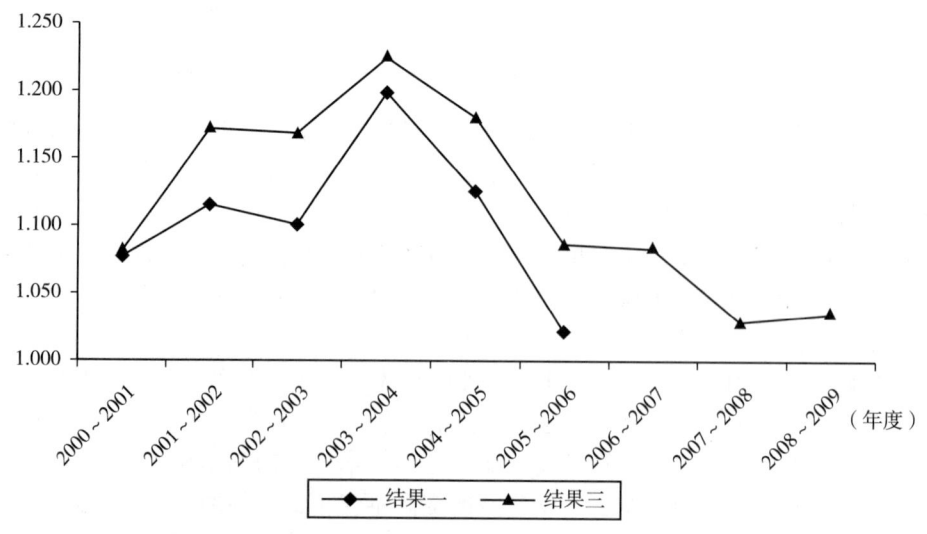

图 21-1　2000~2009 年山东省 17 地市规模以上工业企业全要素生产率年度均值变化

表 21-2 的结果一显示：

第一，2000~2001 年度和 2005~2006 年度全要素生产率的改善主要来自技术效率的改善；虽然这两个年度的技术变化呈现下降趋势，但由于效率变化提升较多，所以全要素生产率仍呈现改善趋势，效率变化对全要素生产率的影响非常关键。

第二，2001~2004 年度全要素生产率的改善既来自技术效率也来自技术变化，2002~2003 年度全要素生产率改善主要来自技术变化的改善，2001~2002 年度和 2003~2004 年度全要素生产率的改善则主要依赖于效率改善。

第三，2004~2005 年度全要素生产率的改善主要来自技术变化的改善。尽管该年度技术效率下降幅度较大（11.1%），但同时由于技术变化改善幅度较大（26.5%）阻止了全要素生产率的下降而仍有 12.5% 的改善。

虽然结果三相对于结果一研究结果明显被高估，其分解的各变量数据缺乏分析意义，但是从全要素生产率的变化趋势来看却和结果一保持高度的一致，如图 21-1 所示。因此结果三的全要素变化情况的 2006~2009 年度的结果可以弥补结果一相关数据缺失的缺陷，能够看到这几年全要素生产率的变化趋势。

总体来看，结果一在 2000~2006 年度，全要素生产率年度均值呈现出先上升而后不断下降的趋势；2001~2002 年度小幅上扬之后在 2002~2003 年度出现下降，但仍高于 2000~2001 年度的水平；在 2003~2004 年度达到上升的高峰之后，开始逐年下降。结果三的数据在 2000~2006 年度与结果一保持高度一致，也呈现先上升后下降的趋势。如果能够延续这样的一致性，那 2006~2009 年度结果三的数据就可以揭示结果一的变动趋势，而这几年全要素生产率呈现不断下降趋势，尤其是 2007~2008 年度全要素生产率降低到 10 年间的最低点；2008~2009 年全要素生产率有所改善，也表明了国家扩张性财政政策的效果。

21.4.3 全要素生产率的地市分布特征

为进一步分析山东省各地市规模以上工业企业全要素生产率的地市差异，将其全要素生产率的均值（以工业增加值为产出变量计算）统计分析结果列于表 21-3。

表 21-3　2000~2006 年山东省 17 地市规模以上工业企业全要素生产率均值分布

指标	最小值	最大值	均值	标准差	大于 1 的城市
effch	0.981	1.125	1.048	0.039	15
techch	1.048	1.085	1.054	0.009	17
pech	0.949	1.123	1.024	0.045	11
sech	0.967	1.105	1.023	0.037	14
tfpch	1.030	1.179	1.104	0.038	17

表21-3数据显示，17地市规模以上工业企业全要素生产率都有所改善，显然各地市规模以上工业企业的进步主要依赖全要素生产率的改善，而并非只是依赖企业投入带来的增长。全要素生产率改善最大的地市达到17.9%，改善最小的也有3.0%，标准差达到0.038，其离散程度比较大，显然各地市之间全要素生产率的改善差异较大。将全要素生产率结果进行分解，可以看出，17地市的技术变化动态变化均值均大于1，全部有所改善；而效率变化动态均值最小值为0.981，有2个地市的效率变化动态值小于或等于1，这两个地市（东营和威海）全要素生产率的改善主要依赖技术变化而非效率变化。

表21-3只是对各地市规模以上工业企业全要素生产率均值分布进行了统计，表21-4则给出了2000~2006年度17地市规模以上工业企业全要素生产率的分布统计结果，由于全要素生产率是两年比较，所以，7年的数据可以得到6年的结果，总共102个样本。

表21-4　2000~2006年山东省17地市规模以上工业企业全要素生产率分布

指标	最小值	最大值	均值	标准差	大于1的样本	
effch	0.684	1.647	1.048	0.143	65	(63.7)
techch	0.938	1.288	1.054	0.107	60	(58.8)
pech	0.666	1.643	1.024	0.132	43	(42.2)
sech	0.728	1.391	1.023	0.094	62	(60.8)
tfpch	0.720	1.773	1.104	0.127	88	(86.3)

注：括号里的数据为有效样本的比重。

表21-4的数据显示出各地市间更大的差异。全要素生产率改善的样本数有88个，占全部102个研究样本的86.3%，说明多数地市多数年度规模以上工业企业进步是伴随着全要素生产率的改善的。全要素生产率的最大值达到77.3%，说明某地市在某年度全要素改善非常之大。当然，在不同年度不同地市之间的差异更大，这可以从各变量的标准差大小看出。表21-4的数据还显示，如果将全要素生产率进行分解，技术变化和效率变化对全要素生产率的贡献相当，大于1的样本数分别为65和60。将效率变化再进一步分解可以发现，规模效率相比纯技术效率的贡献要大些，大于1的样本数分别为62和43。

21.5　结　论

通过DEA中的Malmquist指数法，对山东省规模以上工业企业全要素生产率进行分析，可以得出以下结论：

第一，山东省规模以上工业企业全要素生产率总体上是不断改善的，企业的发展处于良性状态，这充分说明山东省不断加强工业企业技术创新和技术引进对于全要素生产率的改善是有益的。全要素生产率的提高不仅依赖技术变化，还依赖技术效率的提高，这表明工业企业在挖掘技术潜力方面也有较大的进步。

第二，山东省各地市规模以上工业企业全要素生产率的年度平均值出现波动现象。2000年以来，全要素生产率年度均值先上升而后下降，受全球金融危机影响，全要素生产率在2007～2008年度下降到10年间的最低水平。从全要素生产率波动来看，全要素生产率和全省经济变化情况总体保持一致。

第三，各地市之间规模以上工业企业全要素生产率改善差异较大。各地市全要素生产率虽然都得到改善，但改善程度不同。对全要素生产率分解后发现技术效率出现下降现象，但总体上技术变化和效率变化对全要素生产率的贡献相当。

总之，2000～2006年度各地市规模以上工业企业全要素生产率整体改善为10.4%，技术变化和效率变化对全要素生产率改善的贡献程度相当。各年度各地市之间全要素生产率改善差异比较大，但总体处于健康发展水平。

基于上述分析，山东省政府及各地市政府相关部门需要认清工业企业技术进步对经济增长的重要作用，继续加强工业企业技术创新和技术引进，发挥技术优势，进一步提高工业企业的全要素生产率。采取措施鼓励和扶植落后地市的技术创新和技术引进，缩小地市工业企业全要素生产率的差距。

参考文献

[1] 刘秉镰，李清彬. 中国城市全要素生产率的动态实证分析：1990～2006 [J]. 南开经济研究，2009（3）：139－152.

[2] Farrell M J. Measurement of Productive Efficiency [J]. Journal of the Royal Statistical Society，1957（3）：1－638.

[3] 万兴，范金，胡汉辉. 江苏制造业TFP增长、技术进步及效率变动分析——基于SFA和DEA方法的比较 [J]. 系统管理学报，2007（5）：465－471.

[4] 孔翔，Marks R E，万兴华. 国有企业全要素生产率变化及其决定因素：1990～1994 [J]. 经济研究，1999（7）：40－48.

[5] 颜鹏飞，王兵. 技术效率、技术进步与生产率增长：基于DEA的实证分析 [J]. 经济研究，2004（12）：56－65.

[6] Fare R，Grosskopf S，Roos P. On Two Definitions of Productivity [J]. Economics Letters，1996（53）：269－274.

[7] 郭庆旺，贾俊雪. 中国全要素生产率的估算：1979～2004 [J]. 经济研究，2005（6）：51－60.

[8] 魏权龄. 数据包络分析 [M]. 北京：科学出版社，2004.

第六篇

企业创新

第 22 章

标准联盟主导企业标准创新对成员企业的影响

——研发投入强度、技术距离与超常收益[*]

标准竞争是指两种或两种以上个体标准争夺市场标准地位的过程，而建立标准联盟是参与标准竞争企业的重要战略手段。技术标准联盟往往由一个或少数几个核心企业主导标准发展，而后通过市场力量形成核心联盟，并在以后的发展中吸纳更多接受该标准的成员企业。在联盟内部，一家企业的研发创新活动不仅影响自身发展，也会对其他成员企业产生"溢出效应"。作为标准联盟赖以维系的纽带，技术标准本身集成大量本领域的核心技术与核心专利，成为标准主导企业进行创新的重要领域。技术标准联盟主导企业通过对标准进行技术创新和功能完善，增加标准采用者的效用水平，对外可以拉大（或拉近）与竞争性标准的技术差距，提高产品竞争力，对内则有助于加强对联盟成员企业的控制力，成为对整个联盟施加影响力的重大战略行为。

联盟成员企业本身存在异质性，联盟主导企业技术创新时成员企业所受影响的方向和程度有所不同。目前多数基于联盟内成员企业知识吸收能力的研究认为，研发投入、研发效率、组织结构等内部因素以及企业之间的技术距离（技术差异）影响成员企业知识吸收能力。研发投入对企业技术创新能力有重要影响而备受关注。尽管有研究表明，国家、行业和企业在无形资产方面投入与经济增长、生产率提高和公司盈利之间有正相关关系，但近年来有更多研究表明企业在研发方面的投入与其经营业绩和市场价值之间关系复杂，投资者极有可能对企业公布的研发投资信息产生负面评价。更为重要的是，在标准联盟中成员企业之间维系着微妙的"竞合"关系，联盟企业合作中，既要考虑主导企业的利益补偿，又要考虑不同成员企业的现实需求，因此这种合作具有战略互补性和动态的利益修正机制。技术距离是表现联盟成员企业网络关系的变量之一，在其价值创造和价值争夺中发挥重要作用。在资本市场有效前提下，成员企业的投资者既要关心企业研发投入的规模，也应了解其产品技术研发的方向是否符合标准主导企业的

---

[*] 本章作者为王硕、杨蕙馨、王军，发表在《经济与管理研究》2015年第7期（有改动）。

创新需求和联盟的内部分工要求,并据此调整投资决策。

22.1　理论分析与研究假设

22.1.1　标准联盟主导企业技术创新对成员企业影响的不确定性

目前标准竞争成为许多行业尤其是高科技行业的竞争方式。企业（尤其是高技术企业）之间围绕技术标准组建战略联盟，推动创新并刺激新市场或新业务出现，能够加速整个社会经济的健康发展和社会组织的不断进化。在联盟内部，一家企业的研发创新活动不仅影响自身发展，也会对其他成员企业产生"溢出效应"。尤其是标准主导企业对标准产品的技术创新提高了系统产品服务质量，能够带来较大的市场影响力和丰厚的获利机会，这种创新影响通过联盟内企业网络传导至成员企业。因此，资本市场对此做出正面反应并使企业市场价值提高，从而带来"财富效应"，成员企业得以"背靠大树好乘凉"。

但是，当具有互补性知识的企业通过纵向整合和横向整合形成企业联盟时，内部会形成更复杂的生产网络，网络中存在一条或多条向消费者提供系统产品的价值链。联盟成员企业正是凭借其相对竞争优势嵌入生产网络，进而实现对系统产品的价值增值过程。不同成员企业在产品和服务提供的过程中发挥的功能是不同的，对于价值增值的贡献不可等量齐观。从企业关系角度看，技术标准联盟内企业之间的竞争性和产品替代性也不可忽视。主导企业对技术标准的创新往往带动自身其他产品的市场竞争力增强，与之存在市场重合的成员企业将因此受到负面影响。当联盟主导企业进行标准创新时，会对成员企业的技术研发提出更高挑战。具有较高相关技术储备和开发能力的成员企业可以很快整合或兼容新的标准，能够继续嵌入标准联盟的网络组织，否则将因无法满足新标准的要求而被边缘化，甚至被迫退出标准联盟组织。换句话说，主导企业的技术标准创新实际上成为一种对联盟成员的选择和淘汰机制。最后，主导企业在技术标准上的创新能够进一步加强它的技术支配力，在联盟内部形成"垄断杠杆"，将迫使成员企业在这一技术路径的固定投资越来越大，某些企业被主导企业"敲竹杠"的风险越来越高。

22.1.2　成员企业研发投入与主导企业技术标准创新

在标准联盟主导企业进行技术标准创新时，成员企业是否能够因此获益很大程度上取决于自身的技术吸收能力和创新能力。尤其对于高科技企业，研发创新活动至关重要，因此研发投入必不可少。莫厄里（Mowery, 1984）指出，内部研发活动活跃的组织能够更好地吸收来自外部的知识。与之类似，科恩与利文索尔（Cohen and Levinthal, 1990）认为组织必须为了从外部知识流中获益而发展自己的知识吸收能力，并在此方面进行必要的投资。其中研发投入强度（R&D intensity）是衡量研发活动的重要指标之一。

但是，成员企业是否能从主导企业创新事件中获得超常收益，主要取决于资本市场投资者对企业研发活动的分析。第一，企业研发创新行为应由研发投入和研发产出两方面衡量。逻辑上看，企业研发投入的资源越多，产生的研发成果（如专利、发明）就越多，但是研发投资的收益呈现规模报酬递减，过度强调技术的先进性，片面强调研发投入高强度，反而可能有损创新绩效，因为研发创新是企业经营和发展的系统性活动，一味强调高投入反而忽视了与之相关的组织结构、制度设计等其他要素，造成资金使用的低效率甚至浪费。第二，当对研发产出变量进行控制后，研发投入成为衡量创新系统的成本性指标。投入强度越高，表明企业对研发资金的使用效率越低，研发成果与投入不成比例，甚至出现"科研经费陷阱"。第三，从财务角度看，企业研发投入作为费用项出现在损益表，研发费用越高企业净利润越低，从而降低股东可分配利润，降低股票对投资者的吸引力。另外，由于研发活动具有很高的不确定性，经常面临失败的后果，高额的研发投入也会提高企业经营的风险，对证券估值将带来利空消息。第四，企业必须对研发投资进行预算安排，因此大部分研发资金的使用项目、用途都应事先予以确定，并且研发资金投入到研发成果产出之间具有滞后性，企业的研发周期可能长达数月甚至数年（有学者认为存在1~2年的滞后期），因此研发投入并不能显著提高当期收益，反而提高了当期成本，投资者可能对此做出负向反应。基于此，提出以下假设：

H1：在控制了研发产出后，成员企业的研发投入强度与从主导企业技术标准创新事件中获得的累积超常收益之间存在负相关关系。

22.1.3　成员企业技术距离与研发投入

技术距离衡量企业之间所开发和使用的技术是否具有相似性。在技术标准联盟中，技术距离作为企业之间认知距离的重要维度，对企业的技术吸收能力产生至关重要的影响。联盟内成员企业学习外部知识的程度（吸收能力）很大程度上依赖知识基础的相似性，换句话说，企业间知识存量的非相似性越高，其学习潜力越低。从逻辑上讲，具有较低技术距离的企业之间进行技术吸收更为便利，因为企业可以更准确理解对方产生的这种知识。莫厄里等（Mowery et al., 1998）认为，具有较为相似技术能力（较多专利交叉引用和共同引用）的企业更有可能形成联盟。莱恩和鲁巴科（Lane and Lubatkin, 1998）对医药企业和生物技术企业的研究表明，具有相同知识基础和主要逻辑的伙伴企业之间会有更好的创新绩效。阿胡亚（Ahuja，2000）认为联盟为成员企业提供资源和信息，并在企业联盟积极性和创新绩效之间建立正向关系。更为重要的是，阿胡亚进一步发现提高联盟之间技术相似度会增加专利申请数量，提升企业研发能力。

不过也有学者基于以下两点提出相反观点。第一，技术相似的企业不一定具有足够的差异性以使创新能力更加丰富。第二，过高的相似性给搜寻过程带来明显限制，因为由此产生的路径依赖会使市场竞争格局更倾向于维持现状，而不是在企业创新绩效方面有所改变。而高技术距离对创新绩效的正向影响可以通过获取异质性知识和激发创造性进行解释。伯特（Burt，1992）指出了企业间"非冗余联系"的重要性，一旦获自成员企业的信息变得更相似，形成联盟的激励就会变小，两个企业通过技术互补能够提高创新产出。鲍姆等（Baum et al.，2000）则从联盟层面强调技术差异性对成员企业的重要作用，实证研究表明高技术异质性成员组成的小规模联盟可能比低技术异质性成员组成的大规模联盟产生更多的差异化资源、信息和能力以及更低的成本。

本文认为，当主导企业对标准产品进行创新时，拥有与主导企业最高技术相似性（技术距离最近）的成员企业，可以凭借这一领域的知识和专利存量快速做出反应。因此技术标准的升级对这些成员企业带来的技术壁垒很低，而财富溢出效应却很大，企业完全可以不受限制地紧跟标准创新步伐，并享受由此带来的市场红利，从而弱化研发投入的负向影响。随着成员企业与主导企业技术距离增大，理解和运用技术标准创新的难度越来越大，由此带来的正面影响将越来越小。投资者更倾向认为研发资金不能产生与主导企业技术标准创新相关的成果（即认为投入对此是无效的），令研发投入的负向影响更大。但是，当成员企业与主导企业之间的技术距离达到可以为双方提供足够多互补性知识时，成员企业对主导企业的重要性更高，甚至可以反向制约主导企业的技术选择，使其在标准制定过程中更多地考虑它们的技术诉求。否则，如果逼迫高技术距离成员企业离开联盟甚至加入竞争联盟，主导企业将缺少获得互补性知识的渠道，在标准竞争中蒙受损失，对于存在"多属"（跨平台）情况的成员企业尤其如此。在此区间内，技术距离越大，企业之间互补性价值越高。这种高技术异质性使既定研发投入产生更多的互补性成果，同样会弱化研发投入高企的负向影响。基于此，提出以下假设：

H2：在研发投入强度对累积超常收益产生的负向影响中，成员企业与主导企业的技术距离具有非线性调节作用。即随着技术距离增加，研发投入强度的负向影响先增强，后减弱。

22.2 研 究 设 计

22.2.1 样本选取

开放手机联盟（简称OHA）是美国谷歌公司于2007年11月5日宣布组建的一个全球性的联盟组织。这一联盟支持谷歌所发布的安卓操作系统和应用软件，以及共同开发以安卓系统为核心的移动终端产品和移动数据服务。2010年5月到2012年12月，作为OHA创立者和核心企业的谷歌公司总共进行了8次影响较大的安卓新系统发布，其平台功能得到大幅度提升，如表22-1所示。本文将检验这一系列技术更新对联盟成员企业股价的影响，为此选取"开放手机联盟"官方网站公布的成员企业为研究对象。为了准确获得事件研究法所需的企业信息，手工剔除了以下样本：第一，未上市的企业；第二，研究期内股价和财务信息不完整的企业；第三，被联盟内成员企业收购的企业。最终，得到58家企业作为研究样本。

表22-1　　　　　　　2010~2012年安卓系统主要版本更新信息

事件序号	新系统版本	发布时间	事件日
1	2.2	2010年5月20日	2010年5月21日
2	2.3	2010年12月6日	2010年12月7日
3	3.0	2011年2月2日	2011年2月03日
4	3.1	2011年5月10日	2011年5月11日
5	3.2	2011年7月15日	2011年7月18日
6	4.0	2011年10月19日	2011年10月20日
7	4.1	2012年7月9日	2012年7月10日
8	4.2	2012年11月13日	2012年11月14日

资料来源：根据OHA官方网站公布信息整理得到。

22.2.2 变量选取

（1）被解释变量：累积超常收益率（CAR）

为准确反映主导企业技术标准创新对成员企业产生的影响，本文使用研究期内安卓系统升级事件产生的累积超常收益率（cumulative abnormal return，CAR）

作为被解释变量。累积超常收益率基于事件研究法计算得出，这种方法运用金融市场的数据资料测量特定事件对企业价值的影响，即通过分析特定事件发生前后股票市场的反应，检验是否存在超常收益。假设市场有效，则事件的影响会立即反映在股价中。自桑托斯等（Santos et al.，1993）首次分析了IT投资对股票市场收益率的影响后，这种方法在信息技术进步价值创造的研究中得到广泛的应用。本文采用修正的CAPM模型（市场模型）估计正常收益率。选择新系统发布日期之后的第一个股票交易日为事件日，为了使估计具有更高稳健性，选取事件日前1个交易日到事件日后1个交易日为事件窗（event window），即 [-1,1] 共3个交易日。选取的估计时间段为事件日前第98个交易日到事件日前第2个交易日，即估计窗（estimate window）为 [-98,-2]，共97个交易日。作为研究样本的58家OHA成员企业中，在美国上市的企业27家，在中国香港上市的企业4家，在日本上市的企业12家，在韩国上市的企业3家，在中国台湾上市的企业6家，其他地区上市企业6家①。对于市场收益率，选用纽约股票交易所（NYSE）综合指数和纳斯达克（NASDAQ）综合指数及相关个股数据匹配美股样本，选用香港恒生指数（HSI）匹配港股样本，采用日经指数（Nikkei 225）匹配日股样本，采用韩国股市基准指数（KOSPI）匹配韩股样本，采用中国台湾权重指数（TWII）匹配台湾地区股票样本，并采用印度孟买指数（BSESN）、英国富时100指数（FTSE100）、巴黎股票市场指数（CAC40）、瑞士苏黎世市场指数（SMII）和加拿大标准普尔指数（S&P/TSX）分别匹配相应样本。所有股价数据来自谷歌财经数据库。

（2）解释变量

研发投入强度（R&D intensity，RDI）：本文使用企业当年研发费用与当年营业收入的比值计算研发投入强度。尽管已有文献表明研发投入强度与企业创新绩效有正相关关系，但如前文所述，如果控制研发产出变量，投入强度增加实际意味着研发效率下降。另外，本文使用的因变量为主导企业创新所引起的成员企业累积超常收益率，由于研发行为经常面临失败的风险，并且研发强度高企会挤占企业当期净利润，减少股东可分配利润，可能对投资者未来收益预期产生负面影响。

技术距离（technological distance，TD）：为了测量技术标准联盟内主导企业和成员企业之间的技术差异，本文采用桑普森（Sampson，2007）使用的技术距离计算方法。该方法用以表示不同企业间在同一种类技术上的相似程度，可以有效体现其相对技术位置。首先构建联盟内每一个成员企业的技术组合，然后测量其在各专利类别之间的分布情况。这种分布使用多维向量 $F_i = (F_{i1}, \cdots, F_{is})$ 进

---

① 同时在多个地区上市的企业，首选其本土股票市场数据，考虑到股票市场的有效性和异质性对本研究的影响，中国内地企业采用香港股票市场数据或美国股票市场数据。

行刻画,F_{is}表示成员企业 i 在专利类别 s 中的专利申请数量,当 i≠j 时,技术距离计算公式如下:

$$\text{Technological Distance} = 1 - \frac{F_i F_j'}{\sqrt{(F_i F_i')(F_j F_j')}}$$

技术距离区间为[0,1],取值越大表示两企业之间技术差异越高。本文将企业 j 固定为主导企业,企业 i 表示待测的成员企业,基于国际专利分类(international patent classification)的第三层次,对包括谷歌公司的 OHA 成员企业在研究期内的主要专利申请数量进行归集,共形成 94 个专利类别(s=94)。同时,为了考察技术距离的非线性关系,进一步构建技术距离的平方项(TD^2)作为解释变量放入回归模型。所有样本的专利数据来自世界知识产权组织 WIPO 数据库。

(3)控制变量

企业年度专利申请数量(Patent,单位为万件):为了衡量企业研发产出,企业每年专利数量实际上代表其技术和知识存量的变化,专利数量越多,表明企业的研发实力越雄厚。所有样本专利数据来自世界知识产权数据库,以企业名称为关键字对申请人进行查询所得结果。[①] 本文并未使用专利许可数量衡量研发产出,主要原因在于专利申请与专利批准之间有较长时间间隔,并且专利的批准受行业技术发展、政府政策等影响较大。

企业规模(Size):在技术标准联盟中,成员企业的规模是其技术创新活动的影响因素之一。尽管大企业有更多资源可以投入研发活动并产生较多产品创新,但小企业的创新行为更为迅速、有效和激进。阿胡亚和兰伯特(Ahuja and Lampert,2000)发现企业规模增大会降低研发绩效,大企业往往更依赖于沿着既有技术轨道的专业化优势,与之相反,小企业改变技术轨道的沉没成本较小,拥有"船小好调头"的优势。另外,大企业股票市值基数较大,且影响因素更为复杂,对其他企业技术创新活动的反应可能较为迟钝。本文对成员企业年度总资产取对数衡量企业规模,预计与超常收益率呈负相关。

企业年龄(Age):一般而言,成立时间长的企业积累了更多的市场经验,能够及时对外界环境的变化做出有效反应。但是,有证据表明不同年龄的企业在"双元"创新中的表现有很大差异:老企业更倾向于利用现有技术和知识进行挖掘式创新(exploitative innovation),而新企业在旧技术上投入较少,在探索式创新(exploratory innovation)中表现更佳。本文对成员企业的成立时间到 2012 年底的年数取对数值作为企业年龄变量放入回归模型。

行业变量(IndDummy):在技术标准联盟内,来自相近产业的成员企业,通过相互模仿和学习,彼此之间拥有重合的产品服务市场、背景、经验和技术,因

---

① 本文并未使用专利许可数量衡量研发产出,主要原因在于专利申请与专利批准之间有较长时间间隔,并且专利的批准受行业技术发展、政府政策等影响较大。

此常常互为竞争对手。不仅如此,即使双方产品不具有较高替代关系或其市场并非完全重合,企业也往往可以通过低成本地实施相关多元化,对在位企业形成威胁。本文设置行业变量表示成员企业与主导企业可能具有的这种竞争关系。谷歌公司作为主导企业对安卓系统进行维护和升级,同时属于OHA官方成员分类中"软件企业"一类,① 因此,本文认为同属此类的成员企业应当与谷歌公司具有明显竞争关系,令 IndDummy = 1,对于其他类型企业令 IndDummy = 0。

风险系数(Beta):本文使用成员企业股票Beta系数来衡量投资者对证券风险的估计。正如德文等(Dewan et al., 2007)指出的,承担更大风险的组织理应从市场中获得额外的风险溢价(risk premium),本文预计Beta系数与超常收益之间呈正相关关系。

获利能力(ROE):对于公司的投资者,股东权益收益率是非常重要的指标,它表明投入企业资本所带来的利润,较高的ROE意味着企业具有较强的获利能力,能够为股东创造更高价值。

由于研究选择"开放手机联盟"成员企业为研究样本,涉及事件为移动操作系统升级,因此企业所处的网络基础设施环境非常重要。一方面,网络基础设施越好,智能手机等移动网络设备能够为消费者带来的效用越高,市场总量和发展潜力越大(如韩国、日本)。另一方面,网络基础设施越好,移动操作系统技术创新的扩散速度越快,影响就越明显和迅速。鉴于此,本文使用成员企业总部所在国家"网络就绪度"(NRI)衡量其网络基础设施软硬件环境,数据来自世界经济论坛和欧洲工商管理学院共同发布的《2012年全球信息技术报告》中相关数据。上述各变量描述性统计信息见表22-2。

表22-2　　　　　　　　　　变量描述性统计

变量	观测数	均值	标准差	最小值	最大值
累积超常收益率(CAR)	464	0.00363	0.043665	-0.1079864	0.3838877
企业规模(Size)	464	8.98528	2.320008	1.891295	12.36066
企业年龄(Age)	464	3.120187	0.7721777	1.098612	4.727388
风险系数(Beta)	464	1.176034	0.5090522	0.15	2.66
获利能力(ROE)	464	0.0870441	0.2657419	-1.430318	0.9603611
网络就绪度(NRI)	464	5.162759	0.5695234	3.89	5.94
研发投入强度(RDI)	464	0.095147	0.1193685	0	0.6547921

---

① "开放手机联盟"官方网站内将其成员企业划分成五种类型:商业化公司6家,手机制造商20家,移动运营商10家,芯片制造商16家,软件生产商7家。尽管这一分类并不标准,但能够更清晰地反应各成员企业在联盟中的作用和网络位置,本文参考这一分类。

续表

变量	观测数	均值	标准差	最小值	最大值
专利申请数量（Patent）	464	0.1227905	0.2785916	0	1.6754
行业变量（IndDummy）	464	0.1034483	0.3048722	0	1
技术距离（TD）	464	0.4985293	0.2896717	0.0443	1
技术距离平方（TD^2）	464	0.3322603	0.2996041	0.0019625	1

22.3 实证结果及讨论

22.3.1 数据平稳性分析

计算累积超常收益率（CAR）必须首先对每只股票在研究期内收益率数据的平稳性进行检验。采用 Angmented – Dickey – Fuller 统计量进行单位根检验，带截距项、不带时间趋势和滞后，所有研究对象的收益率时间序列在 1% 的显著性水平上拒绝存在单位根的原假设（限于篇幅，检验结果不在此报告），表明收益率数据是平稳的，可以用来计算超常收益率。

22.3.2 全联盟成员企业累积超常收益率检验

将联盟中除谷歌公司之外的所有样本企业视为一个整体，进行全部事件的交叉检验。为使检验更为可靠，使用 P 检验而非 T 检验，因为这种方法允许使用一个更强的标准误差。如表 22 – 3 所示，将所有成员企业视为一个整体（在本研究中可以近似代表整个技术标准联盟），其 [–1，1] 三个交易日内平均累积超常收益率（等权重）为 0.36% >0，P 值为 0.074，在 10% 的水平上显著，表明主导企业对安卓系统的升级事件给 OHA 成员企业整体带来正向超常收益率。

表 22 – 3　全部成员企业累积超常收益率（CAR）交叉检验结果

CAR	系数	稳健标准差	T 值	P 值	[90% 置信区间]	
常数项	0.0036	0.0020	1.79	0.074	0.0002891	0.006971

22.3.3 多元回归模型分析

本章使用研究期内 OHA 成员企业在 8 次安卓系统升级所形成的面板数据

（N=58，T=8）。由于多个变量不随时间变化，如果使用固定效应模型会产生共线性问题，使用豪斯曼（Hausman）检验的结果同样拒绝存在固定效应的原假设，因此不考虑采用固定效应模型。另外，对各模型进行 LM 检验的结果表明，在"随机效应"与"混合效应"之间，应选择"随机效应"（如模型 1 的 LM 检验 $X^2=19.64$，$P<0.01$，故拒绝"不存在个体效应"的原假设，其他模型同），综上所述，本文采用随机效应模型和稳健标准差进行回归，结果见表 22-4。

模型 1 为只包含控制变量，但模型并不显著（$X^2=5.48$，$p>0.1$），表明可能遗漏了重要变量，故结果仅作为参考。模型 2 加入 RDI 以检验自变量主效应，模型 3 在模型 2 的基础上加入调节变量 TD 和 TD^2 检验调节变量主效应，同时验证变量关系的稳健性，模型 4 为包含所有变量的全模型，主要在模型 3 的基础上加入交互项 RDI·TD 和 RDI·TD^2 以检验非线性调节变量作用。为了避免变量之间的多重共线性问题，在构建平方项和交互项时，全部变量都进行了中心化处理。

表 22-4　　　　　　　　　　多元回归结果

变量	模型 1	模型 2	模型 3	模型 4
企业规模（Size）	-0.0034458 (0.0021343)	-0.0049003** (0.0024057)	-0.0037006* (0.0020295)	-0.0041515** (0.0020529)
企业年龄（Age）	0.0000224 (0.0026696)	-0.0008345 (0.0025917)	-0.0010114 (0.0024176)	-0.0003374 (0.0021709)
风险系数（Beta）	0.0108111 (0.010484)	0.0083531 (0.0085783)	0.0078896 (0.0082515)	0.0068517 (0.0079463)
获利能力（ROE）	0.0046703 (0.0126206)	0.0003447 (0.012104)	0.0008836 (0.0119712)	0.0018847 (0.0120148)
网络就绪度（NRI）	0.0072682 (0.0045373)	0.0140183** (0.0065025)	0.0137547** (0.0066332)	0.0142989** (0.0066367)
专利申请数量（Patent）	0.0077285 (0.0060966)	0.0069124 (0.0045114)	0.0085179* (0.0047355)	0.0076566* (0.0042773)
研发投入强度（RDI）		-0.0757239* (0.0335761)	-0.0636804** (0.0248969)	-0.0692124** (0.0290586)
技术距离（TD）			-0.0530866** (0.0257247)	-0.049526* (0.0283477)
技术距离平方（TD^2）			0.0593315** (0.0301924)	0.0595301* (0.0342947)

续表

变量	模型 1	模型 2	模型 3	模型 4
交互项 1（RDI·TD）				-0.3683814 **
				(0.1691784)
交互项 2（RDI·TD²）				0.4007304 *
				(0.2137056)
行业变量（IndDummy）	-0.0137731 *	-0.0155486 *	-0.0119809	-0.0119155
	(0.0083196)	(0.0080301)	(0.0080905)	(0.0084974)
常数项（Intercept）	-0.0156471	-0.0239982	-0.0273272	-0.0279718
	(0.0219827)	(0.0229988)	(0.0269455)	(0.0266058)
观测数	464	464	464	464
组数	58	58	58	58
组内 R^2	0.0020	0.0026	0.0026	0.0005
组间 R^2	0.2439	0.3440	0.3776	0.4082
总 R^2	0.0680	0.0960	0.1051	0.1118
模型 X^2	5.48	17.07 **	19.94 **	28.95 ***
LM 检验 X^2	19.64 ***	11.22 ***	8.82 ***	6.63 ***

注：* 代表显著性水平 <0.10，** 代表显著性水平 <0.05，*** 代表显著性水平 <0.01。

控制变量方面，企业规模（Size）在模型 2～模型 4 中的系数均显著为负（模型 4 中 β = -0.0041515，$p<0.05$），表明成员企业规模越小，从主导企业标准创新事件中所得到的超常收益越大。网络就绪度（NRI）在模型 2～模型 4 中的系数均显著为正（模型 4 中 β = 0.0142989，$p<0.05$），表明成员企业所在地区的网络基础软硬件环境越好，从主导企业标准创新事件中所得到的超常收益越大。研发产出（Patent）在所有模型中的系数均为正，且模型 3-4 中显著（模型 4 中 β = 0.0076566，$p<0.10$）表明成员企业研发产出越大，投入越小，从主导企业标准创新事件中所得到的超常收益越大。以上结论均符合理论预期。另外，行业变量（IndDummy）在所有模型中系数均为负值，表明与主导企业存在竞争关系（IndDummy = 1）的成员企业获得较低的累积超常收益，但在模型 3～模型 4 中估计系数均不显著。

模型 2 通过 5% 显著性水平检验（$X^2 = 17.07$，$\Delta X^2 = 11.59$，$p<0.05$），总可决系数为 9.6%。在模型 1 控制变量基础上加入的自变量 RDI 系数显著为负（β = -0.0076，$p<0.10$），具有负向主效应，表明成员企业研发投入强度越高，从主导企业标准创新事件中所得到的超常收益越大，假设 1 获得支持。

模型 3 通过 5% 显著性水平检验（$X^2 = 19.94$，$\Delta X^2 = 2.87$，$p<0.05$），总可决

系数为 10.51%。调节变量技术距离一次项与累积超常收益率呈显著负相关关系（β = -0.0531，p < 0.05），表明联盟成员企业与主导企业之间技术距离越大，从主导企业标准创新中所获得的超常收益越低。同时，技术距离平方项与累积超常收益率呈显著正相关关系（β = 0.0593，p < 0.05），表明当技术距离达到某一点时（在图 22-2 中为 TD = 0.4502），与累积超常收益率之间的关系由负向转为正向，在此之后技术距离越大，成员企业从主导企业标准创新中所获得的超常收益越高。上述分析表明技术距离与累积超常收益之间具有 U 型非线性主效应，拐点约为 TD = 0.4502。自变量、调节变量对因变量的主效应如图 22-1、图 22-2 所示。

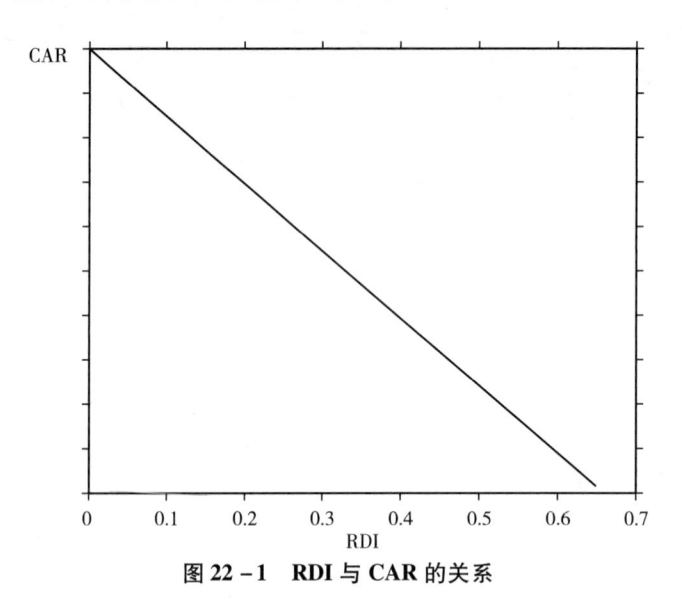

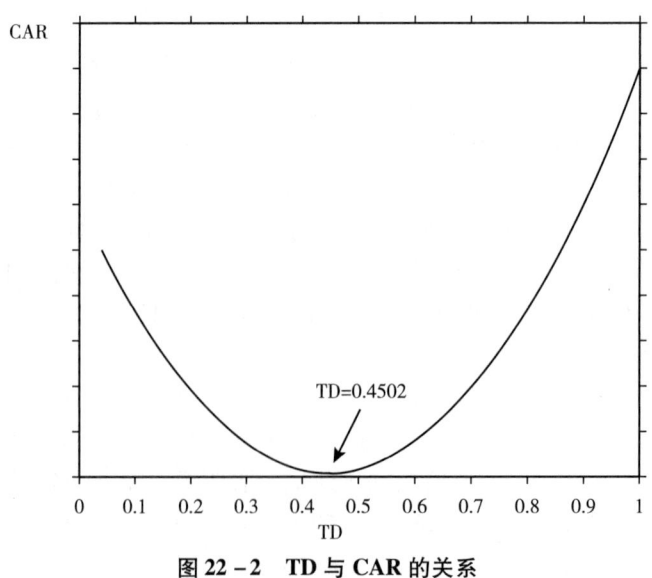

图 22-1　RDI 与 CAR 的关系

图 22-2　TD 与 CAR 的关系

模型4通过5%显著性水平检验（$X^2=28.95$，$\Delta X^2=9.01$，$p<0.01$），总可决系数为11.18%。如表22-4所示，自变量RDI的系数仍然为负值，并且在5%的水平上显著，表明RDI对CAR的负向影响具有稳健性，调节变量一次项系数仍为负值，二次项系数仍为正值，并且均在10%的水平上显著，表明TD对CAR的非线性影响具有稳健性。对于重点关注的调节效应，RDI与TD的一次交互项系数显著为负（$\beta=-0.3684$，$p<0.10$），RDI与TD的二次交互项系数显著为负（$\beta=-0.4007$，$p<0.10$），表明TD在RDI对CAR的负向影响中，起到正U型调节作用。基于模型4可以画出RDI、TD、CAR三维曲面图，可以非常清晰地表明TD对RDI的非线性调节作用。如图22-3所示，RDI与CAR始终存在负相关关系，表明TD调节作用并未强大到改变RDI主效应方向，但却非线性改变了主效应强度：当TD=0.04（最小值）时，RDI与CAR的相关系数为-0.0833，随着TD增大，RDI与CAR的相关系数变小（绝对值变大，二维关系直线更陡峭），当TD=0.4516时，RDI与CAR的相关系数达到最小值-0.1538，此时研发投入强度对超常收益的负向影响最大。此后随着TD的增加，RDI与CAR二维关系直线变得平坦，当TD=1（最大值）时，相关系数达到-0.0369。可见，TD使RDI对CAR的负向影响先增强，后减弱，呈现正U型调节效应。假设2得到支持。

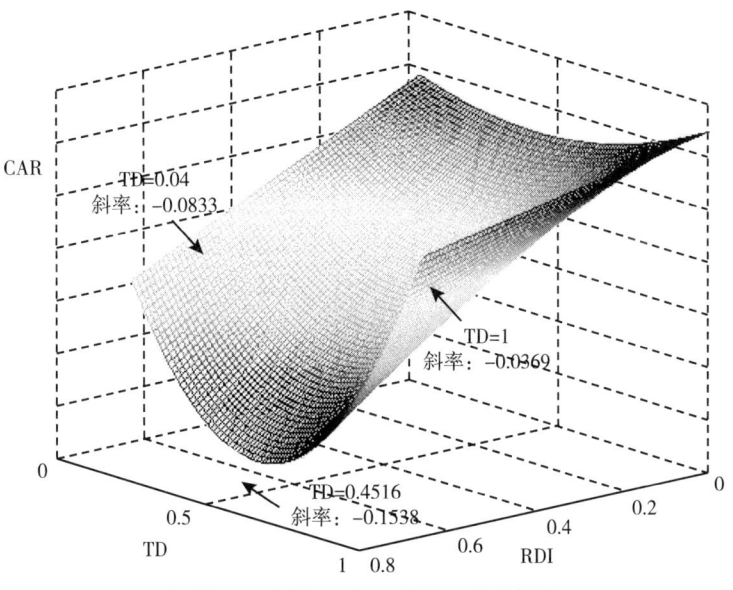

图22-3　RDI-TD-CAR三维曲面图

22.4 主要研究结论

本文选取"开放手机联盟"作为研究对象,采用事件研究法和多元回归法分析联盟主导企业谷歌公司在 2010~2012 年间安卓系统重大技术升级对联盟成员企业产生的异质性影响,重点从成员企业角度探讨成员企业研发投入强度和技术距离在此过程中的作用。研究表明,联盟内不同类型的企业在主导企业对技术标准进行创新的过程中受到不一致的影响,成员企业研发投入强度与超常收益之间存在显著负向关系。更为重要的是,技术距离以 U 型方式调节研发投入强度对超常收益的负向影响强度。具体表现为,当主导企业发出技术标准创新的"脉冲"时,对于那些熟悉主导企业背景知识(技术距离很小)或者拥有主导企业陌生但又不可或缺知识(技术距离很大)的成员企业,其研发投入强度的负向影响较小,可以获得相对较高的累积超常收益;而那些技术距离居中的成员企业,既不熟悉与主导企业相同或相似的技术领域,又没有主导企业所需的互补性知识,其研发投入强度的负向影响较大,将获得较低的累积超常收益。

上述结论有助于澄清技术标准联盟组织内企业之间的网络关系,理解联盟技术创新的动态发展过程。对于主导企业,技术标准产品创新行为具有很强的溢出效应,需要超越本企业范畴站在整个联盟的层面进行创新决策。对于成员企业,新技术研发方向选择和多元化发展(或主要业务调整)战略制定时需要审慎决策技术研发投入规模以及与主导企业技术方面的相对位置,避免在技术标准更新换代中被绑架甚至淘汰,并能够利用这种技术变革的机遇获得更大的市场利益。基于此,成员企业主要有两种"生存策略"。一是"同向策略",即缩短与主导企业的技术距离,更多地获取与其相同的技术和知识,以便在其进行技术标准创新时能够第一时间对自身生产体系和产品特性进行调整。如果在此领域中的知识积累超过主导企业,将有机会取而代之。但是,这一策略可能导致成员企业在与主导企业相同的技术领域专用化投资越来越高,并引发与主导企业更激烈的市场竞争,反而损害成员企业利益。二是"反向策略",即增加与主导企业的技术距离,重点研发与主导企业相异的互补性技术。这一策略将提升成员企业在标准联盟中的地位,逐步改变对主导企业的依赖,甚至能够影响主导企业的技术决策。不仅如此,互补性技术实力雄厚的企业将具有"多属"能力,可能同时被多个技术标准联盟接纳,有可能逐步形成以自己为主导企业的新标准联盟。

参考文献

[1] 夏大慰,熊红星. 网络效应,消费偏好与标准竞争 [J]. 中国工业经济,2005(5):

43-49.

[2] Keil T. De-facto Standardization through Alliances – Lessons from Bluetooth [J]. Telecommunication Policy, 2002, 26 (3): 205-213.

[3] 周青, 毛崇峰. 基于协作研发的技术标准联盟形成条件与路径分析 [J]. 科学管理研究, 2006, 10 (24): 47-50.

[4] Han K, Oh W, Im K S, Chang R M, Oh H, Pinsonneault A. Value Cocreation and Wealth Spillover in Open Innovation Alliances [J]. MIS Quarterly, 2012, 36 (1): 1-26.

[5] 王硕, 杨蕙馨, 王军. 标准联盟内平台产品技术创新对成员企业的财富效应——来自"开放手机联盟"的实证研究 [J]. 经济与管理研究, 2014 (8): 96-107.

[6] Cohen W M, Levinthal D A. Absorptive Capacity: A New Perspective on Learning and Innovation [J]. Administrative Science Quarterly, 1990, 35 (1): 128-152.

[7] Zahra S A, Hayton J C. The Effect of International Venturing on Firm Performance: The Moderating Influence of Absorptive Capacity [J]. Journal of Business Venturing, 2008, 23 (2): 195-220.

[8] Mansfield E. Rates of Return from Industrial Research and Development [J]. The American Economic Review, 1965, 55 (1/2): 310-322.

[9] Lev B. R&D and Capital Markets [J]. Journal of Applied Corporate Finance, 1999, 11 (4): 21-35.

[10] 孙耀吾, 顾荃, 翟翌. 高技术服务创新网络利益分配机理与仿真研究——基于Shapley值法修正模型 [J]. 经济与管理研究, 2014 (6): 103-110.

[11] 龙勇, 罗芳, 黄海波. 竞争性联盟中关于技术合作效应的实证研究 [J]. 科学学与科学技术管理, 2009 (10): 31-37.

[12] Porter M E. Clusters and the New Economics of Competition [J]. Harvard Business Review, 1998, 76 (6): 77-90.

[13] Kraatz M S. Learning by Association? Interorganizational Networks and Adaptation to Environmental Change [J]. Academy of Management Journal, 1998, 41 (6): 621-643.

[14] Tellis G J, Yin E, Niraj R. Does Quality Win? Network Effects versus Quality in High-Tech Markets [J]. Journal of Marketing Research, 2009, 46 (2): 135-149.

[15] Mowery D C. Firm Structure, Government Policy, and the Organization of Industrial Research: Great Britain and the United States, 1900-1950 [J]. Business History Review, 1984, 58 (4): 504-531.

[16] 康志勇. 技术选择、投入强度与企业创新绩效研究 [J]. 科研管理, 2013 (6): 42-49.

[17] 吴卫华, 万迪昉, 吴祖光. 高新技术企业R&D投入强度与企业业绩——基于会计和市场业绩对比的激励契约设计 [J]. 经济与管理研究, 2014 (5): 93-102.

[18] 张瑞, 苏方林, 李臣. 基于PVAR模型的R&D投入与产出关系的实证研究 [J]. 科学学与科学技术管理, 2011, 32 (12): 18-25.

[19] 赵喜仓, 任洋. R&D投入、专利产出效率和经济增长实力的动态关系研究——基于江苏省13个地级市面板数据的PVAR分析 [J]. 软科学, 2014, 28 (10): 18-26.

[20] Mowery D C, Oxley J E, Silverman B S. Technological Overlap and Inter-firm Coopera-

tion: Implications for the Resource-based View of the Firm [J]. Research Policy [J]. 1998, 27 (5): 507 – 523.

[21] Lane F P, Lubatkin M. Relative Absorptive Capacity and Interorganizaional Learning [J]. Strategic Management Journal, 1998, 19 (5): 461 – 477.

[22] Ahuja G. The Duality of Collaboration: Inducements and Opportunities in the Formation of Inter-firm Linkages [J]. Strategic Management Journal, 2000, 21 (3): 317 – 343.

[23] Burt R S. Structural Holes—The Social Structure Of Competition [M]. Harvard University Press, Cambridge, MA, USA, 1992.

[24] Letterie W, Hagedoorn J, Van Kranenburg H, Palm F. Information Gathering through Alliances [J]. Journal of Economic Behavior & Organization, 2008, 66 (2): 176 – 194.

[25] Cassiman B, Colombo M, Garrone P, Veugelers R. The Impact of M&A on the R&D Process: An Empirical Analysis of the Role of Technological and Market Relatedness [J]. Research Policy, 2005, 34 (2): 195 – 220.

[26] Baum J A C, Calabrese T, Silverman B S. Don't Go It Alone: Alliance Network Composition and Start-ups' Performance in Canadian Biotechnology [J]. Strategic Management Journal, 2000, 21 (3): 267 – 294.

[27] Pakes A, Griliches Z. Estimating Distributed Lags in Short Panels with an Application to the Specification of Depreciation Patterns and Capital Stock Constructs [J]. Review of Economic Studies, 1984, 51 (2): 243 – 262.

[28] Hall B H, Ziedonis R H. The Patent Paradox Revisited: An Empirical Study of Patenting in the US Semiconductor Industry, 1979 – 1995 [J]. Rand Journal of Economics, 2001, 32 (1): 101 – 128.

[29] Sampson R C. R&D Alliances and Firm Performance: The Impact of Technological Diversity and Alliance Organization on Innovation [J]. Academy of Management Journal, 2007, 50 (2): 364 – 386.

[30] Nooteboom B. Innovation and Diffusion in Small Business: Theory and Empirical Evidence [J]. Small Business Economics, 1994, 6 (5): 327 – 347.

[31] World Economic Forum and INSEAD. The Global Information Technology Report 2012: Living in a Hyperconnected World [R]. April 2012.

[32] Event Studies with Stata [DB/CD]. Http://Dss.Princeton.Edu/Online_Help/Stats_Packages/Stata/Eventstudy.html.

第 23 章

标准联盟内平台产品技术创新对成员企业的财富效应

——来自"开放手机联盟"的实证研究*

23.1 引　　言

随着网络经济的兴起,许多领域中市场竞争围绕技术标准展开。一家企业的技术路径一旦上升为行业标准(无论是公定标准还是事实标准),在网络效应强的行业中将引发正反馈,最终形成"赢者通吃"的局面。标准竞争成为目前许多行业尤其是高科技行业的竞争方式。格瑞·李(Gary Lea, 2004)认为标准竞争中企业可采用独立竞争战略、标准联盟战略。实际上,企业单靠自身力量推广标准十分困难,通常通过横向和纵向的资源整合,组建技术标准联盟,依靠联盟的力量进行标准竞争,形成"系统与系统的对抗"。企业(尤其是高技术企业)之间围绕技术标准组建战略联盟,推动创新并刺激新型市场或业务出现,能够加速整个社会经济的健康发展和社会组织的不断进化。标准联盟内部成员企业之间存在较高的相互依存性,托马斯·凯尔(Thomas Keil, 2002)认为技术标准联盟的产生是商业系统竞争的逻辑延续。技术标准联盟就是伴随着这些商业系统的发展而形成的。在联盟内部,一家企业的研发创新活动不仅影响自身发展,也会对其他成员企业产生"溢出效应"。研发创新活动绩效(包括创新绩效、财务绩效等)引起相关学者的兴趣,但研究视角不尽相同,包括从创新活动的类型、新产品发布方式、联盟开放性和联盟内部异质性、联盟成员特性等角度所进行的研究。其中联盟成员特性受到广泛重视,如企业规模、年龄、财务结构、行业特征、研发能力、风险系数等经常作为重要的研究变量出现在实证文献中。

多边市场的出现深刻改变了传统的标准联盟结构和网络关系。核心企业将大量技术专利"封装"(encapsulation)为一个产品系统组件,通过有偿或无偿提

---

* 本章作者为王硕、杨蕙馨、王军,发表在《经济与管理研究》2014 年第 8 期(有改动)。

供这种组件输出技术标准。这种组件决定了整个产品系统的技术路径、接口标准和用户交互界面，成为一个"平台产品"。比如，开放手机联盟是以安卓（Android）操作系统为平台产品、Wi-Fi联盟以嵌入Wi-Fi无线上网协议的组件为平台产品、电子商务领域中"淘宝联盟"是以"支付宝"为平台产品，等等。联盟内企业之间的依存性空前加强。建立并维持彼此之间微妙的竞合关系成为首要问题。维系这种网络关系的平台产品的创新、推广和扩散都会对联盟内成员企业产生复杂的影响。对于标准联盟中提供平台产品的核心企业来说，平台产品的技术创新活动是对整个联盟施加影响力的重大战略行为；对于联盟内受此影响的成员企业来说，如何在平台产品技术创新中避免被淘汰，并抓住机会获得发展，是非常关键的。因此，研究平台产品技术创新对整个技术标准联盟及其成员企业引发的财富效应，具有一定理论价值和实践意义。本文主要包括四部分：第一，对相关理论研究进行回顾，在此基础上提出研究假设；第二，进行实证研究设计，包括研究方法、研究样本和变量选取；第三，对事件研究和层次回归结果进行分析，检验研究假设；第四，对研究结论进行阐述，以期对标准联盟企业的管理实践带来启示意义。

23.2　理论基础与研究假设

23.2.1　网络效应与技术标准联盟

"网络效应"最早是罗尔夫（Rohlf，1974）在研究电信消费问题时发现的。他发现通过增加沟通个体数量、增加互补产品种类、提高零件供应和售后服务质量等途径，许多产品用户可以增加同类产品其他用户的效用水平。1985年卡兹（Katz）和夏皮罗（Shapiro）的开创性文献《网络外部性、竞争与兼容》发表之后，引起经济学家和管理学家广泛的研究兴趣。按照卡兹和夏皮罗的定义，网络效应是指"对于某些产品而言，一个消费者在消费过程中获得的效用随着该产品用户人数的增加而增加"。随着理论研究的深入和企业组织实践的不断演化，又将其进一步划分为"直接网络效应""间接网络效应"和更为复杂的"双边网络效应"。间接网络效应存在于垂直网络中。垂直网络是通过多种互补产品，把用户联结起来，即所谓"硬件/软件范式"。如果随着某个基本产品用户数增加，提高了互补产品生产厂商的市场吸引力，最终给消费者带来更大效用，那么就存在间接网络效应。其中硬件与配套软件必须遵循共同的技术规范，才能相互连接、共同工作。间接网络效应是技术标准联盟存在的重要基础：一种技术标准通过少数重要企业采用和推广后，得到更多同类产品和互补产品生产企业的追捧，产生

"花车效应"（bandwagon effect），它将最可能成为行业内主导标准。技术标准的早期推广者和关键技术的持有者将成为联盟的主导企业，技术标准的追随企业和可兼容互补产品生产企业将成为联盟的成员企业。可见，技术标准的产生、扩散和创新对联盟内所有相关成员都具有重要意义。

随着多边市场（multi-sided market）的涌现，许多"平台"企业被孕育出来。多边市场结构是一种"哑铃"型的市场结构，如银行卡支付平台连接着持卡消费者和商户，电脑操作系统连接着电脑使用者和软件开发商，媒体平台连接着广告商和受众，等等。多边市场和多边网络效应领域比较有影响力的主要有卡拉奥德和朱利安（Caillaud and Jullien，2003）、罗歇和梯若尔（Rochet and Tirole，1988）、哈吉犹（Hagiu，2005）等人的研究。尤其是在信息技术领域，多边市场使传统的标准联盟结构和网络关系产生变化。首先，核心企业采取专利池或模块化的方式，将大量核心专利"封装"为一个产品系统组件，以此输出技术标准，如智能手机中的操作系统、电子商务门户网站等；其次，联盟内部企业之间的依存性空前加强，建立并维持彼此之间微妙的竞合关系成为首要问题。作为这一系列网络关系中心的平台产品，其任何创新、推广和扩散都可能引起联盟内企业的反应。因此，对于标准联盟中提供平台产品的核心企业来说，平台产品的技术创新是对整个联盟施加影响力的重大战略行为。

23.2.2　技术创新的市场反应

投资者对某企业价值的评估主要取决于企业未来收益的净现值。企业的技术创新行为将发明创造进行商品化，会带来较大的市场影响力和丰厚的获利机会。第一，随着科学技术的飞速发展，技术创新可能带来技术进步和应用创新相互交融的"双螺旋"演进方式，现有市场结构将发生变革，并可能催生新的业态，技术创新的始作俑者将有较大的概率成为新的"冒尖"（tipping）企业。技术标准联盟所具有的网络效应，将会放大这种技术创新的影响力，对关键平台产品的创新更为敏感。第二，标准联盟的半开放结构有助于平台产品技术创新的快速扩散。与标准相关的核心技术研发主要由少数企业开展，对外界来说这一层结构是封闭的，但对加入标准联盟的企业来说，这一层结构又是开放的。余江等指出，具有较强研发（R&D）能力和关键知识产权（intellectual property right，IPR）的企业成为联盟的主导和核心，为了鼓励更多企业采用该标准和投入资源，企业联盟的结构一般是半开放式的。无论是对新创意的探索还是对旧事物的利用，创新（产品和流程）在开放的环境下能更好地被设计和实施。第三，标准联盟具有横向一体化和纵向一体化的混合结构，知识在网络内部快速地传播流动，能够增强企业的学习效率，提高其环境动态适应性，从而降低创新风险。综上所述，平台产品技术创新提高了平台服务质量，通过联盟内部网络结构将这种创新传导至成员企业，在资本市场使投资者做出正面反应，提高企业市场价值，从而带来"财富效应"。基于此，提出以下假设：

H1：总体上看，平台产品技术创新为标准联盟成员企业带来正向的累积超常收益。

23.2.3 创新形式与发布方式

一般而言，技术创新在"新颖性程度"上会存在差异。根据亨德森和克拉克（Henderson and Clark, 1990）的观点，一种创新是对现有产品进行相对较小的改动，或对已有设计的潜力进行开发，称为"增量式创新"（incremental innovation），另一种创新则基于全新的设计理念和科学原理，开拓全新的产品市场和潜在服务应用，称为"激进式创新"（radical innovation），不同类型的创新会产生不同的经济和竞争结果，投资者的反应会有实质性差异。首先，投资者可能认为"激进式创新"一旦成功，给企业带来的未来现金流比"增量式创新"更大，预示企业将享有更多新市场拓展的机会，从而使企业变得更有价值；其次，从信号理论的角度来看，企业进行"激进式创新"向消费者传达了一种信号，显示自己具有提供高质量产品的能力，同时又向竞争对手传达了一种信号，表明自己具有强大科技研发实力和创新精神。本文认为，投资者对"激进式创新"企业的正向评价同样适用于技术标准联盟。当然无论市场环境是否稳定，"激进式创新"都将会带来更大的不确定性，从而增加投资风险。但正如迪万（Dewan, 2007）等指出，承担更大风险的组织理应从市场中获得额外的风险溢价（risk premium）。基于此，提出以下假设：

H2：其他条件不变，较之于"增量式创新"，平台产品的"激进式创新"给联盟内成员企业带来更高的累积超常收益。

创新产品的发布方式也是影响其市场效果的重要因素。目前，越来越多的平台产品采取"多产品发布"（multiple-product announcement），取代过去"单产品发布"（single-product announcement）。比如，2011 年 10 月 19 日，Android 4.0 操作系统和搭载这一系统的 Galaxy Nexus 智能手机同时发布，产生轰动效应，Android 手机短时间内风靡世界，采用此系统的移动终端产品制造商和服务商也从中获利。一般认为，多产品发布的企业可因此提升其市场价值。在其他条件不变的情况下，多产品发布的组织可能进行更大的研发投入，获得更多的专利发明，拥有更多的技术劳动力。这样的企业或组织将在产品和服务市场中更有竞争力，尤其是当总体市场增长缓慢时，它们获得较大的市场份额。因此，提出以下假设：

H3：其他条件不变，较之于"单产品发布"，平台创新企业采取"多产品发布"的方式，可以给联盟内成员企业带来更高的累积超常收益。

23.2.4 企业研发能力

除了平台产品创新发布的方式之外，成员企业自身的特点也会影响其累积超常收益。其中企业的创新研发能力是反映企业竞争力和环境适应力的一个重要指标。目前许多研究文献使用企业研发强度（R&D intensity）来衡量研发投入的力度。凯尔姆（Kelm, 1995）等认为，有较高研发强度的企业在产品创新方面有更强的技术能力。当联盟内出现基础平台和关键技术创新的时候，研发强度大的企业有更为雄厚的资源投入，能够更好地抓住技术机遇并获得与创新相关的利润。更为重要的是，这种创新一旦形成技术专利，在联盟内部通过"专利池"和"一揽子专利许可"被成员企业所享有，研发强度大的企业有更强的技术消化能力，从而紧跟平台创新演进的步伐，而那些研发投入不足的企业则可能被淘汰出局。不过，研发投入可能带来巨大的沉没成本，以及联盟内部出现的"搭便车"（free ride）和"敲竹杠"（holding up）问题，都将会削弱企业研发投资的积极性，从而导致研发专项投入不足。另外，衡量研发投入产出效率的一个重要指标是研发产出弹性（R&D elasticity）。目前的文献中大多使用柯布—道格拉斯生产函数来计算研发投资的产出弹性，即 R&D 投入每变动 1% 所引起产量（产值）的变动百分比。研发投入强度主要表征企业在研发方面的资源投入，研发投资产出弹性表明企业研发资源投入的使用效率，二者总是同时产生作用。基于此，提出以下假设：

H4a：其他条件不变，发生平台产品技术创新时，研发投入强度高的成员企业获得更高的累积超常收益。

H4b：其他条件不变，发生平台产品技术创新时，研发投入弹性高的成员企业获得更高的累积超常收益。

H4c：其他条件不变，发生平台产品技术创新时，成员企业研发投入弹性对其研发投入强度与累积超常收益之间的关系具有调节作用。

23.3 实证研究设计

本文主要采用事件研究法（event study）对标准技术联盟平台产品创新的财富效应进行实证研究。首先，使用 CAPM 模型对样本企业的正常收益率进行估计，以得到事件期各日的超常收益率，进一步得到各企业在每一次事件的累积超常收益率，并使用 Z－统计量检验假设 1（H1）；其次，采用多元线性回归的方法对假设 2（H2）、假设 3（H3）和假设 4（H4）进行检验。

23.3.1 变量选取

(1) 事件研究法和累积超常收益率。

事件研究法指运用金融市场的数据资料测定特定事件对企业价值的影响,即通过分析特定事件发生前后股票市场的反应,检验是否存在超常收益。假设市场有效,则事件的影响会立即反映在股价中。这种方法在信息技术进步所创造价值的研究中得到广泛的应用。

事件研究法的核心是正常收益率和超常收益率的计算。所谓正常收益率,是指假定没有该事件发生情况下公司股票的预期收益率。本文采用修正的 CAPM 模型(市场模型)估计正常收益率。模型如下:

$$R_{it} = \alpha_i + \beta_i R_{mt} + \mu_{it}$$

式中,R_{it} 为 i 股票在 t 时间的实际收益率,R_{mt} 为股票市场在 t 时间的综合收益率,α_i 和 β_i 为待估参数,μ_{it} 为残差。根据估计出的参数值对事件窗的收益率进行预测得到 $\hat{R}_{it}$,进一步计算超常收益率,公式如下:

$$AR_{it} = R_{it} - \hat{R}_{it}$$

本文另一个重要指标是累积超常收益率 CAR,用以衡量某一股票在整个事件期内受到的累加影响,公式如下:

$$CAR_{t;t+k}^{i} = \sum_{k} AR_{i,t+k}$$

式中,$CAR_{t;t+k}^{i}$ 表示股票 i 在时间窗口 [t, t+k] 内的累积超常收益率,等于这个股票在事件窗内各日超常收益率加总。此外,对 AR 和 CAR 进行加权(或等权)平均还可以计算平均超常收益率(AAR)和累积平均超常收益率(CAAR)。

(2) 产品技术创新类别及发布方式。

对于创新类别(innovativeness),本文采用亨德森和克拉克(Henderson and Clark, 1990)的观点,将创新的类别分为"增量式创新"和"激进式创新",构建哑元变量:当 innovativeness = 1 时,表示创新类别属于"激进式创新",创新程度相对较大;当 innovativeness = 0 时,表示创新类别属于"增量式创新",创新程度相对较小。对于发布时间间隔(interval),本次发布距上次发布的时间,以年为单位表示。对于是否多产品发布(multiple),如果是则 multiple = 1,否则 multiple = 0。

(3) 企业研发创新能力。

对于研发投入产出强度(R&D intensity),程宏伟等(2006)研究发现,我国高科技上市公司的 R&D 投入强度与企业的盈利能力、技术实力等绩效指标之间存在着一定的正相关关系。研发投入强度采用企业研发费用与主营业务收入的比例衡量。一般情况下这一指标超过 5% 则认为是具有较高的研发投入强度。

对于研发投入产出弹性（R&D elasticity），根据微观经济学的基本原理，某种要素投入产出弹性等于该要素产出变动百分比与要素投入变动百分比之比值。现有文献对研发投入产出弹性的研究集中在区域经济学和产业经济学领域，主要利用投入产出表直接计算研发投入产出弹性，或者基于柯布—道格拉斯（Cobb-Douglas）生产函数对企业的面板数据进行计量分析。本文采用第二种方式，但是由于资料所限采用年度数据时间序列较小，只能对这一指标做出较为粗略的估计。

（4）其他控制变量。

本文加入企业财务指标作为控制变量，包括：企业规模（ln_TotalAsset），使用当年企业总资产的对数表示；企业年龄（ln_age），用企业成立年份到2012年的年数取对数表示；Beta值，企业风险收益率指标；企业盈利能力（ROE，权益净利率），用当年净利润与平均所有者权益的比值计算得出。

23.3.2 样本选取

开放手机联盟（Open Handset Alliance，OHA）是美国谷歌（Google）公司于2007年11月5日宣布组建的一个全球性的联盟组织。这一联盟支持Google所发布的Android操作系统和应用软件，以及共同开发以Android系统为核心的移动终端产品和移动数据服务。本文选取"开放手机联盟"官方网站公布的成员企业为研究对象。为了准确获得事件研究法所需的企业信息，手工剔除以下样本：第一，未上市的企业；第二，研究期内股价和财务信息不完整的企业；第三，被联盟内成员企业收购的企业。最终，得到58家企业作为研究样本。样本中在美国上市的企业27家，在中国香港上市的企业4家，在日本上市的企业12家，在韩国上市的企业3家，在中国台湾上市的企业6家，其他地区上市企业6家（说明：同时在多个地区上市的企业，首选其本土股票市场数据，考虑到股票市场的有效性和异质性对本研究的影响，中国内地企业采用香港股票市场数据或美国股票市场数据）。对于市场收益率，选用纽约股票交易所（NYSE）综合指数和纳斯达克（NASDAQ）综合指数及相关个股数据匹配美股样本，选用香港恒生指数（HSI）匹配香港地区股票样本，采用日经指数（Nikkei 225）匹配日股样本，采用韩国股市基准指数（KOSPI）匹配韩股样本，采用中国台湾权重指数（TWII）匹配台湾地区股票样本，并采用印度孟买指数（BSESN）、英国富时100指数（FTSE100）、巴黎股票市场指数（CAC40）、瑞士苏黎世市场指数（SMII）和加拿大标准普尔指数（S&P/TSX）分别匹配相应样本。本文股价数据来自Google财经数据库，企业财务数据来自雅虎（Yahoo）财经数据库和路透（Reuters）财经中披露的上市企业年报。

本文主要研究平台企业技术创新对联盟内部其他企业的溢出效应。2010年5月到2012年12月，作为OHA创立者和核心企业的Google公司总共进行了8次影响较大的 Android 新系统发布，其平台功能得到大幅度提升，如表 23-1 所示。本文将检验这一系列平台技术更新对联盟成员企业股价的影响。假设在有效的股票市场中，股票价格反映全部市场信息，则其他企业在事件窗口内股价的超常变动可理解为 Android 系统升级引发的财富效应。

表 23-1　　　　2010~2012 年 Android 系统主要版本更新信息

新系统版本	发布时间	事件日	发布时间间隔（年）	创新类别	多产品发布
2.1	2010 年 1 月 12 日				
2.2	2010 年 5 月 20 日	2010 年 5 月 21 日	0.350685	1	0
2.3	2010 年 12 月 6 日	2010 年 12 月 7 日	0.547945	0	1
3.0	2011 年 2 月 2 日	2011 年 2 月 3 日	0.158904	1	0
3.1	2011 年 5 月 10 日	2011 年 5 月 11 日	0.265753	0	0
3.2	2011 年 7 月 15 日	2011 年 7 月 18 日	0.180822	0	0
4.0	2011 年 10 月 19 日	2011 年 10 月 20 日	0.263014	1	1
4.1	2012 年 7 月 9 日	2012 年 7 月 10 日	0.723288	0	1
4.2	2012 年 11 月 13 日	2012 年 11 月 14 日	0.347945	0	1

资料来源：根据 OHA 官方网站公布信息整理得到。

23.4　数据分析结果

23.4.1　数据平稳性分析

计算累积超常收益率（CAR）必须首先对每只股票在研究期内的收益率数据的平稳性进行检验。采用 Angmented-Dickey-Fuller 统计量进行单位根检验，带截距项、不带时间趋势和滞后，所有研究对象的收益率时间序列在 1% 的显著性水平上拒绝存在单位根的原假设（限于篇幅，检验结果不在此报告），表明收益率数据是平稳的，可以用来计算超常收益率。

23.4.2　累积超常收益率

本文选择新系统发布日期之后的第一个股票交易日为事件日，选取事件日之前 20 个交易日到事件日之后 20 个交易日为事件窗（event window），即 [-20, 20]，共 41 个交易日。选取的估计时间段为事件日前第 98 个交易日到事件日前第 21

个交易日，即估计窗（estimate window）为 [-98, -21]，共 78 个交易日。本文将联盟中除 Google 公司之外的所有企业视为一个整体，进行全部事件的交叉检验。为了使检验更为可靠，本文使用 P 检验而非 T 检验，因为这种方法允许使用一个更强的标准误差。如表 23-2 所示，将所有企业视为一个整体（在本研究中可以近似代表整个技术标准联盟），其平均累积超常收益率为 1.91%>0，P 值为 0.027，在 5% 的水平上显著，假设 1 得到支持。

表 23-2　全部成员企业累积超常收益率（CAR）交叉检验结果

CAR	系数	稳健标准差	T 值	P 值	[95% 置信区间]	
常数项	0.0191	0.0086	2.22	0.027	0.0022	0.0360

进一步计算事件窗内各交易日平均超常收益率（AAR）、累积平均超常收益率（CAAR），结果如表 23-3 所示。

表 23-3　事件窗内各交易日平均超常收益率（AAR）累积平均超常收益率（CAAR）

日期	AAR	CAAR	日期	AAR	CAAR
-20	-0.0002	-0.0002	1	0.0025 **	0.0098 *
-19	0.0018 *	0.0016	2	-0.0011	0.0087
-18	0.0009	0.0025	3	0.0001	0.0088
-17	0.0005	0.0030	4	-0.0005	0.0083
-16	0.0016 *	0.0046 **	5	-0.0006	0.0077
-15	0.0010	0.0056 **	6	-0.0012	0.0065
-14	-0.0013	0.0042	7	0.0001	0.0066
-13	0.0012	0.0055 *	8	-0.0000	0.0066
-12	0.0010	0.0065 **	9	0.0014	0.0081
-11	0.0000	0.0065 **	10	0.0001	0.0082
-10	0.0013	0.0078 **	11	-0.0006	0.0075
-9	-0.0008	0.0070 *	12	0.0011	0.0086
-8	-0.0019 **	0.0051	13	0.0017	0.0103
-7	-0.0004	0.0047	14	-0.0006	0.0097
-6	0.0000	0.0046	15	0.0057 ***	0.0154 **
-5	0.0029 ***	0.0075 *	16	0.0010	0.0164 **
-4	-0.0006	0.0070	17	0.0027 **	0.0191 **
-3	-0.0006	0.0063	18	-0.0004	0.0187 **

续表

日期	AAR	CAAR	日期	AAR	CAAR
-2	-0.0006	0.0057	19	-0.0009	0.0178**
-1	0.0007	0.0064	20	0.0013	0.0191**
0	0.0008	0.0072			

注：*代表显著性水平<0.10，**代表显著性水平<0.05，***代表显著性水平<0.01，下同。

图 23-1 为平均超常收益率（AAR）和累积平均超常收益率（CAAR）（采用等权重组合方法计算）在事件窗内各交易日趋势图，假设 1 的检验结果也可以从图 23-1 中更加直观地反映出来：在事件日（第 0 日）之前，CAAR 大体呈现出比较平缓的递增趋势，表明将要发生的事件已经通过内部消息的渠道被部分投资者知晓，在事件日之后的一段时间内，CAAR 基本维持一段水平态势，而从事件后第 14 个开始，CAAR 快速上升，最终达到约 2%，说明事件产生的影响具有一定滞后性。

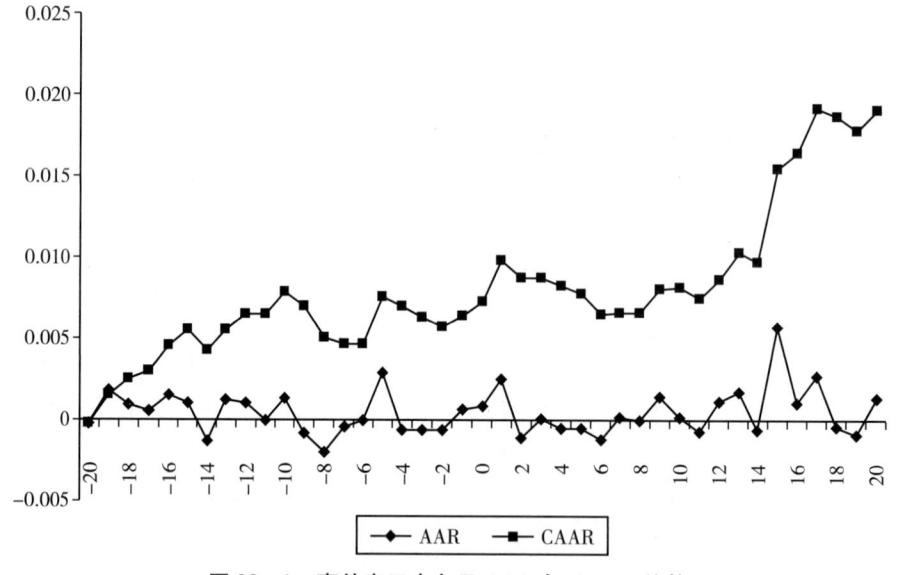

图 23-1 事件窗口内各日 AAR 与 CAAR 趋势

从标准竞争的角度看，Android 操作系统的技术进步提高了其移动通信产品系统给消费者带来的基本效用（如运行速度更快、屏幕更清晰、软件切换更流畅）和网络效应（如联网速度更快、兼容更多软件），大大强化了其终端产品互联互通的功能。新操作系统通过与旧系统进行后向兼容（如版本升级）并且搭载于终端产品进行销售，很快建立了庞大的安装基础（install base）。市场研究公司 Canalys 的调查数据显示，2009 年第 2 季度 Android 系统全球市场占有率仅有

2.8%，到 2010 年第 4 季度飞跃至 33%，2012 年 5 月达到了 60%。正是在 2010 年至 2012 年关键的三年期间，Android 挤垮了塞班（Symbian），超越 iOS 成为全球第一大智能手机操作系统。2012 年 6 月，Google 在 2012 Google I/O 大会上表示全球市场上有 4 亿部 Android 设备被启动，每日启动约 100 万部，庞大的用户基础使搭载 Android 操作系统的移动设备制造商和相关系统服务商也得以"背靠大树好乘凉"。比如，韩国三星电子推出 Android 系统的旗舰智能手机 Galaxy 系列，直接撼动了苹果（Apple）公司 iPhone 手机的市场霸主地位；高通（Qualcomm）、英特尔（Intel）等芯片制造商通过为 Android 系统订制芯片，获得了高额的利润；而 eBay、SoftBank 等软件服务商更是借助市场容量扩大的契机，推出更具创新性的移动数据服务项目。另外，平台技术进步也加强了平台企业对整个商业生态系统的掌控能力，其他成员企业需要投入更多资源进行技术创新以使自己能够继续附着在系统平台上。

23.4.3 多元回归分析

多元回归方程涉及以下变量。一是因变量：各成员企业在每一次平台技术创新（版本升级）事件中获得的累积超常收益率（CAR）。二是事件变量：距上次事件的时间间隔（单位：年）（interval）、创新类型（innovativeness）、联合发布哑变量（multiple）。三是成员企业控制变量：总资产对数（ln_TotalAssets）、企业年龄（到 2012 年）对数（ln_age）、Beta 值（2012 年）和净资产收益率（ROE）。四是成员企业研发创新能力变量：研发投入集中度（RandDintensity）、研发投入产出弹性（RandDelasticity）及其交互项。各变量描述性统计特征如表 23-4 所示。

表 23-4　　　　　　　　变量的描述性统计

变量	个数	均值	最小值	最大值	标准差	偏度	峰度
CAR	464	0.0191	-0.7470	1.3222	0.1854	1.0096	7.8755
interval	464	0.3548	0.1589	0.7233	0.1798	0.9299	-0.3071
innovativeness	464	0.3750	0.0000	1.0000	0.4846	0.5181	-1.7391
multiple	464	0.5000	0.0000	1.0000	0.5005	0.0000	-2.0087
ln_TotalAssets	464	8.9853	1.8913	12.3607	2.3200	-0.9207	0.3975
ln_age	464	3.1202	1.0986	4.7274	0.7722	-0.1756	0.3748
Beta	464	1.1760	0.1500	2.6600	0.5091	0.3513	0.6953
ROE	464	0.0870	-1.4303	0.9604	0.2657	-1.5537	9.4227
RandDintensity	464	0.1031	0.0000	0.6908	0.1328	1.8749	3.8697
RandDelasticity	464	0.0943	-4.9055	2.7658	0.9513	-2.2119	12.1549

表 23 - 5 显示了多元回归分析结果，模型内变量系数均为标准化系数。模型 1～模型 5 采用层次回归法（hierarchical regression）分别放入事件变量、企业控制变量、研发投入集中度、研发投入产出弹性和研发能力变量的交互项。

表 23 - 5　　　　　　　　多元回归分析结果

变量	模型 1	模型 2	模型 3	模型 4	模型 5
interval	-0.077	-0.261*	-0.300**	-0.302**	-0.295**
innovativeness	0.018	-0.051	-0.065	-0.066	-0.062
multiple	0.175**	0.199**	0.203**	0.203**	0.202**
ln_TotalAssets		0.189	0.216	0.208	0.152
ln_age		-0.074	-0.116	-0.108	-0.040
Beta		0.094	0.078	0.084	0.070
ROE		0.065	0.082	0.082	0.092*
RandDintensity			0.109*	0.102*	0.128**
RandDelasticity				0.019	0.045
Inter_int_ela					-0.094*
R^2	0.015	0.027	0.035	0.035	0.041
ΔR^2	0.015	0.012	0.012	0.000	0.007
F	2.353*	1.834*	2.043**	1.830*	1.965**
ΔF	2.353*	1.438	3.441*	0.157	3.095*
P-value	0.071	0.079	0.040	0.061	0.035

（1）事件变量分析。

除模型 1 外，发布时间间隔（interval）与 CAR 呈显著的负相关关系（模型 2，$\beta = -0.26$，$p < 0.10$；模型 3～模型 5，$\beta = -0.3$，$p < 0.10$）。这与经典的信号理论的观点相反，本文认为这是因为更短的间隔和升级周期强化了投资者应对事件的能力，他们可以更好地从上次事件的"记忆"中学会规避损失、提高收益率的知识和经验，这种知识和经验会随着时间推移而衰减；创新类别变量系数在所有模型中都不显著，未能通过检验，表明在本研究中平台创新是否为"激进式创新"与 CAR 相关关系不显著，假设 2 没有获得支持，本文认为这是因为在衡量技术创新程度的时候没有考虑横向比较：在 Android 平台版本升级的同时，主要竞争者如 iOS 平台也在进行频繁的技术更新，潜在消费者必须比较在相近时间内两个（或多个）竞争性平台的技术先进性进行选择；多产品发布变量在五个模型中系数全部为正，符合理论预期，并且至少在 10% 的显著性水平上拒绝系数为 0 的原假设，表明平台产品采用多产品发布的方式可以显著提升成员企业的

CAR，这与强尼（Chaney，1991）与陈圣贤（Chen Sheng-Syan，2005）等的观点是一致的，假设3获得支持。

（2）企业控制变量。

在五个模型中，企业规模变量（ln_TotalAssets）、企业风险收益变量（Beta）系数均为正，表明与CAR有正相关关系，企业年龄变量（ln_age）系数符号为负，表明与CAR有负相关关系，不过在本研究中上述相关关系均不显著。模型5中，ROE与CAR呈显著的正相关关系（$\beta=0.092$，$p<0.10$），表明企业的股东权益率越高，其获得的超常收益率越高。因为ROE是衡量企业盈利能力的重要指标，ROE高的企业更有可能获得投资者青睐。

（3）研发能力变量分析。

观察模型3~模型5发现：RandDintensity与CAR呈显著正相关关系（模型3，$\beta=0.109$，$p<0.10$；模型4，$\beta=0.102$，$p<0.10$；模型5，$\beta=0.128$，$p<0.05$），表明成员企业的研发投入占主营业务收入比重越大，超常收益率越高，假设4a获得支持。RandDelasticity与CAR呈正相关关系，表明成员企业的研发投入产出弹性越高，超常收益率越高，符合理论预期，但变量系数未通过显著性验证（$p>0.10$），假设4b未获支持。

模型5加入研发投入强度和研发投入弹性交互项（以研发投入弹性为调节变量）。为了消除共线性，在构造交互项时，将两变量分别进行了标准化。结果表明，研发投入强度和研发投入弹性在模型中具有显著的负向交互效应（$\beta=0.094$，$p<0.10$），假设4c获得数据支持。参考科恩（Cohen，2003）等推荐的程序，本文分别以高于均值一个标准差和低于均值一个标准差为基准描绘了不同研发投入产出弹性水平的企业之间，研发投入强度对CAR产生影响的差异（如图23-2所示）。

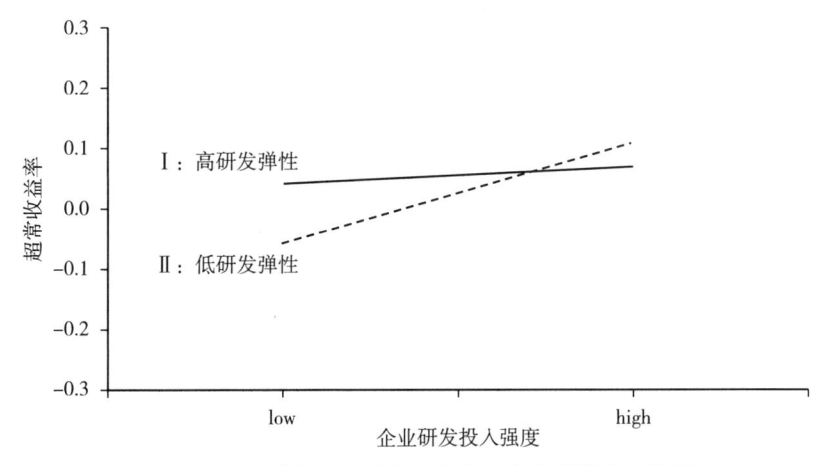

图23-2 研发投入强度和研发投入产出弹性交互作用

从图 23-2 中可以看出，无论高研发投入弹性的企业（用直线 I 表示）还是低研发投入弹性的企业（用直线 II 表示），随着研发投入强度增加，CAR 都呈现递增趋势，说明自变量主效应显著。在大多数样本中，高研发投入弹性的企业能够获得更高的 CAR（直线 I 高于直线 II）。交互效应表明，在平台创新技术水平一定的情况下，受影响的成员企业研发弹性和研发投入之间存在替代性，且这种替代性呈现出递减趋势：研发投入弹性较低的企业在面临技术标准联盟主导企业的平台产品创新时，通过加大研发投资力度，可以在很大程度上弥补技术"短板"，使企业紧跟联盟总体的技术水平，从而获得 CAR 的提升；研发投入弹性较高的企业本身具有很强的技术创新能力和技术产出效率，提高投资强度对 CAR 拉动作用比较有限（直线 I 的斜率低于直线 II 的斜率）。从管理者的角度来看，在平台创新技术水平一定的情况下，进行研发投资需要把握合理的尺度，对本身研发创新能力很强的企业倾注太多研发资金可能会造成"研发投资过度"的问题，反而降低资金使用效率；从投资者的角度来看，较高的研发投入费用会降低企业当年的净利润，进而负向影响所有者权益（如可分配利润降低、股利降低等）。

23.5 主要研究结论

本文使用事件研究法和多元线性回归法，分析开放手机联盟平台产品 Android 操作系统 2010~2012 年 8 次技术升级对 58 个成员企业产生的超常收益率，研究假设的验证结果见表 23-6。

表 23-6　　　　　　　　　　研究假设验证结果

假设	表述	检验结果
假设 1	总体上看，平台产品技术创新为标准联盟成员企业带来正向的累积超常收益	支持
假设 2	其他条件不变，较之于"增量式创新"，平台产品的"激进式创新"给联盟内成员企业带来更高的累积超常收益	未获支持
假设 3	其他条件不变，较之于"单产品发布"，平台创新企业采取"多产品发布"的方式，可以给联盟内成员企业带来更高的累积超常收益	支持
假设 4a	其他条件不变，发生平台产品技术创新时，研发投入强度高的成员企业获得更高的累积超常收益	支持
假设 4b	其他条件不变，发生平台产品技术创新时，研发投入弹性高的成员企业获得更高的累积超常收益	未获支持
假设 4c	其他条件不变，发生平台产品技术创新时，成员企业研发投入弹性对其研发投入强度与累积超常收益之间的关系具有调节的作用	支持

本章主要得出以下结论：

第一，在以平台产品为主要标准集成载体的标准联盟中，由核心企业所主导的平台技术创新对整个联盟产生了财富效应。平台产品技术创新是对整个联盟基础技术的变革，各企业所提供的产品和服务质量因这一创新而提高，为用户提供更高效用（包括基本效用和网络效用）的产品，增强企业市场竞争力；随着成员企业产品的市场占有率越来越高，联盟的平台产品获得更广泛的用户基础，进而引发更为强烈的网络效应，技术联盟所采用的标准更有可能成为事实标准（de facto standards）。因此，平台技术创新将有可能引发联盟成员企业绩效提高和技术标准扩散的良性循环。作为平台提供者的核心企业，应当十分注意这一行为所引发的连锁反应，将平台技术创新和发布作为将对整个联盟产生深远影响的重要战略行为，与其他成员企业进行更广泛的组织沟通和战略协同；为平台提供互补产品和服务的成员企业，应当密切关注这一重要的战略动向，提前进行技术准备，以便获得更高的超常收益。

第二，平台产品发布的方式对市场反应有显著的影响。其中，采用多产品发布的方式可以产生良好的谐振效应。这是因为，大多数情况下用户使用系统产品而非单独使用平台而获得产品和服务价值，将平台与相关部件同时提供给消费者可以使其获得更为直观的使用感受和更加友好的操作界面。事实上，在移动信息技术领域，采用"操作平台＋硬件支持设备＋应用软件"多产品发布的情况屡见不鲜，各企业巨头更是深谙此道，甚至利用定期召开企业技术交流会议的形式将"集束式"产品发布推向极致，取得了极佳的效果。比如，Apple 公司在"全球开发者大会"（Worldwide Developers Conference，WWDC）期间同时发布新版 iOS 操作系统与新款 iPhone 手机和新款 iPad 平板电脑；Google 公司在"谷歌 I/O 开发者大会"期间发布新版 Android 操作系统和三星（Samsung）公司（OHA 重要成员之一）新一代 Galaxy 系列手机；微软（Microsoft）公司在发布 Windows 8 Pro 时，将其预装在 Surface 平板电脑中推向市场，并在"诺基亚世界大会"上，同时发布了新款 Windows Phone 7.5 操作系统和诺基亚 Lumia 800 系列智能手机。

第三，在面对平台产品技术创新时，不同研发能力的企业将获得不同的财富效应。如果企业研发投入集中度较高，从事件中获得的累积超常收益率也较高，在大多数情况下，研发投入产出弹性高的企业，也能获得较高的超常收益率。但是，对二者构建的交互项进行显著性检验显示，研发投入产出弹性对研发投入强度有负向调节效应。在平台创新技术水平一定的情况下，受到影响的成员企业研发弹性和研发投入之间存在一定的替代性，而且这种替代性呈现出边际递减的规律。研发投入弹性较低的企业在面临平台产品创新时，可以通过加大研发投资力度，在很大程度上弥补技术"短板"，使企业紧跟联盟总体的技术水平；研发投入弹性较高的企业本身具有很强的技术创新能力和技术产出效率，提高投资强度作用有限，甚至会出现"过度投资"的情况。因此，成员企业的决策者在考虑研发资源投入时需要做出权衡，既要在长期保障企业的研发创新能力，满足平台技术创新对其提出的要求，又要在短期维持财务收益率，保护投资者的投资热情。

由于各种主客观原因，本研究不可避免地存在以下局限：首先，本文选取了"开放手机联盟"成员企业为样本，并没有考虑这一技术标准联盟具有的特殊性。未来研究可以同时选取若干个技术标准联盟进行对比研究，将不同联盟的网络特性加入模型中进行比较分析。其次，按照目前事件研究法的主流做法，本章采用超常收益率作为财富效应的衡量指标，以股票历史价格为原始数据进行计算，对事件属性和企业属性的少数指标进行分析，主要关心的是这些指标在模型中的影响方向和显著性水平。但是资本市场内股价影响因素极其复杂（如不同股票市场的差异性、法律、社会文化等），未来的研究可以在模型中加入更多方面和层面的外部变量，从而提高回归方程的解释力。最后，由于资料所限，本章只能依据年度数据对企业研发投资弹性进行粗略的估计，更为严谨的做法是收集样本企业的季度数据甚至月度数据，对这一指标进行更为精确的计算。

参考文献

［1］克努特·布林德. 标准经济学——理论、证据与政策［M］. 高鹤等译. 北京：中国标准出版社，2006：16 – 23.

［2］夏大慰，熊红星. 网络效应，消费偏好与标准竞争［J］. 中国工业经济，2005（5）：43 – 49.

［3］Lea G, Hall P. Standards and Intellectual Property Rights: an Economic and Legal Perspective［J］. Information Economics and Policy, 2004, 16（1）: 67 – 89.

［4］Porter M E. Clusters and the New Economics of Competition［J］. Harvard Business Review, 1998（11/12）: 77 – 90.

［5］Kraatz M S. Learning by Association? Interorganizational Networks and Adaptation to Environmental Change［J］. Academy of Management Journal, 1998, 41（6）: 621 – 643.

［6］Keil T. De – Facto Standardization through Alliances—Lessons from Bluetooth［J］. Telecommunications Policy, 2002, 26（3）: 205 – 213.

［7］Fama F, Jensen R. The Adjustment of Stock Prices to New Information［J］. International Economic Review, 1969, 10（1）: 1 – 21.

［8］Sampson R C. R&D Alliances and Firm Performance: The Impact of Technological Diversity and Alliance Organization on Innovation［J］. Academy of Management Journal, 2007, 50（2）: 364 – 386.

［9］Han K, Oh W, Im K S, et al. Value Cocreation and Wealth Spillover in Open Innovation Alliances［J］. MIS Quarterly, 2012, 36（1）: 1 – 26.

［10］Dewan S, Ren F. Information Technology and Firm Boundaries: Impact on Firm Risk and Return Performance［J］. Information Systems Research, 2011, 22（2）: 369 – 388.

［11］Chaney P, Devinney T, Winer R. The Impact of New Product Introductions on the Market

Value of Firms [J]. Journal of Business, 1991, 64 (4): 573 - 610.

[12] Chen S S, Ho K W, Ik K H. The Wealth Effect of New Product Introductions on Industry Rivals [J]. The Journal of Business, 2005, 78 (3): 969 - 996.

[13] 张丽君. 新产品预先发布对消费者购买倾向的影响: 基于消费者视角的研究 [J]. 南开管理评论, 2010 (4): 83 - 91.

[14] Powell W W, Koput K W, Smith - Doerr L. Interorganizational Collaboration and the Locus of Innovation: Networks of Learning in Biotechnology [J]. Administrative Science Quarterly, 1996, 41 (1): 116 - 145.

[15] Boudreau K. Open Platform Strategies and Innovation: Granting Access vs. Devolving Control [J]. Management Science, 2010, 56 (10): 1849 - 1872.

[16] Borys B, Jemison D B. Hybrid Arrangements as Strategic Alliances: Theoretical Issues in Organizational Combinations [J]. Academy of Management Review, 1989, 14 (2): 234 - 249.

[17] Koh J, Venkatraman N. Joint Venture Formations and Stock Market Reactions: An Assessment in the Information Technology Sector [J]. Academy of Management Journal, 1991, 34 (4): 869 - 892.

[18] Harrigan K R. Joint Ventures and Competitive Strategy [J]. Strategic Management Journal, 1988, 9 (2): 141 - 158.

[19] Kogut B, Walker G, Kim D J. Cooperation and Entry Induction as an Extension of Technological Rivalry [J]. Research Policy, 1995, 24 (1): 77 - 95.

[20] Stuart T E, Hoang H, Hybels R C. Interorganizational Endorsements and the Performance of Entrepreneurial Ventures [J]. Administrative Science Quarterly, 1999, 44 (2): 315 - 349.

[21] Rohlfs J. A Theory of Interdependent Demand for a Communications Service [J]. The Bell Journal of Economics and Management Science, 1974, 5 (1): 16 - 37.

[22] Katz M L, Shapiro C. Network Externalities, Competition, and Compatibility [J]. The American Economic Review, 1985, 75 (3): 424 - 440.

[23] Katz M L, Shapiro C. Product Compatibility Choice in a Market with Technological Progress [J]. Oxford Economic Papers, 1986 (38): 146 - 165.

[24] Liebowitz S J, Margolis S E. Network Externality: An Uncommon Tragedy [J]. Journal of Economic Perspectives, 1994, 8 (2): 133.

[25] Rochet J C, Tirole J. Platform Competition in Two - Sided Markets [J]. Journal of the European Economic Association, 2003, 1 (4): 990 - 1029.

[26] Katz M L, Shapiro C. On the Licensing of Innovations [J]. Rand Journal of Economics, 1985, 16 (4): 504 - 520.

[27] Keil T. De - Facto Standardization through Alliances: Lessons from Bluetooth [J]. Telecommunication Policy, 2002, 26 (3): 205 - 213.

[28] 帅旭, 陈宏民. 市场竞争中的网络外部性效应: 理论与实践 [J]. 软科学, 2003, 17 (6): 65 - 69.

[29] 程贵孙, 孙武军. 银行卡产业运作机制及其产业规制问题研究——基于双边市场理论视角 [J]. 国际金融研究, 2006 (1): 39 - 46.

[30] Eisenmann T, Parker G, Alstyne M. Strategies for Two - Sided Markets [J]. Harvard

Business Review, 2006, 84 (10): 1 - 10.

[31] 杨药. 网络平台产业商业模式研究——以苹果智能手机平台为例 [J]. 管理学刊, 2012, 25 (6): 81 - 85.

[32] Schumpeter J A. Capitalism, Socialism, and Democracy [M]. New York: Harper, 1942.

[33] 余江, 方新, 韩雪. 通信产品标准竞争之中的企业联盟动因分析 [M]. 科研管理, 2004, 25 (1): 129 - 132.

[34] March J G. Exploration and Exploitation in Organizational Learning [J]. Organization Science, 1991, 2 (1): 71 - 87.

[35] Tellis G J, Yin E, Niraj R. Does Quality Win? Network Effects versus Quality in High - Tech Markets [J]. Journal of Marketing Research, 2009, 46 (2): 135 - 149.

[36] Eatwell J, Milgate M, Newman P. (eds). The New Palgrave: A Dictionary of Economics [M]. London: Macmillan, 1987: 883 - 884.

[37] Henderson R M, Clark K B. Architectural Innovation: The Reconfiguration of Existing Product Technologies and the Failure of Established Firms [J]. Administrative Science Quarterly, 1990, 35 (1): 9 - 30.

[38] Tirole J. The Theory of Industrial Organization [M]. Cambridge, MA: MIT Press, 1988.

[39] Spence M. Market Signaling [M]. Cambridge, MA: Harvard University Press, 1974.

[40] Dewan S, Shi C, Gurbaxani V. Investigating the Risk - Return Relationship of Information Technology Investment: Firm - Level Empirical Analysis [J]. Management Science, 2007, 53 (12): 1829 - 1842.

[41] Acs Z, Audretsch D. Innovation in Large and Small Firms: An Empirical Analysis [J]. American Economic Review, 1988 (78): 678 - 90.

[42] Hendricks K, Singhal V. Delays in New Product Introductions and the Market Value of the Firm: The Consequences of Being Late to the Market [J]. Management Science, 1997, 43 (4): 422 - 36.

[43] Kelm K, Narayanan V, Pinches G. Shareholder Value Creation during R&D Innovation and Commercialization Stages [J]. Academy of Management Journal, 1995, 38 (3): 770 - 786.

[44] 周寄中, 侯亮, 赵远亮. 技术标准、技术联盟和创新体系的关联分析 [J]. 管理评论, 2006, 18 (3): 30 - 34.

[45] 孙耀吾. 基于技术标准的高技术企业技术创新网络研究 [D]. 湖南大学, 2007: 67.

[46] 王玲, 朱占红. 事件分析法的研究创新及其应用进展 [J]. 国外社会科学, 2012 (1): 138 - 144.

[47] 程宏伟, 张永海, 常勇. 公司 R&D 投入与业绩相关性的实证研究 [J]. 科学管理研究, 2006, 24 (3): 110 - 113.

[48] 何玮. 我国大中型工业企业研究与开发费用支出对产出的影响——1990~2000 年大中型工业企业数据的实证分析 [J]. 经济科学, 2003 (3): 5 - 11.

[49] Event Studies with Stata [DB/CD]. http://Dss.Princeton.Edu/Online_Help/Stats_Packages/Stata/Eventstudy.html.

[50] Chan S H, Kensinger J W, Keown A J, et al. Do Strategic Alliances Create Value? [J]. Journal of Financial Economics, 1997, 46 (2): 199-221.

[51] Mcconnell J, Nantell T J. Corporate Combinations and Common Stock Returns: the Case of Joint Ventures [J]. The Journal of Finance, 1985, 40 (2): 519-536.

[52] Bhattacharya S. Imperfect Information, Dividend Policy, and "the Bird in The Hand" Fallacy [J]. Bell Journal of Economics, 1979, 10 (1): 259-270.

[53] 陈晓, 陈小悦, 倪凡. 我国上市公司首次股利信号传递效应的实证研究 [J]. 经济科学, 1998 (5): 33-43.

[54] Cohen J, Cohen P, West S G, Et Al. Applied Multiple Regression/Correlation Analysis for the Behavioral Sciences [M]. Routledge, 2013.

第 24 章

知识网络如何影响企业创新

——动态能力视角的实证研究[*]

随着创新行为日趋复杂化，创新越来越依赖与外部组织之间的合作，创新理论研究也逐步引入更多的社会变量，社会资本和关系网络成为创新研究的热点。已有的网络视角的创新研究大多考察网络特征对创新的不同影响，对于网络背后的作用机制关注不足，忽视了企业作为行动者的行为选择和能力约束问题。本研究借鉴企业知识理论，在已有研究的基础上重构基于知识的动态能力概念，探讨知识网络通过动态能力的不同维度影响企业创新的机制和路径，试图打开企业能力黑箱，帮助企业更好地利用外部网络中的资源，提高创新能力。

24.1 文献综述

梳理网络视角的创新研究发现，大部分研究认同企业外部网络对于创新的推动作用，贝启科（Becheikh，2006）等选择了 108 篇制造业创新的实证研究进行分析，没有发现网络对创新负面影响的报告，大部分认为企业与客户、供应商、大学、研究机构或者其他组织之间的互动与创新绩效正相关，另外一些则认为二者间关系不显著。但是，在支持正向影响的研究中，对于什么样的网络构成和网络特征有利于促进创新也存在争议。闭合的网络有很多冗余联系，有利于发展节点之间的信任和合作，适合于面对相同问题的合作伙伴。戴尔和诺贝卡（Dyer and Nobeoka，2000）考察了丰田生产网络，认为没有结构洞的闭合网络是建构有效的知识共享网络的前提。巴蒂加尔（Batjargal，2005）对中国和俄罗斯软件企业的调查则显示，网络间知识的同质性只会在短期内加速新产品的开发，从长期来看，紧密的、同质的网络会对软件开发产生负向影响。不同的创新形式对网络的需求也有别。弗雷尔和德琼（Freel and De Jong，2009）认为，激进式创新需要较大的网络规模，而渐进式创新对于规模的要求并不显著，其需要更高程度

---

[*] 本章作者为辛晴、杨蕙馨，发表在《研究与发展管理》2012 年 6 月（有改动）。

的本地嵌入性。可以看出，外部网络是否能促进创新及如何促进创新受到很多因素的影响，那么这些因素又是如何造成创新绩效差异的呢？探讨网络背后的影响机制是一个很好的出发点，企业能力在网络创新中的作用因此受到关注，吸收能力、自我创新能力、网络能力等因素先后被引入或者提出来解释外部网络与企业创新之间逐渐演变的、非线性的互动关系。这些为后续的理论研究提供了有益启示，但是随着竞争日益激烈，市场的不确定性日益加大，企业在动态环境中的应变和适应能力变得越来越重要，无论是吸收能力、网络能力，还是创新能力，都未能考虑能力的"刚性"，即路径依赖问题，"刚性"的存在使得能力并不必然带来持续的竞争优势。在这种背景下，蒂斯（Teece，1997）等提出了"企业整合、建立和重新配置内部与外部能力来适应快速变动环境的能力"，即动态能力的概念和理论体系，强调动态能力的创新性、开拓性和自我演化性，得到了学者们的肯定和广泛认可，在 ISI web of science 上输入关键词 "dynamic capabilities" 和 "dynamic capability"，发现有关动态能力的研究文献自 1998 年以来逐年增多，从 2005 年开始文献量激增，动态能力逐渐成为研究的热点。

但是，以动态能力作为网络影响创新的中间变量，在目前的研究中并不多见。作为一个具有强大解释力并引起学术界广泛兴趣的新兴概念，动态能力之所以尚未进入网络与创新研究者的视野，一方面是因为动态能力研究中存在的不足，如动态能力的概念和测度纷繁复杂，欠缺操作性和可验性，另一方面是因为网络、动态能力与创新之间的联系尚未被发现。

借助企业知识理论，可以很好地揭示网络、动态能力与创新之间的联系。企业知识理论认为，企业是具有异质性的知识体，其竞争优势源于对知识的创造、存储及应用。创新行为就是企业现有知识存量的重新排列组合，知识的存量决定了企业的创新能力，企业当前的知识存量所形成的知识结构决定了企业发现未来机会和配置资源的方法，使得企业可以更准确地预测环境变化趋势并采取适当的战略和策略行动，从而决定了企业的竞争优势。创新的过程是对企业知识的管理过程，也是企业不断融合内外部知识、提升和扩大自身知识存量的过程。那么企业知识的来源在哪里呢？

企业知识是根植于企业的价值体系并嵌入在企业特定的内外部情境之中的，其产生受到诸多因素的共同影响。作为嵌入在社会结构中的行动者，企业对于外部知识的获取，必然受到社会的知识传递模式的影响。中国文化是典型的高语境文化，信息的传递与沟通很多是通过非语言方式进行的，内涵丰富而微妙，沟通的效率取决于接收者接受暗示和解码的能力，因此中国文化中的企业在搜寻和转移知识时更加重视关系因素。而中国伦理社会差序格局的结构特征更加强化了这一点。一个差序格局的社会，是由无数私人关系搭成的网络，网络的每一层都附着不同的道德要素，中国社会体现出高度特殊主义和关系取向的特征，资源和信息的分配是依据关系的远近、感情的亲疏、是否属于圈内人等关系特征进行，企业获取知识的可能性、丰富性与企业和知识源之间是否有联系的网络、企业在网络中所处的位置、网络关系的紧密程度等密切相关。另外，中国经济正处于转型期，社会交换过程中人为因素的影响比较大，信息和知识很难被编码或者文本化，公开传播渠道较少，所以人际关系网络成为知识传播的主要途径，知识主要隐藏在社会结构而不是市场结构中。总之，中国文化的高语境特征、中国伦理社会的差序格局、转型期经济的不规范运行，都决定了中国企业获取知识的主要来源是企业主动构建的知识网络，而不是其他的公开渠道，如新闻、公报等。以传播知识为目的的知识网络就成为中国企业获取知识的主要途径，那么，知识网络特征是通过什么样的传导机制影响创新行为？为什么有些企业的创新更多地受益于网络，有些企业却受益很少？企业动态能力的差异就是一个合理的答案，企业所面对的外部环境从客观上说都是相同的，但由于企业的知识结构和认知能力不尽一致，它们所能发现的市场机会也不相同。基于此，本文试图突破已有分析思路，通过引入企业动态能力概念，构建一个网络、动态能力和创新的理论框架，并实证验证动态能力在网络和创新之间的中介作用。

24.2 理论模型与假设提出

24.2.1 理论模型

探讨动态能力在知识网络和创新之间的中介作用，首先要明晰动态能力的概念。尽管动态能力的概念界定纷繁复杂，但基本上遵循两种主要的思路，即以能力或以资源作为动态能力的作用对象，后者因避免了动态能力的同义反复，强调动态能力的普遍性和可测性而日益被研究者所接受。顺承这一思路，寻找一种最核心的和普遍存在的资源作为起点，可以提炼出适合不同行业和组织的动态能力的共性特征。既然知识最有可能成为持续竞争优势的来源，那么，对知识资源的管理就成为动态能力最为普遍和关键的表现形式。基于企业知识理论，借鉴艾森哈特和马丁（Eisenhardt and Martin, 2000）的概念界定，本研究对动态能力定义如下：动态能力是企业为适应市场变革而创造性地使用内外部知识资源的过程，是组织拥有的迅速识别和获取外部知识并与已有知识进行整合和重构，以实现新的资源组合的过程性运营和战略惯例。这个概念界定一方面摆脱了动态能力定义的行业或者地域局限，另一方面又兼顾了资源和能力的演化与发展。动态能力绝不仅限于对资源的探究，而是会随着时间和环境的变化产生创新性和开拓性的演进，是从资源基础观的静态观进化到能力动态观的演进。

从企业知识理论出发，创新、动态能力和网络都被赋予了知识含义。创新是企业对现有知识的重新排列组合；动态能力是企业为适应市场变革而创造性地使用内外部知识资源的过程性运营和组织惯例；网络，尤其是知识网络，是企业外部知识的主要来源。企业的动态能力决定了其从知识网络获取资源的丰裕程度和对内外部资源的利用程度，并最终决定了企业创新水平。

动态能力来源于企业对新知识的获取、融合、创新和应用，其建立、发展与知识创造的过程存在密切的逻辑关联。借鉴野中（Nonaka，1995）的 SECI 模型以及蒂斯（Teece，1997）把动态能力分解为感知（sensing）、捕捉（seizing）和变革（transformational）3 个阶段的重新诠释，同时使用演化经济学中顺序依赖的假设，本文将动态能力的演化划分为变异—内部选择—保留 3 个阶段。具体来说，在变异阶段，企业对如何使用新方法解决老问题或如何面对新挑战产生了一系列创新性想法，而这些创新概念的产生和验证，需要企业具备识别和获取外部新的有价值信息的能力；内部选择阶段的主要任务是对变异阶段所产生的创新概念和想法进行合理性证明，评价这些创新概念能否提高现有惯例的效率或者提供建立新惯例的机会，这一阶段企业的筛选评估能力起到了关键作用，体现为企业对外部获取的信息和知识进行分析、加工、诠释、理解、分类、选择的程序和惯例；在保留阶段，需要把通过合理性证明筛选出来的新惯例传播到各个部门并逐渐缄默化和制度化，也为创建下一个新的惯例创造条件，这一阶段企业的转化整合能力至关重要，表现为更新已过时知识、增加新知识，或者用新方法诠释和组合已有知识。

动态能力在知识网络影响企业创新中所起的中介作用，实际上就是基于知识的动态能力发挥作用的过程。创新是企业对现有的内外部知识的重新排列组合，企业的动态能力水平决定了其主动从外部网络中搜寻识别有价值信息的可能性和积极性，对于新知识的筛选评估和转化整合，最终导致了企业创新行为的发生。创新行为改变企业的知识结构，实现企业从旧知识到新知识的跃迁，为动态能力的演化提供了新的、更高的起点；动态能力的提升使得企业对于网络资源的利用程度不断提高，企业可以驾驭和使用的知识网络的范围、规模、异质性程度等都会随之扩大，而知识网络的演进又为创新行为更多地受益于网络提供了可能性。因此，在知识网络演进、动态能力提升和创新绩效提高之间存在着循环反复的正相关关系，如图 24-1 所示。

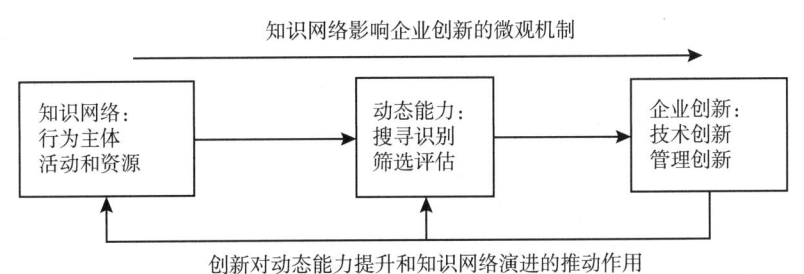

图 24-1　知识网络—动态能力—企业创新机制模型

24.2.2 假设提出

本研究提出知识网络特征—动态能力—创新绩效的影响机制模型,其中自变量网络特征分为结构特征和关系特征两个层面:结构特征使用网络中心性、网络规模、网络异质性测量,关系特征使用关系强度、关系质量测量。中间变量动态能力分为搜寻识别、筛选评估、转化整合3个维度;因变量企业创新分为技术创新和管理创新两种模式。技术创新涉及关于组织生产经营核心技术的创新,包括组织的产品、服务、制造、销售、生产流程与设备以及为了提供服务所需的技术等方面的创新;管理创新涉及战略、组织与管理系统方面的创新,包括领导、策略、组织结构、管理流程与制度方面的创新。

网络中心性的主要指标是程度中心性与中介性。网络节点的中心度越高,所能接触到的知识源就越多,占据网络的中心位置,更容易获得能够激发创新行为的新思想和外部信息。中介性越高,占据的结构洞越多,行动者在信息获取和信息控制方面的优势越大,能够获得更丰富的、非重叠、跨越边界的"信息收益"。结构洞对信息获取的正向影响也得到了很多实证研究的支持。因此提出以下研究假设:

H1a:企业的网络中心性越高,越有利于企业对外部知识的搜寻识别。

H1b:企业的网络中心性越高,越有利于企业对外部知识的转化整合。

网络异质性也称网络差异,是衡量网络中全体成员在某种特征上的差异情况的指标,对于知识转移和动态能力提升存在双重影响。网络异质性的正面影响主要表现在知识获取阶段,网络的异质性可以扩大知识搜寻的范围,提高知识的可获得性,而信息的多样性提高了新信息与原有信息结合的可能性,从而提高了知识转移绩效,但是在知识吸收阶段,即知识的转化整合阶段,却起着相反的作用。一方面,网络异质性造成的信息多样性大大增加了管理层筛选、处理信息的任务,降低了信息处理的速度,增加了信息处理的成本,对产品开发绩效可能产生负向作用;另一方面,转移主体之间的知识距离或者组织距离过大,会降低异质性网络中获得的信息和知识转移的效果。因此提出以下研究假设:

H2a:企业知识网络的异质性越高,越有利于企业对外部知识的搜寻识别。

H2b:企业知识网络的异质性越高,越不利于企业对外部知识的转化整合。

网络规模衡量网络的大小,它决定了网络中行动者可以有效利用的关系数。网络规模越大,网络中包含的关系数目越多,网络中蕴含的潜在资源越充足,越有利于企业的知识创造和动态能力提升。实证研究中也少有报告网络规模对知识转移和创新存在显著的负面影响。因此提出以下研究假设:

H3a:企业知识网络的规模越大,越有利于企业对于外部知识的搜寻识别。

H3b：企业知识网络的规模越大，越有利于企业对于外部知识的转化整合。

关于网络关系特征的界定，最有影响的是格拉诺维特（Granovetter，1992）的强关系—弱关系理论，本研究顺承其思路，选取关系强度、关系质量衡量网络关系特征，其中关系强度是客观指标，衡量焦点企业与网络成员间的互动频率，关系质量是主观指标，衡量双方的情感紧密性、熟识程度和互惠交换程度。弱关系被认为更有可能带来异质性资源和非冗余信息，但是这一结论的普适性受到质疑。边燕杰（1999）在中国和新加坡进行的求职网调查证实，在中国文化背景中网络成员间的强关系才是有用信息的主要来源。由于企业之间的交往频率和企业与非企业组织之间的交往频率存在较大差异，因此分开验证，提出以下假设：

H4a：企业与主要供应商、客户、同行之间的互动频率越高，关系强度越高，越有利于企业对于外部知识的搜寻识别。

H4b：企业与相关科研院所、政府、金融机构（银行）和中介组织之间的互动频率越高，关系强度越高，越有利于企业对于外部知识的搜寻识别。

H4c：企业与知识网络成员的关系质量越高，越有利于企业对于外部知识的搜寻识别。

强关系的优势在知识的转化整合阶段表现得更为突出：第一，强关系之间情感更加紧密，关系更加稳定，降低了防范投机行为的成本，增加了网络成员间的合作，使得转化整合的成功率提高；第二，强关系之间频繁的互动，能够提高知识转移渠道的丰富性，有利于新知识的转化及其与组织原有知识的整合；第三，强关系之间的经验和知识基础的同质性较高，会降低知识转化整合的难度。因此提出以下假设：

H5a：企业与主要供应商、客户、同行之间的互动频率越高，关系强度越高，越有利于企业对于外部知识的转化整合。

H5b：企业与相关科研院所、政府、金融机构（银行）和中介组织之间的互动频率越高，关系强度越高，越有利于企业对于外部知识的转化整合。

H5c：企业与知识网络成员的关系质量越高，越有利于企业对于外部知识的转化整合。

创新活动是一个逻辑的序列过程，遵循"创新思想形成—项目确认—项目实施"的一般路径，虽然这一过程并非必然是连续的。创新思想的形成来源于对新市场需求的识别和新技术能力的认知；然后经过筛选进行项目确认，筛选的标准同时受到当前社会需求和企业自身知识存量的影响，创新的结果要有市场需求，企业也要有能力发动实施创新活动；项目确认后，创新活动进入实施阶段，包括获取知识、解决问题、设计开发、生产销售等一系列活动。创新活动的过程与本研究所定义的动态能力的演进过程密切相关，因此动态能力各维度会正向影响企业创新行为。值得注意的是，技术创新与管理创新的性质不同，技术创新是指与企业的基本生产活动直接相关的、主要在操作和运营系统发生的变革，而管理创新与企业的基本生产活动不直接相关，主要发生在企业的社会系统之中，包括企业的结构和流程变革、行政体系、管理知识以及所有使企业能够有效配置资源的管理技能的变革。二者对外部知识的需求有所不同。技术创新更需要异质性知识来激发创新思想的萌芽，因此搜寻识别维度对技术创新更为重要；而管理创新则更强调内外部知识的协调和整合，以保证创新概念在企业社会系统的各个部门和环节都能够有效地贯彻实施，因此转化整合维度对管理创新更为重要。可见，动态能力的不同维度对技术创新和管理创新的影响强度存在差异，有必要进行进一步验证。

由于动态能力概念的提出始于1997年，该领域的实证研究并不丰富，国内研究大多集中在近几年，并且大部分实证研究验证了动态能力对于企业绩效的正向影响，尤其是对企业创新绩效的正向影响。

也有研究发现动态能力的不同维度在提高绩效方面的贡献并不相同。总之，动态能力对于企业绩效的影响，与动态能力的定义和构成维度密切相关，本研究从知识演进的角度把动态能力划分为呈现顺序关系的3个维度，动态能力的演进实际上体现了知识创造的过程，各个维度对创新行为的影响应该是正向的，因此提出以下假设：

H6a：企业对外部知识的搜寻识别，正向影响企业的技术创新。
H6b：企业对外部知识的搜寻识别，正向影响企业的管理创新。
H6c：企业对外部知识的筛选评估，正向影响企业的技术创新。
H6d：企业对外部知识的筛选评估，正向影响企业的管理创新。
H6e：企业对外部知识的转化整合，正向影响企业的技术创新。
H6f：企业对外部知识的转化整合，正向影响企业的管理创新。

如前文所述，动态能力的演化与野中（Nonaka）的知识创造理论相呼应，在知识创造的不同阶段，动态能力发挥了不同的功能，分别表现为搜寻识别、筛选评估、转化整合，后一阶段的成功取决于前一阶段是否能够顺利完成。因此提出以下假设：

H7a：企业对外部知识的搜寻识别，正向影响对外部知识的筛选评估。
H7b：企业对外部知识的筛选评估，正向影响对外部知识的转化整合。

本研究选取企业的高新技术等级作为技术创新绩效的控制变量。本研究全部假设汇总见图24-2，其中实线箭头表示正向影响，虚线箭头表示负向影响。

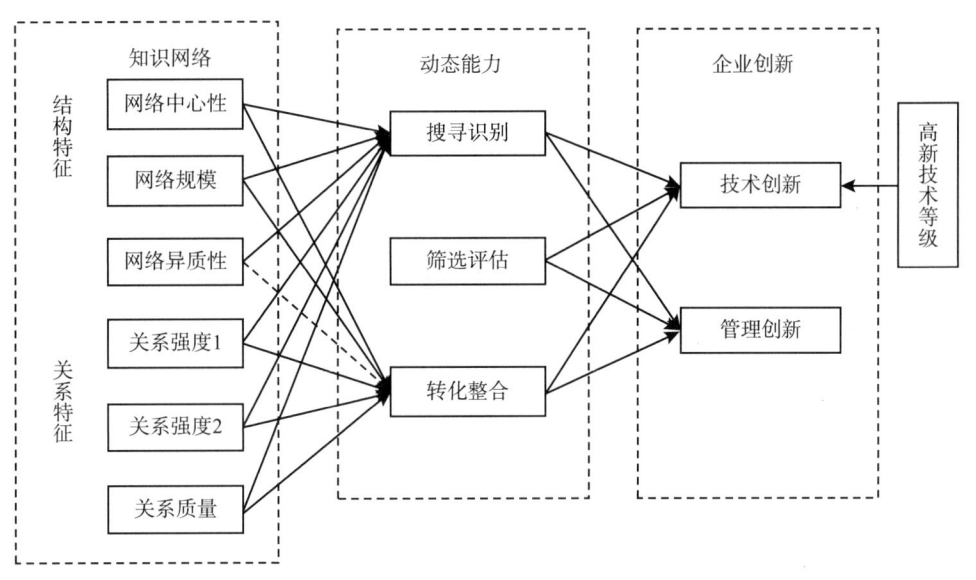

图 24-2　知识网络—动态能力—企业创新机制模型的操作性假设汇总

24.3　数据和变量

24.3.1　数据收集

研究数据主要通过问卷调查获取。问卷发放范围限定在山东、江苏、上海、北京等省市，样本选取成立 3 年以上、员工 10 人以上的企业，要求企业高层管理人员填写。问卷发放时间为 2009 年 10 月至 2010 年 3 月，共发放 395 份，回收 309 份，有效问卷 244 份，占回收问卷的 60%。在发放渠道方面，经过修改后的正式问卷采取便利抽样的方式，经由个人直接发放和委托发放两个途径，其中委托发放的主要渠道有北京大学光华管理学院的 EMBA 学员、山东大学 EMBA 学员、山东省发展和改革委员会、山东省经济和信息化委员会、中国建设银行山东省分行以及国家开发银行山东省分行。样本的描述性统计显示，本次调查企业主要集中于制造业（84.4%），软件服务业、贸易业和其他服务业仅占 15.6%；高科技企业占 52.5%，传统企业占 47.5%；员工数量最低为 10 人，最高 70000 人，均值为 1683 人；企业寿命的均值为 12.84 年，最大值 66 年，最小值 3 年；企业的所有制包括民营、三资、国有、联营和集体企业等形式。

24.3.2 主要变量

网络中心性用来确定企业在组织间网络中所处的位置，程度中心性与中介性是测量该变量的两项主要指标。本文主要借鉴蔡（Tsai, 2001）、邬爱其（2004）的研究，设计了 5 个测量题项，分别测量程度中心性、接近中心性和中介性。网络规模是绝对指标，通过询问企业与其直接建立知识联系的网络成员数量来测量。网络异质性用赫希曼—赫芬达尔指数计算，把知识网络成员分为 7 类，分别是企业的主要供应商、客户、同行、相关科研院所、政府部门、金融机构及中介组织，计算公式为：

$$网络异质性系数 = 1 - \sum (P_{ij})^2$$

式中，P_{ij} 是焦点企业 i 在 j 类型中创新伙伴占全部创新伙伴的比例，取值范围为 [0, 1]，0 表示最小的异质性，1 表示最大的异质性。

关系强度通过直接询问企业与网络成员的交往频率获得，分为两个因子：与主要供应商、客户、同行之间的互动频率命名为关系强度 1，与相关科研院所、政府部门、金融机构（银行）、中介组织的互动频率命名为关系强度 2。关系质量借鉴伊丽—兰可等（Yli-Renko et al., 2001）、乌兹（Uzzi, 1996）的研究，选取 4 个题项，采取直接询问的方式，分别测量情感紧密性、熟识程度（相互信任）和互惠性服务。

因变量创新绩效的测量通过企业调查问卷来获得，技术创新量表主要参考了林义屏（2001）、芮特尔和杰穆登（Ritter and Gemünden, 2003）的成熟量表，从创新的市场反应、创新效率、工艺流程情况等题项进行测量。管理创新量表主要参考林义屏（2001）的研究，采用组织与规划创新层面 5 个问题项测量。研究选取企业的高新技术等级作为控制变量，按照国家级、省级、市级、未被认定 4 个标准进行赋值。

由于本研究中动态能力的定义和维度划分主要是通过理论推演得出，尚未在已有实证研究中得到证实，因此动态能力的量表开发过程与网络特征和创新绩效有所不同。根据动态能力的理论，测量题项也相应地从知识获取、知识选择、知识转化整合 3 个维度来进行，其中知识获取维度主要借鉴涅托和克韦多（Nieto and Quevedo, 2005）、曹红军和赵剑波（2008）、刘璐和杨蕙馨（2008）的量表，知识选择维度主要借鉴巫立宇（2006）、屠等（Tu et al., 2006）的量表，知识转化整合维度主要借鉴杰森（Jansen, 2005）、凯美森和弗雷斯（Camisón and Forés, 2010）的量表。

首先，使用试调研回收的 50 份有效问卷进行探索性因子分析（exploratory factor analysis，EFA）和信度检验，以寻求数据的基本结构，检验测度题项的合理性。KMO 值为 0.860，样本分布 Bartlett 球形检验的卡方检验值为 477.449（自由度为 78 时），显著性水平为 0.000，适合进行因素分析。探索性因子分析采用主轴因素法（principal axis factor），按特征根大于 1 的方式抽取因子个数，经方差最大变异法（varimax）转轴后，萃取 3 个因子，分别命名为搜寻识别、筛选评估、转化整合。采取负荷量大于 0.5 的标准，删除了 3 个题项，其中，题项 3 在搜寻识别因子中的因素负荷量只有 0.473，而且其共同性系数最低（0.394），而题项 1 和题项 8 在搜寻识别因子和转化整合因子的因素负荷量都超过了 0.5，说明题项的区别效度较差，应予以删除。

24.3.3 信度和效度检验

本研究中网络规模、网络异质性都是计算得出，无须检验效度和信度，因此只对网络中心性、关系强度、关系质量、动态能力、技术创新和管理创新 6 个变量进行效度和信度分析。使用 SPSS 16.0 对 6 个变量逐一进行信度检验，发现所有的题项—总体相关系数均大于 0.35，各变量的 Cronbach's α 系数均大于 0.7，并且删除其中任何一个题项都将降低一致性指数，可见 6 个变量的各题项之间具有较好的内部一致性。使用 AMOS 7.0 进行验证性因子分析。相关结果见表 24 – 1[①]。

表 24 – 1　　　　　　信度和 CFA 检验结果（N = 244）

变量	项目数	模型	CMIN/DF (1 – 3)	GFI (>0.9)	IFI (>0.9)	TFI (>0.9)	CFI (>0.9)	RMSEA (<0.10)	Cronbach's α
网络结构特征	7	三因素	1.995	0.971	0.973	0.955	0.972	0.064	0.800
网络关系特征	11	三因素	2.901	0.906	0.928	0.915	0.927	0.088	0.874
动态能力	10	三因素	2.916	0.928	0.957	0.939	0.957	0.089	0.912
企业创新	9	双因素	1.567	0.968	0.990	0.985	0.989	0.048	0.899

模型中所有指标变量的因素负荷量均在 p < 0.001 水平上具有统计显著性，显示每个指标都具有良好的效度，而且所有题项的标准化回归（standard regression loading，SRL）都大于 0.6（见表 24 – 2），表示指标变量能有效反映其潜变量的特质。模型的整体适配度指标也较好，表示模型整体适配合理，各个变量的测量是合理有效的。

[①] 根据创新绩效 CFA 模型修正指标值的提示，如果在误差项 e1 和 e2 之间建立共变关系，可以减低卡方值 4.676。题项 3 和题项 4 从内容上看存在很大的关联，都是询问生产设备方面的问题，因此释放两个变量之间的相关，建立 e1 和 e2 之间的共变关系。

表 24 - 2　　　　　　　　标准化回归系数（N = 244）

潜变量	观测变量	SRL
网络中心性	同一行业内其他企业大多数都知道我们企业的名称	0.619
	当需要技术建议或支持时，合作企业非常希望本企业能提供知识、信息和技术	0.671
	本企业与合作伙伴的直接业务联系多于间接联系	0.627
	同一行业内其他企业容易与我们建立联系	0.730
	其他企业经常通过我们介绍认识	0.697
关系强度1	与企业主要客户的交往频率	0.885
	与企业主要供应商的交往频率	0.791
	与企业主要同行的交往频率	0.718
关系质量	在与创新合作伙伴的交往中，双方都能信守诺言	0.730
	在与创新合作伙伴的交往中，双方都尽量避免提出严重损害对方利益的要求	0.601
	如果企业有新的合作业务，首先会考虑现有的合作伙伴	0.614
	对创新合作伙伴的能力（实力）有信心	0.782
关系强度2	与相关政府部门的交往频率	0.862
	与相关科研院所的交往频率	0.756
	与相关金融机构的交往频率	0.774
	与相关中介组织（服务、咨询机构、行业协会等）的交往频率	0.691
搜寻识别	企业能更快地识别新技术知识可能给企业带来的变化	0.747
	企业能获取比竞争对手更高质量的资源	0.808
	企业能以比竞争对手低的成本获取外部知识和信息	0.824
筛选评估	企业有专门的人员和部门负责分析、筛选、储备所获取的知识以备将来使用	0.735
	企业注重建立企业内外部的信息共享和沟通机制	0.834
	企业形成了利用外部知识的程序	0.755
转化整合	公司能根据外部获取的知识更新已有的知识	0.801
	企业能根据自身需要对外部获取的知识进行改造	0.808
	企业研发活动由生产、工程、营销等多部门共同参与	0.749
	知识企业能将已消化的新知识与原有知识紧密结合和匹配	0.835
技术创新	本公司的生产设备体现了一流的工艺技术	0.758
	与同行相比，本公司的生产设备更先进	0.738
	与同行相比，公司产品/服务的改进和创新有更好的市场反应	0.851
	公司常常在行业内领先推出新产品和新服务	0.781

续表

潜变量	观测变量	SRL
管理创新	公司会适时调整员工的工作以达到公司目标	0.795
	公司会尝试不同的管理流程来加速实现目标	0.782
	公司会依据客户的要求改变服务项目或服务方式	0.774
	公司会配合环境的需求变更各部门的职权分工	0.757
	公司积极采取可以改善绩效的新政策	0.796

24.4 实证设计、结果与讨论

根据前文的理论假设，使用 AMOS 7.0 构建两个结构方程模型，分别是网络结构—动态能力—企业创新（模型1）和网络关系—动态能力—企业创新（模型2）路径模型。两个模型初步拟合结果显示，卡方与自由度比值都小于3，RMSEA 的值都小于1，GFI 大于0.8，IFI、CFI、TLI 都大于或接近0.9，显示模型整体适配合理。然而，两个模型变量之间共有20条路径在 $p<0.05$ 的水平上显著，有11条路径不显著，因而未通过假设检验。根据 p 值从大到小逐一删除不显著的路径，每次重新计算，再根据新的计算结果删除 p 值最大的不显著路径，共删除10条不显著路径，最终得到表24-3和表24-4。

表24-3　　　　　　　　　　模型1修正后拟合结果

路径	因素负荷	S.E.	C.R.	p	SRL
搜寻识别←网络中心性	0.759	0.106	7.158	***	0.639
搜寻识别←网络规模	0.003	0.001	2.131	0.033	0.133
筛选评估←搜寻识别	0.831	0.091	9.082	***	0.747
转化整合←筛选评估	0.566	0.063	8.952	***	0.676
转化整合←网络中心性	0.437	0.083	5.264	***	0.396
转化整合←网络异质性	-0.059	0.020	-2.892	-0.004	-0.136
技术创新←搜寻识别	1.072	0.119	9.048	***	0.734
管理创新←转化整合	0.604	0.116	5.215	***	0.507
管理创新←搜寻识别	0.319	0.110	2.903	0.004	0.288
技术创新←高新技术等级	0.179	0.045	3.956	***	0.221

CMIN/DF = 2.192，GFI = 0.828，IFI = 0.903，TLI = 0.890，CFI = 0.902，RMESA = 0.070

表 24-4　　　　　　　　　　　　模型 2 修正后拟合结果

路径	因素负荷	S. E.	C. R.	p	SRL
搜寻识别←关系强度 2	0.168	0.052	3.220	0.001	0.244
搜寻识别←关系质量	0.517	0.089	5.809	***	0.496
筛选评估←搜寻识别	0.808	0.090	8.988	***	0.729
转化整合←关系强度 1	0.075	0.035	2.141	0.032	0.120
转化整合←筛选评估	0.618	0.061	10.119	***	0.742
转化整合←关系质量	0.173	0.065	2.671	0.008	0.180
技术创新←搜寻识别	1.065	0.118	9.064	***	0.735
管理创新←转化整合	0.607	0.114	5.337	***	0.509
管理创新←搜寻识别	0.326	0.107	3.057	0.002	0.296
技术创新←高新技术等级	0.186	0.045	4.131	***	0.229
CMIN/DF = 2.056, GFI = 0.816, IFI = 0.904, TLI = 0.893, CFI = 0.903, RMESA = 0.066					

模型拟合结果显示，本研究提出的 20 个假设中，13 个得到支持，2 个未得到支持（H2a、H4a），5 个得到部分支持（H3b、H5b、H6c、H6d、H6e），即直接的正向影响路径不显著，但是从路径模型上来看，间接影响都是显著而且正向的。

在模型 1 网络结构特征对于动态能力的影响中，网络中心性的影响是最为显著的，其对搜寻识别的影响因素负荷高达 0.639，对转化整合的直接影响为 0.396，如果再加上网络中心性通过搜寻识别、筛选评估作用于转化整合的间接影响 0.323（0.639×0.747×0.676），网络中心性对转化整合的总影响因素负荷为 0.719。这一数值大大高于网络规模对于搜寻识别的影响因素负荷 0.133，对于转化整合的间接影响因素负荷 0.067（0.133×0.747×0.676），以及网络异质性对于转化整合的影响因素负荷 -0.136。因此，要促进外部知识的转移和整合，提升企业的动态能力，维持自身在网络中的中心性是比网络的规模和异质性都更重要的因素。

网络异质性对于转化整合的负向影响通过了验证，证实了转移异质性知识面临更大的困难和更多的障碍。与大部分已有研究的结论不同，网络异质性对于搜寻识别的正向影响未能通过验证。这可能是因为企业与异质性合作伙伴如科研院所、政府、金融机构、中介组织之间的交往是建立在事件基础上的，是交往频率低、情感紧密性低的弱关系，而在中国文化背景中强关系才是有用信息的主要来源。并且，网络成员的异质性程度越高，企业维持网络需要投入的成本也就越高，在同样的资源约束条件下，异质性程度越高的网络中，建立强关系的可能性就越低，也导致了网络异质性无法促进企业对于新知识的搜寻识别。

网络规模对搜寻识别的正向影响通过了显著性检验，但是对转化整合的直接影响不显著。网络规模是通过搜寻识别、筛选评估而对转化整合产生间接的正向影响的，影响强度很小，仅为 0.067。可能的解释是随着网络规模的扩大，知识的异质性程度提高，而异质性知识对转化整合的影响是负向的，抵消了网络规模对转化整合的正向影响，导致网络规模只是间接促进了转化整合。

模型 2 验证了强关系在动态能力提升中的显著影响。除了关系强度 1 对搜寻识别、关系强度 2 对转化整合的影响没有通过显著性检验以外，其他假设都得到了支持。这一结果深化了模型 1 中关于异质性的讨论，网络异质性并不必然导致与搜寻识别的不相关关系，关系强度 2 因为同时具备高异质性和强关系而显著促进了新知识的搜寻识别，关系强度 1 则可能因为异质性欠缺导致对搜寻识别的影响不显著。网络异质性与转化整合的负相关关系得到了支持，关系强度 1 由于同时具备低异质性和强关系而对外部知识的转化整合发挥了显著的正向影响，关系强度 2 由于高异质性和强关系对于转化整合的作用方向正好相反，最终表现为与转化整合不相关。

关系质量对于动态能力的影响要高于关系强度。关系质量对搜寻识别的影响因素负荷为 0.496，高于关系强度 2 对搜寻识别的影响因素负荷 0.244。关系质量对转化整合的总影响因素负荷为 0.448（包括直接影响 0.180 和间接影响 $0.496 \times 0.729 \times 0.742 = 0.268$），也高于关系强度 1 对转化整合的直接影响 0.120 和关系强度 2 对转化整合的间接影响 0.132（$0.244 \times 0.729 \times 0.742$）。因此，要促进外部知识的转移和整合，提升企业的动态能力，关系质量是比关系强度更重要的因素，也就是说，与合作伙伴之间紧密的情感、更高的信任水平和互惠期待，要比交往频率更具有决定意义。

技术创新和管理创新的影响因素有显著不同。与假设一致，管理创新更多地强调外部知识与企业现有知识的结合，搜寻识别外部知识对管理创新虽然也有显著的促进作用，但是该路径的直接影响分别为 0.288（模型 1）和 0.296（模型 2），大大低于转化整合对管理创新的直接影响因素负荷 0.507（模型 1）和 0.509（模型 2）。技术创新则相反，更需要能够带来创新萌芽的外部知识，搜寻识别对技术创新的影响因素负荷高达 0.734（模型 1）和 0.735（模型 2）。筛选评估对技术创新和管理创新的直接影响都不显著，原因可能是筛选评估在动态能力的 3 个维度之中起承前启后的作用，是转化整合前的准备工作，因此通过转化整合间接影响企业创新。

24.5　结论和启示

24.5.1　研究结论

本研究借鉴和融合了社会网络、企业知识和创新理论，在构建了知识网络通过动态能力影响企业创新的机制模型后进行了实证检验，得出了以下主要结论。

第一，知识网络的结构和关系特征通过动态能力的不同维度分别对技术创新和管理创新产生不同的影响。对新知识的搜寻识别是促进技术创新最关键的因素，网络中心性、网络规模、关系质量以及与非企业组织之间的交往频率通过提高搜寻识别水平而促进技术创新。转化整合对技术创新的正向影响并不显著，但却是促进管理创新最关键的因素，与其他企业之间的交往频率、网络中心性和关系质量通过提高转化整合水平而促进管理创新。网络异质性对创新的影响路径比较复杂，需要与关系强度综合考虑。异质性高的强关系因能显著促进对新知识的搜寻识别而与技术创新正相关，异质性低的强关系因与搜寻识别不相关而最终与技术创新不相关；异质性低的强关系因能显著促进对新知识的转化整合而与管理创新正相关，异质性高的强关系因与转化整合不相关而最终与管理创新不相关。

第二，动态能力是企业在不断变化的环境中对知识进行处理的过程性能力，知识网络是动态能力的重要源泉，不同的网络特征对于动态能力的不同维度存在不同影响。占据网络中心位置并维持紧密的情感和信任关系是提升搜寻识别和转化整合水平最关键的因素。在中国文化背景下，既要维持高异质性的网络，又要与网络成员建立强关系，才能有效地搜寻和识别外部新知识。但是高异质性网络中得到的新知识却面临转化整合的困难，即使是强关系也不能直接促进新知识的融合，而低异质性网络中的强关系会显著促进对于新知识的转化整合。网络规模越大，越有利于搜寻识别外部知识，但是对转化整合的直接影响并不显著。

24.5.2 启示

研究结论对于企业的外部网络管理和推动创新方面都提供了启示。在网络管理方面，建立企业在合作伙伴中的中心者和中介者（即结构洞）的地位，主动培育与合作伙伴之间更紧密的情感，提高信任和互惠水平，是充分利用网络资源最重要的途径；在扩大网络规模的同时，要谨慎选择合作伙伴，合作伙伴类型差别太大，将对企业的网络管理能力提出更高的要求，如果这方面资源不足，不但不能受益，反而会阻碍对外部知识的学习和创新。在创新方面，企业要提高技术创新水平，必须重视对外部知识的搜寻和获取，提供更多对外交流的机会，同时提高管理水平，为技术创新打造合适的平台；管理创新需要严格筛选外部知识，确保与企业现有知识能很好地整合，否则很难实现管理创新。

本研究对于理论研究的贡献主要表现在两个方面。第一，引入动态能力作为中间变量考察网络对创新的影响，一方面揭示了知识网络通过动态能力的不同维度作用于创新行为的机制和路径，是打开企业能力黑箱的有益尝试；另一方面从企业知识观出发揭示网络背后的影响机制，从不同的视角尝试回答社会结构或者网络结构如何能够影响到社会行为的问题。第二，对"知识网络—动态能力—创新绩效"的机制模型的构建和实证检验，明晰了管理创新和技术创新的不同影响因素及发展路径，细化了知识转移和知识创造的流程，为解释现有研究中关于网络对创新影响的争议提供了新思路。

受限于主观能力和客观资源约束，本研究不可避免地存在局限和不足之处。首先，本研究仅考察了知识网络对创新的影响，研究结论是否能推广到其他类型的网络，有待进一步验证。其次，受数据来源的限制，本研究缺乏纵向的时间序列研究，没有对知识网络和动态能力的动态化发展和演进机制进行合理分析。企业外部网络和动态能力是不断变化和演进的，今后的研究可以从纵向研究入手，结合生命周期理论，采用定性研究方法，深入探讨动态能力的演化规律及在网络演化不同阶段对创新产生的不同影响。

参考文献

［1］Becheikh N, Landry R, Amara N. Lessons from innovation empirical studies in the manufacturing sector: A systematic review of the literature from 1993 – 2003 ［J］. Technovation, 2006, 26 (5): 644 – 664.

［2］Dyer J H, Nobeoka K. Creating and managing a high performance knowledge-sharing network: The Toyota case ［J］. Strategic Management Journal, 2000, 21 (3): 345 – 367.

［3］Batjargal B. Software entrepreneurship: Knowledge networks and performance of software ventures in China and Russia ［R］. MI, U.S.A.: William Davidson Institute, University of Michigan, Working Papers, 2005: 1 – 37.

［4］Freel M, De Jong J P J. Market novelty, competence-seeking and innovation networking ［J］. Technovation, 2009, 29 (12): 873 – 884.

［5］Tsai W P. Knowledge transfer in intraorganizational networks: Effects of network position and absorptive capacity on business unit innovation and performance ［J］. Academy of Management Journal, 2001, 44 (5): 996 – 1004.

［6］Zaheer A, Bell G G. Benefiting from network position: Firm capabilities, structural holes, and performance ［J］. Strategic Management Journal, 2005, 26 (9): 809 – 825.

［7］Ritter T, Gemünden H G. Network competence: Its impact on innovation success and its antecedents ［J］. Journal of Business Research, 2003, 56 (9): 745 – 755.

［8］Teece D J, Pisano G, Shuen A. Dynamic capabilities and strategic management ［J］. Strategic Management Journal, 1997, 18 (7): 509 – 533.

［9］Tidd J, Bessant J, Pavitt K. 管理创新：技术变革、市场变革和组织变革的整合 ［M］. 王跃红, 李伟立, 译. 北京：清华大学出版社, 2008.

［10］Xin Q. The culture relativity in the knowledge flow: An integrative framework in the Chinese context ［J］. Chinese Management Studies, 2008, 2 (2): 109 – 121.

［11］石军伟. 社会资本与企业行为选择：一个理论框架及其在中国情境中的实证检验 ［M］. 北京：北京大学出版社, 2008.

［12］Eisenhardt K M, Martin J A. Dynamic capabilities: What are they? ［J］. Strategic Management Journal, 2000, 21 (4): 1105 – 1121.

[13] Wang C L, Ahmed P K. Dynamic capabilities: A review and research agenda [J]. International Journal of Management Review, 2007, 9 (1): 31 – 51.

[14] Teece D J. Explicating dynamic capabilities: The nature and micro-foundations of (sustainable) enterprise performance [J]. Strategic Management Journal, 2007, 28 (13): 1319 – 1350.

[15] Zollo M, Winter S G. Deliberate learning and the evolution of dynamic capabilities [J]. Organization Science, 2002, 13 (3): 339 – 351.

[16] Reagans R, McEvily B. Network structure and knowledge transfer: The effects of cohesion and range [J]. Administrative Science Quarterly, 2003, 48 (2): 240 – 267.

[17] Soetanto D P, Van Geenhuizen M. Socioeconomic networks: In search of better support for university spin-offs [R]. Delft, Netherlands: Delft University of Technology, Working Paper, 2006.

[18] 蒋春燕. 企业外部关系对内部创新活动的影响机制 [J]. 经济管理, 2008, 437 (5): 30 – 34.

[19] 边燕杰. 社会网络与求职过程 [M].//涂肇庆, 林益民. 改革开放与中国社会: 西方社会学文献述评. 香港: 牛津大学出版社, 1999.

[20] Damanpour F, Walker R M, Avellaneda C N. Combinative effects of innovation types on organizational performance: A longitudinal study of public services [J]. Journal of Management Studies, 2009, 46 (4): 650 – 675.

[21] 杜建华, 田晓明, 蒋勤峰. 基于动态能力的企业社会资本与创业绩效关系研究 [J]. 中国软科学, 2009 (2): 115 – 126.

[22] 贺小刚, 李新春, 方海鹰. 动态能力的测量与功效: 基于中国经验的实证研究 [J]. 管理世界, 2006 (3): 94 – 103.

[23] 曹红军, 赵剑波. 动态能力如何影响企业绩效——基于中国企业的实证研究 [J]. 南开管理评论, 2008, 11 (6): 54 – 65.

[24] 邬爱其. 集群企业网络化成长机制研究——对浙江省三个产业集群的实证研究 [D]. 杭州: 浙江大学, 2004.

[25] Yli – Renko H, Autio E, Sapienza H J. Social capital, knowledge acquisition, and knowledge exploitation in young technology-based firms [J]. Strategic Management Journal, 2001, 22 (6/7): 587 – 613.

[26] Uzzi B. The sources and consequences of embeddedness for the economic performance of organizations: The network effect [J]. American Sociological Review, 1996, 61 (4): 674 – 698.

[27] Nieto M, Quevedo P. Absorptive capacity, technological opportunity, knowledge spillovers, and innovative effort [J]. Technovation, 2005, 25 (10): 1141 – 1157.

[28] 刘璐, 杨蕙馨. 中国企业吸收能力影响因素与作用的探索性研究 [J]. 产业经济评论, 2008 (2): 68 – 91.

[29] 巫立宇. 资源、社会资本、路径相依与动态能力之研究 [J]. 管理评论（中国台湾）, 2006, 25 (1): 21 – 140.

[30] Tu Q, Vonderembse M, Ragu – Nathan T S, et al. Absorptive capacity: Enhancing the assimilation of time-based manufacturing practices [J]. Journal of Operational Management, 2006, 24 (5): 692 – 710.

［31］Jansen J, Van Den Bosch F, Volberda H. Managing potential and realized absorptive capacity: How do organizational antecedents matter [J]. Academic Management Journal, 2005, 48 (6): 999 – 1015.

［32］Camisón C, Forés B. Knowledge absorptive capacity: New insights for its conceptualization and measurement [J]. Journal of Business Research, 2010, 63 (7): 707 – 715.

［33］林义屏. 市场导向、组织学习、组织创新与组织绩效间关系之研究——以科学园区信息电子产业为例 [D]. 中国台湾: 中山大学, 2001.

第 25 章

知识网络对企业创新影响的实证研究[*]

随着企业间竞合状态的发展和网络组织的兴起，创新行为日益网络化，创新理论的焦点也逐步向网络化转移。但是迄今为止关于网络对创新的影响仍存在争议。首先，网络是否总是有利于创新？尽管大部分研究都证实了网络对于创新的推动作用，但是也不乏报告网络无效甚至存在负面影响的案例。企业外部网络作为一个非常情境化的概念，其对于创新的影响可能会随社会结构及文化环境的不同而有所不同，因此需要更多的来自不同文化和社会背景的实证研究。其次，网络与创新模式之间的匹配关系需要进一步深化和细化。现有研究对于什么样的网络结构和网络组成有利于创新存在争议，不同的创新模式对于网络的要求有所不同，网络的不同特征对于创新的影响也有可能不同。鉴于此，本研究以我国沿海发达地区 244 家企业为样本，深入探讨知识网络对不同创新模式的不同影响，试图发现知识网络与创新模式之间的匹配关系。

25.1 文献回顾

创新理论的发展过程实际上是一个社会变量被不断引入的过程，创新行为日趋多样化和复杂化，实现创新所需要的知识也随之多样化和复杂化，网络的优势就凸显出来。在网络化创新研究中，大多数学者认同社会网络和蕴藏于网络中的社会资本对于创新的促进作用，如贝启科等（Becheikh et al., 2006）对 108 篇制造业创新文献的实证研究发现，大部分文献认为企业与客户、供应商、大学、研究机构或者其他组织之间的互动与创新绩效正相关，少数认为二者间关系不显著，没有关于网络对于创新具有负面影响的报告。梳理相关文献，可以发现报告网络的负面影响或者失败案例的很少，但也不是不存在。网络失败的原因包括网络内冲突、网络间冲突、规模不足、外部干扰、网络自身的弱点、基础设施缺乏或者企业网络能力的差异等。

---

[*] 本章作者为辛晴、杨蕙馨，发表在《图书情报工作》2011 年第 16 期（有改动）。

尽管大部分研究都证实了社会网络对于创新的推动作用，但是对于什么样的网络结构和网络组成有利于创新，却存在争议。例如，兰德里等（Landry et al.，2002）对加拿大蒙特利尔 440 家制造业企业的调查发现，企业拥有的合作网络规模与创新产品正相关；戴尔和诺贝卡（Dyer and Nobeoka，2000）考察了丰田生产网络，认为没有结构洞的闭合网络是建构有效的知识共享网络的前提；查尔和贝尔（Zaheer and Bell，2005）对加拿大共同基金的研究发现处于结构洞的位置，更有利于掌握信息和知识资源。从这些争论中可以看出，并不存在适用于所有情况的最佳网络配置，网络是否有利于创新和提高竞争力，取决于行业背景和企业的战略目标，也受到不同创新形式的影响。

因此，要深入探讨网络对于创新的影响路径和方式，区分不同网络类型和创新模式是至关重要的。网络最重要的功能是传递信息，有网络的人与没有网络的人得到的信息差异是很大的。鉴于信息和知识在创新过程中的重要作用，本研究选取知识网络作为研究对象，并将其定义为：某一焦点企业与其他行为主体，包括相关企业（客户、供应商、竞争企业等）、科研院所、大学、金融机构、政府部门和中介机构等外部组织之间建立的相对稳定的、直接和间接的、正式和非正式的互利互惠关系集合，其目的是通过知识的共享、转移和创造等环节，推动和促进企业创新。同时，把创新分为技术创新和管理创新：技术创新涉及关于组织生产经营核心技术的创新，包括组织的产品、服务、制造、销售、生产流程与设备以及为了提供服务所需的技术等方面的创新；管理创新涉及战略、组织与管理系统方面的创新，包括领导、策略、组织结构、管理流程与制度方面的创新。

25.2 假设提出与模型构建

本研究顺承社会网络学派的思路，选取网络规模、网络异质性、网络中心性、关系强度来测量知识网络。网络规模和异质性是对企业所处的网络结构的描绘，目的是明确企业寻求知识的外部范围和可行性；网络中心性是说明企业在网络中的位置和地位，即企业是否有可能与知识源建立网络关系；关系强度则是网络中不同位置之间的相互作用，探讨企业在知识网络中能够达到的知识共享程度。

25.2.1 知识网络规模对企业创新的影响

网络规模衡量的是网络的大小，一般认为，网络规模越大，网络中包含的关系数目越多,网络中蕴含的潜在资源越充足,越有利于企业的知识创造和创新能力的提升。但是,实证研究并不完全支持这一论断。梳理已有文献,大部分研究认可网络规模对创新的正向影响,如兰德里等(Landry et al.,2002)。但也有学者对此持怀疑态度,认为网络规模的影响不显著。另有学者报告了网络规模对不同创新形式的不同影响。可以看出,尽管学者们不完全认同网络规模与创新之间的正相关关系,但是很少有研究报告网络规模对创新存在显著的负面影响。基于此,提出以下研究假设:

假设1:企业知识网络的规模正向影响企业的技术创新。

假设2:企业知识网络的规模正向影响企业的管理创新。

25.2.2 知识网络异质性对企业创新的影响

网络异质性(heterogeneity)也称网络差异,如果网络中的成员企业拥有不同类型、不同数量、不同内容的资源,那么企业可以通过网络获取的外部资源更丰富。大部分学者认同网络异质性对于资源整合的积极作用,但是具体到知识转移和创新而言,网络异质性的影响却存在争议。

异质性网络可以提供很多新颖的不重复的信息,扩大了知识搜寻的范围,而信息的多样性提高了新信息与原有信息结合的可能性,从而提高了知识转移绩效,最终有利于推动创新概念的形成。苏坦托和范格华(Soetanto and Van Geenhuizen,2006)对高校附属企业的调查,宋、阿尔梅达和吴(Song, Almeida and Wu,2003)对1980~1999年20年间美国半导体行业科学家流动与转岗之后的创新行为之间的回归分析等,都证实了网络异质性对于创新的推动作用,但是在知识吸收和转化整合阶段却起到相反的作用。一方面,网络异质性造成的信息多样性会大大增加管理层筛选、处理信息的任务,降低信息处理的速度,增加信息处理的成本,对产品开发绩效可能产生负面作用;另一方面,异质性知识的转移面临转移主体之间的知识距离或者组织距离过大的障碍。异质性网络中获得的信息和知识,如果同企业自身的已有知识相差太大,会降低知识转移的效果。可见,网络异质性对于创新的影响是比较复杂的,可能因应创新类型而有所不同。与技术创新相比,管理创新对知识整合的要求更高,因此试提出以下研究假设:

假设3:企业知识网络的异质性正向影响企业的技术创新。

假设4:企业知识网络的异质性正向影响企业的管理创新。

25.2.3 知识网络中心性对企业创新的影响

程度中心性与中介性是衡量网络中心性的两项主要指标。从中心性来看,网络节点的中心度越高，所能接触到的知识源就越多，占据网络的中心位置更容易获得能够激发创新行为的新思想和外部信息。从中介性来看，占有结构洞多即中介性高的竞争者，其关系优势就大，更有利于获取新知识进而推动创新，这一点得到了很多实证研究的支持。但也有学者认为，增加企业间合作网络中的结构洞，反而会降低创新产品的产出，或者即使处在紧密网络的中心位置，由于没有或很少有新知识流入，企业的产品创新也无法得到很好的发展。可见，网络中心性对于创新绩效的促进作用还没有形成定论，但是鉴于知识网络的功能主要在于搜寻信息和知识，处于知识网络的中心位置有利于提高企业知名度，带来更多创新机会，因此提出以下假设：

假设5：企业知识网络的中心性正向影响企业的技术创新。

假设6：企业知识网络的中心性正向影响企业的管理创新。

25.2.4　知识网络关系强度对企业创新的影响

关于关系强度对于知识转移和创新的影响，学术界主要有两种截然相反的观点。以格兰诺维特（Granovetter，1985）为代表的学者们证明了弱关系在西方个人主义文化背景和普遍信任的社会格局中的力量，而以边燕杰（1999）为代表的学者们则选取中国文化背景中的样本进行研究，提出强关系在中国社会环境中更有优势。中国社会结构呈现差序格局和高度的特殊主义倾向，一旦跨越圈内人的界限，人情法则就不再适用，人们之间很难建立最低程度的信任，如果再加上缺乏相似的心智模式和共同的情境历史背景，知识在圈内人以外的社会关系，即弱关系中的搜寻和整合就会变得非常困难。因此提出以下假设：

假设7：企业与知识网络成员的关系强度正向影响技术创新。

假设8：企业与知识网络成员的关系强度正向影响管理创新。

25.2.5　技术创新与管理创新

技术创新是指与组织的基本生产活动直接相关的、主要在操作和运营系统发生的变革，而管理创新与组织的基本生产活动不直接相关，主要发生在组织的社会系统之中。按照伯特（Burt）的结构—行为范式，社会结构会影响到行动者的行为，那么组织结构或者管理流程的变革，也会对组织内部的技术创新行为产生影响。虽然社会网络理论的基本假设是社会结构与行动者之间是互动的，但是具体到单个行动者而言，个人行为对于社会结构的影响，其强度要小一些，并且通常需要更长的时间、更多的个体活动才能导致这种改变。因此可以推论，管理创新对技术创新有显著的正向影响，而技术创新对管理创新的影响虽然也是正向的，但有可能不显著。在为数不多的使用管理创新和技术创新分类法进

行的实证研究中,管理创新对于技术创新的正向影响得到了证实。因此提出以下假设:

假设9:企业的管理创新正向影响企业的技术创新。

25.3 数据和变量

本研究采取问卷调查方式来收集数据,问卷发放范围限定在山东、江苏、上海、北京等沿海发达省市,以期降低不同地域经济社会发展水平差异对统计分析的影响。样本选取成立3年以上、员工10人以上的企业,要求企业高层管理人员填写。问卷发放采取便利抽样的方式,经由个人直接发放和委托发放两个途径来发放,发放时间为2009年10月至2010年3月,共发放问卷395份,回收问卷309份,回收率78%,经筛选后有效问卷244份,占回收问卷的60%。样本的描述性统计表明,本次调查企业员工数量最低为10人,最高则达到70000人,均值为1683人;企业寿命的均值为12.84年,最大值为66年,最小值为3年;企业的所有制性质涉及民营、三资、国有、联营和集体企业等形式;行业主要集中于制造业(84.4%),软件服务业、贸易业和其他服务业仅占15.6%;高科技企业占52.5%,传统企业占47.5%。

自变量网络规模是一个绝对指标,通过直接询问企业与之直接建立知识联系的成员数量然后加总得出该变量。网络异质性使用赫希曼—赫芬达尔指数(Hirschman - Heffindahl index)计算,计算公式如下:网络异质性指数=$1 - \sum ij(P_{ij})^2$,其中P_{ij}是焦点企业i在j类型中创新伙伴占全部创新伙伴的比例,取值范围为[0,1],0表示最小的异质性,1表示最大的异质性。数据来源于网络规模量表。网络中心性(NP)通过5个题项来测量。关系强度(NF)使用互动频率来测量,直接询问企业与七类合作伙伴交流的频率。因变量企业创新分为技术创新(TI)和管理创新(MI),通过调查问卷的题项来测量。

25.4 结果和讨论

25.4.1 变量的信度和效度

本研究中网络规模、网络异质性都是计算得出,无须检验效度和信度,因此只对网络中心性、关系强度、技术创新和管理创新四个变量进行效度和信度分析。使用SPSS 16.0对四个变量逐一进行信度检验,发现所有的题项总体相关系数均大于 0.35，同时各变量的 Cronbach's α 系数均大于 0.7，分别为 0.800、0.883、0.885、0.886，并且删除其他任何一个题项都将降低一致性指数，可见，四个变量的各题项之间具有较好的内部一致性。

使用 AMOS 7.0 的验证性因素分析（confirmatory factor analysis，CFA）分别对网络特征的四个变量和企业创新的两个变量进行效度检验，结果汇总见表 25-1。[①] 模型中所有指标变量的标准化因素负荷（SRL）均在 $p<0.001$ 水平上具有统计显著性，显示每个指标都具有良好的效度，而且所有题项的 SRL 都大于 0.6，表示指标变量能有效反映其要测得的潜变量的特质。模型的整体适配度指标也较好，表示模型整体适配合理，各个变量的测量是合理有效的。

表 25-1　　　　　各变量的 CFA 测量信息汇总（N=244）

变量	项目数	模型	CMIN/DF	GFI	IFI	TFI	CFI	RMSEA	各题项的标准化因素负荷
网络特征	12	四因素	2.903	0.888	0.915	0.892	0.914	0.088	>0.60
企业创新	9	双因素	1.567	0.968	0.990	0.985	0.989	0.048	>0.70

25.4.2 路径模型分析结果

构建知识网络对创新绩效的影响路径模型见图 25-1。

模型初步拟合结果显示，该结构模型的卡方值为 666.107（自由度 df=312），卡方与自由度比值 2.137（小于 3），RMSEA 的值为 0.068（小于 1），IFI、TLI、CFI 都大于 0.9，GFI 低于 0.9，但是非常接近，为 0.858，该模型整体适配合理。然而，该模型拟合结果显示，变量之间共有 5 条路径在 $p<0.05$ 的水平上是显著的，另外 5 条路径未通过假设检验。根据 P 值从大到小逐一删除不显著的路径，共删除 3 条不显著路径，包括网络中心性对技术创新、关系强度对技术创新、网络规模对管理创新，最终得到表 25-2。

[①] 根据网络特征 CFA 模型修正指标值的提示，如果在误差项 e6 和 e7 之间建立共变关系，可以降低卡方值 74.774。题项 NF1 和 NF2 分别询问与企业的主要供应商和主要客户的交往频率，而供应商和客户作为企业的上下游关系，其与企业的交往频率在很大程度上都受到企业日常经营活动的影响，存在较大程度的共变关系，因此释放两个变量之间的相关，建立 e6 和 e7 之间的共变关系。根据创新绩效 CFA 模型修正指标值的提示，如果在误差项 e1 和 e2 之间建立共变关系，可以减低卡方值 4.676。题项 3 和题项 4 从内容上看存在很大的关联，都是询问生产设备方面的问题，因此释放两个变量之间的相关，建立 e1 和 e2 之间的共变关系。

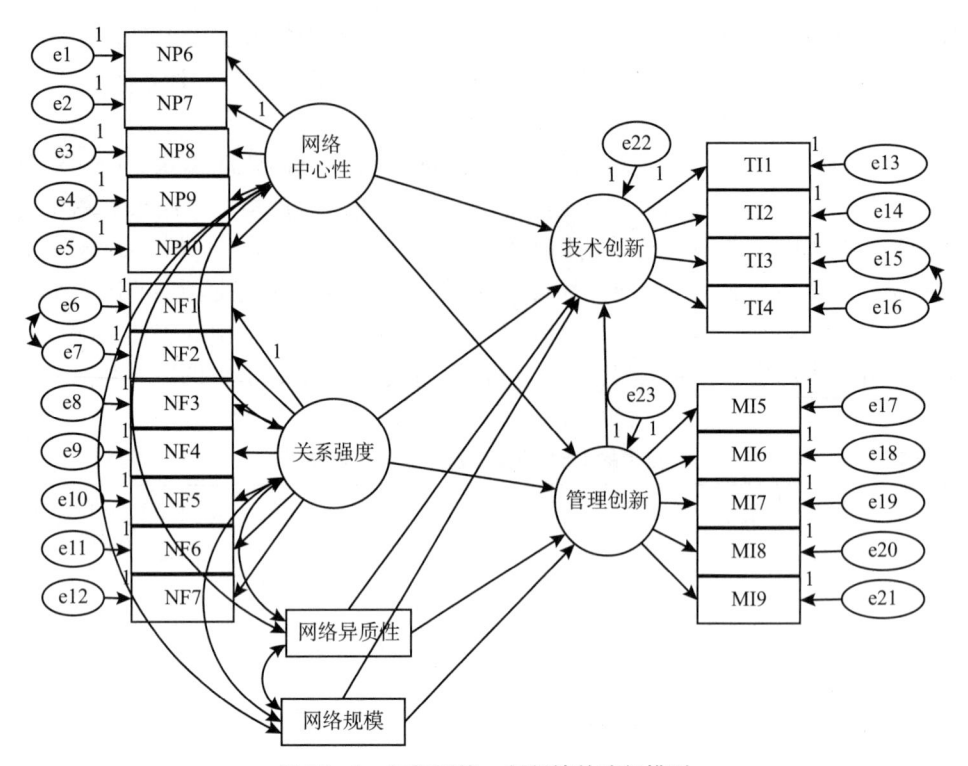

图 25-1　知识网络—创新绩效路径模型

表 25-2　　　　　　　网络化创新模型修正后拟合结果（N=244）

路径	回归系数	标准误 S.E.	临界值 C.R.	P	标准化回归系数
管理创新←网络中心性	0.770	0.123	6.248	***	0.572
管理创新←关系强度	0.294	0.098	2.985	0.003	0.285
管理创新←网络异质性	-0.127	0.042	-3.018	0.003	-0.247
技术创新←管理创新	0.791	0.094	8.408	***	0.605
技术创新←网络异质性	0.096	0.045	2.131	0.033	0.143
技术创新←网络规模	0.004	0.002	2.194	0.028	0.147
CMIN/DF 为 2.121，GFI 为 0.858，IFI 为 0.923，TLI 为 0.910，CFI 为 0.922，RMESA 为 0.068					

25.4.3　假设支持情况及讨论

根据模型拟合结果，本研究提出的 9 个假设中，有 6 个得到支持，有 3 个不显著，其中知识网络的中心性、与知识网络成员的关系强度对技术创新的直接影响虽然不显著，但是二者通过管理创新而间接促进技术创新，可以认为理论假设得到了部分支持。对本研究所提的假设支持情况如表 25-3 所示。

表 25-3　　　　　　　　　　　研究假设支持情况汇总

研究假设	支持情况
假设1：企业知识网络的规模正向影响企业的技术创新	支持
假设2：企业知识网络的规模正向影响企业的管理创新	不支持
假设3：企业知识网络的异质性正向影响企业的技术创新	支持
假设4：企业知识网络的异质性正向影响企业的管理创新	不支持（负向显著）
假设5：企业知识网络的中心性正向影响企业的技术创新	部分支持
假设6：企业知识网络的中心性正向影响企业的管理创新	支持
假设7：企业与知识网络成员的关系强度正向影响技术创新	部分支持
假设8：企业与知识网络成员的关系强度正向影响管理创新	支持
假设9：企业的管理创新正向影响企业的技术创新	支持

网络规模对技术创新的正向影响通过了显著性检验，对管理创新的影响不显著但方向是负向的。原因可能来源于创新模式的不同。与管理创新相比，技术创新对于新知识的需求更为显著，因此网络规模对于技术创新的影响是显著的。这一结论与弗雷尔（Freel, 2003）和弗雷尔和德琼（Freel and De Jong, 2009）的研究相呼应，他们发现激进式创新需要更大的网络规模，而渐进式创新对于规模的要求并不显著，反而需要更高程度的本地嵌入性。

网络异质性对于技术创新和管理创新的影响方向也不同，进一步证实了不同创新模式对于外部知识的需求是不同的。管理创新主要发生在组织的社会系统之中，更加情境化，因此会更多地强调外部知识与企业现有知识的结合。技术创新则相反，内外部知识的融合虽然也是必要的，但是创新概念的形成却更多地来源于外部的异质性新知识，这一结论同时也提示了组织学习和吸收能力在创新中的重要作用。

强关系显著且正向影响技术创新和管理创新。这一结论与边燕杰（1999）在中国和新加坡进行的求职网调查相呼应，证明了在中国文化背景和社会结构中，与网络成员间的强关系才是有用信息的主要来源。

从数值上看，网络中心性对两种创新模式的影响最大，可见要提高企业的创新绩效，维持自身在网络中的中心性是比网络的规模和异质性都更重要的因素。网络中心性既包括程度中心性，也包括中介性，因此本研究的结论同时证明了结构洞和信息桥的重要作用，与查和尔和贝尔（Zaheer and Bell, 2005）的研究相呼应。但是本研究中仅考察了知识网络对创新的影响，是否能推广到其他类型的网络，有待于进一步的研究。在直接影响技术创新的三条路径中，管理创新对技术创新的影响因素负荷最大（0.605），说明管理创新对于技术创新的影响还是比较大的，忽视管理创新会妨碍技术创新从而削弱企业的整体创新能力。

25.5 结论和启示

本研究借鉴和融合了社会网络、企业知识和创新理论，构建并验证了知识网络影响创新绩效的理论模型，得出了以下主要结论：

知识网络是创新能力形成和培育的重要源泉，不同的网络特征对于不同创新方式存在不同影响。网络中心性是提升技术创新和管理创新的最关键因素；与网络成员之间的强关系能够显著提升技术创新和管理创新绩效；网络规模与技术创新正相关，但是对管理创新没有显著影响；网络异质性越高，越有利于技术创新，但是却显著阻碍了管理创新。

技术创新和管理创新的影响因素和提升路径有显著差别，存在知识网络与创新模式之间的匹配关系。在中国文化背景下，占据结构洞的位置并保持强关系，有利于提升企业的技术创新和管理创新绩效；规模更大、异质性更高的网络会带来更多的技术创新，但是网络异质性过高则会妨碍管理创新。管理创新有利于促进技术创新，技术创新却不必然导致管理创新。

本研究的理论贡献主要表现在两个方面：第一，采用中国企业样本进行研究，发现了中国文化背景下知识网络特征与创新模式的匹配方式；第二，明晰了产生技术创新和管理创新的不同影响因素，弥补了已有创新研究对管理创新关注的不足。本研究为实践者更有效地配置资源提供了建议。在网络管理方面，要占据网络的中心位置并主动培育与合作伙伴之间的强关系，但是要谨慎选择合作伙伴，与合作伙伴的差别太大会阻碍对外部知识的学习和创新；技术创新需要更多的对外交流的机会，管理创新则需要严格筛选外部知识，确保外部知识与企业现有知识能够很好地整合。

受限于主观能力和客观资源约束，本研究不可避免地存在局限和不足之处：一是样本仅限于经济发达地区并通过便利抽样的方式获取，其代表性受到一定限制。二是知识网络影响创新绩效的机制研究有待于进一步深化。本研究发现知识网络的不同特征对于创新绩效的影响不同，究竟为什么会出现这种差异，还需要进一步探讨网络背后的作用机制，这也是今后研究的方向。

参考文献

[1] Becheikh N, Landry R, Amara N. Lessons from innovation empirical studies in the manufacturing sector: A systematic review of the literature from 1993 - 2003 [J]. Technovation, 2006 (26): 644 - 664.

[2] Landry R, Amara N, Lamari M. Does Social Capital Determine Innovation? To What Extent? [J]. Technological Forecasting & Social Change, 2002, 69 (7): 681 - 701.

[3] Dyer J H, Nobeoka K. Creating and managing a high performance knowledge-sharing network: The Toyota case. Strategic Management Journal, 2000 (21): 345-367.

[4] Zaheer A, Bell G G. Benefiting from network position: Firm capabilities, structural holes, and performance [J]. Strategic Management Journal, 2005 (26): 809-825.

[5] 冯文娜. 网络能力、网络结构对企业成长的影响——以济南中小软件企业为例 [J]. 中央财经大学学报, 2010 (8): 59-63.

[6] Freel M S, De Jong J P J. Market novelty, competence-seeking and innovation networking [J]. Technovation, 2009 (29): 873-884

[7] Soetanto D P, Van Geenhuizen M. Socioeconomic networks: In search of better support for university spin-offs [C]. Working paper, Delft University of Technology, 2006.

[8] Song J, Almeida P, Wu G. Learning by hiring: When is mobility more likely to facilitate interfirm knowledge transfer [J]? Management Science, 2003, 49 (4): 351-365.

[9] 蒋春燕. 企业外部关系对内部创新活动的影响机制 [J]. 北京: 经济管理, 2008, 437 (5): 30-34.

[10] Bhagat R S, Kedia B L, Harveston P D, Triandis H C. Cultural variations in the cross-border transfer of organizational knowledge: An integrative framework [J]. Academy of Management Review, 2002, 27 (2): 204-221.

[11] Reagans R, McEvily B. Network structure and knowledge transfer: The effects of cohesion and range [J]. Administrative Science Quarterly, 2003, 48 (2): 240-267.

[12] Ahuja G. Collaboration networks, structural holes, and innovation: a longitudinal study [J]. Administrative Science Quarterly, 2000 (45): 425-455.

[13] Batjargal B. Software entrepreneurship: Knowledge networks and performance of software ventures in China and Russia [C]. Working Papers, William Davidson Institute, University of Michigan Business School, 2005: 1-37.

[14] 边燕杰. 社会网络与求职过程 [A].//涂肇庆、林益民主编. 改革开放与中国社会: 西方社会学文献述评 [C]. 香港: 牛津大学出版社, 1999.

[15] 辛晴. 基于中国文化情境的知识转移分析模型 [J]. 图书情报工作, 2009, 53 (18): 119-122.

[16] 黄俊, 李传昭. 动态能力与自主创新能力关系的实证研究 [J]. 商业经济与管理, 2008, 195 (1): 32-37.

第 26 章

二元式创新的知识属性与网络安排[*]

26.1 二元式创新的概念由来

二元指的是两种类型的创新活动：探索式（exploration）创新与应用式（exploitation）创新。二者最早出现于组织学习文献，马奇（March，1991）定义探索式学习为：以尝试新事物为目标的学习机制，类似于"双环学习"、创造学习和产品导向学习；应用式学习是对现有技术和能力的提炼和拓展，类似于"单环学习"、适应性学习和生产导向学习。丹尼尔斯（Danneels，2002）将二元式活动正式引入创新领域，丹尼尔斯（Danneels，2002）、贝纳和图什曼（Bener and Tushman，2003）正式定义探索式创新为：为新出现的客户或市场，追求新的知识，发展新的产品和服务；它们提供新的设计，创造新的市场，发展新的分销渠道；是彻底式创新。应用式创新是：为现有的客户，利用现有知识拓展现有产品和服务；它们拓宽了现有技术，改进了现有产品，扩大了现有产品服务范围，提高了现有分销渠道效率；是渐进式创新。诺特布姆等（Nooteboom et al.，2005）指出，探索式创新在企业层次就是企业开发以前未拥有专利技术的新产品，在产业层次就是开发前所未有的新技术。

26.2 二元式创新的影响因素的分析

早在 1967 年，汤普森（Thompson）就指出弹性与效率的平衡是管理的核心矛盾；随后，马奇（March，1991）、莱维赛尔（Levithal，1993）、马奇（March，1993）等研究也纷纷强调企业的竞争优势来源于组织有效协调平衡效率提高

---

[*] 本章作者为刘春玉、杨蕙馨，发表在《科技进步与对策》2008 年第 4 期（有改动）。

（exploitation）与探索新事物（exploration）的能力。贝纳和图什曼（Bener and Tushman，2003）指出，各层次商业的单位必须同时发展探索式创新与应用式创新的能力。所以说，长期以来，关于二者的协调平衡问题成为该领域研究的焦点，而主要工作都是围绕分析二者的影响因素展开的。

关于可能对创新战略的选择产生影响的因素，学者已经进行了大量的研究，归纳起来，主要有以下几点：一是知识类型。莱维赛尔和马奇（Levithal and March，1993）认为探索式活动需要管理者拥有更为广博的知识，应用式创新则需要管理者深入扎实的专业知识。二是组织形式。奥瑞雷和图什曼（O'Reilly and Tushman，2004）通过个案分析发现，实行弹性组织形式的商业单位，探索式创新战略的运行绩效要好于非灵活式设计的商业单位。贾斯汀等（Justine et al.，2006）研究证实，单位的决策集中化程度越高，组织形式越正式，越有利于应用式创新；而组织形式越非正式，越有利于探索式创新。李杰（Jeo Lee，2002）通过构造计算机模拟模型，发现企业技术学习能力越强，探索式创新绩效就越好。三是外界环境。李杰（Jeo Lee，2002）研究发现，企业所应用的技术更新速度越快，企业面临探索式创新的压力就越大，技术衰竭度可以看作是刺激创造新技术的生命力。贾斯汀等（Justine et al.，2006）研究证实，环境变化越快，越适宜采取探索式而非应用式创新战略；环境竞争强度越大，则企业越倾向于采取应用式创新战略。

由于外界环境一部分属于技术本身的因素，为企业不可控部分，另一部分可以通过企业适合的组织安排予以解决，所以本文将从两方面来分别讨论与二元式创新活动的相契合的知识属性及其组织安排。

26.3 二元式创新的知识属性分析

26.3.1 知识属性的划分

知识按照可编码化程度可划分为显性知识和隐性知识：显性知识指的是那些可以与它所形成的环境背景相分离并有效传播的"滑性知识"。隐性知识是"其使用者无法鉴别产生绩效的细节是什么，而且很难也不可能完美地表达这些细节"的知识（Nelson and Winter，1982），难以编码化和高的边际传播成本是隐性知识最大的特点。然而大量研究发现显隐性知识划分太过简单和极端，尤其是隐性知识概念负载了太多内容，尼尔森和温特尔（Nelson and Winter，1982）在提出隐性知识概念的时候就发现这样一种情况：某些技术熟练的知识使用者可能对隐性知识有着更为敏锐的"附加理解力"，"某些隐性知识，对于一部分人可能比其他人表现得更为显性"。显性和隐性知识的划分只是代表知识系列的两个极端,就像组织类型中的市场和层级组织那样,它们之间应该还有大量的中间组织形式,所以隐性知识内部也可以继续细分出系列"准显性"或"准隐性"知识。为此,科恩、大卫和弗瑞(Cowan,David and Foray,2000)提出了一个较为完整的知识类型模型。

科恩、大卫和弗瑞(Cowan,David and Foray,2000)的知识类型模型提取了大卫和弗瑞(David and Foray,1995)的"知识生产空间"模型中的知识属性维度,指出知识按属性划分经历若干个层次;首先可分为"可表达化"(articulated)和"不可表达化"(unarticulated)知识。前者就是一般意义上的显性知识,能以标准化的编码形式记录并用于参考的知识,存在代码书(codebook)。后者就是不能以标准化的编码形式记录和参考的知识。它又可衍生出两条分支:第一类,类似于一般意义下的隐性知识,完全无编码表达形式,称为"无代码书"知识。第二类,虽然存在代码书,但其术语表达是完全内部化的,只针对某群体内成员理解的,称为"非完全性代码书"知识。该层次划分对于知识管理意义重大,"非完全性代码书"知识虽具有代码书,但只针对群体内部,相对于群体外部仍然是隐性知识,但同时其转移交流成本比较低,只需要实现内部编码的外部明晰化即可,不需要高密度网络结构或地理临近的支持。从严格意义上说,它属于"准显性"知识。"无代码书"知识可继续划分为以下几类:一类是"无争议"知识,表示组织内成员拥有共同的经验、习俗和惯例,是一种稳定、一致的隐性知识,常用于测试某群体成员是否具归属感。另一类则是有争议的知识,又可按照是否存在解决争议的准则,继续划分为有解决准则的"程序化权威"知识和无解决准则的"非程序化权威"知识。其中,"无争议"知识和"程序化权威"知识虽具不可编码特性,属于典型的隐性知识范畴,但表现出相对的成熟性和稳定性,比如前者是组织内成员所共有的心领神会的知识,可能跟随成员的流动而转移,后者尽管存在争议,但存在解决争议的基本准则,它们应该属于"准隐性"知识,而"非程序化权威"知识则接近"纯隐性"知识。图 26-1 展示了树状的知识类型以及它们在知识属性纬度上的位置,横轴两端代表两种极端知识类型,从左至右知识的"黏性"或"默会"程度逐渐增强。根据它们在横轴上的位置,各类知识传播难度的排序应该是"可表达化"<"非完全性代码书"<"无争议"<"程序化权威"<"非程序化权威",它们构成了企业的二元式创新活动所应用的各类知识基础。

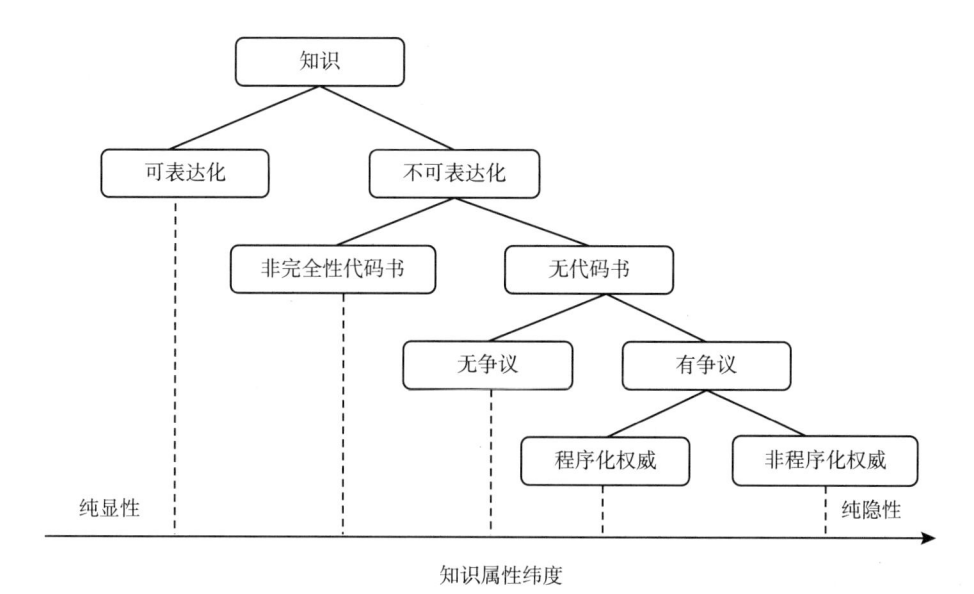

图 26-1 知识类型及其在知识属性纬度上的位置

26.3.2 二元式创新的"发现循环"

同为创新活动的基本组成部分，企业的探索式创新和应用式创新不是简单的平行发展的两条路径，它们之间必然存在着千丝万缕的联系。事实上，探索式创新依赖应用式创新所积累的基础，而探索式创新的成果又成为日后应用式创新的方向。诺特布姆（Nooteboom，2005，2006）通过一个启发性的"发现循环"指出了二者之间的这种相互衔接与促进的关系，指出完整创新过程是由探索式创新与应用式创新有机组合而成的，它包含不同阶段，经历不同属性的知识的转换，周而复始地交替进行"情境多样化"和"内容多样化"工作。

在应用式创新阶段，通过"固化"（consolidation）和"归纳化"（generalization）过程将探索式创新获取的新知识纳入企业的"知识池"并创立企业的主导知识，此时创新活动的内容（概念、技术、产品或实践）多样性开始减少，主导准则形成，知识趋近于成熟和稳定，"无争议"甚至"替代性编码书"知识形成；同时，新市场稳定成长，竞争集中在生产、营销的效率和价格上，规模经济、劳动分工和专业化显得重要。在应用式创新阶段，企业为适应动态经营环境，可以主动自愿或因被动压力而进行"情境多样性"的探索和适应工作，例如多媒体产业，厂商原先并不积极应对互联网的出现，但是后来由于害怕丧失市场地位，才发展数字和电子营销方式。为保持主流知识的稳定性，企业主要依靠既有熟悉的资源对现有产品技术做小的改进，是"微调"（differentiation）过程；如果渐进式的改变仍无法满足新运行环境的要求，则进入"交互"（reciprocation）过程，即采用新运行环境下的新元素混杂现有能力下的旧元素实验其适应性，此时是应用式创新与探索式创新交替的阶段，本质上还属于应用式创新，"有争议"的知识出现了，但解决争议原则存在并且仍然是现有主导知识，以确保应用式创新的顺利进行。

渐渐地，探索式创新在三种思维的驱动下产生了：第一，原有的知识和能力诞生并适应于原有的运作环境，它在新条件中的适应性如何？第二，如果的确不能适应新环境，企业就有动机去寻求改变。第三，通过探索活动可以透过新环境的表象看到其蕴含的新内容本质。当"交互"试验结果证实收益下降，现有知识出现根本局限的时候，就要考虑开始进行彻底创新，将新旧元素来一次全新的重组，开启创新活动的"内容多样化"过程，新旧元素交替作用导致"非程序化权威"知识出现，此时知识甚至可能表现为一个飘忽的想法或观念，其意义难以表达和捕捉，带有非常浓重的"默会"色彩，面临较大的传播难题。同样，彻底式创新阶段也不能忽略对可表达化知识（纯显性知识）的获取。首先，它促进了基础科学知识同技术更紧密和快速地结合，使二者可以从彼此的发展中更多地获利；其次，正式的、清晰化的知识表达能够减少对隐性规则的依赖，更精确地定义实验条件，从而提高创新的速度。

26.3.3 二元式创新与知识属性的双循环机制

图 26-2 表达了探索式创新与应用式创新循环过程所经历的阶段，以及各个阶段对应的主要知识类型。外圈是二元式创新的发现循环，表明在经历了"固

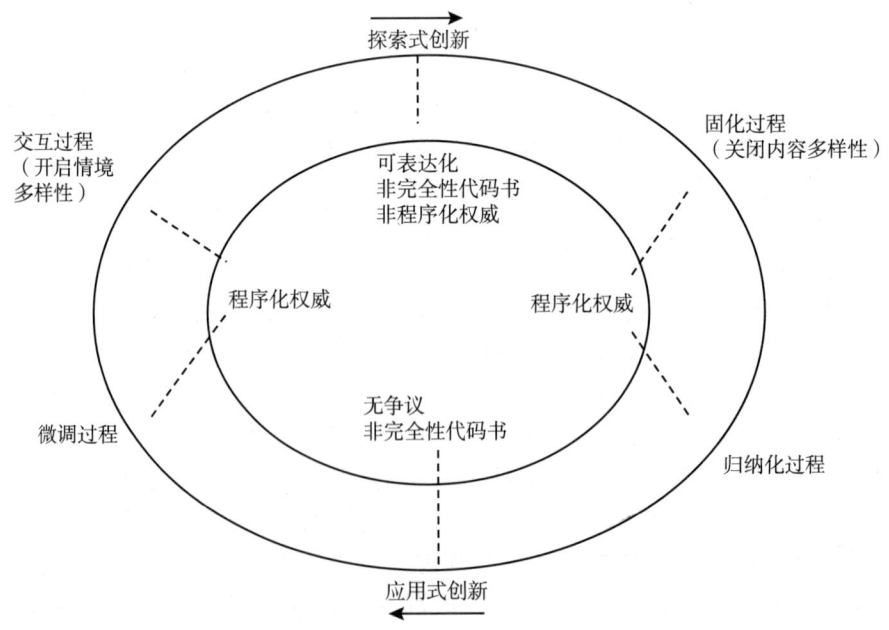

图 26-2 二元式创新与知识属性双循环机制

化"（consolidation）、"归纳化"（generalization）、"微调"（differentiation）、"交互"（reciprocation）等系列过程后，应用式创新与探索式创新顺利实现了交替转换。内圈是在这一系列过程演进途中，创新所面临的知识属性的改变。首先，从探索式创新到应用式创新，知识呈现出逐渐稳定成熟的趋势，从"程序化权威"发展到"无争议"甚至是"替代性编码书"知识；其次，随着情境多样性的开启，现有主导知识遭受质疑，知识又过渡至有争议的但仍保持现有主导知识准则的"程序化权威"形式；最后，当现有知识体系被证实确实过时，企业融合外部显性、"准显性"知识或处于新技术模糊前端的隐性知识，开始了将知识片段重新组合的彻底式创新。

26.4 与知识属性循环相契合的二元式创新的网络安排

创新活动的关键部分——知识创造具有一定的组合性，它经历了各种互补的、未知的和熟悉的知识重新组合过程，是组织内部存量知识和外部流量知识相互交流的结果。快速演化的、支撑产业发展的知识导致科学技术产生突破的能力往往分散在不同企业内，为了实现大量异质性、互补性知识的组合，创新过程必须依赖创新个体的交互学习和相互作用；大量具有水平和垂直关系的企业纷纷加入学习过程，相互交流彼此的知识并期待它更有价值的突破。正是在组合性和互动性的共同作用下，产生了创新活动的网络化结果；罗森威尔（Rothwell，1992）系统划分了技术创新的五代主导模式：第一代是技术推动模式；第二代是市场拉动模式；第三代是市场拉动与技术推动共同作用的双向模式；第四代是将多项职能集成在一起的并行过程模式；第五代则是系统一体化与扩展的网络模式。鲍威尔、柯普特和道尔（Powell，Koput and Doerr，1996）指出，创新不再单属于个体或者企业自己，而更多地以企业内嵌的网络形式发展。什么样的网络形式才能满足创新活动的需求？决定企业创新网络组织结构的因素有什么？下面我们利用社会网络分析方法，从认知维度、关系维度、结构维度和网络治理几个方面，并结合二元式创新的知识属性循环来分析探索式创新和应用式创新各自适合的网络组织形式。

26.4.1 认知维度

诺特布姆（Nooteboom，2005）指出企业的认知距离与创新绩效呈倒 U 型关系（如图 26-3 所示），认知距离的适度提高，会刺激携带异质性、互补性知识的企业之间的相互学习动机，结果是认知距离创造了互补知识的新颖组合机会，进而提高了创新绩效。而当认知距离超过某适度点后，过于陌生的技术领域会阻碍彼此的相互理解，进而影响创新，曲线开始下降。倒 U 型关系源于两函数交叉作用结果：一是认知距离与吸收能力（absorptive capacity）的负相关关系；二是认知距离与新颖价值的正相关关系。在探索式创新活动时期，由于是彻底创新，对异质知识的获取倾注了更多的关注，所以知识新颖性价值函数作用超过了吸收能力函数，认知距离对创新绩效的正影响应该更大，倒 U 型曲线的最高点向右偏移，此时企业网络更愿意接受异质知识源企业加入。而应用式创新活动强调的是对现有技术规则的深化理解，吸收能力函数作用更大，最高点将向左偏移，网络成员应保持适度的认知距离。

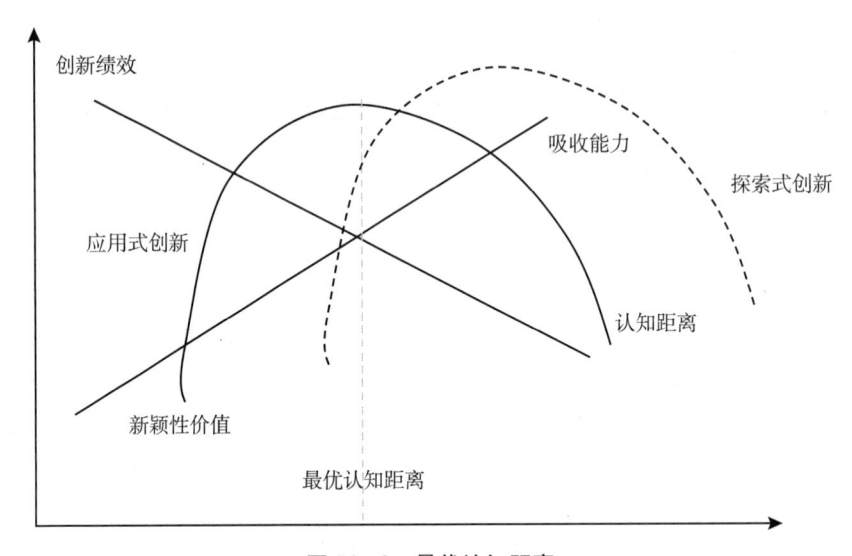

图 26-3　最优认知距离

资料来源：Nootebooom B et al. Empirical Tests of Optimal Cognitive Distance ［J］. Journal of Economics Behaviour & Organization, 2005 (8).

26.4.2　关系维度

首先，在探索式创新活动中，由于交流的主要是处于产业前端的未成熟的技术，一般以"非程序化权威"知识形式内嵌于特定情境之中，是对交流方式有着极高要求的纯隐性知识，所以更需要面对面的高频率的节点联系；同时为了加深对模糊前端知识的吸收，需要投入增进相互理解的投资。当然，高频率的交互活动也是企业对于关系投资的回报。其次，为保持网络知识的多样性，企业间的联系不可能持久，因为长期稳定的联系会带来知识锁定的风险，会降低交流双方的认知距离，从而遏制双方交流知识的欲望，所以此时的联系是非持久的。这时的关系形式不是典型的强或弱联系，而是介于二者之间的某种联系形式。

在应用式创新活动下，首先，知识进入成熟阶段，表现为具有解决争议准则的"程序化权威"知识、"无争议"知识,甚至是"非完全性代码书"知识形式,知识表达日益明确和易于编码,可以帮助在企业内更精确地定义生产条件,减少对隐性规则的依赖,进行更有效率的、更精确的运作。此时知识交流对高频率、面对面互动的依赖程度有所降低。其次,由于企业此时从主动彻底式创新转向被动的渐进式创新,是对企业现有资源和能力的提炼和拓展,并未改变基本的运行规则,产品市场主流知识成熟、竞争加剧且暂时集中于生产效率与成本上,所以需要有效的网络生产组织方式以提高收益。大量研究证实上下游企业之间的生产组织联系可以帮助企业发现新需求、识别产品的改进机会,减少质量问题,降低创新的不确定风险等,特别适合应用式创新的需要,所以在这些方面应该是强联系。为了确保生产组织协作的高效性和规范性,需要适度的联系频率,对关系进行投资,以保持持久的联系。

26.4.3 结构维度

在探索式创新阶段,企业面临对现有资源和能力的彻底更新,特别是当企业搜寻尚处于"模糊前端"产业最新的技术的时候,此时,探索的目标以及联系就具有很大的不确定性。首先,企业可能不知什么样的知识将被证明是拥有未来市场机会的,不知道谁有可能拥有这样的知识,哪种联系可以有效传递知识,企业本身是否有能力吸收这些知识,与谁的联系能够维持下去等,所以企业间网络保持冗余的联系是必须的,网络结构应该是密集的,它允许企业进行大范围试错的尝试。假如网络中两节点之间同时存在着直接和间接的联系,则任何一条都不可被看作是可有可无的,冗余联系具有存在的合理性,这是因为两条路径的可维持性和传送信息内容的一致性都值得怀疑。苏布曼南和扬特(Subramaniam and Youndt, 2005)指出,密集的社会关系有助于探索式创新被较快地接受和普及。其次,考虑到企业维持联系的投资、信息加工能力以及网络治理的精力,企业同时连接的节点个数亦受到企业资源与能力的限制,网络的规模不可能大。魏特林(Wetering, 2005)实证研究证实企业知识探索的范围与创新绩效之间呈倒 U 型关系,应警惕"信息爆炸"的风险。再次,因为此时知识探索过程是一个筛选、实验的过程,所以网络应该是开放式的,允许有新的知识源加入,而高度的进入和退出有利于扩大知识搜索的范围。最后,由于处于产业前端的模糊技术基本表现为无解决争议准则的"非程序化权威"的纯隐性知识,难以度量和评估,难以订立准确详细的契约来约束和指导双方的行为,所以企业之间的联系是非正式的、弹性的。

在应用式创新下,由于竞争集中于生产效率与成本,所以此时企业网络密度表现为有密有疏:一方面,对于能够确保组织高效率生产和高投资回报的生产组织联系属于高密度、正式联系。另一方面,有关知识流动和传播的联系开始减弱，企业对新知识探索的欲望要低于探索式创新活动时期，而对知识溢出的担忧则甚于前者，所以在知识搜索方面联系密度开始降低，这部分网络密度表现为非密集性的。而且，为了防止知识溢出和"搭便车"风险，某些联系还具有一定的排他性，企业之间更趋向于长期的、正式的联系，甚至通过资本纽带进行一体化的整合，以保证原材料、中间产品和最终产品的生产效率与质量。此外，根据"发现循环"理论，为更好地适应市场的新需求和技术变化，应用式创新活动中也包含了在遵循现有设计准则的前提下，融合新知识和新环境元素的"微调"和"交互"活动，因此网络仍要保持适度的开放性。

需要说明的是，前面分析探索式创新所应用的知识主要是针对处于产业技术前端的、尚处于萌芽状态的，表现为"非程序化权威"的纯隐性知识，具有很高的可表达难度，也未受到市场的检验，所以高频率交流和高密度的网络联系是必要的。假如企业进行探索式创新的先进技术是相对的，仅就企业或企业所处的环境而言是先进的，并不一定是整个产业的最新技术的开发；又或者新技术已经是可以表达化的，属于产业基础性的科学知识，例如科技文献或研究院所的报告成果等。在前面的双循环机制中也指出"可表达化"知识与"非完全性代码书"知识和"非程序化权威"知识一起构成了探索式创新阶段重要的知识来源，它们的获取方式与"非程序化权威"知识不同，高密度、高频率并非是必需的交流条件，这与诺特布姆（Nooteboom，1994）提出的"实验式创新"与"通讯式创新"的区别相类似；格兰诺维特（Granovetter，1973）提出的弱连接和伯特（Burt，1992）提出的"结构空洞"可能更有助于为企业建立更大范围和更短路径的新知识源。

26.4.4 网络治理

网络结构、关系和认知维度差异要求在不同创新活动中应用不同的治理形式和工具。探索式创新阶段，一般不使用正式的契约治理方式，这是因为处于纯隐性状态的新知识技术，不满足契约治理要求的条件：一是难以具体度量其价值；二是难以实施有效的监控。而且，此时网络联系主要是企业依靠非正式联系建立，则契约的约束效力就更加有限。结果是：越是探索新颖的技术和进行彻底的创新，越要依靠非正式的工具如基于具体关系的信任和口碑相传的声誉来治理创新过程中的机会主义和"搭便车"现象，企业可以实行自我约束、报复或终止未来合作关系来限制机会主义和窃取知识的行为。此外，高密度的、高频率的交互活动和非正式的联系更有利于关系信任和声誉机制的培育。

在应用式创新活动下，企业进入单环学习，经历了知识的"固化"和"归纳化"过程，专业化的协作分工导致知识更成熟、稳定和具体，更容易表达和传播，此时就有了知识价值的度量和监控的基础；市场调节机制逐步适应和完善，出现了合法的、正式的适应新技术环境的恰当制度，原有的基于关系建立的信任转变成基于制度的信任，为实施正式的契约式治理方式奠定了基础。

26.5 结　　论

由于二元式创新的最终目的不同，应用的知识类型不同，基本活动内容不同，对于组织结构和组织资源的要求在很多方面是完全对立的，根据上述分析，二者各自适合的网络安排如表 26 – 1 所示，该表分别从网络的结构维度、关系维度、认知维度和网络治理 4 个方面分析了探索式创新行为与应用式创新行为对企业网络的不同需求。

表 26 – 1　　　　　　　　　二元式创新活动的网络安排

	探索式	应用式
结构维度	密集、开放的网络，非正式的、弹性的联系，网络规模有限，高度进入和退出	网络密度有密有疏，排他的、正式的、稳定的网络联系，有限的开放性
关系强度	高频率的交互活动，关系持久性短	适度频率的交互活动，关系持久性长，强联系
认知维度	参与者知识具有较高的异质性	参与者具有较短的认知距离
网络治理	使用非正式方式，基于关系信任的治理	主要依靠契约方式，基于制度信任的治理
备注	基于彻底式创新对不同类型知识的需要，不能忽视弱连接与结构空洞的作用	

参考文献

［1］March J. Exploration and Exploitation in Organization Learning ［J］. Organization Science，1991（2）：71 – 87.

［2］Danneels E. The dynamics of product innovation and firm competence ［J］. Strategic Management Journal，2002，23（12）：1095 – 1121.

［3］Benner M J，Tushman M L. Exploitation，Exploration，And Process Management：The Productivity Dilemma Revisited ［J］. Academy of Management Review，2003，28（2）：238 – 256.

［4］Nootebooom B et al. Empirical Tests of optimal Cognitive Distance ［J］. Journal of Economics Behaviour & Organization，October，2005（8）.

［5］Levinthal D A. March J G. The Myopia of Learning ［J］. Strategic Management Journal，1993（14）：95 – 112.

［6］O'Reilly C A，Tushman M L. The ambidextrous organization ［J］. Harvard Business Review，2004（4）：74 – 81.

［7］Justine J J P，Van den Bosch，F A J，Volberda H W. Exploratory Innovation，Exploitative

Innovation, and Performance: Effects of Organizational Antecedents and Environmental Moderators [J]. Management Science, 2006 (52): 1661 – 1674.

[8] Lee, Jeho and Young Ryu. Exploration, exploitation and adaptive rationality: The neo – Schumpeterian perspective [J]. Simulation Modelling Practice and Theory, 2002 (10): 297 – 320.

[9] Nelson R, Winter S. An Evolutionary Theory of Economics Change [M]. Cambridge: The Belknap Press of Harvard University Press, 1982.

[10] Cowan R, David P A, Foray D. The explicit economics of knowledge codification and Tacitness [J]. Industrial and Corporate Change, 2000 (9): 211 – 253.

[11] David P, Foray D. Accessing and Expanding the Science and Technology Knowledge Base [R]. STI Review 16, OECD, Paris, 1995.

[12] Gilsing V, Nooteboom B. Exploitation and Exploration in innovation System: The Case of Pharmaceutical Biotechnology [J]. Research Policy, 2006 (35).

[13] Rothwell R. Successful industrial innovation: Critical factors for the 1990s [J]. R&D Management, 1992, 22 (3): 221 – 240.

[14] Powell W W, Koput K, Smith – Doerr L. Interorganizational collaboration and the locus of innovation: Networks of learning in biotechnology [J]. Administrative Science Quarterly, 1996 (41).

[15] Subramaniam M, Youndt M A. The Influence of Intellectual Capital on the types of Innovative Capabilities [J]. Academy of Management Journal, 2005 (48): 450 – 463.

[16] Wetering A. Inter – Organizational Relationships and the Innovative Performance of Software Firms in Netherlands: Does Proximity Matter? [R]. Working Paper, 2005.

[17] Nooteboom B. Innovation and diffusion in small firms: Theory and evidence [J]. Small Business Economics, 1994 (6): 327 – 347.

[18] Granovetter M. The Strength of Weak Ties [J]. American Journal of Sociology, 1973 (78) 6: 1360 – 1380.

[19] Burt R. Structural Holes: The Social Structure of Competition [M]. Cambridge: Harvard University Press, 1992.

第 27 章

博弈视角下的科技型中小企业合作创新[*]

27.1 引　　言

国务院 1999 年 5 月发布的《关于科技型中小企业技术创新基金的暂行规定》首次对我国科技型中小企业进行了界定。根据该规定，科技型中小企业应当在中国境内所在地工商行政管理机关依法登记注册，具有独立企业法人资格；主要从事高新技术产品的研制、开发、生产和服务业务；企业负责人应当具有较强的创新意识、较高的市场开拓能力和经营管理水平；企业每年用于高新技术产品研究开发的经费不低于销售额的 3%；直接从事研究开发的科技人员应占职工总数的 10% 以上；对于已有主导产品并将逐步形成批量和已形成规模化生产的企业，必须有良好的经营业绩。同时，企业职工人数原则上不超过 500 人，其中具有大专以上学历的科技人员占职工总数的比例不低于 30%。经省级以上人民政府科技主管部门认定的高新技术企业进行技术创新项目的规模化生产，其职工人数和科技人员所占比例条件可适当放宽。

有资料显示，截至 2005 年，我国 15 万家科技型中小企业创造了 65% 的专利发明、75% 以上的技术创新，以及 80% 以上的新产品。科技型中小企业在我国国民经济中起着日益重要的作用，并已成为我国科技创新活动和国民经济的重要组成部分。

科技型中小企业知识密集，持续的技术创新是其不断发展的重要保证。我国科技型中小企业机制灵活，能适应市场和用户需求的快速变化，技术创新的势头强劲，一般也都有良好的技术成果。但是，这些企业在发展中实力较弱、融资困难、技术创新的后劲不足，单凭自身实力难以保持在技术创新上的持续优势，难以在激烈的竞争中保持不败。科技型决定了创新是维系其生存和发展的生命线，中小型决定了其可利用资源、企业规模等的局限。因此，合作创新成为我国科技

---

[*] 本章作者为刘璐、杨蕙馨，发表在《山东社会科学》2007 年第 12 期（有改动）。

型中小企业的占优策略。熊彼特把创新定义为一种生产函数的转移，或是一种生产要素与生产条件的新组合，其目的在于获取潜在的超额利润。熊彼特的创新理论既包括了技术创新，又包括了组织创新。伊诺思（1962）明确了对技术创新的定义。他认为，技术创新是几种行为的综合结果，这些行为包括发明的选择、资本投入保证、组织建立、制定计划、招工用人和开辟市场等。企业技术创新分为自主创新（self-innovation）、模仿创新（imitating innovation）和合作创新（cooperative innovation）三种类型。

自主创新是指企业依靠自身的力量完成技术创新；模仿创新是指企业通过学习模仿率先创新者的创新思路和创新行为，吸取率先者成功的经验和失败的教训，引进购买或破译率先者的核心技术和技术秘密，并在此基础上改进完善，进一步开发；合作创新是指企业间或企业、研究机构、高等院校之间的联合创新行为，合作创新可分为合作研发、技术学习、市场创新三种形式。在高新技术等技术密集型产业中，合作研发是合作创新的主要形式。

27.2 博弈视角的合作创新文献综述

较早建立博弈模型并对合作研发进行研究的是克劳德·达斯普勒蒙和亚历山大·杰奎明（Claude D'Aspremont and Alexis Jacquemin，1988），他们提出了一个两阶段的博弈模型：第一阶段两个企业进行研发活动，旨在降低单位生产成本；第二阶段两个企业进行古诺产量竞争以实现其生产利润。当研发的溢出效应足够大时，合作型创新能够达成比竞争型创新更快的技术进步。这一发现掀起了从博弈视角对合作创新进行研究的热潮。随后一些经济学家从不同的角度对以上模型进行了拓展。崔在必（Jay Pil Choi，1989）引入了创新的不确定性。尼古拉斯·S.沃诺特拉斯（Nicholas S. Vonotras，1989）将模型拓展为一个三阶段博弈模型：一般的、共性的技术研究阶段，产品开发阶段，产品的生产、古诺竞争阶段。约翰·比思等（John Beath et al.，1990）将研发过程分为两个阶段：首先是企业投资于研发活动以获取新的知识，其次是将这种知识应用于生产阶段以降低生产成本。两个阶段都可能发生研发成果的溢出，他们强调联合创新与自主研发相比，其优势源自第二阶段技术诀窍的共享。

这方面的研究，早期绝大部多数由国外学者进行，主要针对合作研发的过程进行分析，这些研究对指导合作创新具有积极的意义。但也存在诸多不足：首先，较少分析比较三种技术创新方式的特点和适用性，从而不能得出在选择技术创新方式上的博弈比较；其次，没有从信息是否完全以及博弈过程是否重复这一角度进行思考，而信息和博弈的重复显然会对技术的创新模式和过程产生重要影响；最后，没有针对科技型中小企业的特点对其技术创新方式的选择进行分析，在指导实践上过于笼统。

近年来，国内越来越多的学者从博弈的角度对合作创新进行研究。万君康等（2003）基于模仿创新和自主创新的收益函数构建博弈模型，探讨企业创新模式的选择机理。彭纪生和刘春林（2003）从博弈视角比较经济效益，论证了当时我国企业应以模仿创新为主，同时提出了两种创新模式相对应的创新区域。他们的研究针对技术创新方式进行了比较，但是没有将自主创新、模仿创新和合作创新三种技术创新方式进行统一比较，缺乏针对行业特点和企业规模的分析和动态分析。

罗荣桂和李文军（2004）提出以技术能力为基础的企业技术创新能力，建立了一个包含技术合作企业和外围企业的两阶段博弈模型，比较了两类企业的技术溢出对参与技术合作企业技术创新能力强化的可能性、作用机理以及相应的实现条件。这主要是从技术的产生过程进行分析，没有比较不同创新方式的优劣。

吴翠花等（2005）分析了在博弈视角动态环境下科技型中小企业技术联盟合作机制的形成过程。高闯和潘忠志（2006）通过对产业集群内企业创新行为的动态博弈分析，比较了三种技术创新方式对集群企业的优劣。他们的研究都引入了动态视角。但是，在信息对科技型中小企业技术创新方式选择的作用上仍然有待进一步深入。

可以看出，前人对合作研发的研究强调溢出效应，研究重点主要集中在企业是否进行合作研发，即对合作研发的资源投入和利益分配进行笼统的分析和比较，都未能结合行业特点、企业规模、信息状况等对企业合作创新过程进行博弈分析。

27.3 科技型中小企业间合作创新的博弈分析

27.3.1 博弈的基本构成

进行技术创新的科技型中小企业是博弈的参与人，它们是能力互补的两家科技型中小企业 A、B，它们在给定的约束条件下追求效用（收益）的最大化。在科技型中小企业技术创新中，博弈的参与人有三个可供选择的策略：自主创新、模仿创新和合作创新。科技型中小企业进行技术创新时存在两种情况：在静态条件下，两企业之间信息是完全的，即它们对各自的战略选择与收益有明确的认知；在动态条件下，两企业之间信息是不完全的，即它们只知道对手可选择的策略类型，但对其具体的策略选择与收益并没有清晰的认知。

27.3.2 相关假设

假设1：A、B为相互独立的两家科技型中小企业[①]，其互补性为k，$0 \leqslant k \leqslant 1$，当$k=0$时，互补性最弱，当$k=1$时，互补性最强，单位边际成本均为c，$c > 0$。

假设2：企业A的产量为q_a，价格为p_a。企业B的产量为q_b，价格为p_b。

假设3：逆需求函数为$p = m - nq$，a、b均为常数。

根据以上假设可得出：

$$P_1 = m - n(q_a + kq_b)$$
$$P_2 = m - n(q_a + kq_b)$$

27.3.3 完全信息静态条件下科技型中小企业合作创新的博弈分析

在完全信息静态条件下，科技型中小企业的技术创新有三种可供选择的策略：自主创新、持续合作创新、模仿创新（名义合作创新后的背叛）。

（1）企业A、企业B均选择自主创新策略，则其技术创新收益为：

$$\pi_a^1 = [m - n(q_a + kq_b)]q_a - cq_a$$
$$\pi_b^1 = [m - n(q_b + kq_a)]q_b - cq_b$$

分别求偏导并令其为零，可得出两企业的最优产量与此时最大化利润分别为：

$$(q_a)^* = (q_b)^* = \frac{m-c}{n(2+k)}$$

$$(\pi_a^1)^* = (\pi_b^1)^* = \frac{(m-c)^2}{n(2+k)^2}$$

（2）企业A、企业B均选择合作创新策略，则其技术创新收益为：

$$\pi^2 = \pi_a^2 + \pi_b^2 = (m-n)(q_a + q_b) - n[(q_a)^2 + (q_b)^2]$$

分别求偏导并令其为零，可得出两企业的最优产量与此时最大化利润分别为：

$$(q_a^2)^* = (q_b^2)^* = \frac{m-c}{2n(1+k)}$$

$$(\pi_a^2)^* = (\pi_b^2)^* = \frac{1}{2}(\pi^2)^* = \frac{(m-c)^2}{4n(1+k)}$$

（3）企业A选择合作创新策略，按照约定的最优产量$(q_a^2)^*$生产，而企业B选择背叛，在积累一定资源后按照自身最优产量获取最大化利润，则其技术创新收益为：

$$(\pi_a^3)^* = \{m - n[(q_a^2)^* + kq_b](q_a^2)^*\} - c(q_a^2)^*$$

[①] 本文的博弈中，字母的下标代表企业，字母的上标代表企业在技术创新中选择的策略类型。

$$(\pi_b^3)^* = \{m - n[q_b + k(q_a^2)^*]q_b\} - cq_b$$

求偏导并令其为零，有：

$$\frac{\partial \pi_b^3}{\partial q_b} = m - 2nq_b - nk(q_a^2)^* - c = 0$$

可得出：

$$(q_b^3)^* = \frac{(m-c)(2+k)}{4n(1+k)}$$

$$(\pi_b^3)^* = \frac{(m-c)^2(2+k)^2}{16n(1+k)^2}$$

$$(\pi_a^3)^* = \frac{(c-m)^2(2+2k-k^2)}{8n(1+k)^2}$$

同理可得，企业 B 选择合作创新策略而企业 A 选择背叛时两者的最大化收益分别为：

$$(\pi_a^4)^* = \frac{(m-c)^2(2+k)^2}{16n(1+k)^2}$$

$$(\pi_b^4)^* = \frac{(c-m)^2(2+2k-k^2)}{8n(1+k)^2}$$

在完全信息静态条件下，企业 B 的最优选择是

$$\max\{(\pi_b^1)^*, (\pi_b^2)^*, (\pi_b^3)^*, (\pi_b^4)^*\}$$

比较可得出：$(\pi_b^4)^* < (\pi_b^1)^* < (\pi_b^2)^* < (\pi_b^3)^*$。

即在两企业参与的技术创新中，选择合作创新模式而又采取背叛的行为是在完全信息静态条件下企业的最优选择。

27.3.4 不完全信息动态条件下科技型中小企业合作研发的博弈分析

声誉模型（简称 KMRW 模型）验证了在不完全信息动态博弈条件下，合作均衡的出现。可以用 KMRW 模型来解释科技型中小企业的合作研发行为，尽管每个企业在选择合作时冒着被其他成员企业欺骗的风险，从而在现阶段得到较低支付，但如果选择背叛就会使其信用记录中出现污点，从而使其信用水平大大降低，丧失掉和其他企业未来的合作可能带来的收益，从而使长期收益受损。所以，如果博弈双方相信从长期来看合作比背叛有更多的收益，那么合作方就会尽量维护自己的声誉，在现阶段的技术创新策略的选择中放弃短期利益，在合作研发中体现合作。同时，对于合作研发的科技型中小企业而言，如果在双方的合作研发中增加对背叛行为的处罚力度（如采取"冷酷战略"），则可以更为有效地警戒背叛行为，使合作双方出于长远考虑而放弃背叛。

具体来看，在不完全信息动态条件下，假设企业 A 首先选择行动，选择自主创新或合作创新，企业 B 根据企业 A 的选择在三种可供选择的策略即自主创新、

模仿创新或合作创新中做出选择。

在这一博弈中,企业 A、B 有两种潜在类型:真正的合作者,以及背叛者。

由于该博弈是无限次的重复博弈,因此引入贴现因子 δ,0 < δ < 1,建立一个 t 阶段的重复博弈对这一过程进行分析。

(1) 如果企业 B 选择背叛策略追求短期利益最大化,则:

$$E(U)_1 = (\pi_b^3)^* + (\pi_b^1)^* \sum_{i=1}^{n-1} \delta^i$$

(2) 如果企业 B 选择合作策略追求长期利益最大化,设企业 B 是真正的合作者而又选择合作策略的概率是 p,企业 B 是背叛者而又选择合作的概率是 1 - p,则:

$$E(U)_2 = pE(U_b^2) + (1-p)E(U_b^3)$$
$$= p(\pi_b^2)^* \sum_{i=1}^{n} \delta^i + (1-p)[(\pi_b^4)^* + (\pi_b^1)^* \sum_{i=1}^{n} \delta^i]$$

若企业的合作策略收益大于背叛策略的收益,则企业会在长期坚持合作策略。

此时:$E(U)_2 > E(U)_1$

$$p(\pi_b^2)^* \sum_{i=1}^{n} \delta^i + (1-p)[(\pi_b^4)^* + (\pi_b^1)^* \sum_{i=1}^{n} \delta^i] > (\pi_b^3)^* + (\pi_b^1)^* \sum_{i=1}^{n-1} \delta^i$$

因为,$0 < \delta < 1$,所以,$\sum_{i=1}^{n} \delta^i < \sum_{i=1}^{n-1} \delta^i$。

将 $\sum_{i=1}^{n} \delta^i$ 用 $\sum_{i=1}^{n-1} \delta^i$ 替换并整理可得:

$$\sum_{i=1}^{n-1} \delta^i > \frac{3k^2 + 2p(2 + 2k + k^2)}{4(1+k)} \times \frac{(2+k)^2 + (1+k)}{p(2+k)^2}$$

令 $\dfrac{3k^2 + 2p(2 + 2k + k^2)}{4(1+k)} \times \dfrac{(2+k)^2 + (1+k)}{p(2+k)^2} = \theta$

则:$\sum_{i=1}^{n-1} \delta^i = \dfrac{\delta(1 - \delta^{n-1})}{1 - \delta} > \theta$。

进一步,有 $n > \dfrac{\ln[\delta - \theta(1-\delta)]}{\ln\delta} = n^*$。

即随着博弈次数的增加,企业选择合作创新策略更能长期获益。

对 n^* 求 k 偏导,可得:$\dfrac{\partial n^*}{\partial k} = \dfrac{\partial n^*}{\partial \theta} \times \dfrac{\partial \theta}{\partial k} > 0$,s.t. $0 < \theta < 1$

因此,企业之间互补性越强,越会增强企业之间合作创新的程度而减少背叛的概率。

27.4 结论和展望

27.4.1 结论

根据对科技型中小企业合作研发中的博弈分析，可以得出，在完全信息静态条件下，企业在技术创新中的背叛行为，尤其是模拟创新策略，能为企业带来更多的利益；而在不完全信息动态条件下，企业在技术创新中选择合作创新策略，更能使企业长期获益。因此，合作创新成为科技型中小企业长期发展的占优策略，为了促进科技型中小企业的合作创新，可以注意改进以下几个方面。

第一，科技型中小企业间应提高 k 值。即企业之间的互补系数越大，企业越有合作的愿望，企业间合作研发成功的概率越高。因此，可以通过提高 k 值来改变企业的合作态度。企业之间的互补系数不仅仅受到企业的技术实力、资源质量等体现任务完成能力的方面直接影响，也受到合作企业间沟通状况、企业文化状况等体现企业相容性水平的关系处理能力的影响。因此，在时间和资金相同的情况下，任务完成能力高的企业代表了更多的优质资产投入，关系处理能力影响了企业的文化拟合程度，这都应成为合作者选择合作伙伴的重要指标。

第二，科技型中小企业应提高自身信任度。信任是一种创造财富的"社会资本"。创新合作次数越多，企业间就越能互相了解、互相信任，从而形成一种默契，减少策略的不确定性，进而逐步建立稳定、长期的合作伙伴关系。企业的信用记录体现了企业的关系处理能力，是影响企业长期合作是否成功的重要因素，因此科技型中小企业应重视自身信用度建设，为长期合作创新奠定基础。

第三，政府应加强制度建设，提高对科技型中小企业间合作创新的激励度。当合作研发成功的概率较大、带来的收益较高时，企业合作研发的激励度越高、成功度越高，企业越有合作的愿望。因此，政府应从宏观上重视对科技型中小企业的激励，建立企业间信息交流平台，加强合作双方信息交流，建立合作成果公平分配机制，培育良好的合作制度环境、法律环境和文化环境，提高合作对企业的激励程度。

第四，政府应重视宏观调控，完善惩罚措施。对背叛行为的惩罚程度会直接影响到合作双方行为的选择，因此政府应重视宏观调控，可以通过建立地区行业协会，建立合作创新企业的信用档案，形成严格规范的惩罚体制。惩罚措施的建立包括两个方面：一方面，在制度上惩罚，政府应制定相应的惩罚条例，加大对背叛行为的处罚力度，警戒背叛行为；另一方面，在人际惩罚方面，设立地区行业协会，建立合作创新的信用档案并定期公布，使企业的信誉成为共同知识，从而促使企业为了长远利益而维护和提高自己的信誉，尽量避免背叛行为。

27.4.2 展望

通过对相关文献的回顾，结合科技型中小企业的特点，对其合作研发行为从博弈视角进行了分析，这对以技术创新为灵魂、以合作研发为主要成长方式的科技型中小企业具有积极的指导意义。

竞争与合作日益成为现代经济中不可分割的两个方面，越来越多的科技型中小企业通过合作研发的方式实现持续成长，也有许多学者运用数理及博弈的方法对合作研发中的相关问题进行了研究，但针对科技型中小企业合作研发过程中的博弈分析仍然有待进一步深入和细化。同时，既有的研究很少使用实证研究方法研究我国科技型中小企业合作研发行为，选取适合的变量和衡量指标，通过调研的方法获取数据进行实证分析和检验也是今后值得进一步深入研究的问题。

参考文献

[1] 高闯，潘忠志. 产业集群企业创新行为的动态博弈研究 [J]. 商业研究，2006 (22)：1-5.

[2] 简兆权. 战略联盟的合作博弈分析 [J]. 数量经济技术经济研究，1999 (8)：34-36.

第 28 章

通道费与产品创新程度的关系分析[*]

28.1 通道费的产生及作用

通道费（slotting allowance）是指制造商为了让零售商经销其产品而支付给零售商的费用。2001 年美国联邦委员会对供应商投诉连锁商向其收取通道费召开的听证会报告中提道："供应商或生产商为使自己的产品进入零售商的销售区域并陈列在货架上，而事先一次性支付给零售商的费用，称为通道费。"狭义上，通道费可以视为制造商为了获得零售商的销售货架空间而支付的费用；广义上，通道费还包括制造商因使用零售商的分销渠道而在价格以外支付的各种费用。

通道费一方面可以弥补零售商建立营销网络所花费的各种成本，包括广告费、宣传费以及对产品编码入库整理上架等过程中的费用等，另一方面可以起到信号甄别的作用，因为只有具有一定实力或者对所销售产品的市场潜力非常有信心的制造商才会负担一定数量的通道费。通过收取通道费，可以传达与新产品相关的信息，并把引入新产品的风险从零售商转移给上游制造商。认为通道费的收取有利于提高市场效率的学派，主要代表人物有凯雷（Kelly, 1991）、苏里文（Sullivan, 1997）、拉里维尔和帕德马纳班（Lariviere and Padmanabhan, 1997）、德赛（Desai, 2000）、苏迪尔（Sudhir, 2006）等。

与此相对，市场势力学派则认为通道费是建立在零售方市场势力基础上的，是零售商运用市场势力对制造商进行价格歧视的一种手段，会影响制造商尤其是小型制造商的资金周转从而加重生存的困难，会提高市场的进入门槛，不利于制造商之间的公平竞争，还会减少零售商之间的竞争动机进而导致更高的零售价格（Sullivan, 1997; MacAvoy, 1997; Lucas, 1996; Shaffer, 1991）。这也是广大中小制造商强烈反对收取通道费的主要依据。

---

[*] 本章作者为王蒙、杨蕙馨，发表在《广东社会科学》2012 年第 2 期（有改动）。

28.2 产品创新类型及其销售

根据德西拉朱（Desiraju, 2001）对新产品的分类，产品的创新可以分为四种不同的层次：第一是品类的新概念（new concept for the category），大约占所有新产品的13%[①]；第二是品牌扩展（brand extensions），包括更换产品名称等，大约占所有新产品的2%；第三是产品线扩展（line extension），指在同一种类内部增加新的产品线，包括新口味、新包装型号等，这种类型的创新最多，大约占全部新产品的2/3；第四种为升级或替代产品（upgrades or replacements），指在产品或其包装中融合入新技术或新元素。根据《新产品新闻》（New Product News）1990年的报告，在13244种新产品中，有10301种是食品类的，而在剩下的2943种非食品类新产品中，有2379种为健康与美丽援助类（HBA, Health/Beauty Aid）。

新产品能否成功，取决于其是否能满足现有商品无法满足的需求，除此之外还受到制造商促销手段的影响，德西拉朱把是否能满足现有商品无法满足的需求和制造商的促销手段结合起来的影响定义为"市场吸引力"（market attraction），并根据满足需求的程度和促销力度的高低不同组合将新产品分为四种。

吸引力高的产品，意味着其成功率也比较高。对升级型的新产品，零售商对其市场吸引力是比较确定的；相反，在新概念型产品中，产品吸引力的确定性就比较低，这就意味着产品的制造商相对零售商来说具有信息优势。同时，由于创新程度不同，新产品在成功后给制造商和零售商带来的利润也是不同的。一般可以认为，创新程度越高的产品，成功后获得的利润也就越大，但是在销售过程中失败的可能性也越大；而创新程度较低的产品，与市场上现有的产品相似度较高，所面临的市场风险相对来说比较小，而在成功后得到的利润也就比较小。

28.3 通道费与产品创新的关系分析

28.3.1 通道费对零售商与制造商合作意愿的影响

通道费对双方合作可能的影响主要取决于两个方面：一方面是对零售商合作

[①] 该组数据为德西拉朱（Desiraju, 2001）中根据营销情报服务（Marketing Intelligence Service）（1990年1月10日）的报告得出。

意愿的影响；另一方面是对制造商合作意愿的影响。零售商衡量新产品的期望利润，并与销售渠道中已有商品的确定的利润相比较，以制定购买决策。因为零售商在经营过程中一些支出是固定并且确定的，比如店面租金、空调、通风、冷藏等经营成本，商品编码、入库、上架过程中产生的成本等，零售商在购进商品时，需要计算预期利润能否弥补这些固定成本。除此之外，不同的商品还有不同的储存成本，因为为了保证正常运营，零售商会保持一定水平的商品库存，以减少出现"缺货"的情况。同时在经销新产品时，零售商会有动机进行充分的促销，在此过程中产生的成本和费用也是必须要考虑的。在面对新产品时，销售过程中由批零价格差带来的利润并不一定能够保证弥补上述各种成本，一方面是由于商品需求的不确定性，另一方面是由于在激烈的市场竞争中，零售商不能将零售价格提高得太多，而制造商由于生产成本的限制，也不能在谈判中将批发价格压得过低。因此，当通道费较低的时候，零售商购买新产品的可能性也较低，随着通道费的提高，经销新产品的风险逐渐能被通道费所弥补，因而其合作意愿也就越来越强烈。

从制造商角度讲，较低的通道费不会对合作意愿产生太大的影响，尤其是前期在产品创新上投入较多，对产品的市场前景又比较看好的时候，交纳一定的通道费可以保证商品顺利地面向消费者，取得一定的先动优势。但是随着通道费数额的增大，制造商的盈利空间不断缩小，当通道费的收取使得制造商无利可图甚至利润为负的时候，其合作意愿就会降低为零。

28.3.2 产品创新程度对零售商与制造商合作可能的影响

产品的创新程度对双方合作可能的影响比较复杂。创新一方面可以带来更多的利润，一方面也意味着更大的风险。在创新程度较低的时候，产品与市场上现有商品的相似度较高，产品差异化程度较低，同类产品竞争较为激烈，利润空间较为有限。但是也正因为如上所述的原因，产品在市场上得到消费者认可的概率也比较大，风险也就相对较小。随着创新程度的提高，产品面临的市场风险逐渐加大，与此同时，市场上同类产品越来越少，产品在得到市场认可后收益也就逐步提高，甚至可以在一定时期内取得消费者的品牌认可度和忠诚度，获得一定程度上的垄断经营效应。

现在市场竞争十分激烈，零售商在差异度较低的商品上利润空间较小，尤其是在房租等价格上涨、各大零售商尤其是大型连锁超市进行低价竞争的情况下，零售商倾向于销售有特色的产品以吸引消费者，扩大自身零售品牌的影响力，并通过有效的促销手段利用新产品销售的契机带动现有商品的销售。从这个意义上讲，零售商和制造商之间的合作可能会随着产品创新程度的提高而有所加大。但是考虑到产品创新程度越大，零售商面临的风险也就越大，合作可能随创新程度提高而加大的程度应该是逐步减小的。

28.4 通道费与产品创新关系的模型分析

28.4.1 谈判过程描述

在第一阶段，选择制造商新产品的类型，成功的概率为 β，失败的概率为 1-β。制造商和零售商在商品面市前都不能确切知道商品的市场前景如何。

在第二阶段，零售商根据对制造商商品的判断做出与其合作与否的决策。值得注意的是，零售商的判断有 γ 的概率会失误，即当商品能取得成功时，零售商有 γ 的概率判断其为失败；当商品不能取得成功时，零售商判断其为成功的概率也是 γ。当零售商认为商品能成功时就会提出合作，在合作合同中包含一定数额的通道费（包括一次性通道费与线性通道费），以及双方交易的批发价格等。

在第三阶段，制造商衡量交易条件与自身成本决定是否合作。根据以往文献中对模型中合同的设定，零售商向制造商提出的合同为"接受或拒绝"(take-it-or-leave-it) 型的，无法对通道费的具体数额进行谈判，只能选择交纳规定数额的通道费，或者拒绝交纳。

在第四阶段，零售商仍有与制造商合作与否的选择权，即零售商会修订其先验概率，形成一个建立在制造商反应基础上的后验概率，并在此基础上选择是否与其合作。比如，在第三阶段制造商选择拒绝交纳通道费，零售商仍可能会认为其商品可以在市场上取得成功，并且此时通过合作（即使不收取通道费）能够盈利，于是就会选择合作。

经过四个阶段的博弈，最终形成制造商和零售商包含先验概率和后验概率的期望利润。虽然这样一个包含四个阶段的博弈过程相对来说较符合现实情况，尤其是在制造商为大型品牌制造商因而具有一定的议价能力时，但是为了简便起见，本文暂时忽略第三阶段和第四阶段的谈判过程。制造商成功的概率为 β，零售商以 γ 的概率判断失误，即当制造商产品成功时，有 γ 的概率零售商会选择拒绝；当制造商产品失败时，有 1-γ 的概率零售商会与制造商合作。

28.4.2 制造商与零售商的成本收益分析

制造商的成本主要包括生产成本和销售成本。其中，生产成本包括固定成本和边际成本，销售成本即为了与零售商合作必须缴纳的通道费，包括一次性通道费和线性通道费。创新则表现在生产成本中，体现为边际成本的降低。令 C_M 为制造商的总成本，C_0 为固定生产成本，C_S 为边际生产成本，I 为创新程度，$\alpha = \dfrac{1}{I}$，Q 为产量，S_0 和 S_S 分别为一次性通道费和与产量相关的线性通道费，于是，有如下表达式：

$$C_M = C_0 + \alpha C_S Q + S_0 + S_S Q = (C_0 + S_0) + (\alpha C_S + S_S)Q \quad (28-1)$$

零售商的成本主要包括租金等固定的经营成本，以及因商品而异的促销成本和储存成本。创新程度越高的商品所需的促销成本越大。令固定经营成本为 C_b，制造商和零售商每单位产品的储存成本为 C_p 和 C_r，零售商的成本可表述为：

$$C_R = C_b = C_r Q \quad (28-2)$$

令产品的需求函数为 $Q = a - bP$，其中 a 为表示市场规模和市场潜力的外生参数，b 为产品的需求弹性。尽管零售商可能会出现商品滞销或者断供的情况，但是从总体来看，零售商会在基本保持所销售商品零库存的同时满足顾客的需求，故在制造商和零售商的成本函数中，产品销售数量与市场需求都是相同的。

零售商的总利润为批零价格差带来的利润减去运营成本，再加上制造商交纳的通道费：

$$\pi_R = (P_R - P_W - C_r + S_S)(a - bP) - C_b + S_0 \quad (28-3)$$

制造商的利润为收益减去成本：

$$\pi_M = P_W Q - C_M = (P_W - \alpha C_S - S_S)\left[\frac{a}{2} - \frac{b}{2}(P_W - S_S + C_r)\right] - (C_0 + S_0) \quad (28-4)$$

零售商和制造商分别设定商品的零售价格和批发价格，使自身利润最大化。通过二者利润最大化的一阶条件，可得出交易中均衡时的各交易量：

$$P_W^* = \frac{a}{2b} - \frac{C_r}{2} + \frac{\alpha C_S}{2} + S_S \quad (28-5)$$

$$P_R^* = \frac{1}{4}\left(\frac{3a}{b} + C_r + \alpha C_S\right) \quad (28-6)$$

$$Q^* = \frac{a}{4} - \frac{bC_r}{4} - \frac{\alpha b C_s}{4} \quad (28-7)$$

$$\pi_R^* = \frac{1}{16b}(a - bC_r - \alpha b C_S)^2 - C_b + S_0 \quad (28-8)$$

$$\pi_M^* = \frac{1}{8b}(a - b \cdot C_r - \alpha b \cdot C_S)^2 - C_0 - S_0 \quad (28-9)$$

28.4.3 通道费与创新程度的关系

从零售商与制造商的利润函数可以看出，零售商的利润随着通道费的增加而增加，即零售商的合作意愿随着通道费的增加而提高；制造商的利润随着通道费的增加而降低，即制造商的合作意愿随着通道费的增加而降低。

如果通道费数额太低，零售商无法弥补其确定的支出，同时也会认为，无法或不愿支付较高额度通道费的制造商,其产品前景必定不会太好,成功的可能性较小,也就没有与其合作的意愿;如果通道费数额过高,制造商将面临资金周转的困难,即使零售商购买其产品并在销售过程中取得成功,也无法弥补其在生产过程中的固定成本和边际成本,从长远来看,甚至会影响其在生产过程中投入创新的动力,而是把资金都投入到相对较为确定的现有商品上。这会使消费者的选择空间大大缩减,降低社会总体福利水平。

从创新的角度来看,双方的利润与创新程度 I 都成二次相关的关系。将利润函数对创新程度求一阶导数,可得:

$$\frac{\partial \pi_R}{\partial I} = -\frac{1}{8}(a - bC_r - abC_S)C_S \qquad (28-10)$$

$$\frac{\partial \pi_M}{\partial I} = -\frac{1}{4}(a - bC_r - abC_S)C_S \qquad (28-11)$$

即零售商和制造商的利润在 $\alpha = \dfrac{a - bC_r}{bC_S}$ 时达到最大值,也就意味着当 $I < \dfrac{bC_S}{a - bC_r}$ 时,制造商和零售商的利润随着 I 的增大而减小,当 $I > \dfrac{bC_S}{a - bC_r}$ 时,制造商和零售商的利润随着 I 的增大而增大。因为制造商与零售商的利润同步变化,故可以认为双方的合作可能也随着 I 的增大先减小后增大,在 $I = \dfrac{bC_S}{a - bC_r}$ 时最低。

创新与通道费的关系可以用图形表示。当创新程度较低 $\left(I < \dfrac{bC_S}{a - bC_r}\right)$ 时,创新程度与通道费的关系如图 28-1 所示;当创新程度较高 $\left(I > \dfrac{bC_S}{a - bC_r}\right)$ 时,创新程度与通道费的关系如图 28-2 所示。

图 28-1 和图 28-2 为通道费与创新程度通过零售商与制造商之间合作可能性相联系的过程。其中图 28-1(1)和图 28-2(1)为创新程度与合作可能性之间的关系,图 28-1(4)和图 28-2(4)为由零供双方利润得出的合作可能性曲线。图 28-1(3)和图 28-2(3)为 45°线,意在将图 28-1(1)与图 28-2(4)以及图 28-2(1)与图 28-2(4)中的合作可能性等同地联系起来。最后得出的图 28-1(2)和图 28-2(2)为本部分的主要结论,即通道费与产品创新程度之间的关系:当创新水平整体较低 $\left(I < \dfrac{bC_S}{a - bC_r}\right)$ 时,创新程度随着通道费的提高先受到抑制,继而有所提高;当创新水平整体较高 $\left(I > \dfrac{bC_S}{a - bC_r}\right)$ 时,创新程度随着通道费的增加先提高,然后受到一定程度的抑制。

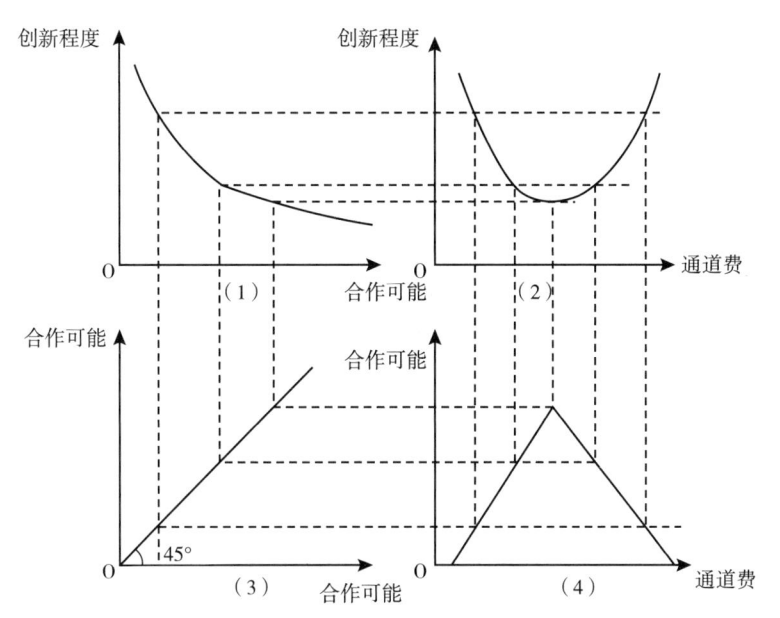

图 28-1 创新程度较低时创新程度与通道费的关系

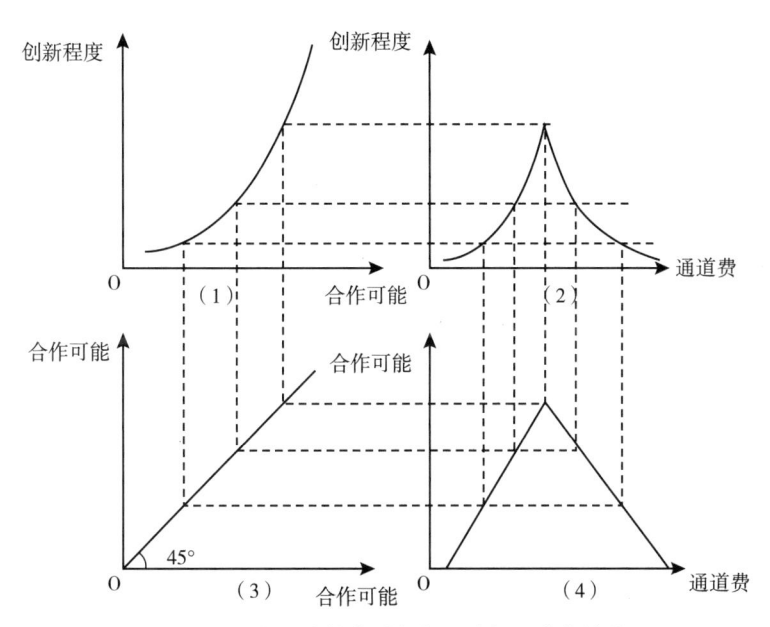

图 28-2 创新程度较高时创新程度与通道费的关系

28.4.4 创新程度对可行性通道费空间的影响

式（28-8）、式（28-9）所示利润函数为制造商产品能在市场上取得成功时，即在（成功，合作）路径下所获的利润。在（成功，不合作）和（不成功，不合作）的时候，可以认为零售商没有销售该产品，故零售商的成本和收益都是 0。在（不成功，合作）的情况下，制造商的收益与（成功，合作）时相同，但由于零售商购进的商品并不能够在市场上成功销售，此时假设双方交易的商品在确定不能成功销售后可以按原价退还给制造商，其收益为：

$$\pi_R(F, A) = S_0 - C_b \tag{28-12}$$

假设零售商不经销新商品而是继续销售原来的商品时的利润为 π_{R0}。零售商在制定是否购买新商品的决策时，要比较新商品的期望利润与旧商品利润的大小，当新商品的期望利润大于旧商品利润时，才会购买新商品，即当且仅当满足不等式（28-13）时，零售商才会与制造商合作。

$$\beta(1-\gamma)\pi_R(S, A) + (1-\beta)\gamma\pi_R(F, A) > \pi_{R0} \tag{28-13}$$

将式（28-11）、式（28-12）代入式（28-13），可得一次性通道费的临界值：

$$\underline{S_0} = \frac{\pi_{R0} - \beta(1-\gamma)\frac{1}{16b}(a - b \cdot C_r - abC_S)^2}{\beta + \gamma - 2\beta\gamma} \tag{28-14}$$

假设制造商在生产之初也不能确定其商品能否在市场上取得成功，但是对于通道费和双方的成本及支付有完全信息。制造商可以根据在不同路径下的期望收益选择生产或者不生产，当且仅当期望收益为正值时，制造商才会选择生产。令 π_M（成功，不合作）$= -C_0$，π_M（不成功，合作）$= -(C_0 + S_0)$，π_M（不成功，不合作）$= -C_0$，制造商生产的条件可以表示如下：

$$\beta(1-\gamma)\pi_R(S, A) + \beta\gamma\pi_R(S, D) + (1-\beta)\gamma\pi_R(F, A) + (1-\beta)(1-\gamma)\pi_R(F, D) > 0 \tag{28-15}$$

因此，对制造商而言，一次性通道费 S_0 也存在一个临界值：

$$\overline{S_0} = \frac{\beta(1-\gamma)(a - b \cdot C_r - abC_S)^2 - 8bC_0}{8b(\beta + \gamma - 2\beta\gamma)} \tag{28-16}$$

28.5 结论及政策建议

根据上述分析，可以得出以下结论，并据此提出相应的对策建议：

第一，均衡时，线性通道费仅对批发价格有影响，对零售价格、交易数量以及零供双方的利润均无影响。同时，一次性通道费意味着利润在渠道内的转移，即制造商利润的增加和零售商利润的减少，并未对渠道内的总体福利产生影响。

因此，零售商在制定通道费策略时，应根据零售市场的具体情况来进行选择。当市场竞争比较激烈，零售商处于抢占市场阶段时，零售商可以和制造商形成一种同盟的关系，让渡一部分利益给制造商，使双方能够处于一种较为稳定的长期合作状态。而当零售商已经获得了较为稳定的市场份额后，零售商可以充分运用自己的市场势力,通过制定较高的一次性通道费来增加自己的利润,并以此作为与其他零售商竞争的筹码。

同时,零售商还应根据制造商的市场规模制定不同的通道费策略。当制造商的品牌较具影响力时,一家零售商若不经销该品牌商品,就会大大降低消费者的满意度,从而对顾客的吸引力减小,影响其他商品的销售。此时,制造商就应适当地减少一次性通道费,以此降低品牌商品的进入门槛,保证该类商品在店内的供应。相反,当制造商的市场抗衡力量较弱、影响力较小时,零售商是否经销该类商品对消费者的影响不大,零售商就可以通过适当提高商品的销售门槛,以使自身的利润最大化。

第二,零售商在面对新产品时,也要根据自己所处的不同经营阶段以及通道费收取的总体趋势,针对每种新产品制定不同的通道费策略。通道费和创新程度的总体关系趋势如下:以 $I^* = \dfrac{bC_S}{a - bC_r}$ 为界,当创新程度 I 低于该值时随着通道费的提高先抑后扬,在创新程度提高到该值以上后,增至一定程度,继而随通道费的进一步提高而下降。

创新程度的高低代表着商品生产的进步程度,新型产品越多,消费者的选择空间越大,效用也就越高,因此,较高的创新程度基本可以等同于较高的社会福利水平。在这种情况下,出于对整体福利水平的考虑,在制定通道费政策时,应该合理判断创新程度所处的阶段:在通道费整体偏高和偏低的阶段,可以通过降低通道费实现提高产品创新程度的作用;而在通道费整体水平适中的阶段,可以通过提高通道费来实现创新激励。

在单一商品一次交易中,制造商产品的创新程度是给定的。但是不同的通道费策略可以对长期的总体创新程度起到导向性作用,制造商会根据零售商的通道费政策选择相应的创新投入。由于收取通道费对销售渠道内的福利不会产生影响,且零售价格和交易数量也不会因通道费发生变化,因此商品的创新程度越高,一定程度上代表着相同的预算约束下消费者的选择空间越大,也就意味着总体福利水平越高。

当通道费处于较低水平时,即根据第一个结论,零售商处于相互竞争抢占市场的阶段时,降低通道费有助于创新程度的提高。当通道费处于中等水平时,即零售商已有一定的市场势力,但是尚未形成垄断时,提高通道费有利于提高创新程度。而在通道费处于高水平的情况下,零售商已经形成较大的市场势力,在零售市场中有近似于垄断的市场地位,适当地减收通道费可以刺激制造商的产品创新。

根据式(28-14)与式(28-16)可以得出零售商与制造商的可行性通道费区间 $\left[\dfrac{\pi_{R0} - \beta(1-\gamma)\dfrac{1}{16b}(a - b \cdot C_r - abC_S)^2}{\beta + \gamma - 2\beta\gamma},\ \dfrac{\beta(1-\gamma)(a - b \cdot C_r - abC_S)^2 - 8bC_0}{8b(\beta + \gamma - 2\beta\gamma)} \right]$,

在该区间内，双方才会进行合作。创新程度 $I^* = \dfrac{bC_S}{a - bC_r}$ 同样也是零售商与制造商合作的一次性通道费上下限的拐点。在 $\alpha < \dfrac{a - bC_r}{bC_S}$ 即 $I > \dfrac{bC_S}{a - bC_r}$ 时，通道费的下限与创新程度反向变化，上限与创新程度同向变化；当 $\alpha > \dfrac{a - bC_r}{bC_S}$ 即 $I < \dfrac{bC_S}{a - bC_r}$ 时，创新程度正向影响通道费的下限，反向影响通道费的上限。也就是说，当创新程度大于一定值 $\left(\dfrac{bC_S}{a - bC_r}\right)$ 时，创新程度越高的商品，合作可能性区间越大，越容易满足零售商与制造商合作的条件；当创新程度低于该值时，创新程度越高的商品其合作可能性区间越小，双方合作的条件就越苛刻。

因此，I^* 越小，合作可能性与创新程度正向相关的标准就越容易实现。直觉上可以认为，创新程度越高的商品越容易被零售商接受，这种情况从制造商以及消费者总体效用水平的角度来看是较为理想的，是一种良性的商品销售情况。因此，制造商、零售商以及相关政策制定部门应努力降低 I^*，降低这种良性局面出现的门槛。

由于 $I^* = \dfrac{bC_S}{a - bC_r}$，为使 I^* 降低，应努力降低产品价格弹性 b、边际生产成本 C_S 和边际储存成本 C_r，提高市场潜力与市场规模 a。零售商应尽量提高对库存商品的管理水平，引入新的储存和管理技术，以降低其边际储存成本。制造者应提高生产技术，在相同的创新投入下降低边际生产成本，同时尽量使生产的产品在一定范围内具有相对垄断的性质，增加差异化程度，减小产品的替代性，降低其产品需求弹性。市场相关政策制定部门不仅应出台相应的政策，促进制造商和零售商在上述两方面的改善，还应当规范和发展零售市场，扩大商品销售的市场潜力和市场规模，促使市场进入一个有利于产品创新的良性局面。

参考文献

[1] 周筱莲，庄贵军．零售学［M］．北京：北京大学出版社，2009．
[2] 张赞．零售垄断与竞争政策［M］．北京：经济管理出版社，2008．
[3] 汪浩．通道费与零售商市场力量［J］．经济评论，2006（1）：29 – 34．
[4] 陈晓芳．基于主导零售商市场势力的纵向限制的福利效应研究［J］．中南财经政法大学研究生学报，2011（1）．
[5] 杨蕙馨，纪玉俊，吕萍．产业链纵向关系与分工制度安排的选择及整合［J］．中国工业经济，2007（9）：14 – 22．
[6] 张赞，王小芳．超市通道费：理论回顾与研究展望［J］．当代经济管理，2010（1）：15 – 17．
[7] Dmitri K, Amit P. The effects of costs and competition on slotting allowances［J］. Market-

ing Science, 2007, 26 (2): 1 - 28

[8] Joseph P C. Paul N B. Are slotting allowances legal under the antitrust law [J]. Journal of Public Policy & Marketing, 1991, 10 (1): 167 - 186

[9] Preyas S D. Multiple messages to retain retailers: signaling new product demand [J] Marketing Sciences, 2000, 19 (4): 381 - 389.

[10] Vithala R R. Edward W M. Modeling the decision to add new Products by channel intermediaries [J]. The Journal of Marketing, 1989, 53 (1): 80 - 88.

[11] Wujin C. Demand signaling and screening in channels of distribution [J]. Marketing Science, 1992, 11 (4): 327 - 347.

第 29 章

民营高科技企业家创新能力影响因素实证研究

——基于人力资本视角[*]

29.1 引　言

民营高科技企业已经成为民营经济中的重要力量，其成长发展状况直接或间接影响着我国国民经济。企业家是企业的灵魂，企业家的创新能力是决定高科技企业成长的关键要素，企业家人力资本对创新能力的形成发挥着重要作用。企业家人力资本是指存在于企业家体内、能影响未来收益、能促使企业成长的知识、能力、体力及心理素质。目前对企业家人力资本的研究大多关注背景特征的分析，对其人力资本要素与创新能力、企业成长的关系还缺乏足够的关注。

29.2 理论与假设

本理论模型是对程承坪等（2002）、贺小刚（2006）、鲍姆和洛克（Baum and Locke，2004）的模型细化和拓展，目的是理清企业家人力资本各维度与创新能力之间的关系。企业家人力资本的研究从知识、能力、人格特征、自我效能感四个维度展开。国外在企业家人力资本研究领域有大量的实证研究成果，主要集中讨论企业家人力资本的几个重要维度：相关产业经历、更高的教育、企业家管理经验、广泛的社会和专业关系网络以及完整的团队支持。国内主要研究科技型企业家人力资本与企业成长的关系、企业家背景特征与企业绩效的关系，目前企业家人力资本与创新能力的实证研究还比较匮乏，企业家人力资本视角的创新能

---

[*] 本章作者为张瑾、杨蕙馨，发表在《华东经济管理》2009 年第 10 期（有改动）。

力形成因素分析是把影响企业成长的重要因素——企业家创新能力单独细化出来，探究企业家创新能力的形成是对企业成长因素研究的深入。

29.2.1 企业家知识、其他能力、自我效能感、创新能力的相互关系

（1）企业家知识与创新能力的关系。

企业家知识包括创业前获得的知识和创业后通过干中学获得的知识，知识来自教育和经历，教育可以用高等教育程度、参加的技术和管理培训来测量。创业者的高等教育水平与企业绩效正相关，荷兰企业家教育水平越高获得的利润率越高，中国民营科技企业实证得到相反的结果，因为受教育程度反映的主要是显性知识，企业家隐性知识所反映的个人技能主要来自经历，企业家经历包括三种类型：产业经历、职业经历和创业经历。创始人的同一产业经历提高了企业利润率和生存率；职业经历是指创始人担任高层管理者的经历，这种管理者经验提高了企业存活率；企业家创业经历提高了新建企业获得风险投资的可能性，从而提高了新建企业的存活率。在访谈过程中发现很多创业者有家人或亲戚创业的情况，这种家人或亲戚创业的经历会为创业者在创新思想和资金方面提供支持，所以在问卷中增加了家人或亲戚是否创业的选项，以验证家人或亲戚创业氛围对企业家创新能力的影响，企业家的知识是通过形成能力对企业绩效产生作用，企业家知识越丰富，创新能力越强。

假设1：企业家创业前学历、创业后学历、所学专业是否为经济管理类、所学专业与从事行业的相关性、创业前和创业后参加的管理和技术训练、同行业从业经历、创业经历、担任高层管理者的经验、家人或亲戚是否有创业经历的状况不同，其创新能力有显著差异。

（2）企业家知识、自我效能感、创新能力相互的关系。

自我效能感是指个体在执行某一任务之前对自己能够在何种水平上完成该任务所具有的信念、判断或自我感受。自我效能感在很多领域被证明是人类实施某种行为的有效预言，而且它也能对人类行为的结果进行有效的预测。企业家自我效能感的测量主要依据卢卡斯和库珀（Lucas and Cooper，2005）开发的量表，并参照钟卫东等（2007）构建的具体题目设计。

企业家在创业前和创业后所获得的教育和干中学获得的经验使得他们在创新时更加有信心，企业家的知识与创新自我效能感正相关，企业家自我效能感越强，创新能力越强。社会认知理论认为通过实践经验和训练等方法获得能力，能力提高使自我效能感增强。当企业家面对任务时，他们相信通过实践经验和刻意训练已获得足够能力，他们会更加自信，所以企业家能力越强，自我效能感越强，自我效能感越强则创新能力越强，两者相互作用。

假设2：企业家知识状况不同，其创新自我效能感有显著差异。

假设3：企业家创新自我效能感与创新能力正相关，两者相互作用。

29.2.2 企业家人格特征、自我效能感、创新能力的相互关系

（1）企业家人格特征与创新能力的关系。

早期企业家研究关注成功企业家的特征和动机，然而一些被认为是和企业绩效相关的很重要的特征（如成就需要、风险偏好等），实证时却显示出对企业绩效非常微弱的影响，因此一些学者认为企业家人格特征的研究是一个死胡同，但是在访谈的过程中企业家却都会指出其人格特征对创新能力形成、企业成长起着很关键的作用。克拉姆普和艾瑞克森（Krampe and Ericsson，1996）认为人格特征影响个人能力，虽然他没有进行实证研究，但是我们知道如果一个人具备优秀特质并用正确方法进行刻意训练可以提高能力获得较好的绩效，经验研究显示刻意训练是一个非常重要的绩效预测值，企业家的人格特质可以影响刻意训练的强度，刻意训练又可以提高企业家能力。"大五"量表（Big Five Personality Traits）被国际上公认为有效和可靠地测量人格特征的工具，它定义了五个核心人格特征：外向性、公正严谨性、情绪稳定性、思维开放性、和悦性。外向性与精力充沛和健谈、活跃、爱社交活动相关；公正严谨性是指责任心强、执着、有毅力、不服输、正直、高效等；情绪化是指情绪容易多变、紧张情况下无法保持镇定、不能较好地处理压力等；思维开放性是指有创造性、常有新主意、想象力丰富、对与众不同的事好奇、喜欢和别人合作；和悦性是指脾气良好、不易和他人发生争吵等。企业家的个性特征对创新能力的影响没有被研究，考虑到中国人的人格结构与西方大五人格结构的相似性和差异性，并考虑到调研时问卷的题量，本文结合中国人人格量表（QZPS）的内容对大五量表内容做了调整，测量企业家外向性、公正严谨性、情绪化、思维开放性、和悦性五个维度。

假设4a：外向性和创新能力相关。

假设4b：公正严谨性和创新能力相关。

假设4c：情绪稳定性和创新能力相关。

假设4d：思维开放性和创新能力相关。

假设4e：和悦性和企业家创新能力相关。

（2）企业家人格特征与自我效能感的关系。

企业家人格特征是以自我效能感作为中介变量来影响创新能力，企业家会在主观上努力培养自己创新的能力，执着、毅力、良好的心理素质同样会提高创新自我效能感，因此提高创新能力。

假设5a：外向性与创新自我效能感正相关。

假设5b：公正严谨性与创新自我效能感正相关。

假设 5c：情绪稳定性与创新自我效能感正相关。
假设 5d：思维开放性与创新自我效能感正相关。
假设 5e：和悦性与创新自我效能感正相关。

29.2.3　企业家知识、人格特征、其他能力、自我效能感、创新能力的相互关系

模型变量和假设关系如图 29-1 所示，假设企业家创新能力来源于知识和人格特征因素，人格特征因素和知识变量在最左侧，知识和人格特征对创新能力形成有直接作用，同时通过其他方面能力（机会识别能力、战略能力、管理能力、关系能力、学习能力）和自我效能感对创新能力形成起间接影响作用，企业家其他方面的能力和自我效能感是中间变量，它们对创新能力形成有直接作用，图 29-1 表明了企业家知识、人格特征因素、其他能力、自我效能感、创新能力之间的影响路径。

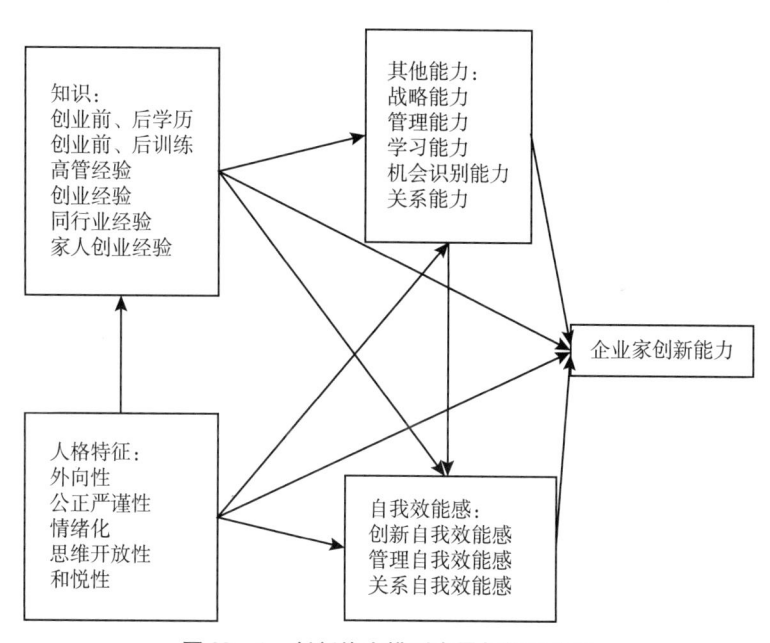

图 29-1　创新能力模型变量与假设关系

假设 6：企业家知识、人格特征、其他能力、自我效能感可以有效预测企业家创新能力。

29.3 研 究 方 法

29.3.1 样本选择

为了能够清楚地界定研究对象，选择企业创始人作为样本，企业创始人对企业诞生和成长起到非常关键的作用，随着企业成长壮大，创始人也就成长为企业家。问卷填写人必须是企业董事长、总经理。[①] 样本企业界定为山东省内竞争性行业、寿命三年半以上创业成功的高科技中小企业，[②] 企业规模10人以上、创始人在位，在经营过程中未被其他企业兼并。

29.3.2 数据收集和来源

数据的收集分为两个阶段，时间为2007年11月和2008年4月。

第一阶段为2007年11~12月，对15位高科技企业创始人采用半结构性访谈，每位访谈的平均时间大约为100分钟，旨在构建和丰富测量企业家人力资本的量表。

第二阶段为2008年1~4月，利用调查问卷收集数据，共使用两种方式。一种方式是通过熟人介绍并和各地的企业家协会联系以得到符合标准的样本企业。大部分问卷由本人到企业拜访创始人，填写问卷并收回。另一种方式是根据中国民营企业网、中国中小企业网、中华黄页、齐鲁黄页提供的高科技企业的联系方式和法人名称，进行随机抽样。

合计发放问卷400份，回收问卷125份，剔除无效问卷12份，有效问卷为113份，总体有效问卷回收率为25.25%。一般情况下，在社会科学研究中，对企业高层管理者的问卷回收率达到20%即为可接受。

[①] 因为样本企业为中小企业，访谈过程中发现，企业规模小的时候创业者虽然是企业所有者，但依然被习惯地称为总经理，所以总经理也纳入研究对象。

[②] 把样本企业选定为企业创立后满42个月，这一划分标准来自"全球创业观察（Globe Entrepreneurship Monitor，GEM）报告"，GEM是由美国百森（Babson）商学院和英国伦敦商学院1998年发起的，是世界上研究创业最重要的项目之一。企业生存满42个月（三年半）就渡过了创业期，算是创业成功，选取度过创业期的企业家作为研究对象目的是为了分析创业成功企业家的人力资本的特点。

29.3.3 变量的测量

（1）自变量的测量。

年龄：创业年龄（beginage）[①] 和现在的年龄（nowage）。

性别（sexd1）：男或女。

学历：高中及以下、大专—本科、研究生及以上。

专业：无专业、经济管理类专业、非经济管理类专业。

培训：包括创业前和创业后是否接受过管理训练、技术训练、两者都接受或两者都没接受。

行业背景（worksamind）：是否在创业前有同一行业工作经验。

创业经验（entrexper）：在创办本企业前是否曾创业过。

管理背景（highexper）：在创业前是否担任过企业高层管理者。

家族创业氛围（entrelative）：家人或亲戚中是否有创业经历。

人格特征分量表借鉴"大五"量表的简表，共32个题项，反映外向性（extraversion）、公正严谨性（conscie）、情绪稳定性（openness）、思维开放性（emots）、和悦性（agreeable）五个核心特征，各题项均采用李克特（Likert）五分量表，从"完全不同意"到"完全同意"，分别赋予1至5分。首先对企业家的个性特征进行探索性因子分析，把其中的反向题A2、A4、A6、A14、A15、A21、A23、A26、A27、A29、A30做转换，然后采取主成分分析法，做最大变异转轴法处理，得出衡量取样适当性量数的KMO值为0.825，Bartlett's球形检验的X^2值为3849，自由度为435，达到显著水平，表示母体的相关矩阵间有共同因素存在，适合做因子分析，且累计解释变异数达到62.642%，A4、A8两个题项因子载荷小于0.5删除，A25、A10两个题项单独无法成为一个因子，也删除，删除四个题目后再做一次因子分析。KMO值为0.826，Bartlett's球形检验的X^2值为3482，自由度为351，达到显著水平，且累计解释变异数达到60.408%。个性特征量表5个因子的Cronbach's α值为0.748，具有较好的一致性。

企业家自我效能感的测量主要依据卢卡斯和库珀（Lucas and Cooper，2005）开发的量表，并参照钟卫东等（2007）构建的具体题目设计。自我效能感分量表共11个题项，各题项均采用Likert五分量表，从"完全不同意"到"完全同意"，分别赋予1至5分。对企业家的自我效能感进行探索性因子分析，采取主成分分析法，做最大变异转轴法处理，得出衡量取样适当性量数的KMO值为0.919，Bartlett's球形检验的X^2值为1852，自由度为55，达到显著水平，表示母体的相关矩阵间有共同因素存在，适合做因子分析，且累计解释变异数达到

[①] 实证部分以在括号中注释的形式说明变量名称或含义。

63.281%，共抽出 3 个特征值大于 1 的因子，分别是反映管理自我效能感（magself）、关系自我效能感（relself）、创新自我效能感（innself）。3 个因子总体 Cronbach's α 值为 0.896，大于删除任一指标后的 Cronbach's α 值，具有很好的一致性，累计解释率为 63.821%，能较好地解释企业家自我效能感。

企业家其他能力的量表是借鉴贺小刚（2006）开发的量表，共 33 个题项，具体包括企业家的战略能力（enstr）5 个指标、管理能力（enmag）8 个指标、学习能力（enstu）7 个指标、机会识别能力（enopp）5 个指标、关系能力（enrel）8 个指标。各题项均采用李克特五分量表，从"非常不满意"到"非常满意"，分别赋予 1 至 5 分，对企业家的个人能力进行探索性因子分析，采取主成分分析法，做最大变异转轴法处理，得出衡量取样适当性量数的 KMO 值为 0.944，KMO 值大于 0.5，表示变量之间的共同性因素很多，适合做因子分析，Bartlett's 球形检验的 X^2 值为 1.070E4，自由度为 741，达到显著水平，表示母体的相关矩阵间有共同因素存在，且累计解释变异数达到 66.027%，共抽出 5 个特征值大于 1 的因子，可靠性分析表明 5 个因子的总体 Cronbach's α 值为 0.949，说明这 5 个因子具有很好的一致性。

（2）因变量的测量。

鲍莫尔将熊彼特的创新范围进行了推广，认为在某一地域范围内，引进一种（在其他地区已经存在但在本地区尚未被认识或被使用的）技术（这实际上是一种模仿）也是创新。根据鲍莫尔对创新的定义，借鉴贺小刚（2006）对企业家创新能力的测量，正式量表内容包括："开发、引入技术优越的新产品和服务""发现、引入新的组织形式（包括流程、制度）""对市场进入等营销过程进行创新""面对环境的变化不断地产生新的经营理念""发现新的方法去减少革新的风险""敢于承担革新失败的风险"6 个题项，各题项均采用 Likert 五分量表，从"非常不满意"到"非常满意"，分别赋予 1 至 5 分，6 个指标总体 Cronbach's α 值为 0.842，大于删除任一指标后的 Cronbach's α 值，具有很好的一致性。探测性因子分析结果表明 KMO 值为 0.868，这 6 个指标聚合成一个因子，累计解释比率为 64.91%，较好地解释了企业家创新能力。

29.3.4　分析方法

采用 SPSS 16.0 统计分析软件对调研数据进行分析，包括皮尔逊积差相关性分析、因子分析和多题项测量指标的效度与信度检验、独立样本 T 检验、多元回归分析。

29.4 研究结果

29.4.1 描述性统计分析

所调查企业员工平均规模为 456.96 人，标准差为 613.741，平均的创业年龄为 29.16 岁，标准差 6.952，最小 18 岁，最大 53 岁，企业家现在平均年龄为 41.63 岁，标准差为 7.935，最小年龄 26 岁，最大年龄 67 岁。样本主要来源于济南、泰安、济宁、临沂、潍坊、威海、德州、烟台、菏泽。样本企业家相关资料统计结果见表 29-1、表 29-2、表 29-3。

表 29-1　　　　样本企业家性别、教育水平分布

企业家性别分布			教育水平	创业时的教育水平		现在的教育水平	
性别	频率（人）	百分比（%）		频率（人）	百分比（%）	频率（人）	百分比（%）
男	105	92.9	高中以下	28	24.8	4	3.5
女	8	7.1	大专—本科	80	70.8	71	62.8
总计	113	100	研究生及以上	5	4.4	38	33.6
			总计	113	100	113	100

表 29-2　　　　样本企业家经历分布

担任高层管理者经验			创业经验			相关产业工作经验		
项目	频率（人）	百分比（%）	项目	频率（人）	百分比（%）	项目	频率（人）	百分比（%）
无	43	38.1	无	51	45.1	无	20	17.7
有	70	61.9	有	62	54.9	有	93	82.3
总计	113	100	总计	113	100	总计	113	100

表 29-3　　　　样本企业家接受培训状况分布

项目	创业前的训练		创业后的训练	
	频率（人）	百分比（%）	频率（人）	百分比（%）
管理和技术训练都没接受	34	30.1	20	17.7
接受管理训练	28	24.8	20	17.7

续表

项目	创业前的训练		创业后的训练	
	频率（人）	百分比（%）	频率（人）	百分比（%）
接受技术训练	20	17.7	7	6.2
管理和技术训练都接受	31	27.4	66	58.4
总计	113	100	113	100

被调研企业中，男性企业家比例为92.9%，70.8%的企业家在拥有大专和本科学历时创业，高中以下学历占24.8%，研究生以上学历的创业者不到5%；企业家现在的教育水平，大专和本科学历比重62.8%，研究生及以上学历上升到33.6%，高中以下下降到3.5%，说明大部分企业家很重视学习，高科技企业的行业特点也要求企业家教育水平的提高。

企业家所学专业中，经济管理类占45.1%，非经济管理类占51.3%，一半以上的企业家是学习高科技的相关专业后去创业，另外学习经济或管理的人较容易创业。创业者中，61.9%的企业家曾经担任过企业高层管理者，54.9%的创业者在创办本企业之前曾经创业过，82.3%创业者有过相关同行业的工作经验。

创业之前近30.1%的企业家没接受过管理和技术训练，创业后没接受过管理和技术训练的企业家下降到17.7%，管理和技术训练都接受的比重有较大提高。

独立样本T检验显示，学习经济管理专业的企业家创新能力明显高于学习非经济管理专业的企业家；创业后接受过管理训练或管理和技术训练都接受过的企业家创新能力明显高于创业后管理和技术训练都没接受的企业家；创业前曾担任过企业高层管理者的企业家创新能力明显高于没有担任过高层管理者的企业家；而创业前和创业后学历、所学专业是否与从事行业相关、创业前是否接受管理和技术训练、是否有同行业工作经验、有无创业经验、家人或亲戚中是否有创业经历对其创新能力无明显影响，假设1部分得到验证。

创业后研究生学历组创新自我效能感明显高于大专—本科组和高中以下组；学习经济管理专业组创新自我效能感高于非经济管理组；担任高管经验组创新自我效能感明显高于没有担任高管经验组。创业后接受管理和技术训练组创新自我效能感明显高于管理和技术训练都没接受组；创业前学历差异、创业前是否接受管理和技术训练、是否有同行业工作经验、有无创业经验、家人或亲戚中是否有创业经历对其创新自我效能感无明显影响，假设2部分得到验证。Pearson积差相关分析显示，企业家创新自我效能感与创新能力正相关，相关系数为0.692，假设3得到验证。公正严谨性、思维开放性在0.01水准上与创新能力正相关，相关系数分别是0.387和0.366，与情绪化显著负相关，假设4b、4c、4d得到验证，假设4a、4e未得到验证。公正严谨性、思维开放性在0.01水平上与创新自我效能感正相关，相关系数为 0.401 和 0.301，情绪化在 0.01 水平上与创新能力显著负相关，假设 5b、5c、5d 得到验证，假设 5a、5e 未得到验证。

29.4.2 回归分析结果

用 stepwise 逐步多元回归分析方法检验企业家知识、其他方面能力、人格特征、自我效能感变量对创新能力是否有显著预测作用。

预测企业家创新能力时，进入回归方程的显著变量共有 8 个，多元相关系数为 0.881，多元决定系数为 0.777，调整后的多元决定系数为 0.760，其联合解释变异量为 77.7%，经方差分析 F = 45.255，Sig. F = 0.000，回归方程有效，拟合优度较好，企业家创新能力（eninn）与战略能力（enstr）、创新自我效能感（innself）、管理自我效能感（magself）、学习能力（enstu）、思维开放性（openness）、公正严谨性（conscie）显著正相关，与关系能力（enrel）、学习非经济与管理专业（majord2）负相关，假设 6 部分得到支持。标准化回归方程为：

$$eninn = 0.221 + 0.413 enstr + 0.192 innself + 0.261 magself + 0.171 enstu$$
$$- 0.160 enrel - 0.127 majord2 + 0.155 openness + 0.122 conscie$$
$$F = 45.255, \quad R^2 = 0.777, \quad DW = 2.3$$

29.5　研　究　结　论

对企业家创新能力起直接作用的是企业家战略能力、创新自我效能感、管理自我效能感、关系能力、学习非经济与管理专业、学习能力、思维开放性和公正严谨性，企业家创业后通过提高战略能力、学习能力、创新自我效能感、管理自我效能感形成创新能力。

企业家战略能力是创新能力重要来源，战略能力与创新能力是相互作用、相互促进的，企业家战略能力体现在制定宏伟的战略目标、及时调整经营思路、准确地对企业在市场中的地位进行再定位、快速地重新组合资源以适应环境的变化、快速地增减业务活动以配合战略目标实现，高科技企业家恰恰就是在战略管理过程中进行创新，战略能力提高同时创新能力也提高，创新能力提高也促进战略能力提高。

主动、快速吸收新知识，不断更新自己的知识结构，针对自己的特长和不足深入学习，通过各种方式从别人那里学到所需的知识和经验是学习能力的体现，学习包括自己思考感悟、向他人学习、干中学、学以致用，学习他人的方法将其改造成适用于自己企业的方法，这就是创新，学习能力提高可以提高创新能力。

公正严谨性体现企业家执着、不服输、意志坚定、有责任心、善于思考、办事高效,这些人格特征是成功创业者的共性,公正严谨性可以提高创新能力。

思维开放性是指有创造性、常有新主意、想象力丰富、对与众不同的事好奇、喜欢和别人合作,通过对思维开放性的训练可以提高创新能力。

学习非经济与管理专业是指高科技企业家接受的高等教育是所从事行业的专业,高科技企业经营的特殊性使得企业家对本企业的专业技术特点和前沿要非常了解,专业技术出身的企业家更专注于技术创新,但企业家创新能力的提高不仅仅是要对专业知识精通,作为董事长或总经理的企业家还必须精通整个企业的经营运作,企业家的创新不局限于技术创新,还包括组织形式、营销过程、经营理念、产品服务、资源整合等方面的创新,企业家要通过创业后参加管理训练和干中学来弥补经营管理方面的知识。在访谈过程中也发现,现实中高科技企业创新是依靠高管团队能力之间的互补,学习非经济与管理专业的高科技企业家通常是与善于经营管理的高管成员组成战略合作关系进行创业,这样可以大大提高创业的成功率和创新能力。

关系能力的提高对创新能力的提高无正向作用,这里所研究的关系能力主要是和同行业企业、政府部门、金融机构、公众媒体、行业协会的关系,构建这些关系能力的提高并未提高高科技企业家的创新能力,反而在这方面投入的精力太多会降低创新能力。

创新自我效能感是创新能力的重要来源,创新自我效能感与创新能力存在相互促进的关系,这在访谈企业家时也得到证实,企业家在创业过程中自己做出的决策被实践不断证实是正确的,随着能力提升自我效能感也会提升,执着、不服输的性格会让企业家在创新过程中坚持下来,不断寻找正确的创新方法;准确鉴别、抓住重要商业机会,快速察觉到顾客潜在需求,从不同渠道收集足够市场信息是机会能力的体现,同时也可以提升创新自我效能感;创业前接受技术训练使企业家对专业技术知识很熟悉,有创业经历会积累一些创新经验和教训,创业时具有大专、本科学历表明受过良好高等教育,对创新自我效能感有正向提升作用。

管理自我效能感是高科技企业家创新能力的重要来源,管理自我效能感体现在企业家能够为企业挑选合适的员工、能写出一份清晰和完整的商业计划、能够对企业的未来进行明确的规划等方面的自信心。高科技企业家以往从事相关行业的工作经验、创业经验、对自身情绪的控制和紧急情境下保持镇定的良好心理素质、管理能力和战略能力的提高都有利于管理自我效能感的提升。

29.6 研究不足和展望

企业家人力资本各要素之间关系复杂,有了足够样本之后可以使用结构方程方法,使用 AMOS 7.0 软件进行进一步分析,有助于理清各要素对创新能力的影响方向。本研究仅从企业家自身内因角度研究创新能力影响因素,如果能够进一步结合外部环境支持,探究企业家创新能力形成路径,会对企业家创新能力形成有更全面的认识。

参考文献

[1] 程承坪,魏明侠. 企业家人力资本开发 [M]. 北京:经济管理出版社,2002.

[2] 钱士茹. 企业家人力资本"供给"研究 [J]. 安徽大学学报(哲学社会科学版),2006(6):118-126.

[3] 贺小刚. 企业家能力、组织能力与企业绩效 [M]. 上海:上海财经大学出版社,2006.

[4] Baum J R, Locke E A. The relationship of entrepreneurial traits, skill, and motivation to subsequent venture growth [J]. Journal of Applied Psychology, 2004 (89):587-598.

[5] Barringer B R, Jones F F, Neubaum D O. A quantitative content analysis of the characteristics of rapid-growth firms and their founders [J]. Journal of Business Venturing, 2005 (9):663-687.

[6] Colombo M G, Grilli L. Founders' human capital and the growth of new technology-based firms: A competence-based view [J]. Research Policy, 2005 (34):795-816.

[7] 缪小明,李淼. 科技型企业家人力资本与企业成长性研究 [J]. 科学学与科学技术管理,2006(2):126-131.

[8] 杨学儒,李新春. 企业家特征与企业绩效——一个基于深圳和广州企业的探索性研究 [C]. 民营企业国际会议论文集,2007.

[9] 张建君,李宏伟. 私营企业的企业家背景、多元化战略与企业业绩 [J]. 南开管理评论,2007(5):12-25.

[10] Vander Sluis J, Mvan Praag, W Vijverberg. Entrepreneurship, selection and performance: A meta-analysis of the role of education [J]. World Bank Economic Review, 2005 (19):225-261.

[11] Bosma N, Van Praag M, Thurik R, Gerritde Wit. The value of human and social capital investments for the business performance of startups J]. Small Business Economics, 2004 (23):227-236.

[12] Beckman C M, Burton M D. Founding the Future:The evolution of top management teams from founding to IPO [C]. Working Paper, 2005.

[13] Bandura A. Self-efficacy:The exercise of control [M]. New York:Freeman, 1997.

[14] Baum J R, Locke E A, Smith K G. A multidimensional model of venture growth [J]. Academy of Management Journal, 2001 (44):292-303.

[15] Lucas W A, Cooper S Y. Measuring Entrepreneurial Self-efficacy [C]. Paper Presented to the SMUEDGE Conference, Singapore, 2005 (7).

[16] 钟卫东,孙大海,施立华. 创业自我效能感、外部环境支持与初创科技企业绩效的关系 [J]. 南开管理评论,2007(5):68-74.

[17] Aldrich H E, Wiedenmayer G. From rates to traits:n ecological perspective on organiza-

tional founding.//Brockhaus R H, Katz J A. Advances in Entrepreneurship, Firm Emergence and Growth [M]. Greenwich: JAI Press, 1993 (1): 145-195.

[18] Gartner W B. Who is an entrepreneur? Is the wrong question [J]. Entrepreneurship Theory and Practice, 1989 (13): 47-68.

[19] Krampe R T, Ericsson K A. Maintaining excellence: Deliberate practice and elite performance in young and older pianists [J]. Journal of Experimental Psychology, 1996 (125): 331-359.

[20] Ciavarella M A, Buchholtz A K, Riordan C M, et al. The Big Five and venture survival: Is there a linkage? [J]. Journal of Business Venturing, 2004 (19): 465-483.

[21] 王登峰，崔红. 对中国人人格结构的探索——中国人个性量表与中国人人格量表的交互验证 [J]. 西南师范大学学报（人文社会科学版），2005（9）：5-16.

[22] 鲍莫尔. 资本主义的增长奇迹 [M]. 彭敬等译. 北京：中信出版社出版，2004.

第 30 章

国外创业型企业产品开发战略研究述评[*]

产品开发总是与创新以及竞争优势联系在一起,它不仅对新创企业具有重要意义,而且还有助于大企业追求和开发新的机会。很多技术信息最终将凝结在产品和服务中,而创业为潜在的技术信息转向产品和服务提供了舞台。然而,创业型企业常常面临"新的劣势"(liabilities of newness)和"小的劣势"(liabilities of smallness)的困扰(Eric et al., 2007)。这些劣势的存在是因为创业型企业往往缺少特定的资源和能力,而这些资源和能力对知名大企业而言却是丰足的。这种资源和能力的缺乏往往导致创业型企业过高的失败率。

创业型企业产品开发具有资源的消耗性,面对创业型企业资源短缺的约束,选择合适的产品开发战略已成为创业型企业的核心战略(Eisenhardt and Schoonhoven, 1990),而且对于构建和提升创业型企业的竞争优势也非常关键。目前,考察创业型企业产品开发战略的国内文献很少,而国外文献相对比较丰富。根据产品开发战略实施的过程,国外文献对创业型企业产品开发战略的研究大致围绕着战略的制定、实施和评估3个方面来展开。故本章以此思路展开文献评述。

30.1 创业型企业产品开发战略的内涵及制定

30.1.1 创业型企业产品开发战略的内涵

关于什么是创业型企业产品开发战略,巴扎克(Barczak, 1995)认为,产品开发战略是通过新产品和技术进入新的市场,进而创造真正新的产品的战略。福尔斯和纳拉亚那(Firth and Narayanan, 1996)认为,创业型企业产品开发战略涉及三个方面:一是新的可操作技术;二是新的市场应用;三是市场的创新。

---

[*] 本章作者为徐凤增、杨蕙馨、高培涛,发表在《科技进步与对策》2010年第1期(有改动)。

两位学者界定了新产品开发战略的关联者，比如创新者、技术投资者、新市场搜寻者等。李和阿图芬—吉马（Li and Atuahene - Gima, 2001）通过对创业型企业的实证考察，认为产品开发战略是开发并营销本企业或市场全新产品的企业资源配置方式。另外，科维洛和琼斯（Coviello and Jones, 2004）从问卷设计的角度诠释了产品开发战略，如企业在多大程度上为产品开发提供财务支持、企业新产品开发的范围有多大、企业新产品投入市场的速度等。

对新产品开发战略类型的划分，学者们有不同的观点。巴扎克（Barczak, 1995）将新产品开发战略分为三类：市场领先者、迅速跟进者和后进入者；米尔斯和斯诺（Miles and Snow, 1978）认为产品开发战略可分为反应型、防御型、分析型和观察型；德怀尔和梅勒（Dwyer and Mellor, 1991）的划分方法更复杂，他们认为新产品战略包括公司适应性战略、防御型战略、非聚焦战略、差异化战略、技术进攻战略、高预算高风险战略和保守战略。

30.1.2 创业型企业产品开发战略的制定

（1）环境因素与创业型企业产品开发战略的制定。

创业型企业产品开发战略的制定受环境因素的影响。不同的环境因素其属性可做如下界定：复杂性或者外部因素的数量和多样性；动态性或者影响企业变化的外部因素；对不确定性的感知（Duncan, 1972）或者敌对性（Covin and Slevin 1989）。很多这种定义都是相互关联的，比如说不利的环境经常是不确定的，因为它们具有高度的动态性。德罗格和凯兰通（Dröge and Calantone, 1996）认为，产业的环境对创业型企业产品开发战略的制定具有非常重要的影响，其中产业环境主要是指产业的特征，比如产业的集中度或竞争的强度等；还有学者认为环境包括供应商和政策制定集团（Porter, 1980），创业型企业供应商和政策制定集团能明显影响其产品开发战略的制定。

（2）创业型企业产品开发战略制定需要关注的因素。

奥松和波扎（Azzone and Pozza, 2003）认为，随着外部环境越来越复杂以及变量的增多，包括波特的战略定位模型、资源优势理论、动态能力模型等在内的传统战略理论在解释新产品开发战略方面的缺陷逐渐显现出来，比如缺少对顾客需求和如何满足这些需求的关注，因此有必要采有一种将多种因素同时考虑在内的混合战略，并以生物技术公司进入一种新产品市场为例对战略决策过程进行了详细分析。

库珀（Cooper, 1984a）认为新产品开发战略有四个需要考虑的变量：一是新产品导向，包括创造新产品，开发一种新产品比竞争对手更能满足顾客的需求；二是适合新产品的市场特征，包括一个新的市场、顾客、竞争对手和销售渠道的特征；三是企业的技术导向，包括企业的研发支出在营业收入中所占的比重及企业的研发导向；四是适合新产品的技术特征，包括越来越高级、复杂的技术与企业的研发资源更好地匹配、技术的成熟度和集中度。

弗兰巴赫等（Frambach et al.，2003）考察了企业的业务战略以及企业的市场导向对新产品开发活动的影响。他们认为，新产品开发战略的制定要考虑到企业的业务战略和企业的市场导向。企业的业务战略分为三种：低成本战略、差异化战略和聚焦战略。企业的市场导向分为两种：竞争对手导向和顾客导向。作者通过实证研究认为，差异化战略对新产品开发活动具有直接的正面影响，聚焦战略对新产品开发活动具有直接的负面影响，而低成本战略对新产品开发活动通过市场导向战略具有间接的正面影响，但不具有直接影响。顾客导向的新产品开发有助于新产品开发绩效的提高，而竞争对手导向的新产品开发对新产品开发绩效具有负面影响。

另外，创业型企业产品开发战略的制定要与企业战略相吻合（Tzokas et al.，2004），因此，在制定产品开发战略时最好吸收企业战略制定者参加，避免产品开发战略与企业战略发生冲突，或得不到企业高层管理者的支持（Liao et al.，2008）。

（3）创业型企业产品开发战略制定的基本框架。

特里姆和潘（Trim and Pan，2005）提出了新产品开发战略制定的框架。他们认为产品开发战略的制定要考虑到企业自身条件和产业环境，并提出了产品开发战略制定图（如图30-1所示）。从产品开发战略图中我们看出，企业产品开发战略的制定要进行两项分析：SWOT（即企业的优势、劣势、机会和威胁）分析和产业要素分析，其中产业要素包括产品要素，比如产品的替代性或互补性；产业政策要素，涉及进入退出壁垒、政策的有利条件或不利因素等；产业的技术水平以及产业的区位因素，包括交通便利性、产业集聚性等。邱等（Chiu et al.，2006）认为产品开发战略的制定不仅涉及战略层面，还涉及市场层面和组织层面。战略层面包括产品开发战略、市场战略、竞争战略和企业战略；市场层面包括产品、渠道、价格和促销；组织层面涉及组织结构、新产品开发组织和企业文化。可见，产品开发战略的制定是一个系统工程，不仅要与企业战略相吻合，还要围绕着产品开发进行市场方面和组织方面的协同设计，以确保产品开发战略的顺利实施。

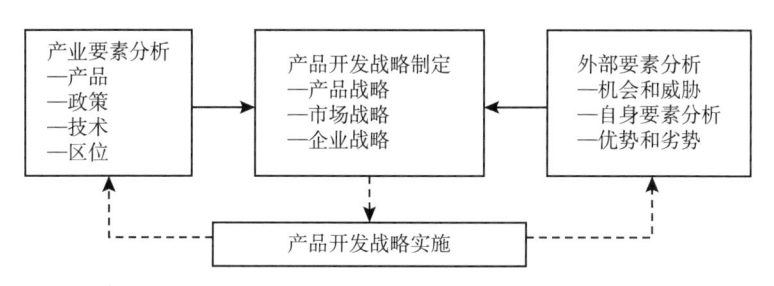

图30-1 创业型企业产品开发战略制定

资料来源：Trim P, Pan H. A new product launch strategy (NPLS) model for pharmaceutical companies [J]. European Business Review, 2005, 17 (4): 325-339. 略有修改。

(4) 实践经验与创业型企业产品开发战略制定。

还有学者从产品开发活动中总结了一些产品开发战略制定的经验。比如,卡尔森和阿斯特罗姆(Karlsson and Åhlström, 1997)以项目的开发战略为例总结了新产品开发战略制定的四条经验。他们指出,从产品开发战略的定位来看,产品的开发应在企业中占有关键性的地位,其目的是为了提高企业的竞争力而不是仅仅把它作为企业的一项简单任务;在企业的每项功能中都应强化市场的作用,至少在产品开发和生产中必须强化市场的地位或作用;除了时间和资金外,目标的设定是产品开发中第三个非常重要的因素,其作用是避免产品开发中的短视行为;产品开发战略的制定要基于企业的现实,而不是理想,这样有助于产品开发战略更好地实施。

30.2 创业型企业产品开发战略的实施

成功的战略制定并不能保证成功的战略实施,实际做一件事情(战略实施)总比决定做这件事情(战略制定)困难得多。产品开发战略的实施是对已制定出的产品开发战略的执行,在产品开发中举足轻重。创业型企业在产品开发战略实施阶段具有较大的独特性,这是由创业型企业自身的特征和产品开发的特点决定的。创业型企业在产品开发战略实施阶段往往面临资源短缺的约束,创业型企业本身对产品创新性的关注和企业家对风险的偏好,这些因素都会对创业型企业产品开发战略的实施产生重要影响。

然而,同产品开发战略制定的文献相比,有关创业型企业产品开发战略实施的文献并不是很丰富,已有文献的关注点主要集中在新产品开发程序的设计、新产品开发资源的配置和新产品开发战略实施的措施等方面。

30.2.1 新产品开发程序的设计

库珀和克莱因施密特(Cooper and Kleinschmidt, 1991)访谈了完全实施过新产品开发程序的5家大公司(比如 IBM、3M、北方电信、爱默生电器)的高级管理人员,所有公司的管理人员都认为,实施新产品开发的程序将对新产品开发战略具有积极影响,比如,可以改善团队的沟通,减少开发和返工的时间,提高新产品的成功率。

库珀(Cooper, 1983)指出,新产品开发程序的设计包括创造、创造的发散(creation dissemination)、初步的产品开发、经济分析、产品原型的检测、预运行、产品的规模生产和产品进入市场。克拉克等(Clark et al., 1987)认为新产品的开发程序就是信息的形成过程,包括四个阶段:概念的产生,即把顾客的需求信息转化成一个可操作的概念；产品规划和开发的绩效、成本、形式和其他目标；产品的构建（product engineering），把产品的目标转化成具体的蓝图；构建、设计工作流程。特兹卡斯等（Tzokas，2004）提出了新产品开发的六阶段模型（如图30-2左侧流程所示）：第一，创意的产生，搜寻有用的产品创意；第二，概念的开发，通过相关要素的整合、技术的创意来解释概念的本质；第三，构建商业案例，通过系统的市场、技术和财务分析来构建；第四，产品开发，即对几种产品的原型进行设计和制造；第五，市场的检验，即根据顾客的反映及其潜在需求来检测产品设计的原型；第六，市场的投放。卡尔森和阿斯特姆（Karlsson and Åhlström，1997）以项目的开发战略为例阐述了新产品开发程序的设计，他们认为，通过对技术和市场的评估及预测，进行新产品开发战略的制定，再整合企业的职能任务、技术任务和组织单元来构建新项目的开发计划，然后通过对新项目的管理来提高新产品开发的效率和效果，该设计强调了新产品开发后的学习和改进。

30.2.2 新产品开发资源的配置

创业型企业在产品开发过程中大都面临资源短缺的瓶颈，要想更好地实施产品开发战略，就需要对有限的内部资源进行配置，并充分创造条件利用外部资源。当前，创业型企业产品开发资源配置方面的文献主要涉及产品开发平台和产品开发联盟两个方面。

产品开发平台已成为创新过程中的一个非常重要的概念。产品开发平台的宽泛定义就是指大量的关联的产品要素在实物上相互连接成一个稳定的子系统，通过组合又可以构成不同的产品模型（Muffatto，1999）。金等（Kim et al.，2005）认为，平台是指在一个产品家族里面各要素和子系统相互共享，并且可以同时或相继生产多样化或优化产品的系统。利用产品开发平台可开发出一系列不同的产品，而具有平台基础的产品多样性有助于实现产品的大规模定制，从而提高企业的竞争力和盈利水平。但也有研究认为产品开发平台并不总是能提高企业利润水平，而是具有一定的负面作用，如产品差异化程度的降低和产品质量的丧失等。但总体来讲，坚持产品开发平台战略的创业型企业，一般都能降低产品开发和制造成本，缩短产品开发周期，降低系统的复杂性，通过项目之间的合作提高学习能力，并提高产品的更新能力。

另有学者考察了新产品开发联盟的构建。高山等（Takayama et al.，2002）认为，就新产品的开发而言，每个企业都有其独特的核心领域。新产品开发的独特性可以分为两个维度：一是新产品开发的持续性；二是新产品开发的创造性破坏。产品开发联盟在这两个维度方面都能起作用，特别是制药业更依赖于产品开发联盟。企业可以以产品开发联盟为平台来为新产品开发注入新的独特要素，以

```
创意的产生：搜寻有用的产品创意
        ↓
        ◇ → 创意的筛选：对新产品的创意进行首次评估
        ↓                                    ↑
概念的开发：通过相关要素的整合、
技术的创意来解释概念的本质
        ↓
        ◇ → 概念的检测：通过潜在顾客的反映来了解这
        ↓      种产品概念是否具有市场潜力
构建商业案例：通过系统的市场、技
术和财务分析来构建
        ↓
        ◇ → 商业分析：产品在技术方面是否可行、有没
        ↓      有市场潜力及可观的财务绩效
产品开发：对几种产品的原型进行设
计和制造
        ↓
        ◇ → 产品检测（功能性）：检测产品的原型是否
        ↓      满足企业内部技术和制造的相关要求
市场的检验：根据顾客的反映及其潜
在需求来检测产品设计的原型
        ↓
        ◇ → 分析市场检测的结果：主要看产品的原型是
        ↓      否具有市场潜力
市场的投放：将新产品投放市场
        ↓
        ◇ → 市场投放后的评估（短期）：产品投放市场
               后大约经过1/4的生命周期时间，对产品在市
               场上的成功性进行检测
               市场投放检测（长期）：产品投放市场后大
               约经过3/4的生命周期时间，对产品在市场
               上的成功性进行检测
```

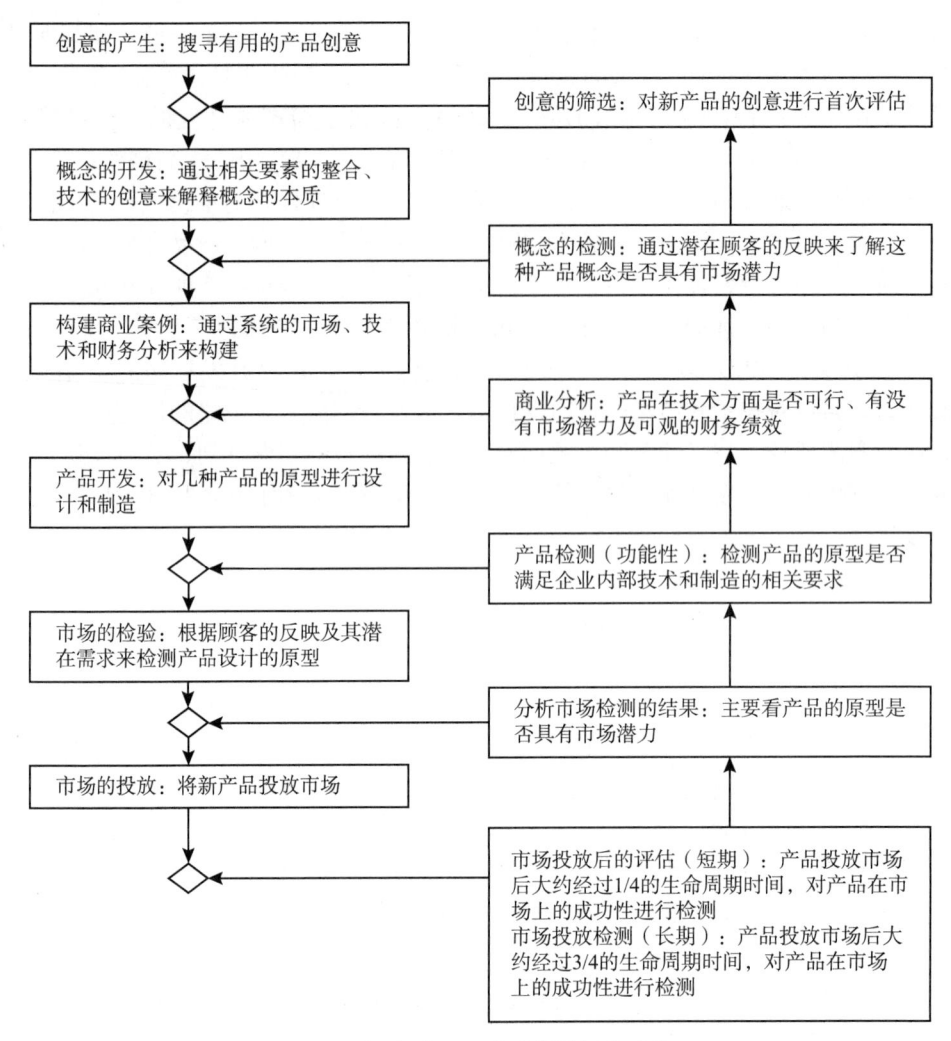

图 30-2　新产品开发阶段及评估过程

保持其产品的独特性，提高企业的竞争优势。另外，企业也可通过新产品开发联盟来进行破坏性创新，以提高新产品开发的创新性和独特性。

30.2.3　创业型企业产品开发战略实施的措施

尽管有许多文献强调了创业型企业产品开发战略实施的重要性，但还没有文献系统阐述产品开发战略实施的措施。我们将对文献中涉及产品开发战略实施的重要举措进行简单述评。

产品开发战略实施要有完整的开发时间表。海思等（Hise et al., 1989）指出，新产品的开发如果缺少一个特定的程序或者一个完整的开发时间表，将降低

新产品开发和进入市场的成功率。如果一个在行业中不占主导地位的创业型企业想在新的市场中推出新的品牌，必须要有一个完整的流程。

产品开发战略实施要有组织保证，比如组织结构的调整或新部门的设立等。卡尔森和阿斯特罗姆（Karlsson and Åhlström，1997）提出产品开发战略的实施需要考虑项目团队的构建。根据他们的研究，新产品开发战略制定完成之后，需要整合企业的职能任务、技术任务和组织单元来构建新项目的开发计划，组建项目开发团队，以提高新产品开发的效率和效果，并能在项目的实施过程中使团队成员相互学习和提高。

要培育支持产品开发战略的文化。邱等（Chiu et al.，2006）指出，产品开发战略的实施不仅要有组织体制方面的保证，还要培育有助于产品开发的企业文化。创业型企业产品开发过程中经常面临资金、技术、人才等资源的匮乏，充分获取和利用企业外部资源已成为大多数创业型企业产品开发的战略选择。因此，创业型企业在产品开发战略实施过程中，会积极强调文化层面的合作要素和创新理念。

30.3 创业型企业产品开发战略的评估

创业型企业产品开发战略在经历了制定和实施过程后，还需要对战略的绩效做出评估。当前文献对创业型企业产品开发战略的评估主要围绕着产品开发战略评估模型、产品开发战略绩效衡量以及产品开发战略与创业型企业绩效的相关性三个维度展开。

30.3.1 创业型企业产品开发战略评估模型

创业型企业产品开发战略典型的评估模型是特兹卡斯等（Tzokas et al.，2004）根据新产品开发的六阶段模型提出的对应评估过程（如图30-2右侧流程所示）。针对新产品的市场投放，作者从两个角度进行了评估。一是市场投放后的评估（短期）：产品投放市场后大约经过1/4的生命周期时间，对产品在市场上的成功性进行检测；二是市场投放检测（长期）：产品投放市场后大约经过3/4的生命周期时间，对产品在市场上的成功性进行检测。然后分析市场检测的结果，主要看产品的原型是否具有市场潜力；接下来进行产品功能性检测，检测产品的原型是否满足企业内部技术和制造的相关要求；做完产品功能性检测后，需要对新产品进行商业分析，主要看产品在技术方面是否可行，有没有市场潜力及可观的财务绩效；根据产品的商业分析，通过潜在顾客的反映来了解这种产品概念是否具有市场潜力，进一步对产品概念进行检测；最后对新产品的创意进行评估和筛选。另外，小田部（Kotabe，1990）从产品创新水平视角对创业型企业产品开发战略进行了评估，认为产品创新水平越高的企业其产品开发战略设计越合理，企业绩效也越好。威尔瑞特和克拉克（Wheelwright and Clark，1992）指出，对创业型企业新产品开发战略的评估必须包括以下三种能力：一是对解决下游问题拥有非常敏锐的感知能力；二是零缺陷设计；三是问题的快速解决能力。同时，他们还指出，这些能力在很大程度上依赖于完全的产品开发战略活动。廖等（Liao et al.，2008）则提出了根据新产品开发是否满足顾客需求而对产品开发战略进行评估的建议。

30.3.2　创业型企业产品开发战略绩效的衡量

创业型企业产品开发战略的评估指标有很多，比如，霍普金斯（Hopkins，1981）采取了五个指标测度新产品的绩效：一是财务评估；二是目标评估；三是新产品占整体销售的比率；四是新产品开发成功的比率；五是新产品开发整体的主观满意度。库珀（Cooper，1984b）从八个指标中选取了三个来测度新产品的开发绩效：一是新产品的整体绩效；二是新产品开发的成功率；三是新产品对企业的影响。德怀尔和梅勒（Dwyer and Mellor，1991）考察了96家制造企业的新产品开发活动与新产品开发绩效的关系，在他们的研究中，如果新产品开发成功的话，使用四种主观的测度指标进行衡量：一是对整体成功与否的评估；二是利润水平；三是销售目标；四是新产品将为企业带来的机会。鉴于企业不愿直接提供企业相关销售绩效指标，麦克杜格尔等（McDougal et al.，1994）采取评估方法，对创业型企业近三年来的绩效进行评估，从投资回报率、销售回报率、利润增长、资产回报率、销售增长、市场份额增长、企业的声誉等角度进行测量。布朗和艾森哈特（Brown and Eisenhardt，1995）主要从利润、销售收入和市场份额三个维度测量企业的绩效。孙和派瑞（Song and Parry，1997）采取了四种方法来测度新产品开发相对成功的维度：一是整体的利润；二是同竞争对手相比，新产品的销售状况；三是同竞争对手相比，新产品的利润率；四是与预期的利润率相比，新产品的成功状况。西克斯奥特和朗雷（Sixotte and Langley，2000）则认为，跨部门的交流和信息沟通有助于降低新产品开发的不确定性，改善新产品开发的绩效，他们的研究采取了三个指标来测度新产品开发的绩效：一是新产品的生命周期；二是新产品的销售和利润；三是新产品进入市场的时间。

30.3.3　创业型企业产品开发战略与绩效的相关性

产品开发战略是创业型企业的关键战略，它对企业的绩效乃至竞争力都具有重要影响。来自伯兹、艾伦和哈密尔顿（Booz，Allen and Hamilton，1982）的实证研究表明，1981~1986年，在财富1000强中的700家公司，新产品对利润的贡献达到30%，甚至有些占到40%。产品开发有助于适应市场和技术环境的演化，已成为企业竞争优势的源泉。目前，创业型企业产品开发战略与其绩效相关性的文献中，其结论大都是正相关的。戴维斯（Davis，1988）考察了三个新产品开发案例，其中两个失败，一个是成功的。两个失败的案例表明，忽视开发战略的重要性将导致产品开发的失败；成功的案例是关于酒店的新产品开发，其成功的关键在于产品的开发活动是逐步完成的，即产品开发战略的制定比较完善。然而，有的学者认为，产品开发与企业绩效具有负的相关性（Chandler and Hanks，1994）。事实上，通过对相关文献的总体回顾，以前的实证研究大约有2/3都认为产品开发与企业绩效具有正的相关性，其余的认为负相关或不相关，一种可能的解释是大部分研究没有对产品开发和企业绩效进行调节性检验。

30.4 研究局限及未来研究方向

30.4.1 创业型企业的产品开发战略

本文回顾了创业型企业在产品开发战略的制定、实施和评估方面的研究，学者们普遍指出产品开发战略是创业型企业的核心战略。由于创业型企业常常面临"新的劣势"（liabilities of newness）和"小的劣势"（liabilities of smallness）的困扰（Eric et al.，2007），其在产品开发战略制定、实施和评估方面也存在着明显特点，特别是战略的制定和实施阶段，创业者普遍考虑到资源杠杆在产品开发中的运用，更好地利用外部资源。比如，在产品开发战略制定过程中，通过SWOT分析，找出创业型企业在产品开发过程中的劣势，在战略制定中予以关注；产品开发战略的实施涉及战略的执行，同样需要考虑创业型企业自身的特点，解决产品开发过程中面临的资源约束问题，比如，外部资源的配置得到了特别重视，包括产品开发平台和产品开发联盟的构建、企业侧重以创新为导向的企业文化的培育、在资源观方面更加重视利用外部资源等。

国外文献对创业型企业产品开发战略的考察，除了涉及创业型企业自身特点外，还考察了产品开发战略的一般特点，特别是对回答"什么是成功的产品开发战略"进行了深入探讨（Brown & Eisenhardt，1995）。罗森威尔（Rothwell，1972）认为产品成功主要与以下5个因素有关：理解客户需求；对市场和公众的关心；开发的效率；有效利用外部技术；高级经理对产品开发的责任。鲁本斯坦等（Rubenstein et al.，1976）认为，影响产品成功的最主要的因素是内部管理，其次是政府的政策、行动和规制。库珀（Cooper，1979）认为新产品成功最关键的 9 个要素是：第一，产品对顾客的独特性或超值性；第二，具有市场信息；第三，具有技术和生产效率；第四，避免参与有大量新产品进入的市场；第五，进入的市场具有高需求、高成长和容量大的特点；第六，避免价格比竞争对手高；第七，市场和管理功能的整合；第八，避免进入非常具有竞争性且顾客非常满意的市场；第九，避免面对陌生的产品市场、顾客和技术。库珀和克莱因施密特（Cooper and Kleinschmidt，1987）总结出影响产品开发成功的 3 个重要因素：第一，为顾客创造价值——产品具有较高质量、降低顾客的成本和为顾客提供问题解决方案；第二，项目的定位和前瞻性（up front activities）；第三，市场和技术的整合。总之，产品开发战略的成功需要关注以下两个维度：一是市场条件，包括市场容量和市场的成长性；二是强调产品开发的技术领先和创新性（Coviello and Jones，2004）。

30.4.2 研究局限及未来研究方向

早期关于产品开发战略的研究多数是案例研究，这些案例研究对新产品的开发过程进行了详尽描述，但缺乏大的、系统性样本研究的统计学的效度。后来的研究是案例研究和实证研究相结合，以实证研究为主。但各研究大都是孤立进行的，既反映在样本选取的差异性上，也表现在研究人员极大的分散性上。

以中国创业型企业为研究对象的文献不丰富。近年来，中国创业型企业发展非常迅速，在产品开发方面也积累了越来越多的经验。由于中美在文化、市场环境以及制度支持方面有较大差异，有些影响因子影响力度会有很大差别，甚至影响方向也截然不同，因此，对中国创业型企业产品开发战略的研究，将能改善国外文献在研究样本上的不足。近年来，中国创业型企业发展异常迅速，也不乏产品开发的成功案例和失败案例，深入开展中国创业型企业产品开发战略的典型案例研究和实证研究，有助于降低产品开发失败率，提升创业型企业创新能力。

另外，企业集群对创业型企业产品研发战略也具有重要影响。以往研究忽视了企业集群的作用，随着企业集群的动态演化，集群对企业产品开发战略的影响程度也是不同的（Pouder and John，1996），因此引入集群成熟度作为多维变量进行典型相关分析就显得非常必要，也为后续研究指明了方向。

最后，虽然已有文献考虑了社会关系网络（特别是政府网络）对创业型企业产品开发战略的影响，但却忽视了区域技术水准对政府角色的影响，即政府处于技术前沿地区和落后地区扮演的角色是不一样的，进而导致企业向政府寻租的动机也不同（Mahmood and Rufin，2005）。未来的研究可以考虑选取处于技术前沿地区和技术落后地区的企业进行比较研究，深入考察社会关系网络对产品开发战略的影响。

参考文献

[1] Morse E A, Fowler S W, Lawrence T B. The impact of virtual embeddedness on new venture survival: overcoming the liabilities of newness [J]. Entrepreneurship Theory and Practice, 2007 (3): 139-159.

[2] Eisenhardt K M, Schoonhoven C B. Organizational growth: linking founding team, strategy, environment and growth among U. S. semiconductor ventures, 1978-1988 [J]. Administrative Science Quarterly, 1990 (35): 504-529.

[3] Barczak G. New product strategy, structure, process, and performance in the telecommunications industry [J]. Journal of Product Innovation Management, 1995 (12): 224-234.

[4] Firth R W, Narayanan V K. New product strategies of large, dominant product manufacturing firms: an exploratory analysis [J]. Journal of Product Innovation Management, 1996, 13 (4): 334-347.

[5] Li H, Atuahene-Gima K. Product innovation strategy and the performance of new technology ventures in China [J]. Academy of Management Journal, 2001, 44 (6): 1123-1134.

[6] Coviello N E, Jones M V. Methodological issues in international entrepreneurship research [J]. Journal of Business Venturing, 2004 (19): 485-508.

[7] Miles R, Snow C C. Organizational strategy, structure, and process [M]. New York: McGraw Hill, 1978.

[8] Dwyer L D, Mellor R. New product process activities and project outcomes [J]. R&D Management, 1991, 21 (2): 31-52.

[9] Duncan R G. Characteristics of organizational environments and perceived environmental uncertainty [J]. Administrative Science Quarterly, 1972 (17): 313-327.

[10] Covin J G, Slevin D P. Strategic management of small firms in hostile and benign environments [J]. Strategic Management Journal, 1989 (10): 75-87.

[11] Dröge C, Calantone R. New product strategy, structure, and performance in two environments [J]. Industrial Marketing Management, 1996 (25): 555-566.

[12] Porter M E. Competitive Strategy [M]. New York: The Free Press, 1980.

[13] Azzone G, Pozza I D. An integrated strategy for launching a new product in the biotech industry [J]. Management Decision, 2003, 41 (9): 832-843.

[14] Cooper R G. New product strategies: what distinguishes the top performers? [J]. Journal of Product Innovation Management, 1984 (2): 151-164.

[15] Frambach R T, Prabhu J, Verhallen T M M. The influence of business strategy on new product activity: The role of market orientation [J]. International Journal of Research in Marketing, 2003 (20): 377-397.

[16] Tzokas N, Hultink E J, Hart S. Navigating the new product development process [J]. Industrial Marketing Management, 2004, 33: 619-626.

[17] Liao S, Hsieh C, Huang S. Mining product maps for new product development [J]. Expert Systems with Applications, 2008 (34): 50-62.

［18］Trim P, Pan H. A new product launch strategy (NPLS) model for pharmaceutical companies [J]. European Business Review, 2005, 17 (4): 325 – 339.

［19］Chiu Y C, Chen B, Shyu J Z, Tzeng G H. An evaluation model of new product launch strategy [J]. Technovation, 2006 (26): 1244 – 1252.

［20］Karlsson C, Åhlström P. Perspective: changing product development strategy—A managerial challenge [J]. Journal of Product Innovation Management, 1997 (14): 473 – 484

［21］Cooper R G, Kleinschmidt E J. New process at leading industrial firms [J]. Industrial Marketing Journal, 1991 (20): 137 – 147.

［22］Cooper R G. The new product process: an empirical based classification scheme [J]. R&D Management, 1983, 13 (1): 1 – 13.

［23］Clark K, Chew W B, Fujimoto T. Product development in the world auto industry [J]. Brookings Papers on Economic Activities, 1987: 729 – 771.

［24］Muffatto, Moreno. Introducing a platform strategy in product development [J]. International Journal of Production Economics, 1999 (60 – 61): 145 – 153.

［25］Kim J Y, Wong V, Eng T Y. Product variety strategy for improving new product development proficiencies [J]. Technovation, 2005 (25): 1001 – 1015.

［26］Takayama M, Watanabe C, Griffy – Brown C. Alliance strategy as a competitive strategy for successively creative new product development: the proof of the co-evolution of creativity and efficiency in the Japanese pharmaceutical industry [J]. Technovation, 2002 (22): 607 – 614.

［27］Hise R T, O'Neal L A, Parasuraman A, McNeal J U. The effect of product design activities on commercial success levels of new industrial products [J]. Journal of Product Innovation Management, 1989 (6): 43 – 50.

［28］Kotabe M. Corporate product policy and innovation behavior of European and Japanese multinationals: an empiric investigation. Journal of Marketing, 1990, 54 (April): 19 – 33.

［29］Wheelwright S C, Clark K B. Competing through development capability in a manufacturing-based organization [J]. EMR Fall, 1992: 26 – 37.

［30］Hopkins D S. New product winners and losers [J]. Research Management, 1981 (12): 12 – 17.

［31］Cooper R G. The strategy-performance link in product innovation. R&D Management, 1984b, 84 (April): 247 – 259.

［32］McDougall P P, Covin J G, Robinson R B, Herron L. The effects of industry growth and strategic breadth on new venture performance and strategic content [J]. Strategic Management Journal, 1994 (15): 537 – 554.

［33］Brown S L, Eisenhardt K M. Product development: past research, present findings, and future directions [J]. Academy of Management Review, 1995, 20 (2): 343 – 378.

［34］Song X M, Parry M E. Across-national comparative study of new product development processes: Japan and the United States [J]. Journal of Marketing, 1997, 61 (April): 1 – 18.

［35］Sixotte H, Langley A. Integration's mechanisms and R&D project performance [J]. Journal of Engineering and Technology Management, 2000, 17 (1): 1 – 37.

［36］Booz A, Hamilton I. New Product Management for the 1980s [M]. New York: Booz, Allen, and Hamilton, Inc. 1982.

[37] Davis J S. New product success & failure: three case studies [J]. Industrial Marketing Management, 1988 (17): 103 – 108.

[38] Chandler G N, Hanks S H. Market attractiveness, resource-based capabilities, venture strategies, and venture performance [J]. Journal of Business Venturing, 1994 (9): 331 – 349.

[39] Rothwell R. Factors for success in industrial innovations [M].//Project SAPPHO—A comparative study of success and failure in industrial innovation [M]. Brighton, Sussex, England: SPRU, 1972.

[40] Rubenstein A H, Chakrabarti A K, O'Keefe R D, Souder W E, Young H C. Factors influencing success at the project level [J]. Research Management, 1976 (16): 15 – 20.

[41] Cooper R G. The dimensions of industrial new product success and failure [J]. Journal of Marketing, 1979 (43): 93 – 103.

[42] Cooper R G, Kleinschmidt E J. New products: What separates winners from losers? [J]. Journal of Product Innovation Management, 1987 (4): 169 – 184.

[43] Pouder R, John C H S T. Hot spots and blind spots: Geographical clusters of firms and innovation [J]. Academy of Management Review, 1996 (21): 1192 – 1225.

[44] Mahmood I P, Rufin C. Government's dilemma: The role of government in imitation and innovation [J]. Academy of Management Review, 2005 (30): 338 – 360.

第 31 章

基于产品创新战略的创业型企业绩效研究
——基于国际视角[*]

31.1 问题的提出

史蒂文森和古姆贝尔塔（Stevenson and Gumpert，1985）认为创业最基本的特征是企业家面临不确定性和自我雇用的风险性，与被雇用的员工不同。因此风险性就成为创业的一个被频繁使用的特征。拉姆金和德瑞斯（Lumpkin and Dress，1996）认为创业型企业具有五个特征：自治性（autonomy）、创新性（innovativeness）、风险喜好性（risk-taking）、主动性（proactiveness）和竞争挑衅性（competitive aggressiveness）。其中主动性主要强调企业家作用，正如潘洛斯（Penrose，1959）指出的，创业型企业家对企业的成长非常重要，因为他们的视野和想象力为创业企业赢得了必要的发展机会。罗尔和麦克米伦（Low and MacMillan，1988）也认为，创业或创业型企业文献往往通过分析企业家个人性格特征和文化背景来反应创业行为。还有学者认为，竞争挑衅性是创业型企业最为重要的一个特征。关于创业型企业的界定，往往有三个标准：企业的管理层包括工程师或科学家；30%或更多的员工是技术型的；销售收入中至少3%用于研发（R&D）。根据对创业型企业的界定，样本企业的生命周期都是等于或小于8年（Li and Atuahene–Gima，2001）。

创业型企业有助于提供就业机会（Birch，1979；Birley，1987），增加税收、出口和生产效率（President's Commission Report，1984）。在美国，创业型企业已成为经济增长的源泉和提供新就业岗位的主体，2000年以后又成为学术研究的热点，在美国权威期刊"Academy of Management Journal"发表的有关创业型企业的文献中有50%是2000年以后发表的，其中关于企业绩效研究的约占60%。我国在此领域的研究很少，截至2005年底在被CSSCI检索的期刊中只有3篇涉及

---

[*] 本章作者为徐凤增、杨蕙馨，发表在《科技进步与对策》2008年第8期（有改动）。

创业型企业,且研究主题分散,因此,本文主要从国际视角来对创业型企业产品创新战略及其绩效关系进行述评。

产品创新具有高风险性和资源消耗性,大部分创业型企业都受到管理和金融资源的约束(Eisenhardt and Schoonhoven,1990),未能正确地选择产品创新战略,未能持续地进行产品创新,导致经营陷入困境,可见,产品创新战略是创业型企业持续成长的关键(Eisenhardt and Schoonhoven,1990;McCann,1991)。然而,不同的产品创新战略会导致不同的企业绩效,考察创业型企业的产品创新战略与企业绩效之间的关系就成为具有很强现实意义的课题。

衡量产品创新战略可以从多角度进行,如 R&D 的投入、产品创新种类以及新产品投入市场的速度等都对企业绩效产生直接影响。此外,创业型企业产品创新战略与企业绩效的关系在中国还受其他因素的影响,如不正当竞争、制度支持、环境动荡性、新产品开发联盟、政治网络以及企业集群成熟度等。通过实证研究,检验上述各种因素对创业型企业绩效的影响力度和影响方向,有助于创业型企业正确选择产品创新战略,有效培育创业环境,提高创新能力;同时有助于政府正确地进行角色定位,有所为,有所不为,积极营造有利于企业创业与产品创新的环境,并根据企业集群的成熟度实施政策支持。

31.2 创新及产品创新战略

要强调创新在创业过程中的作用就离不开熊彼特。创新是企业为获得新产品、服务和核心技术而致力于对新观念、实验及创造过程的支持和投入,它代表了区别于现有技术或实践的一种意愿(Kimberly,1981)。其实,还有很多方法用来区别创新(Downs and Mohr,1976),但最有用的区分可能是技术创新和产品—市场创新二分法(Lumpkin and Dress,1996)。前期的大部分研究关注的是技术创新,主要包括产品和流程开发、工程和调研,且重点放在技术专有性和产业知识性上(Cooper,1971;Maidique and Patch,1982),而产品—市场创新主要侧重于产品设计、市场调研以及广告和促销(Miller and Friesen,1978;Schere,1980)。无论是技术创新还是产品—市场创新,创新都是创业导向(entrepreneurial orientation)的一个重要因素,因为它反映了企业追求新机会的重要方式(Lumpkin and Dress,1996)。后来,布朗和艾森哈特(Brown and Eisenhardt,1995)提出了创新的两种主流说:第一种研究主流是检验国家间、产业间以及企业间的分散关系,该学说认为创新是企业第一次使用的技术、战略和管理实践,不论其他组织或使用者以前有没有接受它,或在运行过程中改善它;第二种研究主流主要检验组织结构和流程以及人在开发新产品和营销新产品过程中的影响,他们认为创新是组织为市场创造的一种新产品,它代表了有洞察力发明行为的商业化。其中，第二种研究主流可以分为两类：第一类，也是最流行的一类，考察的是项目水平，检验所有用来感知、设计、生产和分销新产品的所有活动（Zirger and Maidique, 1990）；另一类集中在企业或战略商业单元（SBU）的层次上，用来分析和检验作为企业可持续成长维度的产品创新（Zahra and Covin, 1993; Covin and Slevin, 1989）。产品的创新形式客观上包括研发投入水平（Boulding and Staelin, 1995），以及企业拥有的工程师、科学家和其他技术人员的数量等，主观上涉及新产品开发的评估程度、新产品生产线的种类以及把新产品推向市场的速度。

那么，什么是产品创新战略呢？李和阿图芬—吉马（Li and Atuahene - Gima, 2001）认为产品创新战略是开发并营销本企业或市场全新产品的企业资源配置方式。新产品创新战略有多种类型，德怀尔和梅勒（Dwyer and Mellor, 1993）认为新产品战略包括公司适应性（corporate fit）、防御型战略（defensive strategy）、非聚焦战略（unfocused strategy）、差异化战略（differentiated strategy）、技术进攻战略（technical offensive strategy）、高预算高风险战略（high budget high risk strategy）和保守战略（conservative strategy）。而米尔斯和斯诺（Miles and Snow, 1978）认为产品开发战略可分为反应型（reactor）、防御型（defender）、分析型（analyzer）和观察型（prospector）。另外，科文和斯莱文（Covin and Slevin, 1989）与科维洛和琼斯（Coviello and Jones, 2004）从问卷设计的视角诠释了产品创新战略，比如，企业在多大程度上对产品创新提供支持、企业新产品创新范围有多大、企业新产品投入市场的速度等。

31.3 产品创新战略与创业型企业绩效

产品创新是企业竞争优势的源泉（Brown and Eisenhardt, 1995），有助于适应市场和技术环境的演化。1981~1986年，伯兹、艾伦和哈密尔顿（Booz, Allen and Hamilton, 1982）对财富1000强中的700家公司进行的调查发现，5年间这些公司的新产品为其贡献了30%的利润，有些甚至达到40%。产品创新战略是创业型企业的关键战略，它对企业的绩效乃至竞争力都具有重要影响。然而，关于产品创新战略对创业型企业绩效的研究在国外刚刚起步，国内还没有文献系统阐述。而且在实证研究中，学者们对产品创新战略与企业绩效的相关性存在颇多争议。有学者认为，产品创新与企业绩效具有负的相关性（Chandler and Hanks, 1994）。事实上，对相关文献的总体回顾表明，以前的实证研究大约有2/3认为产品创新与企业绩效具有正的相关性，其余的认为负相关或不相关，一种可能的解释是大部分研究没有对产品创新和企业绩效进行调节性检验（moderating test）（Li and Atuahene - Gima, 2001）。

关于创业型企业绩效的衡量，布朗和艾森哈特（Brown and Eisenhardt，1995）主要从利润、销售收入和市场份额三个维度进行测量；鉴于企业不愿直接提供企业相关销售绩效数据，麦克杜格尔等（McDougal et at.，1994）采取评估方法，对成长性企业三年内的绩效进行评估，从投资回报率、销售回报率、利润增长、资产回报率、销售增长、市场份额增长、企业的声誉等角度进行测量。

当前，大部分文献都是围绕"什么是成功的产品创新战略"这一问题展开研究。布朗和艾森哈特（Brown and Eisenhardt，1995）认为产品开发有三个流派：理性计划（rational plan）、沟通（communication web）和解决问题（disciplined problem solving），而且各个流派在理论构架和研究方法上都基本相似。罗森威尔等（Rothwell et al.，1974）和罗森威尔（Rothwell，1972）认为产品成功主要与以下5个因素有关：一是理解客户需求；二是对市场和公众的关心；三是开发的效率；四是有效利用外部技术；五是高级经理对产品开发的责任。鲁本斯坦等（Rubenstein et al.，1976）认为，影响产品成功的最主要的要素是内部管理，其次是政府的政策、行动和规制。库珀（Cooper，1979）认为新产品成功最关键的9个要素是：第一，产品对顾客的独特性或超值性；第二，具有市场信息；第三，具有技术和生产效率；第四，避免参与有大量新产品进入的市场；第五，进入的市场具有高需求、高成长和容量大的特点；第六，避免价格比竞争对手高；第七，市场和管理功能的整合；第八，避免进入非常具有竞争性且顾客非常满意的市场；第九，避免产品市场、顾客和技术都对企业是陌生的。库珀和克莱因施密特（Cooper and Kleinschmidt，1987）总结出影响产品开发成功的3个重要因素：一是为顾客创造价值——产品具有较高质量、降低顾客的成本和为顾客提供问题解决方案；二是专案的定位和前瞻性（up front activities）；三是市场和技术的整合。总之，产品创新战略的成功需要关注以下两个维度：第一，市场条件，包括市场容量和市场的成长性；第二，强调产品开发的重要性在于技术领先和创新性。

根据资源依赖理论（resource dependence theory），组织间的战略是为了减轻外部力量的负面影响，提高组织战略的效率。上述研究主要从创业型企业自身研究产品创新战略与企业绩效的关系，而忽视了外部因素对二者关系的影响。目前，现有文献作为调节变量考察产品创新战略与创业型企业绩效关系的以下因素：企业家个人特征、企业间合作行为和政治网络、企业的不正当竞争（dysfunctional competition）、制度支持和环境动荡性（environmental turbulence）等。

企业家个人特征会对产品创新战略与创业型企业绩效关系产生影响。大部分创业研究采用的是战略适应观点，该观点把创业型企业的成功归结为创业型企业家识别机会、制定战略、配置资源和采取行动的能力。但仍有些观点认为企业家的特征与创业型企业绩效关系不大，认为创业企业的绩效与产业结构以及创业型企业战略的互动关系密切相关。还有些研究强调持续成功企业家知识和经验积累的重要性，因为他们形成了经验曲线。莱蒙特（Lamont，1972）发现有经验的企业家具有熟练平衡内部管理团队的能力，倾向于产品导向而不是合同导向。

有证据表明，创业型企业的合作行为及其政治网络，是为了充分利用外部资源，降低自身资源的不足（Zhao and Aram，1995）。创业型企业经常与其他企业达成合作的意向，比如特许经营、研发、合资开发新产品和营销新产品等，我们把这种合作意向称为企业产品开发的战略联盟。但是，这种联盟经常难以管理，往往因为合同和文化的差异及误解，导致稀缺资源和管理中心远离这种战略（Peng and Health，1996）。尽管存在一些问题，但产品开发战略联盟仍是产品创新的重要途径。关于合作行为对企业绩效的影响有两种研究框架：一是交易成本理论；二是战略行为理论（McGee et al.，1995）。交易成本理论认为，企业间合作的成本只要比竞争对手成本低，企业仍是有利可图的，即使合作的成本比企业不合作的内部成本高。战略行为理论认为创业型企业选择合作伙伴和合作方式主要目的是为了改善其竞争地位。关于创业型企业合作战略，有很多实证研究都采用了上述两种理论。莫萨克斯基（Mosakowski，1991）通过分析122家创业型计算机公司的合作战略，得出基于研发、销售和服务合同的合作战略与企业绩效负相关。多林格尔和戈尔登（Dollinger and Golden，1992）认为，小规模企业的合作战略、经理人的经历对合作战略的成功起关键作用。政治网络是指企业配置资源来发展与政府部门、银行和其他管理机构的关系。辛和皮尔斯（Xin and Pearce，1996）以中国企业为例梳理了企业管理人员与政府的关系网络，认为与有政治影响力的人的关系网络对组织获取外部资源具有非常重要的意义。

另外，李和阿图芬—吉马（Li and Atuahene-Gima，2001）分析了不正当竞争和制度支持，认为不正当竞争对产品创新战略与创业型企业绩效具有负面影响，而制度支持具有积极影响。柯林斯和克拉克（Collins and Clark，2003）分析了环境动荡性，认为环境动荡性对产品创新战略与创业型企业绩效具有积极影响。

31.4　需要进一步研究的问题

早期关于产品创新战略的研究多数是案例研究，这些案例研究对新产品的开发过程进行了详尽描述，但缺乏大的、系统性样本研究的统计学的效度。另外一种就是实证研究，但各研究大都是孤立进行的，既反映在样本选取的差异性上，也表现在研究人员极大的分散性上，很少考虑到影响因子的连续性，或检验该影响因子对要选取样本的适应性，虽然有些研究对象是中国企业，但研究所依据的基础源自国外企业特别是美国企业的实证分析，由于中美在文化、市场环境以及制度支持方面有较大差异，有些影响因子影响力度会存在很大差别，甚至影响方向也截然不同，从而使得据此提出的政策建议的效度降低。因此，在借鉴前人研究成果时，要重视样本差异性带来的误差，特别是关于中国企业的研究要谨慎借鉴美国等发达国家的研究成果，同时要把影响因子连续性纳入研究范畴。

另外，已有文献虽然考虑了社会关系网络（特别是政府网络），但却忽视了区域技术水平对政府角色的影响，即政府处于技术前沿地区和落后地区扮演的角色是不一样的，进而导致企业向政府寻租的动机也不同（Mahmood and Rufin, 2005），而前人研究却把社会关系网络泛化了。

最后，随着企业集群的动态演化，集群对企业产品创新战略的影响程度也不断改变（Pouder and John, 1996），引入集群成熟度进行多维变量典型相关分析就显得非常必要，但以往研究却忽视了这一点。

参考文献

[1] Stevenson H H, Gumpert D E. The heart of entrepreneurship [J]. Harvard Business Review, 1985, 85 (2): 85 – 94.

[2] Lumpkin G T, Dress G G. Clarifying the entrepreneurial orientation construct and linking it to performance [J]. Academy of Management Review, 1996 (21): 135 – 172.

[3] Penrose E T. The theory of the growth of the firm [M]. Oxford, England: Oxford University Press, 1959.

[4] Low M B, MacMillan I C. Entrepreneurship: Past research and future challenges [J]. Journal of Management, 1988, 14: 139 – 161.

[5] Li H, Atuahene – Gima K. Product innovation strategy and the performance of new technology ventures in China [J]. Academy of Management Journal, 2001, 44 (6): 1123 – 1134.

[6] Birch D. The job generation process. MIT program on neighborhood and regional change [M]. Cambridge, MA: MIT Press, 1979.

[7] Birley S. The role of networks in the entrepreneurial process [J]. Journal of Business Venturing, 1985, 1: 107 – 117.

[8] President's Commission. Entrepreneurship and us impact on the U. S. economy [R]. Washington DC: President's Commission on Industrial Competitiveness, 1984.

[9] Eisenhardt K M, Schoonhoven C B. Organizational growth: linking founding team, strategy, environment and growth among U. S. semiconductor ventures, 1978 – 1988 [J]. Administrative Science Quarterly, 1990 (35): 504 – 529.

[10] McCann J E. Patterns of growth, competitive technology, and financial strategies in your ventures [J]. Journal of Business Venturing, 1991 (6): 189 – 203.

[11] Kimberly J R. Managerial innovation [M].//Nystrom P C, Starbuck W H. (Eds.) Handbook of organizational design. Vol, 1: 84 – 104. New York: Oxford University Press, 1981.

[12] Downs G W, Mohr L B. Conceptual issues in the study of innovation [M]. Administrative Science Quarterly, 1976, 21: 700 – 714.

[13] Cooper A C. The founding of technologically-based firms [J]. The Center for Venture Man-

agement, 1971.

[14] Maidique M A, Patch P. Corporate strategy and technological policy [M].//Tushman M L, Moore W L. (Eds.) Readings in the management of innovation: 273 – 285. Marshfield, MA: Pitman, 1982.

[15] Miller D, Friesen P. Archetypes of strategy formulation [J]. Management Science, 1978 (24): 921 – 933.

[16] Schere F M. Industrial market structure and economic performance (2nd ed.) [M]. Boston: Houghton – Mifflin, 1980.

[17] Brown S L. Eisenhardt K M. Product development: past research, present findings, and future directions [J]. Academy of Management Review, 1995, 20 (2): 343 – 378.

[18] Zirger B J, Maidique M A. A model of new product development: An empirical test [J]. Management Science, 1990 (36): 867 – 883.

[19] Covin J G, Slevin D P. Strategic management of small firms in hostile and benign environments [J]. Strategic Management Journal, 1989 (10): 75 – 87.

[20] Boulding W, Staelin R. Identifying generalizable effects of strategic actions on firm performance: The case of demand-side returns to R&D spending [J]. Marketing Science, 1995, 14 (3): 222 – 236.

[21] Coviello N E, Jones M V. Methodological issues in international entrepreneurship research [J]. Journal of Business Venturing, 2004, 19: 485 – 508.

[22] Chandler G N, Hanks S H. Market attractiveness, resource-based capabilities, venture strategies, and venture performance [J]. Journal of Business Venturing, 1994 (9): 331 – 349.

[23] McDougall P P, Covin J G, Robinson R B, Herron L. The effects of industry growth and strategic breadth on new venture performance and strategic content [J]. Strategic Management Journal, 1994 (15): 537 – 554.

[24] Rothwell R, Freeman C, Horsley A, Lervis V T P, Robertson A, Townsend J. SAPPHO updated – Project Sappho phase II [J]. Research Policy, 1974 (3): 258 – 291.

[25] Rothwell R. Factors for success in industrial innovations [M].//Project SAPPHO—A comparative study of success and failure in industrial innovation [Z]. Brighton, Sussex, England: SPRU, 1972.

[26] Rubenstein A H, Chakrabarti A K, O'Keefe R D, Souder W E, Young H C. Factors influencing success at the project level [J]. Research Management, 1976 (16): 15 – 20.

[27] Cooper R G. The dimensions of industrial new product success and failure [J]. Journal of Marketing, 1979 (43): 93 – 103.

[28] Cooper R G, Kleinschmidt E J. New products: What separates winners from losers? [J]. Journal of Product Innovation Management, 1987 (4): 169 – 184.

[29] Zhao L, Aram J D. Networking and growth of young technology-intensive ventures in China [J]. Journal of Business Venturing, 1995 (10): 349 – 370.

[30] McGee J E, Dowling M J, Megginson W L. Cooperative strategy and new venture performance: The role of business strategy and management experience [J]. Strategic Management Journal, 1995 (16): 565 – 580.

[31] Xin K R, Pearce J L. Guanxi: Connections as substitutes for formal institutional support [J]. Academy of Management Journal, 1996 (39): 1641–1658.

[32] Collins C J, Clark K. Strategic human resource practices, top management team social networks, and firm performance: The role of human resource practices in creating organizational competitive advantage [J]. Academy of Management Journal, 2003 (46): 740–751.

[33] Mahmood I P, Rufin C. Government's dilemma: The role of government in imitation and innovation [J]. Academy of Management Review, 2005 (30): 338–360.

[34] Pouder R, John C H S T. Hot spots and blind spots: Geographical clusters of firms and innovation [J]. Academy of Management Review, 1996 (21): 1192–1225.

后　　记

　　自20世纪90年代中期，笔者在南开大学跟随著名经济学家谷书堂先生攻读博士学位起，就开始研究产业组织与企业成长领域的相关问题。本书即是笔者这些年来在该领域部分研究成果的汇总。其中个别章节是与笔者的同事张圣平教授、臧旭恒教授一起完成的。自21世纪初起，笔者开始在企业管理和产业经济学两个专业指导博士研究生，学生们的研究领域绝大多数都集中在"产业组织与企业成长"领域，取得了不少的成果，集结在该书中的部分章节就是我们共同研究的成果，他们是王军、王海兵、吴炜峰、焦勇、李春梅、王硕、辛晴、徐凤增、陈庆江、黄守坤、刘春玉、王同庆、于珍、刘璐、王蒙、张瑾、魏庆文、邱晨、王大林、高培涛等。他们现在有的在高校任教，早已经是各个院系的骨干，有的也已经是博士生导师、硕士生导师和教授，有的在政府部门、企业担任重要职务，有的还在攻读博士学位。在本书编写过程中，硕士研究生高新焱、孙孟子协助笔者对书稿进行了编辑校对，最后由笔者审定定稿。

　　感谢国家哲学社会科学基金多年来对笔者的支持和厚爱。感谢教育部创新团队发展计划的资助和支持。在近30年的研究过程中，团队进行了大量的调研和访谈，通过参加会议与举办会议相结合的方式，了解和把握最新实践与学术动态。我们一直坚持大约45~50天进行一次团队讨论的做法，邀请专家学者、政府经济管理部门人员、行业管理者、企业家等参加，从中获益匪浅。在承担完成各类课题和研究的过程中，还得到了社会各界许多专家学者的关心、支持和帮助。在此，一并表示衷心的感谢。

　　作为老朋友，我还要感谢中国财经出版传媒集团副总经理吕萍女士为该书出版所做出的努力。

杨蕙馨

2020年初春于泉城济南